*Responsabilidade civil
por danos ao consumidor
causados por defeitos dos produtos*

A Teoria da Ação Social e o Direito do Consumidor

P436r   Pereira, Agostinho Oli Koppe
        Responsabilidade civil por danos ao consumidor causados
    por defeitos dos produtos: a teoria da ação social e o direito
    do consumidor / Agostinho Oli Koppe Pereira. – Porto Ale-
    gre: Livraria do Advogado, 2003.
        303 p.; 16 x 23 cm.

        ISBN 85-7348-279-6

        1. Proteção ao consumidor. 2. Código de Proteção e Defesa
    do Consumidor. 3. Responsabilida civil. 4. Fornecedor. I. Tí-
    tulo.
                                CDU – 347.451.031

        Índices para o catálogo sistemático:

    Proteção ao consumidor
    Código de Proteção e Defesa do Consumidor
    Responsabilidade civil.
    Fornecedor.

    (Bibliotecária Responsável: Marta Roberto, CRB - 10/652)

Agostinho Oli Koppe Pereira

*Responsabilidade civil
por danos ao consumidor
causados por defeitos dos produtos*

A Teoria da Ação Social e o Direito do Consumidor

Porto Alegre 2003

© Agostinho Oli Koppe Pereira, 2003

Projeto gráfico e diagramação de
Livraria do Advogado Editora

Revisão de
Rosane Marques Borba

Direitos desta edição reservados por
Livraria do Advogado Ltda.
Rua Riachuelo, 1338
90010-273 Porto Alegre RS
Fone/fax: 0800-51-7522
livraria@doadvogado.com.br
www.doadvogado.com.br

Impresso no Brasil / Printed in Brazil

Dedico este trabalho à minha esposa, Clara, ao meu filho, Henrique, e a minha filha, Mariana, por estarem presentes em cada momento do curso, e por compreenderem minha ausência durante o desenvolvimento da pesquisa. Também à minha mãe, Irene, pelo esforço desenvolvido nos meus primeiros estudos, na aurora da minha vida.

Em especial, desejo agradecer ao Professor Dr. Leonel Severo Rocha pelo empenho na direção e incentivo para o presente trabalho. Sem ele, seguramente, não teria chegado ao resultado aqui apresentado, pois esteve sempre presente tanto na indicação bibliográfica, quanto na orientação para o seu desenvolvimento. Também a todos os colegas e amigos que acompanharam o trabalho de pesquisa e incentivaram o seu desenvolvimento.

Prefácio

Este livro intitulado *"Responsabilidade civil por danos ao consumidor causados por defeitos dos produtos: a Teoria da Ação Social e o Direito do Consumidor"*, de autoria do Prof. Agostinho Oli Koppe Pereira, é resultante de longos anos de pesquisa e de docência de seu autor que lhe transformaram num dos maiores especialistas brasileiros nesta temática.

No Programa de pós-graduação em Direito, nível de doutorado, da Unisinos, sob nossa orientação, o professor aceitou a sugestão de acrescentar aos seus conhecimentos de Direito do Consumidor os pressupostos epistemológicos da Teoria dos Sistemas Sociais, caracterizando uma inédita tese sobre o Direito a partir da Teoria da Ação Social. Deste modo, este livro conjuga, com rara sobriedade, a metodologia científica inovadora de uma tese de doutorado (por sinal a primeira tese de doutorado elaborada e defendida numa instituição gaúcha) com conhecimentos práticos de Direito do Consumidor.

A teoria da sociedade adotada por Agostinho é basicamente a desenvolvida por Talcott Parsons, com as devidas atualizações. Porém, a teoria dos sistemas sociais autopoiéticos também tem contribuído para a construção de um novo modo de fazer Direito, inicialmente, por meio da obra de Niklas Luhmann e aprofundada no Direito pelas mãos de Gunther Teubner. A abordagem "principais características do Sistema Jurídico como um Sistema Autopoiético" é uma nova perspectiva para enfocar o Direito e a Teoria Jurídica de uma maneira crítica e reflexiva.

Desta forma, percebe-se a importância da Teoria Sistêmica para a construção de uma nova teoria do Direito relacionada com a função do Estado (Interventor), como demonstramos.[1] Isto ocorre porque esta teoria, levando em consideração os conceitos acima traçados, abrange – em sua estrutura teórica –, as matrizes analítica e hermenêutica, suplantando-as em uma perspectiva pragmático-sistêmica, possibilitando a potencialização dos pressupostos necessários para um Direito inserido num Sistema Social com uma complexidade e contingência exorbitantes (cujo contexto dificulta os processos de tomada de decisão). A Teoria Sistêmica, inserida em

---
[1] ROCHA, Leonel Severo. "Três Matrizes da Teoria Jurídica". In: *Anuário do Programa de Pós-Graduação em Direito*. Leonel Severo Rocha; Lenio Luiz Streck; José Luis Bolzan de Morais (organizadores). São Leopoldo: Centro de Ciências Jurídicas – UNISINOS, 1999. p. 121-136.

uma matriz epistemológica pragmático-sistêmica, interessa-se tanto pelo aspecto normativo (dimensão temporal), quanto pelo aspecto interpretativo (matriz hermenêutica), através de instituições sociais e influências das concepções de moral e de justiça em Hart[2] e Dworkin[3] (dimensão social), além dos aspectos pragmáticos do sistema, onde as significações são abordadas ante a práxis dos sistemas (dimensão pragmática). Esta matriz, conforme Rocha, "provoca uma mudança epistemológica na teoria jurídica e por isso não chegou a ter grande influência na dogmática positivista dominante."[4] Contudo, esta matriz fornece uma amplitude e profundidade tal que possibilita a tomada de decisões em uma sociedade amplamente complexa (excesso de possibilidades) e contingente (possibilidade de frustrações e desapontamentos; incerteza de que as possibilidades selecionadas efetivamente ocorrerão).

Assim, no presente trabalho, o Autor analisa as implicações existentes entre a teoria da ação social e o direito do consumidor através da ótica sistêmica, possibilitando o encontro entre a dogmática consumerista sobre responsabilidade civil por danos ao consumidor, causados por defeitos dos produtos, e a possibilidade de aplicação dos pressupostos da Teoria da Ação Social, sob a ótica. Partindo da idéia de que a teoria da ação social estabelece pressupostos para a sua validade, pode o Autor analisar, com vistas ao estudo da dogmática do consumidor, se podem eles ser utilizados às ações desenvolvidas no âmbito das relações jurídicas de consumo. Através do método dialético e sistêmico, pesquisando por meio da análise da dogmática (legislação e doutrina brasileiras), e comparando as interpretação doutrinárias sobre a legislação – Código de Proteção e Defesa do Consumidor – e também analisando a doutrina pertinente à teoria da ação social, pode demonstrar que a maioria dos pressupostos que atendem à teoria da ação social também pode ser adotada para a dogmática consumerista, desde que guardadas as peculiaridades de cada um dos âmbitos de atuação.

Por todos estes motivos, a obra do Prof. Agostinho deve ser saudada com grande júbilo pela comunidade acadêmica nacional, pois consegue inserir a problemática do Direito do Consumidor na difícil e intrincada matriz sistêmica, além de fornecer para os profissionais e estudiosos das matérias – Direito do Consumidor e Teoria da Ação Social – uma disposição sistemática do tema, de maneira didática e sofisticada.

Leonel Severo Rocha

---

[2] HART, Herbert. *O Conceito de Direito*. 3ª ed. Lisboa: Fundação Calouste Gulbenkian, 1994.
[3] DWORKIN, Ronald. *Laws Empire*. London: Fontana Press, 1986.
[4] Op. cit. p. 129.

Sumário

Introdução 15

Pressupostos teóricos. A teoria da ação social 19
  1. Talcott Parsons, ponto de partida 19
  2. A teoria da ação social 21
    2.1. O ator e uma situação de ação 39
    2.2. Orientação do ator para uma situação 40
      2.2.1. Orientação motivacional 41
      2.2.2. Orientação de valor 41
  3. O sistema geral da ação 46
    3.1. Propriedades dos sistemas 46
    3.2. Definição de sociedade 47
    3.3. O sistema cultural 49
    3.4. O sistema de personalidade 52
    3.5. O organismo comportamental 55
    3.6. O sistema social 58

Primeira Parte
BASE TEÓRICA DA DOGMÁTICA CONSUMERISTA 75

Capítulo I. Conceito de consumidor 77
  1. O consumir 77
  2. O consumidor 80
    2.1. O conceito de consumidor no Código de Proteção e Defesa do Consumidor brasileiro 83
      2.1.1. A relação jurídica 83
      2.1.2. A ordem econômica 85
      2.1.3. Agentes comparados a consumidor 90
  3. O consumidor no âmbito da teoria da ação social 97

Capítulo II. Conceito de fornecedor 100
  1. Tipos de atividades desenvolvidas pelos fornecedores 103
  2. As idéias de atividade, habitualidade, profissão, e remuneração frente ao conceito de fornecedor 106
  3. Os fornecedores enquanto pessoa 114
  4. O fornecedor enquanto "ente despersonalizado" 117

    5. Categorias de fornecedor 119
        5.1. Fornecedor real 120
        5.2. Fornecedor presumido 125
        5.3. Fornecedor aparente 126
    6. O fornecedor no âmbito da teoria da ação social 128

Capítulo III. Conceito de produto 132
    1. Bens móveis 141
    2. Bens imóveis 143
    3. Bens materiais 144
    4. Bens imateriais 144
    5. O produto no âmbito da teoria da ação social 145

Capítulo IV. Conceito de serviço 147
    1. Atividade fornecida no mercado de consumo 150
    2. Remuneração 151
    3. A relação trabalhista 152
    4. Serviço privado e serviço público 153
    5. Atividades de natureza bancária, financeira, de crédito, e securitária 158

Segunda Parte
A PROTEÇÃO DO CONSUMIDOR NO DIREITO BRASILEIRO 163

Capítulo V. Dogmática e proteção do consumidor no direito brasileiro 165
    1. A dogmática de proteção do consumidor, no Brasil, antes da Lei nº 8.078,
       de 11 de setembro de 1990 165
        1.1. Aspectos histórico-sociais 166
        1.2. Aspectos histórico-jurídicos 169
        1.3. A teoria da ação social e o direito do consumidor: análise dentro da ótica
            histórico-social e histórico-jurídica 189
    2. A nova dogmática de proteção ao consumidor: o Código de Defesa do
       Consumidor brasileiro, Lei 8.078, de 11 de setembro de 1990 205
        2.1. A criação do Código de Defesa do Consumidor 205
        2.2. A sistematização e a filosofia de proteção ao consumidor advindas com o
            Código de Defesa do Consumidor 206
        2.3. O Código de Defesa do Consumidor e a teoria da ação social: o sistema
            geral da ação 209

Capítulo VI. Produtos e defeitos 213
    1. O produto considerado defeituoso 215
    2. Circunstâncias relevantes ao defeito 218
        2.1. A apresentação do produto 218
        2.2. O uso e os riscos que razoavelmente se espera do produto 219
        2.3. A época em que o produto foi colocado em circulação 221
    3. Defeito e periculosidade 223
        3.1. Produto sem defeito e sem periculosidade 224
        3.2. Produto sem defeito, mas com perigo (periculosidade inerente) 225
        3.3. Produto com defeito e com perigo (periculosidade adquirida) 227

3.4. Produto defeituoso e sem periculosidade 228
4. Classificação dos defeitos 229
   4.1. Os defeitos de concepção 229
   4.2. Os defeitos de produção 230
   4.3. Os defeitos de comercialização 232
   4.4. Os defeitos intrínsecos 234
   4.5. Os defeito extrínsecos 234

Capítulo VII. A responsabilidade civil e os defeitos do produto 236
   1. A responsabilidade civil e o Código de Proteção e Defesa do Consumidor
     brasileiro 242
     1.1. A responsabilidade do comerciante 243
        1.1.1. Se o fabricante, o construtor, o produtor ou o importador não puderem
           ser identificados 248
        1.1.2. Se o produto for fornecido sem identificação clara do seu fabricante . . . 249
        1.1.3. A não-conservação de produtos perecíveis 250
     1.2. O direito de regresso 251
     1.3. A responsabilidade contratual e extracontratual 254
     1.4. Teoria do risco de desenvolvimento 256
   2. Exclusão da responsabilidade civil por danos ao consumidor causados por
     produtos 267
     2.1. A não-colocação do produto no mercado 271
     2.2. A inexistência de defeito 272
     2.3. A culpa exclusiva do consumidor ou de terceiro 273
     2.4. Caso fortuito e força maior como elementos excludentes da responsabilidade
        na relação de consumo 277
   3. A responsabilidade civil, os defeitos do produto, e a teoria da ação social . . . 282

Conclusão 287

Referências bibliográficas 297

Introdução*

Tendo como título "A teoria da ação social e o direito do consumidor: a responsabilidade civil por danos ao consumidor causados por defeitos dos produtos", e colocando-se dentro da área de pesquisa do Curso de Doutorado em Direito da Universidade do Vale do Rio dos Sinos – hermenêutica, jurisdição e sistemas jurídicos – o presente livro é fruto dessa tese que possui, como área de concentração, a teoria da ação social e o direito do consumidor.

O tema central analisa as implicações existentes entre a teoria da ação social e o direito do consumidor, com estudo da responsabilidade civil por danos ao consumidor causados por defeitos dos produtos e com análise da teoria da ação social, dentro da visão de Parsons. Com essa delimitação, o trabalho desenvolverá análise através de duas matrizes teóricas: a analítica, para o estudo da dogmática jurídica e a sociológica, ou mais precisamente, a matriz pragmático-sistêmica, que envolve história e social, segundo Severo Rocha,[1] para o estudo da ação social.

O problema central está atrelado à idéia de que a teoria da ação social estabelece pressupostos que podem ser analisados com vistas ao estudo da dogmática do consumidor. Nessa análise, surge o problema da possibilidade ou não da aplicação desses pressupostos a essa dogmática. Ou seja, os mesmos pressupostos que embasam a teoria da ação social podem ser utilizados às ações desenvolvidas no âmbito das relações jurídicas de consumo?

---

* O presente trabalho foi desenvolvido junto ao Curso de Doutorado da Universidade do Vale do Rio dos Sinos - UNISINOS - e, em parte, através de pesquisa realizada junto à Universidade de Caxias do Sul - UCS.

[1] No dizer de Severo Rocha: "[...] revendo a nossa classificação podemos denominar as duas matrizes, a *Matriz Sistêmica* e a *Matriz Pragmático-Formal*, de *Matriz Pragmático-Sistêmica*. Desta maneira, votaríamos a ter uma classificação com três matrizes principais, sendo a terceira, ao mesmo tempo, histórica e social." ROCHA, Leonel Severo. *Epistemologia jurídica e democracia*. São Leopoldo: Editora Unisinos, 1998. p.90.
Ver também: ROCHA, Leonel Severo. direito na forma de sociedade globalizada. *Anuário do Programa de Pós-Graduação em Direito – Mestrado e Doutorado*, São Leopoldo, p.117-137, 2001.

Dentro do problema apresentado, formulou-se a hipótese de que é possível aplicar a teoria da ação social à dogmática da responsabilidade civil por danos ao consumidor causados por defeitos dos produtos. Assim, o objetivo geral, também proposto, é demonstrar a aplicabilidade da teoria da ação social nas questões da dogmática da responsabilidade civil delimitada. A delimitação na órbita da responsabilidade civil tem fundamento na importância que esta possui dentro do direito em geral e, em especial, dentro do direito consumidor. Nesse âmbito é de se concordar com Dworkin:

> os processos civis, nos quais uma pessoa pede que outra a indenize ou ampare por causa de algum dano causado no passado ou ameaça de dano, têm às vezes conseqüências muito mais amplas que a maioria dos processo criminais.[2]

O método de trabalho utilizado é o dialético, tendo em vista que esse método consegue conciliar os pressupostos dedutivos da teoria do sistema de Parsons, numa perspectiva analítica, com a hermenêutica crítica. Para perfectibilizar a atividade utilizaram-se os seguintes procedimentos: análise da dogmática (legislação e doutrina brasileiras), que será acompanhada das interpretações pertinentes; comparações e interpretações doutrinárias sobre a legislação – Código de Proteção e Defesa do Consumidor – na busca dos subsídios necessários ao desenvolvimento do trabalho; além da legislação e doutrina sobre a dogmática do consumidor, será analisada a doutrina pertinente à teoria da ação social, efetuando-se a comparação dos pressupostos da teoria da ação social com a dogmática do consumidor.

A estrutura de comparação entre os pressupostos da teoria da ação social e a dogmática consumerista, desenvolvida na presente tese, apresenta uma divisão que comporta tanto a análise da dogmática consumerista sobre a responsabilidade civil por danos ao consumidor causados por defeitos do produto, quanto a análise dos pressupostos da teoria da ação social sob a ótica parsoniana.

Dentro da dogmática consumerista, optou-se por um fechamento no tema a ser enfocado, devido à amplitude que se demonstrava no estudo do direito do consumidor como um todo. Assim, o tema ficou delimitado à responsabilidade civil por danos ao consumidor causados por defeitos do produto. Salienta-se que, na nomenclatura do Código de Proteção e Defesa do Consumidor brasileiro, a rubrica destinada ao tema é "Da Responsabilidade pelo Fato do Produto e do Serviço", disposta na seção II do capítulo IV do título I do Código. Com essa delimitação, não serão objeto de análise nem os danos produzidos pelos serviços nem os atinentes aos vícios dos produtos.

Inicialmente, como ponto de partida para o desenvolvimento do estudo comparado entre a teoria da ação social e a dogmática consumerista,

---

[2] DWORKIN, Ronald. *O império do direito*. São Paulo: Martins Fontes, 1999. p.3.

são trabalhados os pressupostos teóricos da teoria da ação social, a partir das idéias desenvolvidas por Parsons. Nessa parte, é dada uma visão geral da teoria parsoniana, que após é aplicada aos pontos do direito do consumidor escolhidos para o presente trabalho. Nesse momento são desenvolvidos três aspectos: o porquê de ser Parsons; a teoria da ação social; e o sistema geral da ação.

Após o embasamento teórico sobre a teoria da ação social, o livro é dividido em duas partes que tratam, cada uma delas, de aspectos da dogmática do consumidor seguidos das análises pertinentes à teoria da ação social.

Na primeira parte, "base teórica da dogmática consumerista", dá-se uma idéia dos principais conceitos dos elementos formadores da relação jurídica de consumo. Essa parte é dividida em quatro capítulos que abordam: no capítulo primeiro, o conceito de consumidor; no segundo, o conceito de fornecedor; no terceiro, o conceito de produto e no quarto, o conceito de serviço. Nos três primeiros capítulos tem-se, também, a análise comparada com a teoria da ação social, sempre dentro das idéias dispostas por Parsons.

Na segunda parte, faz-se análise da proteção do consumidor no direito brasileiro. Dividida em três capítulos (representados pelos capítulos 5, 6 e 7 do livro).

No capítulo cinco é abordada a dogmática e proteção do consumidor no direito brasileiro. Esse capítulo é dividido em dois itens que possuem como temas, respectivamente, o primeiro, a dogmática de proteção do consumidor, no Brasil, antes do surgimento do Código de Proteção e Defesa do Consumidor brasileiro e, no segundo, a análise é efetuada diretamente sobre o Código, Lei 8.078, de 11 de setembro de 1990, ou seja, é analisada *a nova dogmática*, tanto nos aspectos de criação, quanto de filosofia e sistematização. Também nesse capítulo, cada item é acompanhado das pertinentes análises sobre a teoria da ação social.

No capítulo seis, são analisados os defeitos do produto. Quatro itens são desenvolvidos nesse capítulo. Nesses itens, que tratam dos produtos considerados defeituosos, dá-se conhecimento sobre esses defeitos, para deixar claro o ponto de partida para o complexo mundo da responsabilidade que é tratado no capítulo sétimo sob a rubrica "a responsabilidade civil e os defeitos do produto". As circunstâncias relevantes ao defeito também são trabalhadas, assim como a idéia de periculosidade, que atrelada ao defeito possua relevância jurídica. Culmina-se por trabalhar, em um último item, a classificação dos defeitos devido a sua importância dentro do nível acadêmico.

O capítulo sétimo é desenvolvido sobre as idéias de responsabilidade civil e os defeitos do produto. Dividido em três itens, o primeiro aborda a responsabilidade civil no código de proteção e defesa do consumidor brasileiro, dentro de um trabalho que engloba desde as responsabilidades previstas no artigo 12 do código de proteção e defesa do consumidor brasileiro até a responsabilidade do comerciante, passando pela análise da responsabilidade contratual e extracontratual e pela teoria do risco de desenvolvimento. Também, nesse mesmo capítulo, discorre-se sobre a exclusão da responsabilidade civil por danos ao consumidor causados por produtos, onde são analisados os aspectos aceitos na doutrina como causa dessa exclusão. Por fim, esse capítulo possui um terceiro item como encerramento. Nele são tratados a responsabilidade civil, os defeitos do produto e a teoria da ação social, mesclando a dogmática consumerista com a teoria da ação social de Parsons e procurando verificar onde a Dogmática e a Teoria estão conectadas e onde pode haver divergências.

Todos os capítulos são desenvolvidos tendo em vista as hipóteses formuladas. Cada aspecto da dogmática consumerista trabalhado é analisado, posteriormente, dentro do âmbito das idéias de Parsons sobre a teoria da ação social.

No trabalho elaborado, não houve um fechamento exclusivo sobre a dogmática brasileira. Sempre que se fez necessário, buscou-se subsídio no direito alienígena, em especial na Espanha e na Comunidade Européia. Também foram feitas as devida anotações, sempre que se fez necessário, atinentes ao novo Código Civil brasileiro, que entrou em vigor em 11 de janeiro de 2003.

Por final, antes de se iniciar o trabalho propriamente dito, é de se ressaltar dois aspectos para demonstrar a importância do tema central enfocado. Em primeiro lugar, apresenta-se o mesmo como inédito no meio acadêmico, vez que não se tem conhecimento de trabalho que tenha analisado as implicações da teoria da ação social, sob a ótica parsoniana, dentro do direito do consumidor. O segundo, que através desse estudo pode-se ter uma visão mais clara do direito do consumidor em nível tanto micro, quanto macrojurídico: microjurídico, no sentido de que o trabalho se detém na dogmática consumerista enquanto estudo legal e que se traduz na responsabilidade civil por danos causados ao consumidor por defeitos no produto; macrojurídico, dentro da idéia de que a pesquisa desenvolvida possibilita, através da pesquisa doutrinária do direito do consumidor e da teoria da ação social, a busca do conhecimento capaz de abrir as portas do intrincado universo do inter-relacionamento da dogmática consumerista com as teorias basificadoras da conduta social, que no caso específico se manifesta na teoria da ação social.

Pressupostos teóricos. A teoria da ação social

Considerando que o tema central do presente trabalho é o estudo do inter-relacionamento entre a teoria da ação social e o Direito do consumidor, optou-se por elaborar, inicialmente, o estudo dos pressupostos teóricos que embasam a teoria da ação social, com o intuito de preparar os fundamentos que serão desenvolvidos sobre a dogmática consumerista, mais precisamente sobre a responsabilidade civil por danos causados por defeitos dos produtos, na busca da confirmação da hipótese levantada para a elaboração da presente tese, ou seja, que é possível aplicar a teoria da ação social à dogmática da responsabilidade delimitada.

Para realizar o presente estudo, três itens principais são desenvolvidos: uma pequena justificativa do porquê de Parsons, análise da teoria da ação social e exame do sistema geral da ação.

1. Talcott Parsons, ponto de partida

Nas obras de Parsons pode-se ter uma clara visão da teoria da ação social, notadamente porque o autor trabalha para desenvolver uma teoria geral das ciências sociais,[3] embora as críticas[4] elaboradas contra a idéia de uma grande teoria, capaz de dar conta do fenômeno social, como faz

---

[3] Como afirma Schwartzenberg, a teoria geral da ação "tem a ambição de construir um esquema geral de análise diretamente aplicável a todos os sistemas de ação. O modelo parsoniano visa abarcar todos os fenômenos sociais". SCHWARTZENBERG, Roger-Gerard. *Sociologia política: elementos de ciência política*. São Paulo: Difel 1979, p.119.

[4] Também Schwartzenberg: "Podem fazer-se a Parsons dois reparos principais. Primeiro, por elaborar um modelo tão geral que tem pouco valor explicativo. Esse modelo fornece ao pesquisador um quadro intelectual para arrumar as suas observações, mas quase não lhe fornece elementos de explicação." E continua: "É também um modelo que se afigura mais conservador, na medida em que privilegia o equilíbrio, a ordem social, a estabilidade do *status quo* sem analisar grandemente as contradições potenciais que podem ser fonte de tensões, de conflitos e de alteração social." Schwartzenberg, ob. cit., p.127.

Robert K. Merton, preferindo a construção de teorias de porte médio e, por outro lado, a sociedade se revelando amplamente complexa, dificultando o seu entendimento em nível global.

O que se pretende na presente tese é a análise dos pressupostos da teoria da ação social, de uma forma comparativa com os pressupostos da responsabilidade civil por danos ao consumidor causados por defeitos nos produtos.

Em Luhmann também se vê crítica a Parsons, não em torno da idéia de uma grande teoria,[5] mas sobre a submissão do conceito de função à estrutura, vez que essa idéia limita as possibilidades da função.

> a partir desta crítica, Luhmann define sua postura teórica como funcional-estruturalismo a que, a diferença do estrutural-funcionalismo parsoniano, não considera que haja certas estruturas dadas que devem ser sustentadas por funções requeridas, senão que é a função – que pode ser cumprida por diversos equivalentes – que antecede à estrutura.[6]

Com essa idéia teórica, Luhmann pode retomar os estudos da elaboração de teorias universais, naturalmente sob pontos de vista diferentes dos de Parsons. Com essa visão, pode-se notar que, embora sob outra perspectiva, a idéia de criar uma grande teoria para as ciências sociais de Parsons não pode ser descaracterizada. No entanto, é de se deixar claro que não são desconhecidos os caminho traçados por Luhmann que,

> [...] adotaria a teoria de Parsons, somente numa primeira fase de sua atividade intelectual (Sociologia do Direito), tendo depois (Sistemas Sociais) se voltado a uma perspectiva auto poiética (Varela-Maturana) da sociedade, que acentua a sistematicidade do direito como auto-reprodutor de suas condições de possibilidade de ser.[7]

Embora a pesquisa esteja voltada para a análise das idéias de Parsons, não se descuidará, quando se mostrar relevante para o trabalho, das idéias de Luhmann.

---

[5] Também em Luhmann: "L'única teoria sociologica sistematica che al momento esista, è stata formulata da Talcott Parsons come teoria generale del sistema di azioni. Essa si presenta come una codificazione del sapere dei classici e come elaborazione della comprensione concettuale dell'azione con l'aiuto di una metodologia delle tabelle incrociate. Proprio questa teoria però lascia aperte le questioni dell'autoimplicazione congnitiva, come qui noi le abbiamo poste, perche non dice molto sul grado di congruenza tra la concettualità analitica e la formazione reale dei sistemi." LUHMANN, Nicklas; GIORGI de Raffaele. *Teoria della società*. Milano: Franco Angeli, 1966. p.12.

[6] Tradução pelo autor: "a partir de esta crítica, Luhmann define su postura teórica como funcional-estructuralismo la que, a diferencia del estructural-funcionalismo parsoniano, no considera que haya ciertas estructuras dadas que deben ser sostenidas por funciones requeridas, sino que es la función – que puede ser cumprida por diversos equivalentes – la que antecede a la estructura." Darío Rodrigues Mansilla, na introdução ao Livro de LUHMANN, Niklas. *Confianza*. México: Anthropos, 1996. p.XII.

[7] ROCHA, Leonel Severo. *Epistemologia jurídica e democracia*. São Leopoldo: Editora Unisinos, 1998. p.83.

Parsons desenvolve um trabalho direcionado pelo estudo da ação social, dando a esta a idéia de fundamento do social,[8] por isso importante para a presente tese, que busca vislumbrar nos pressupostos da ação social a base para a dogmática consumerista, sem descuidar que, conforme assinala Severo Rocha:

> Nos últimos tempos, a noção de ciência do direito, baseada em critérios sintático-semânticos, tem se alterado para critérios pragmáticos. Esta trajetória desloca-se sucessivamente de uma perspectiva estrutural, voltada aos aspectos normativos de direito, até uma perspectiva funcionalista, dirigida às funções sociais do direito, de um ponto de vista mais teórico até um ponto de vista mais político, permitindo-se a colocação do problema da democracia.[9]

Devido a esses aspectos, a pesquisa tem como base os pressupostos da ação social de Parsons, na busca do entendimento do Direito do Consumidor no que se refere à responsabilidade civil por danos causados por defeitos dos produtos.

2. A teoria da ação social

Tendo em vista o tema central do presente trabalho – análise do direito do consumidor sob o prisma da ação social – nada mais oportuno do que iniciar esse estudo pela teoria da ação social, uma vez que ela será base para o entendimento do próprio sistema geral da ação e da sociedade como um todo, sendo, também o núcleo centralizador das atenções vinculadas ao direito do consumidor.

Inicialmente, pode-se buscar em Weber um conceito de sociologia: "uma ciência que pretende entender, interpretando, a ação social, para dessa maneira explicá-la casualmente em seu desenvolvimento e efeitos".[10] Portanto, o conceito de sociologia de Weber está atrelada à ação social, uma vez que a sociologia interpreta a ação social buscando sua compreensão para explicá-la em seu desenvolvimento e em seus efeitos.

Outro elemento que possui importância para a sociologia e, indiscutivelmente, para o direito é a *ação* que, tanto para o âmbito sociológico, quanto para o jurídico, está sempre vinculada à conduta humana.

---

[8] Neste sentido Mansilla, na introdução ao Livro de LUHMANN, Niklas. *Confianza*. México: Anthropos, 1996. p. XVIII.

[9] ROCHA, Leonel Severo. *Epistemologia jurídica e democracia*. São Leopoldo: Editora Unisinos, 1998. p.89.

[10] WEBER, Max. *Economia y sociedad – esbozo de sociología comprensiva*. México: Fondo de Cultura Económica, 1984. p.5.

Nesse sentido, segundo Weber, por ação deve entender-se uma conduta humana sempre que o sujeito da ação a una com um sentido subjetivo, podendo ser omissiva ou comissiva.

Assim, em Max Weber se pode encontrar uma definição de cunho subjetivo para a ação social:

> A ação social (incluindo tolerância ou omissão) se orienta pelas ações de outros, as quais podem ser passadas, presentes ou esperadas como futuras (vinganças por ataques anteriores, réplica à ataques presentes, medidas de defesas frente ataques futuros). Os outros podem ser individualizados e conhecidos ou uma pluralidade de indivíduos indeterminados e completamente desconhecidos.[11]

Nessa definição, na ação social está presente a subjetividade do indivíduo que realiza a ação, que deverá levar em consideração outras ações,[12] ou se deixar afetar por elas o que, conseqüentemente, afetará a forma de sua ação. Em última análise, a ação será social quando estará em inter-relação com outras ações. Nas ordens sociais há uma interpenetração de idéias e interesses.[13]

Habermas discute se esse inter-relacionamento ou interpenetração de idéias é capaz de produzir uma ordem social, chegando, por final, à conclusão de que "o embate contingente de interesses não é capaz de produzir uma ordem social".[14] Habermas chega a essa conclusão partindo do pressuposto de que cada ator, diante de inúmeras possibilidades de realizar a ação, pode optar por uma. Com essa opção, ter-se-ia um conflito perma-

---

[11] Tradução, pelo autor, de fragmento da obra em espanhol: "La acción social (incluyendo tolerancia u omisión) se orienta por las acciones de otros, las cuales pueden ser pasadas, presentes o esperadas como futuras (venganza por previos ataques, réplica a ataques presentes, medidas de defensa frente a ataques futuros). Los 'otros' pueden ser individualizados y conocidos o una pluralidad de individuos indeterminados y completamente desconocidos." WEBER, Max. *Economia y Sociedad – Esbozo de socioligía comprensiva*. México: Fondo de Cultura Económica, 1984. p.18.

[12] Weber, na mesma obra, completa seu pensamento referindo-se à existência de ações que não devem ser consideradas como sociais. Afirma ele: "No toda clase de acción – incluso de acción externa – es 'social' en el sentido aquí admitido. Por lo pronto no lo es la acción exterior cuando sólo se orienta por la expectativa de determinadas reacciones de objetos materiales. La conducta íntima es acción social sólo cuando está orientada por las acciones de otros. No lo es, por ejemplo, la conducta religiosa cuando no es más que contemplación, oración solitaria, etc. La actividad económica (de un individuo) únicamente lo es en la medida en que tiene en cuenta la actividad de terceros. Desde un punto de vista formal y muy general: cuando toma en cuenta el respeto por terceros de su propio poder efectivo de disposición sobre bienes económicos. Desde una perspectiva material: cuando, por ejemplo, en el 'consumo' entra en la consideración de las futuras necesidades de terceros, orientando por días de esa suerte su próprio 'ahorro'. O cuando en la 'producción' pone como fundamento de su orientación las necesidades futuras de terceros, etecétera." p.18-19.

[13] Conforme Habermas: "Max Weber deixou-se conduzir por uma antropologia dualista, segundo a qual os sujeitos agentes defrontam-se com problemas da necessidade, tanto de ordem interna como externa, buscando bens ideais e materiais. Também T. Parsons parte de orientações axiológicas e necessidades que precisam ser harmonizadas entre si." HABERMAS, Jürgen. *Direito e democracia: entre facticidade e validade*. Rio de Janeiro: Tempo Brasileiro, vol. I, 1997, p.94.

[14] Idem.

nente, vez que a escolha acabaria por atender sempre às expectativas de cada participante, mesmo que elas estivessem buscando sintonizar as expectativas dos demais participantes.[15]

Naturalmente, toda ação humana somente vai ter importância social quando estiver referida a outras condutas humanas. É o surgimento da denominada *ação social* onde, conforme explica Weber, o sentido pensado por seu sujeito ou sujeitos está referido a conduta de outros, orientando-se por esta em seu desenvolvimento.

O entendimento da ação está atrelado, portanto, ao sentido subjetivo dado pelo sujeito de ação, mais a interação com a conduta dos demais sujeitos sociais.

Um bloco de pedra é apenas uma pedra. Mas, se for dado para um artista trabalhá-lo, irá se transformar em uma obra de arte, quando o sentido subjetivo do artista atuar sobre ele e os demais sujeitos sociais interagirem com ele buscando o sentido estético. Assim, todas as coisas possuem sentido social no momento em que possam ser compreendidas e interpretadas pelo sentido que sua produção ou emprego emprestam à ação humana. No dizer de Weber, "o compreensível é, pois, sua referência à ação humana, já como meio, já como o fim imaginado pelo ator ou atores e que oriente sua ação."[16]

O *"motivo"* é outro elemento importante dentro dos sentidos, estabelecido por Weber. Assim, o sentido da ação estará unido a um motivo, ou seja, aquilo que fundamenta o agir em forma de conduta.

É importante notar que a ação, no sentido que lhe empresta Weber, aparece "como orientação compreensível da própria conduta, e só existe como conduta de uma ou várias pessoas individuais."[17]

Essa idéia de ação propicia a comparação entre a atividade jurídica e a atividade sociológica, uma vez que para o jurídico podem ser considerados: o Estado, uma S/A, ou uma fundação como pessoas jurídicas e passíveis de executar ações. Porém, no âmbito da sociologia, "pelo contrário, essas formações não são outra coisa que desenvolvimento de ações específicas de pessoas individuais, já que apenas estas podem ser sujeitos de ações orientadas por um sentido".[18] Essa visão da sociologia não significa que ela desconheça as formações exemplificadas, mas tão-somente que as examina sob a ótica sociológica "ação social de uns quantos indivíduos", enquanto que o direito os tem como entes personificados, "sujeitos de direito".

---

[15] Nesse sentido, HABERMAS. Idem.
[16] WEBER. *Economia y...*, p.8.
[17] Idem, p.12.
[18] Ibidem.

A ação, assim entendida, enquanto conduta humana com sentido, diferencia-se substancialmente da conduta dos animais que, embora muitas vezes demonstrem certa sensibilidade e compreensão, não possuem o sentido de modificadores do *status quo*. A expressão: "o homem faz história!" demonstra a diferenciação entre a conduta humana e a conduta animal, embora esta possa, até certa forma, desenvolver certos tipos de sociedades (famílias) com divisão de funções.

Como já foi referido, a ação humana possui importância social quando interagir com outras condutas humanas. A partir dessa idéia, desenvolveu-se o conceito de ação social, que se orienta pelas ações dos outros indivíduos, que podem ser conhecidos ou desconhecidos. Essas ações orientadoras podem, segundo Weber, ser passadas, presentes ou futuras.[19]

Lembra Weber que nem toda a ação, mesmo que externa, é social, como por exemplo a ação que somente se orienta pela expectativa de determinadas reações de objetos materiais ou a conduta religiosa de contemplação da divindade.

Weber, partindo do exemplo de um choque entre dois ciclistas, diz que "nem toda a classe de contato entre os homens tem caráter social",[20] dando ao exemplo o mesmo caráter de um fenômeno natural. Porém, seria, no seu dizer, uma ação social o intento de evitar o encontro.

É de se notar, analisando o exemplo pelo prisma jurídico, que a conduta dos ciclistas estaria fora do elemento dolo – intenção de provocar o choque – porém poderia ser analisado sob o enfoque do elemento culpa, analisando a imprudência, a imperícia ou a negligência dos ciclistas. Tanto em um caso – análise do dolo – quanto em outro – análise da culpa – a ação dos ciclistas é de suma importância para a verificação da tipificação da ação.

Em Durkheim, a ação social pode ser buscada na idéia de fato social por ele estabelecida, que segue um caminho mais objetivo. Tratando sobre o fato social, escreve Durkheim: "Estamos, pois diante de uma ordem de fatos que apresenta caracteres muito especiais: consistem em maneiras de agir, de pensar e de sentir, exteriores ao indivíduo, e que são dotados de um poder de coerção em virtude do qual se lhe impõem."[21] Aqui, a ação social toma características definidas pela exterioridade e pela coercibilidade. Quanto a esse aspecto, Durkheim, quando aborda o fato social, preleciona:

> O fato social é reconhecível pelo poder de coerção externa que exerce ou é suscetível de exercer sobre os indivíduos; e a presença deste poder é reconhecível, por sua

---

[19] WEBER, Max. *Economia y...*, p.18.
[20] Idem, p.19.
[21] DURKHEIM, Emile. *Sociologia*. São Paulo: Ática, 1978. p.48.

vez, seja pela existência de alguma sanção determinada, seja pela resistência que o fato opõe a qualquer empreendimento individual que tenda a violentá-lo.[22]

No que se refere ao aspecto objetivo, a obediência[23] às normas pode ser buscada, se for necessário, através da imposição da força física, como elemento possível de manter o que se poderia chamar de *harmonia social*. Tratando sobre a força física no Direito, escreve Luhmann:

> Tendo em vista a congruência, impõe-se uma escolha: torna-se necessário privilegiar processamentos de frustrações capazes de apoiar ao mesmo tempo generalizações temporais, sociais e objetivas das expectativas comportamentais. Dessa necessidade resulta um primado da *força física* no processamento de transgressões ao direito.
>
> É amplamente difundida a concepção que define o direito através do instrumento da força física, ou mais precisamente através da aplicabilidade legítima (reconhecida socialmente) da força física no caso de transgressões à norma. Pensa-se aqui não só no emprego da força autorizado ou executado pelos órgãos estatais; o conceito também inclui formas mais primitivas da legítima defesa.[24]

Assim, o indivíduo vê-se constrangido – expressão usada por Durkheim – a executar a ação por vários motivos, que vão desde a obediência à tradição, aos costumes, às normas de trato social, até as normas jurídicas.[25] Rocher, tratando sobre o assunto, diz que "o constrangimento (contraente) social de que falava Durkheim, lastimando ter de empregar esse termo, corresponde portanto àquilo que a sociologia contemporânea designa por *orientação normativa da ação*".[26]

Tanto o "constrangimento" como a "orientação normativa da ação" levam ao pensamento do que se poderia denominar de "controle da ação", através da sociedade, que busca padronizar as ações tidas como relevantes,

---

[22] Ibidem, p.49.

[23] Luhmann faz uma diferenciação entre cumprimento e imposição do direito que merece ser salientada nesse momento, uma vez que se aborda a idéia de obediência como elemento integrante da ação. Afirma Luhmann: "Em termos gerais, deve-se diferenciar entre *cumprimento* (quota de cumprimento) e *imposição* do direito. Falaremos de cumprimento, quando e na medida em que se atua conforme às normas. Falaremos de imposição quando e na medida em que a ação divergente da norma desencadeie atividades especiais que servem à manutenção do direito ou à reconstituição das condições jurídicas. A imposição, portanto, não é cumprimento, mas sim uma ação de *outro* tipo que, por seu lado, também pode ou não cumprir normas." LUHMANN, Niklas. *Sociologia do Direito II*. Rio de Janeiro: Edições Tempo Brasileiro, 1985. p.70.

[24] LUHMANN, Niklas. *Sociologia do Direito I*. Rio de Janeiro: Edições Tempo Brasileiro, 1983. p.123.

[25] No dizer de Rocher: "O nosso comportamento, sem que disso tenhamos consciência, inspira-se assim quase a cada momento em normas que nos servem de guias ou de modelos. O nosso penteado, o fato, a linguagem que utilizamos, os gostos culinários ou estéticos, a maneira de exprimir a alegria, a dor ou a raiva, e muitas vezes mesmo os nossos pensamentos mais íntimos, tudo isso nos foi proposto, fornecido, ensinado pelos meios em que crescemos e onde evoluímos." ROCHER, Guy, *Sociologia Geral – a ação social*. Lisboa: Editorial Presença, vol. 1, 1989, p.39.

[26] ROCHER. *Sociologia...*, p. 39.

na busca da já falada harmonização social. Em Luhmann pode-se compreender bem a idéia de controle frente à ação:

> Por controle deve-se entender o exame crítico de processos decisórios objetivando uma intervenção transformadora no caso do processo decisório em seu desenrolar, seu resultado ou suas conseqüências não corresponder às considerações do controle.[27]

Partindo da idéia de *"constrangimento"*, ou de *"orientação normativa da ação"*, tem-se a ação social que produz a possibilidade de convivência em sociedade, pois, a convivência só é possível se os atores sociais tiverem conhecimento da existência desse constrangimento ou dessa orientação, o que, em última análise, reporta o ator social ao conhecimento do conjunto normativo que regula a sociedade.[28]

A sociedade elabora, dentro de seus diversos âmbitos – família, religião, Estado... – conjuntos normativos que acabam por influenciar o comportamento do indivíduo, uma vez que este, inserido na sociedade, recebe os reflexos dessa mesma sociedade.[29] Embora o indivíduo seja influenciado pelo normativo social (neste sentido Parsons mostra que "por mais importantes que possam ser as variações individuais na determinação da ação concreta, são os padrões comuns de grandes grupos humanos – onde se inclui a diferenciação entre dois sexos – que constituem o substrato orgânico maciço da ação"[30]), não significa que o indivíduo deva concordar com ele em sua integralidade. Muito pelo contrário, hoje ganha força cada vez maior o pensamento das minorias, que ganham respeito social em diversas situações.

Além disso, é de salientar que não se deve fazer uma separação entre sociedade e indivíduo, porque este é integrante daquela e, portanto, participante da própria construção normativa. Quanto maior for a participação, por parte do indivíduo na construção da normatividade social, maior é a facilidade de sua compreensão e maior é o compromisso com sua obrigatoriedade. Não se pode separar Estado, sociedade e indivíduo, os três elementos atuam dentro de um sistema circular de inter-relação.[31]

---

[27] LUHMANN. *Sociologia do direito I...*, p.84.

[28] Nesse sentido se expressa Rocher: "A relação (*rapport*) entre pessoas, da qual fizemos a unidade social elementar, e a interação que dela resulta, só são possíveis quando as normas de ação são conhecidas e aceitas por todas as pessoas em causa e quando cada uma orienta a sua ação com outrem à luz dessas regras." ROCHER. *Sociologia...*, p.40.

[29] No dizer de Parsons: "num sentido, toda ação é a ação de indivíduos. No entanto, o organismo e o sistema cultural incluem elementos essenciais que não podem ser pesquisados no nível individual." PARSONS, Talcott. *SOCIEDADES Perspectivas Evolutivas e Comparativas*. São Paulo: Livraria Pioneira Editora, 1996. p.17.

[30] Ibidem.

[31] Habermas discorrendo sobre as idéias de Hegel e Aristóteles afirma, "Sem dúvida, tanto Hegel como Aristóteles estão convencidos de que a sociedade encontra sua unidade na vida política e na organização do Estado; a filosofia prática da modernidade parte da idéia de que os indivíduos pertencem à sociedade como os membros a uma coletividade ou como as partes a um todo que se

Se Sociedade, Estado e Indivíduo fazem parte de um todo complexo, pode-se dizer que as imposições ditatoriais de um grupo sobre outro recebem, através dos reflexos negativos, a rejeição à obrigatoriedade do conjunto normativo que pretende ser imposto. Parsons, quando trabalha a personalidade, como ambiente para a sociedade, mostra a necessidade de consenso para a manutenção da ordem normativa.

> A manutenção de uma ordem normativa exige que seja implementada de várias formas; é preciso haver muita obediência – embora freqüentemente incompleta – às expectativas comportamentais estabelecidas pelos valores e pelas normas. A condição mais fundamental para tal obediência é a interiorização, pelos seus membros, de valores e normas de uma sociedade, pois essa socialização está subjacente à base consensual de uma comunidade societária.[32]

Das análises precedentes, pode-se chegar à conclusão de que a ação social está identificada com as normas coletivas na proporção direta da participação do indivíduo na construção ou reconstrução diária do sentido da ação.

Outro autor, cujas obras devem ser estudadas para este trabalho, é *Jürgen Habermas*. Em suas obras, em especial na *Teoria da ação comunicativa*, trabalha a teoria da ação social. As considerações e as anotações formuladas pelo autor revelam novos prismas à teoria.

Habermas trabalha inicialmente, para desenvolver a ação comunicativa, três conceitos de ação: ação teleológica; ação regulada por normas; e ação dramatúrgica.

O autor, ao desenvolver o conceito de ação teleológica, escreve:

> [...] o ator realiza um fim ou faz que se produza o estado de coisas desejado elegendo em uma situação dada os meios mais congruentes e aplicando-os de maneira adequada. O conceito central é o de uma decisão entre alternativas de ação, endereçada à realização de um propósito, dirigida por máximas e apoiadas numa interpretação da situação.[33]

Em regra geral, quando se fala em Direito, mais especialmente em direito do consumidor, pode-se aplicar o referido conceito de ação teleológica às ações desenvolvidas pelos sujeitos que são ou pretendem ser

---

constitui através da ligação de suas partes. Entrementes, as sociedades modernas tornaram-se tão complexas ao ponto de essas duas figuras de pensamento – a de uma sociedade centrada no Estado e a da sociedade composta de indivíduos – não poderem mais ser utilizadas indistintamente." HABERMAS. *Sociedades...*, p.17-18.

[32] PARSONS. *Sociedades...*, p.29.

[33] Tradução, pelo autor, de fragmento da obra em espanhol: "el actor realiza un fin o hace que se produzca el estado de cosas deseado eligiendo en una situación dada los medios más congruentes y aplicándolos de manera adecuada. El concepto central es el de una decisión entre alternativas de acción, endereçada a la realización de un propósito, dirigida por máximas y apoyada en una interpretación de la situación." HABERMAS, Jürgen. *Teoría de la acción comunicativa I Racionalidad de la acción y racionalización social*. Madrid: Taurus Ediciones, 1987. p.122.

partes de uma relação jurídica. Nesse particular, existem algumas idéias que podem ser trabalhadas no sentido de aprofundamento do assunto:

No que se refere à relação jurídica de consumo, analisada a ação somente pelo prisma do consumidor (dentro do que Habermas denomina de "alternativas de ação") verifica-se que nem sempre existe relação entre o conceito de ação teleológica e a relação jurídica de consumo, analisando a ação teleológica "como um conceito que pressupõe um só mundo, que neste caso é o mundo objetivo".[34] Essa verificação é fundamental e tem como base a idéia de "alternativas de ação", vez que quando se trata especificamente do direito do consumidor, nem sempre é possível ao sujeito, denominado de consumidor, realizar livremente a escolha entre uma ação ou outra, dentro do que Habermas denomina de *alternativas de ação*.

Por outro lado, no que se refere ao conceito de ação estratégica de Habermas ("Neste caso partimos de pelo menos dois sujeitos que atuam com vistas à obtenção de um fim, e que realizam seus propósitos orientando-se por, e influindo sobre as decisões de outros atores"),[35] aparecem perfeitamente delineadas as características atinentes às relações jurídicas de consumo, pois nessas estão presente consumidores e fornecedores, cada qual formando, com seus pares, conjuntos que elaboram estratégias com vista às ações. Assim, as características da relação jurídica de consumo podem ser relacionadas ao tipo de ação estratégica delineada por Habermas, principalmente quando esse autor coloca que "o resultado da ação depende também de outros atores, cada um deles se orienta à consecução de seu próprio êxito, e somente se comporta cooperativamente na medida em que ele encaixa em seu cálculo egocêntrico de utilidades".[36] O que impede o perfeito inter-relacionamento da teoria da ação estratégica com a relação de consumo é sua vinculação com o mundo objetivo, uma vez que a relação de consumo se enquadra no mundo social.

No que se refere à relação jurídica de consumo, deve-se sempre levar em conta que as diferenças existentes entre fornecedor e consumidor fazem com que aquele determine as regras do mercado, impondo suas condições e não dando, muitas vezes, qualquer alternativa ao consumidor. Nesse patamar de discussão, a nova dogmática atinente às relações jurídi-

---

[34] Tradução, pelo autor, de fragmento da obra em espanhol: "como un concepto que presupone un solo mundo, que en este caso es el mundo objetivo." Ibidem, p.126.

[35] Tradução, pelo autor, de fragmento da obra em espanhol: "En este caso partimos de a lo menos dos sujetos que actúan con vistas a la obtención de un fin, y que realizan sus propósitos orientandose por e influyendo sobre, las decisiones de otros actores." Idem.

[36] Tradução, pelo autor, de fragmento da obra em espanhol: "El resultado de la acción depende también de otros actores, cada uno de los cuales se orienta a la consecución de su propio éxito, y sólo se comporta cooperativamente en la medida en que ello encaja en su cálculo egocéntrico de utilidades." Ibidem, p.126/127.

cas de consumo pretende igualar as partes. Nessa tentativa de igualar as partes, a dogmática retira, em alguns casos, a possibilidade de escolha, a possibilidade de alternativas. Assim, quando se compara a dogmática da responsabilidade civil por danos ao consumidor, causados por produtos, com a teoria da ação social, nem sempre existem alternativas que possam levar opções tanto ao consumidor, quanto ao fornecedor, no âmbito da relação jurídica de consumo.

Sob outro ângulo de análise, quando a teoria da ação social se estabelece sobre o conceito de ação teleológica – finalidade –, essa idéia está presente na dogmática do consumidor, uma vez que a própria definição de consumidor está atrelada à aquisição ou utilização de bens ou serviços como destinatário final.

O segundo conceito de ação desenvolvido por Habermas está relacionado com a ação regulada por normas, onde o ator se orienta por valores comuns, observando ou não a norma.

> As normas expressam um acordo existente em um grupo social. Todos os membros de um grupo para os quais rege uma determinada norma tem direito a esperar uns dos outros que em determinadas situações se executem ou omitam, respectivamente, as ações obrigatórias ou proibidas. O conceito central de uma norma significa o cumprimento de uma expectativa generalizada de comportamento.[37]

No que se refere à dogmática jurídica atinente ao consumidor, embora, em um primeiro momento, tenha existido resistência dos fornecedores, o conjunto normativo atinente à relação jurídica de consumo, em especial no que se refere à responsabilidade civil por danos causados ao consumidor por defeitos no produto, leva em si uma expectativa de igualar as partes da relação de consumo, propiciando ao consumidor igualdade de condições para discutir cláusulas contratuais e buscar, quando for necessário, o ressarcimento dos danos causados por defeitos no produto, com a facilitação, inclusive, dos aspectos processuais; hoje, uma realidade que não se pode negar. Assim, a criação da dogmática de proteção ao consumidor possui exatamente o intuito de criar entre as partes – consumidor e fornecedor – a expectativa formulada por Habermas, do cumprimento de um acordo dentro do grupo social.

Ainda, no que concerne ao conceito de ação regulada por normas, é importante salientar as relações entre um ator e dois mundos: o objetivo e

---

[37] Tradução, pelo autor, de fragmento da obra em espanhol: "Las normas expresan un acuerdo existente en um grupo social. Todos los miembros de un grupo para los que rige una determinada norma tiene derecho a esperar unos de otros que en determinadas situaciones se ejecuten u omitan, respectivamente, las acciones obligatorias o prohibidas. El concepto central de uma norma significa el cumplimiento de una expectativa generalizada de comportamento." HABERMAS. *Teoria de la acción....*, ob., cit., p.123.

o social. No dizer de Habermas, "junto ao mundo objetivo de estados de coisas existentes aparece o mundo social".[38]

Nesse tópico é importante chamar a atenção para a interação entre a relação jurídica de consumo e a idéia do contexto normativo em Habermas, pois, segundo o autor, "um mundo social consta de um contexto normativo que fixa quais interações pertencem à totalidade de relações interpessoais legítimas".[39]

Assim, conforme Habermas, "os membros de um grupo podem legitimamente esperar, então, uns dos outros, que cada um deles, na correspondente situação, oriente sua ação pelos valores normativamente fixados para todos os afetados".[40] Com a criação da dogmática jurídica do consumidor, o que se pode esperar dos envolvidos na relação é o comportamento de acordo com a norma.

No que se refere à ação regulada por normas, e estabelecidas essas normas às relações de consumo, pode-se esperar a possibilidade de uma modificação nos motivos que levam os agentes a esse tipo de relação. Se antes da dogmática do consumidor existe um domínio acentuado do fornecedor sobre o consumidor, devido ao forte poder econômico daquele sobre este, após a criação das normas jurídicas que regem as relações de consumo e através dessas a pretensão de igualar as partes da relação, pode-se entender que as normas jurídicas criam novas motivações para a ação, conforme expõe Habermas: "o modelo normativo de ação não somente dota o agente de um complexo cognitivo, senão também de um complexo motivacional que possibilita um comportamento conforme as normas".[41]

O terceiro conceito estabelecido por Habermas é o que se refere à ação dramatúrgica: "O conceito de ação dramatúrgica não faz referência primariamente nem a um ator solitário nem ao membro de um grupo social, senão a participantes em uma interação que constituem uns para os outros

---

[38] Tradução, pelo autor, de fragmento da obra em espanhol: "Junto al mundo objetivo de estados de cosas existentes aparece el mundo social" HABERMAS. *Teoria de la acción...*, ob., cit., p.127-128.

[39] Tradução, pelo autor, de fragmento da obra em espanhol: "Un mundo social consta de un contexto normativo que fija qué interacciones pertenecen a la totalidad de relaciones interpersonales legítimas." HABERMAS. *Teoria de la acción...*, ob., cit., p.128.

[40] Tradução, pelo autor, de fragmento da obra em espanhol: "Los miembros de un grupo pueden legítimamente esperar entonces unos de otros que cada uno de ellos, en la correspondiente situación, oriente su acción por los valores normativamente fijados para todos los afectados." Ibidem, p.129.

[41] Tradução, pelo autor, de fragmento da obra em espanhol: "el modelo normativo de acción no solamente dota al agente de un complejo cognitivo, sino también de un complejo motivacional que posibilita un comportamiento conforme a las normas." HABERMAS. *Teoría de la acción...*, ob., cit., p.129.

um público ante o qual se põem a si mesmos em cena."[42] Esse conceito, como o próprio Habermas reconhece, até o momento não frutificou em nível suficientemente generalizador desde o ponto de vista teórico, não possuindo, pois, uma ligação estreita com a relação jurídica de consumo. Porém, em sentido lato, pode-se dizer que a relação existe, vez que os agentes podem, na ação dramatúrgica, controlar o acesso dos demais à esfera de seus próprios sentimentos, pensamentos, atitudes, desejos, etc., o que revela a possibilidade de ligação com a ação do consumidor e do fornecedor no sentido de um controle sobre as reais intenções desses agentes.

Outro conceito trabalhado por Habermas, dentro da ação, é o de ação comunicativa. Conforme o autor,

[...] se refere à interação de pelo menos dois sujeitos capazes de linguagem e de ação que (já seja com meios verbais ou com meios extraverbais) entabulam relação interpessoal. Os atores buscam entender-se sobre uma situação de ação para poder assim coordenar de comum acordo seus planos de ação e com eles suas ações.[43]

Em princípio, a visão de Habermas, que é estabelecida para o conceito de ação comunicativa, é aplicável à relação jurídica de consumo, pois nela tem-se pelo menos dois sujeitos – fornecedor e consumidor – capazes de linguagem. Porém, nem sempre os entendimentos que direcionam a ação na relação jurídica de consumo são realizados de forma livre, seja quando se analisa, no Brasil, a proteção do consumidor antes da criação do Código de Defesa do Consumidor – Lei 8.078, de 11 de setembro de 1990 –, ou quando se analisa a nova dogmática do consumidor através do Código.

No primeiro momento, o poder econômico, representado pelos fornecedores, sempre impôs suas vontades, sem qualquer alternativa para o consumidor, motivo pelo qual surgiu a dogmática de proteção ao consumidor, perfazendo o segundo momento. Nesse primeiro momento, no plano teórico, tinha-se como elemento fundamental a liberdade entre as partes. Porém, na prática, isso não aconteceu. Somente o fornecedor estava livre para contratar e impor seus ditames, pois o consumidor, fraco e vulnerável, não possuía qualquer liberdade de opção.

---

[42] Tradução, pelo autor, de fragmento da obra em espanhol: "El concepto de acción dramatúrgica no hace referencia primariamente ni a un actor solitario ni al miembro de un grupo social, sino a participantes en uma interacción que constituyen los unos para los otros un público ante el cual se ponen a sí mismos en escena." Ibidem, p.123.

[43] Tradução, pelo autor, de fragmento da obra em espanhol: "se refiere a la interacción de a lo menos dos sujetos capaces de lenguaje y de acción que (ya sea con medios verbales o con medios extraverbales) entablan una relación interpesonal. Los actores buscan entenderse sobre una situación de acción para poder así coordinar de común acuerdo sus planes de acción y con ello sus acciones." Ibidem, p.124.

No segundo momento – da normatividade sobre a relação jurídica de consumo –, o consumidor saiu fortalecido com a nova dogmática, uma vez que o Estado interveio na relação jurídica de consumo de tal forma que as partes ficaram obrigadas às restrições normativas, sem a possibilidade de acordarem sobre muitas cláusulas contratuais.

Nesse segundo momento aparecem dois aspectos importantes: primeiro, a igualdade entre as partes, limitando-se sobremaneira a liberdade do fornecedor, vindo essa nova dogmática para tolher as ações desmedidas praticadas pelos fornecedores que, em muitos casos, causavam prejuízos ao consumidor; segundo, uma maior liberdade para o consumidor advinda justamente da igualdade caracterizada.

O Direito, por si só, é a possibilidade de se tolher a liberdade do cidadão, entendida como elemento em sua totalidade. O Estado, na realidade, ao interferir na conduta do cidadão, diz o que ele deve ou não fazer, ou seja, regulamenta sua conduta.

Na teoria da ação social, um de seus pressupostos é exatamente a liberdade que o ator possui para optar entre fazer ou deixar de fazer a conduta.

Na relação jurídica de consumo, e em especial da dogmática do consumidor, essa liberdade de opção não ocorre e, não ocorrendo, tanto a relação jurídica de consumo, quanto a dogmática do consumidor não se enquadrariam, a princípio, nos ditames estabelecidos pela teoria. Porém, não se pode perder de vista a divisão anteriormente mencionada: a relação jurídica de consumo antes da dogmática jurídica do consumidor e a relação jurídica de consumo na dogmática jurídica do consumidor. Antes da dogmática, a relação jurídica de consumo é totalmente manipulada pelo fornecedor, o que retira do consumidor toda a possibilidade – liberdade – de escolha; posteriormente, com a dogmática do consumidor, acontece a intervenção do Estado, que suprimindo, em grande parte a vontade – liberdade – das partes, buscou igualá-las.

A nova dogmática ou, em outras palavras, os novos paradigmas da dogmática jurídica, que tratam de assuntos sobre a relação jurídica de consumo, desenvolve-se não sob o prisma de liberdade das partes, ao contratar, mas sob o prisma da igualdade. Ou seja, cai a pressuposição de que as partes são livres para estabelecer as cláusulas que bem entenderem para o contrato. O pressuposto, agora, é criar, através da dogmática, a igualdade entre as partes via norma jurídica, pelo tolhimento, em certos aspectos, por exemplo, de cláusulas consideradas abusivas, da liberdade de contratar.

Nesse patamar de idéias existia, antes da dogmática jurídica do consumidor, uma liberdade limitada pela atuação do mais forte (fornecedor) sobre o mais fraco (consumidor), em que o consumidor deveria se submeter às regras do jogo estabelecidas pelo fornecedor para ter acesso aos bens de consumo.

Assim, pelo que se pode notar, a idéia de um sistema de total liberdade não pode ser aplicada ao direito do consumidor. O mercado – visto na relação fornecedor/consumidor – não se regula por si só. No patamar de um sistema de total liberdade, o que ocorre é a espoliação, vez que a ação sempre deverá estar direcionada ou orientada por outra ação.

Assim, em nenhum momento – nem antes nem depois da dogmática do consumidor –, existiu um sistema de total liberdade na relação fornecedor/consumidor.

Antes da dogmática, não existia liberdade, porque o fornecedor impunha suas regras retirando qualquer possibilidade de escolha por parte do consumidor. Em um sentido mais amplo, vale lembrar com Höffe que, "numa coexistência de pessoas livres, sempre se deve contar com conflitos, que os conflitos contêm como tais uma limitação da liberdade e, com isto, uma coerção social".[44]

Após a dogmática do consumidor, o conjunto normativo vem justamente para estabelecer claros limites nas condutas atinentes às relações jurídicas de consumo, fortalecendo, sem sombra de dúvidas, a diminuição das liberdades já existentes. Com isso, por outro lado, houve um fortalecimento da igualdade entre as partes.

Tendo em vista a teoria da ação social, que tem como pressuposto a liberdade do ator de escolher a ação que irá executar, o pólo central da ação, dirigida à relação jurídica de consumo, não está na liberdade, mas na igualdade entre as partes.

Também é importante que se trabalhe, sobre esse tema, as obras de Luhmann, pois elas apresentam as críticas que o mesmo desenvolve às idéias de Parsons. Ou seja, com a análise dessas críticas, pode-se buscar o aprofundamento das idéias que formam a teoria da ação social e, ao mesmo tempo, trazer contribuições ao entendimento da dogmática do consumidor.

Luhmann, trabalhando conceitos básicos da teoria dos sistemas sociais, trata da complexidade, contingência e da expectativa de expectativa. "Com complexidade queremos dizer que sempre existem mais possibilidades do que se pode realizar. Por contingência entendemos o fato de que as possibilidades apontadas para as demais experiências poderiam ser diferentes das esperadas".[45] Quando se fala em direito do consumidor, na

---

[44] HÖFFE, Otfried. *Justiça política – fundamentação de uma filosofia crítica do direito e do Estado.* Petrópolis: Vozes, 1991. p.267.
[45] LUHMANN, Niklas. *Sociologia do direito I.* Rio de Janeiro: Tempo Brasileiro, 1983. p.45.

ação que leva à relação jurídica de consumo, nem sempre o elemento complexidade, no sentido aqui estabelecido, estará presente, uma vez que o consumidor, muitas vezes, não possui qualquer opção entre fazer e não fazer a ação. O mesmo não ocorre com o fornecedor, que é detentor do poder econômico e tecnológico e, portanto, possui todas as condições de opção.

Por outro lado, quando se aborda a contingência e se analisa a atuação do consumidor, pode-se verificar que, realmente, as possibilidades apontadas para as demais experiências podem ser diferentes das esperadas. Se essa análise tiver como base as relações jurídicas de consumo, anteriores à dogmática do consumidor, o grau de diferenciação entre o que acontecia e o esperado pelo consumidor era sensivelmente elevado, tanto que motivou a criação da referida dogmática. No que se refere à outra parte da relação jurídica de consumo – o fornecedor –, embora a contingência esteja presente, ela é em menor grau do que pelo lado do consumidor.

Aspecto importante em Luhmann é a idéia de dupla contingência, ou seja, além do agente que fará a ação, haverá outros que interferirão em sua ação.

> As possibilidades atualizadas por outros homens também se apresentam a mim, também são minhas possibilidades. A propriedade, por exemplo, só tem sentido como defesa nesse contexto. As possibilidades me são apresentadas na medida em que os outros as experimentam, sem podê-las atualizar totalmente como experimentações propriamente suas. Com isso adquiro a chance de absorver as perspectivas dos outros, ou de utilizá-las no lugar das minhas, de ver através dos olhos dos outros, de deixar que me relatem algo, e dessa forma ampliar meu próprio horizonte de expectativas sem um maior gasto de tempo. Com isso alcanço um imenso aumento da seletividade imediata da percepção.[46]

Quando o agente busca no outro as suas possibilidades, aumenta o nível de contingência, aumentando o risco. Em primeiro lugar, deve o agente partir da idéia de liberdade tanto para ele, como para o outro. Luhmann, abordando a idéia do *outro*, diz que "também para ele o mundo é complexo e contingente. Ele pode errar, enganar-se, enganar-me. Sua intenção pode significar minha decepção".[47]

É na dupla contingência que se insere uma maior complexidade no elemento *expectativa*, pois, na contingência simples, a expectativa é direcionada para o fato buscado, enquanto na dupla contingência tem-se o outro como agente livre e com possibilidades de influenciar o agente. "O comportamento do outro não pode ser tomado como fato determinado, ele

---

[46] LUHMANN, N. *Sociologia do direito I...*, p.46-47.
[47] Ibidem, p.47.

tem que ser expectável em sua seletividade, como seleção entre outras possibilidades do outro."[48] Ou seja, o agente deve ter expectativa sobre a expectativa que o outro tem dele.

Através da idéia da dupla contingência, Luhmann desenvolve análise das idéias de Weber e Parsons:

> A análise da formação autoreferencial de sistemas baseada na dupla contingência nos obriga a revisar a idéia de que um sistema social não está constituído por pessoas, senão por ações. Esta idéia, na atualidade, é dominante na fundamentação da teoria da ação, já que parece oferecer a possibilidade de unir pontos de partida subjetivos e pertencentes à teoria de sistemas. Porém como se tem que traçar teoricamente tal princípio e como se tem que realizá-lo? Tanto Max Weber como Talcott Parsons operam com uma limitante. Para Weber, a ação social constitui um caso especial de ação, determinada pela intenção dirigida pelo social. Para Parsons – e por conta da idéia de Parsons acerca de Weber, tinha-se que dizer que se trata de um conceito totalmente diferente –, a formação de sistemas sociais é uma contribuição analiticamente diferenciada da emersão da ação, nada mais.[49]

São, na realidade, visões diferentes sobre a ação, dentro de óticas e postulados que defendem teorias que pretendem explicar um mesmo fenômeno social.

Na perspectiva da contingência e da dupla contingência, pode-se trabalhar a interação entre os dois lados da relação jurídica de consumo (consumidor/fornecedor). O consumidor busca, em sua ação, adquirir o produto ou serviço; o fornecedor busca, na sua, obter lucro. Nessa interação pode-se ver a possibilidade de o fornecedor agir sobre a ação do consumidor (influenciando-o e até mesmo enganando-o), uma vez que o consumidor, inevitavelmente, terá de se guiar pelas informações dadas pelo fornecedor.

Embora existam possibilidades de o consumidor ter a visão que, num primeiro momento, possibilite sua expectativa, e num segundo possa saber da expectativa do outro, a potencialidade do fornecedor e a criação do que já se falou do "espírito consumerista" – além de toda a gama de

---

[48] LUHMANN, N. Sociologia do direito I..., p.47.

[49] Tradução pelo autor, da obra em espanhol: "El análisis de la formación autoreferencial de sistemas basada en la doble contingencia nos obliga a revisar la idea de que un sistema social no está constituido por personas, sino por acciones. Esta idea, en la actualidad, es dominante en la fundamentación de la teoria de la acción, ya que parece ofrecer la posibilidad de unir puntos de partida subjetivos y pertenecientes a la teoría de sistemas. Pero cómo hay que plantear teóricamente tal "principio" y cómo hay que realizarlo? Tanto Max Weber como Talcott Parsons operan con una limitante. Para Weber, la acción social constituye un caso especial de acción, determinada por la intención dirigida por lo social. Para Parsons – y en conta de la idea de Parsons acerca de Weber, habría que decir que se trata de un concepto totalmente diferente –, la formación de sistemas sociales es una aportación analiticamente diferenciada de la emersión de la acción sin más." LUHMANN, Niklas. *Sistemas sociales: Lineamentos para una teoría general*. México: Patria, 1991. p.151.

propagandas[50] – o agente-consumidor possui grandes dificuldades para realizar a ação que possa atender, mais tarde, às suas expectativas.

> Quem pode ter expectativas sobre as expectativas de outros – quem, por exemplo, pode prever e considerar quando um romance cristalizará expectativas matrimoniais, e de quem serão essas expectativas – pode ter um acesso mais rico em possibilidades ao seu mundo circundante, e apesar disso viver mais livre de desapontamentos.[51]

No que se refere a essa idéia, embora alguns consumidores tenham a possibilidade de presenciar essas expectativas, com referência ao fornecedor, a maioria deles obscurecida pela falta de informações, falta de cultura em geral e cegada pela estrondosa máquina publicitária, não consegue ter presente as reais expectativas do fornecedor, e por isso é, seguramente, manipulada no sentido da aquisição de produtos ou serviços que, muitas vezes, sequer necessitaria.

As expectativas do consumidor, com relação ao fornecedor, giram em torno da boa qualidade e de preços baixos do produto ou serviço. Expectativas essas que nem sempre são as do fornecedor, porque sua maior expectativa está no lucro. No desencontro dessas expectativas (fornecedor X consumidor) dão-se os desapontamentos.

Dessa visão, que se retrata no plano psicológico, pode-se passar para uma outra mais concreta, que vislumbra a centralização do problema nos sistemas sociais. Segundo Luhmann,

> [...] os sistemas sociais utilizam um outro estilo de redução. Eles estabilizam expectativas objetivas, vigentes, pelas quais as pessoas se orientam. As expectativas podem ser verbalizadas na forma do dever ser, mas também podem estar acopladas a determinações qualitativas, delimitações da ação, regras de cuidado, etc.[52]

Nesse patamar de discussão, o conjunto normativo da nova dogmática do consumidor possibilita uma estabilização maior das expectativas do consumidor com referência às expectativas do fornecedor.

Ainda, no que se refere às expectativas, é importante analisar, sob a ótica da dogmática do consumidor, as idéias expostas por Luhmann sobre expectativas cognitivas e normativas.

Deve-se deixar claro que o sentido trazido pelo autor aos termos é o sentido funcional, ou seja, tendo em vista a solução de determinados

---

[50] A idéia de propaganda vinculada à publicidade está intimamente vinculada com a sociedade de massa. Como afirma Paulo Guimarães, "não se pode hoje pensar na sociedade de massa e em uma economia de mercado moderna sem a existência da publicidade. Ela faz parte de nossa vida e tem elementos positivos e negativos". (GUIMARÃES, Paulo Jorge Scartezzini. *A publicidade ilícita e a responsabilidade civil das celebridades que dela participam*. São Paulo: Revista dos Tribunais, 2001. p.93.). No que se refere aos positivos pode-se salientar a geração de empregos e informação aos consumidores; no que se refere aos negativos estão, entre outros, a indução ao espírito consumerista e o escamoteamento da realidade dos produtos.

[51] LUHMANN. *Sociologia do direito I...*, p.48.

[52] Ibidem, p.52.

problemas. Afirma Luhmann: "ao nível cognitivo são experimentadas e tratadas as expectativas que, no caso de desapontamentos, são adaptadas à realidade. Nas expectativas normativas ocorre o contrário: elas não são abandonadas se alguém as transgride".[53] Vista essa idéia sob o prisma da relação de consumo, pode-se trazer como exemplo a procura de determinado produto de cor branca e boa qualidade. No que se refere à *cor branca* se está diante de uma expectativa cognitiva, vez que, se for somente encontrada a preta, pode-se com ela adaptar-se – há uma assimilação do desapontamento; porém, no que se refere à qualidade do produto, se ele vier com um defeito substancial que impossibilite sua utilização, estar-se-ia diante de uma expectativa normativa e, portanto, não adaptável – não há uma assimilação do desapontamento.

Por outro lado, analisando especificamente as normas, Luhmann coloca que elas são "expectativas de comportamento estabilizadas em termos contra-fáticos". Seu sentido implica a incondicionabilidade de sua vigência, na medida em que a vigência é experimentada, e, portanto, também institucionalizada, independentemente da satisfação fática ou não da norma.[54]

Ainda, no dizer de Luhmann:

> O desapontamento pode então levar à formação de normas através da normatização *a posteriori*. Assoma à consciência que não é possível abdicar-se dessa expectativa, tornando-se necessária a exigência de um comportamento correspondente. Essa é a forma de pensar o surgimento do direito a partir de desapontamentos.[55]

Nesse sentido, a dogmática do consumidor deverá apresentar-se de acordo com essa perspectiva, eis que, dentro dela, não se irá discutir a possibilidade de se assimilar desapontamentos. A assimilação do desapontamento é admissível numa fase cognitiva pré-dogmática do consumidor, que será fonte geradora das normas integrantes, mais tarde, da dogmática do consumidor.

Em Parsons, a teoria da ação aparece como um esquema conceitual para a análise das condutas dos organismos vivos, concebidas para a obtenção de um fim, por meio de gastos de energia.[56] Ou seja, a teoria da ação possui, como ponto central, os processos de interação, que existem entre o ator e os objetos, dentro de uma situação, estabelecendo-se dentro de um sentido relacional.[57][58]

---

[53] LUHMANN. *Sociologia do direito I...*, p.56.
[54] Ibidem, p.57.
[55] LUHMANN. *Sociologia do direito I...*, p.59.
[56] PARSONS, Talcott, SHILS, Edward A. (Dir.). *Hacia una teoría general de la acción*. Buenos Aires: Kapelusz, 1962. p.75.
[57] Ibidem, p.84.
[58] Ver sobre as idéias de Parsons em: SCHWARTZENBERG, Roger-Gérard. Sociologia política: elementos de ciência política. São Paulo: Difel, 1979, p. 120.

Nesse contexto, é importante salientar a orientação do ator para o desenvolvimento da ação.[59] No dizer de Parsons:

> O sistema de orientações do ator está constituído por um grande número de orientações específicas. Cada uma destas 'orientações da ação' é uma 'concepção' (explícita ou implícita, consciente ou inconsciente) que o ator tem da situação de acordo com o que ele quer (seus fins), com o que ele vê (como se lhe aparece a situação), e de como intenta conseguir das coisas que vê aquelas que quer (seu 'plano' normativamente regulado de ação, explícito ou implícito).[60]

Parsons, trabalhando sobre a ação, esclarece que "a ação consiste em estruturas e processos através dos quais os seres humanos formam intenções significativas e, com maior ou menor êxito, as executam em situações concretas".[61] A ação é vista, simplesmente, como uma ação humana que pode ser de cunho individual ou coletivo, embora o próprio Parsons reconheça que os atos sempre estão organizados em sistemas.[62] A teoria da ação compreende os atores, a situação e as orientações do ator para a situação.[63] É de se salientar, porém, com Parsons, que "a 'ação unitária' elementar, completamente isolada, é uma abstração. As ações ocorrem em sistemas onde se necessitam valorações acerca dos canais alternativos de ação".[64]

Na abordagem sobre a teoria da ação, Parsons escreve: "Na teoria da ação, o ponto de referência de todos os termos é a ação de um ator (ator individual) ou de uma coletividade de atores (atores)".[65] A orientação da ação do ator, ou atores, é o elemento fundamental da Teoria, mormente porque ela não se dirige somente para a situação do momento, mas também para o futuro. No que se refere ao coletivo, as ações que interessam à Teoria são aquelas provindas dos membros da coletividade, enquanto executadas na qualidade de membros, e não qualquer outra ação.

---

[59] "El marco de referencia básico considera a la acción como un proceso de esfuerzo para lograr ciertos estados de gratificación o ciertos fines dentro de una situación." Parsons; Shils, ob. cit., p.84.

[60] Tradução pelo autor: "El sistema de orientaciones del actor está constituido por un gran número de orientaciones específicas. Cada una de estas 'orientaciones de la acción' es una 'concepción' (explícita ou implícita, consciente ou inconsciente) que el actor tiene de la situación de acuerdo con lo que él quiere (sus fines), con lo que él ve (cómo se le aparece la situación), y de cómo intenta conseguir de las cosas que ve aquellas que quiere (su 'plan' normativamente regulado de acción, explícito o implícito)". Ibidem, p.76.

[61] Ibidem, p.16.

[62] PARSONS, Talcott. *El sistema social*. Madrid: Grefol S/A, 1976. p.18.

[63] Ver Parson, Shils, ob. cit., p.78.

[64] Tradução, pelo autor, de fragmento da obra em espanhol: "la 'acción unitaria' elemental, completamente aislada, es una abstracción. Las acciones ocurren en sistemas donde se necesitan evaluaciones acerca de los canales alternativos de acción". Ibidem, p. 274.

[65] Tradução, pelo autor, de fragmento da obra em espanhol: "En la teoría de la acción, el punto de referencia de todos los términos es la acción de un actor (individual actor) o de una colectividad de actores (actors)". Ibidem, p.20.

Por essas disposições, quatro pontos são fundamentais para Parsons na concepção da conduta: a conduta se orienta para a obtenção de fins ou metas; tem lugar em determinadas situações; é normativamente regulada; e supõe gasto de energias.[66] Configurados esses parâmetros, tem-se o que se denomina de ação. A ação, por sua vez, sempre será influenciada por objetos, que tanto podem ser sociais – indivíduos e coletividades – como não-sociais – físicos e culturais.[67]

É importante aprofundar esses conceitos em Parsons, pois são fundamentais para a compreensão da teoria da ação social.

Em Parsons, três pontos são fundamentais para a teoria da ação: o ator; uma situação de ação; e a orientação do ator na situação determinada.[68] Importante é uma rápida análise de cada um deles, a título de conhecimento e para posterior aplicação ao direito do consumidor.

2.1. O ator e uma situação de ação

No que se refere ao ator,[69] ele pode ser tanto um indivíduo, quanto uma coletividade. Ele é, ao mesmo tempo, um sistema de ação e um ponto de referência. Como sistema de ação, ele pode ser indivíduo ou coletividade; como ponto de referência, pode ser um ator-sujeito ou um objeto social. Os objetos sociais também podem ser indivíduos ou coletividades, sendo esta "um sistema da ação composto por uma pluralidade de atores individuais que guardam determinadas relações uns com os outros".[70]

Quanto a uma situação de ação,[71] pode-se dizer que é aquela que tem alguma significação para o ator cuja conduta se está analisando. Segundo Parsons, ela pode ser dividida em duas classes de objetos: os sociais (indivíduos e coletividades) e os não-sociais (objetos físicos e culturais).[72]

No rol dos objetos sociais estão incluídos tanto os atores como as coletividades. Dessa forma, o ator-sujeito pode orientar-se até ele próprio, concebendo-se como um objeto, ou até os outros objetos sociais.[73] Uma classificação mais ampla para os objetos sociais, que se vê em Parsons, é a que se refere ao complexo de qualidade ou de realização. O sentido de

---

[66] Parson, Shils, ob. cit., p.75.
[67] Completando a idéia dispõe Parsons: "Cada acción es la acción de um actor, y tiene en una situación que comprende objetos. Éstos pueden ser otros actóres, u objetos físicos o culturales." Ibidem, p.76.
[68] Parson, Shils, ob. cit., p.78.
[69] Ibidem.
[70] Ibidem, p.79.
[71] Ibidem, p.78.
[72] Parsons, Shils. ob. cit., p.79.
[73] Ibidem.

qualidade aparece quando o ator-sujeito percebe o outro ator pelo que ele é, deixando em segundo plano o que ele faz; por outro lado o sentido de realização está vinculado a idéias sobre o que o outro ator faz, deixando em segundo plano o que ele é. Assim, os objetos sociais podem ser significativos para o ator-sujeito como um complexo de realizações.[74]

Os objetos não-sociais, que são os que não podem ser sujeitos, dividem-se em objetos físicos e culturais.

Os objetos físicos são aqueles que "podem constituir-se em meios instrumentais significativos, condições, objetos-metas, obstáculos ou símbolos significantes."[75]

Os objetos culturais estão vinculados à herança cultural, aos costumes, à tradição. Nesse rol estão incluídas as leis, expressando sempre orientação. Os objetos culturais possuem importância fundamental no presente trabalho, pois:

> Também podem ser objetos de orientação cognisciva, catéctica e valorativa, no sentido de que um pode entender o significado de uma lei, pode aceitar uma lei e pode servir como regras normativas, como meios instrumentais significativos e como condições e obstáculos da ação ou como símbolos significantes.[76]

Em questões que envolvem as leis é importante salientar o pensamento de Parsons, uma vez que poderá ser utilizado, mais tarde, para explicar o Direito do Consumidor. "As leis e mesmo as idéias podem converter-se eventualmente em elementos internalizados da cultura para o ator-sujeito; como tais não serão objetos culturais, senão componentes do sistema de ação do ator-sujeito."[77]

O direito do consumidor como conjunto de leis pode ser relacionado dentro da visão estabelecida, como componente do sistema de ação, tanto na ótica do consumidor, quanto na do fornecedor.

2.2. Orientação do ator para uma situação[78]

Compreende o grupo de conhecimento, os planos e as normas que relacionam o ator com a situação. Duas categorias de elementos podem

---

[74] Parsons, Shils. ob. cit., p. 79.

[75] Tradução pelo autor: "pueden constituirse en medios instrumentales significativos, condiciones, objetos-metas, obstáculos o símbolos significantes". Parsons, Shils. *Hacia uma...*, p.80.

[76] Tradução pelo autos: "Tambén pueden ser objetos de orietanción cognoscitiva, catéctica y evaluativa, en el sentido de que uno puede entender el significado de una ley, puede aceptar una ley, y pueden servir como reglas normativas, como medios instrumentales significativos y como condiciones y obstáculos de la acción o como símbolos significantes." Idem.

[77] Trad. pelo autor: "Las leyes y ideas mismas pueden convertirse eventualmente en elementos internalizados de la cultura para el actor-sujeto; como tales no serán objetos culturales, sino componentes del sistema de acción del actor-sujeto". Parsons, Shils. *Hacia uma...*, p.80.

[78] Parsons, Shils. *Hacia uma...*, p.78.

aqui, segundo Parsons,[79] ser estudadas: *orientação motivacional* e *"orientação de valor"*.

2.2.1. Orientação motivacional

Está vinculada com a gratificação/privação que o ator pode experimentar. É de se notar que a gratificação é elemento que se vincula ao momento e também ao futuro. Três modos de orientação motivacional são lembrados em Parsons: o *modo cognitivo*, que compreende os processos vinculados à percepção de um objeto; o *modo catéctico*, que compreende os processos pelos quais o ator confere uma significação afetiva a um objeto; *o modo de avaliação*, que compreende os vários processos de avaliação elaborados pelo ator sobre também vários objetos, principalmente sobre o que um ou outro lhe traz de maior ou menor satisfação. Dentro dessa análise escreve Parsons:

> Existe uma ordem de modos possíveis de orientação, no sentido motivacional, até um critério de valor. Talvez a distinção mais importante seja entre a atitude de 'conveniência' em um polo, de onde a conformidade ou a não conformidade é uma função dos interesses instrumentais do ator, e no outro polo a 'introjecção' ou internacionalização do critério, de maneira que atuar em conformidade com este chega a ser uma disposição de necessidade na personalidade do ator.[80]

No livro "O sistema social", Parsons esclarece que "pelo lado da orientação, se pode repetir a classificação tripartida dos modos de orientação como critérios cognitivos, critérios apreciativos e critérios morais de orientação de valor."[81] Em última análise, a mesma classificação é apresentada pelo Autor também nesse livro.

2.2.2. Orientação de valor[82]

Parsons explica o *valor* como "um elemento de um sistema simbólico dividido, que serve de critério para a seleção entre as alternativas

---

[79] Parsons, Shils. *Hacia uma...*, p.81-82.

[80] Tradução, pelo autor, de fragmento da obra em espanhol: "Existe un ordem de modos posibles de orientación, en el sentido motivacional, hacia un criterio de valor. Quizá la distinción más importante sea entre la actitud de 'conveniencia' en un polo, donde la conformidad o la no-conformidad es una función de los intereses instrumentales del actor, y en el outro polo la 'introyección' o internalización del criterio, de manera que actuar en conformidad con este llega a ser una disposición de necesidad en la propia estructura de la personalidad del actor." Parsons. *El sistema...*, p.44.

[81] Tradução, pelo autor, de fragmento da obra em espanhol: "por el lado de la orientación, se puede repetir la clasificación tripartida de los modos de orietación como criterios cognitivos, criterios apresiativos y criterios morales de orientación de valor." Parsons. *El sistema...*, p.23.

[82] Rocher define valor como "uma maneira de ser ou de agir que uma pessoa ou uma coletividade reconhecem como ideal e que faz com que os seres ou as condutas aos quais é atribuído sejam desejáveis ou estimáveis". ROCHER, Guy. *Sociologia geral 1*, 3. ed., Lisboa: Editorial Presença, 1977. p.127.

de orientação que se apresentam intrinsecamente abertas em uma situação.[83]

Ocorre quando o ator deve ou pode escolher entre dois ou mais objetos, e para isso, necessita de critérios de seleção. Nas palavras de Parsons:

> A situação apresenta objetos que são alternativamente possíveis para as necessidades de gratificação. Os mapas cognitivos apresentam alternativas de juízo e interpretação sobre quais são os objetos e o que significam.[84]

A seleção é um elemento-essencial para a ação, uma vez que a seletividade é uma função que se refere simultaneamente à orientação até as metas do ator, a diferenciação da situação dos objetos.[85] Quando isso ocorre, diz Parsons que:

> sua orientação de valor lhe permitiram o uso de certas normas que o guiaram em suas eleições[...] Estas orientações de valor comprometem ao indivíduo com um grupo organizado de regras, ou seja, de regras que não se contradizem entre si. [...] A orientação de valor de um indivíduo consiste no submeter deste às estipulações dessas normas.[86]

O valor situa-se no mundo do ideal, e não dos objetos. É através dele que haverá o optar do sujeito. No dizer de Parsons:

> Ao aspecto da orientação de valor, por outra parte, lhe concerne os critérios pelos quais avalia a validez dos juízos cognitivos. Alguns deles – como os critérios mais elementares de lógica ou adequação da observação – podem ser culturas universais, no entanto que outros são culturalmente variáveis.[87]

Assim, fica patente que as normas de valor constituem a orientação de valor guiando a seleção.[88] Essas normas podem ser classificadas de três formas: cognitivas, apreciativas e morais.[89]

---

[83] Tradução, pelo autor, de fragmento da obra em espanhol: "un elemento de un sistema simbólico compartido que sirve de criterio para la selección entre las alternativas de orientación que se presentan intrínsecamente abiertas en una situación". PARSONS. *El sistema...*, p.22.

[84] Tradução, pelo autor, de fragmento da obra em espanhol: "La situación presenta objetos que son alternativamente posibles para las necesidades de gratificación. Los mapas cognitivos presentan alternativas de enjuiciamiento e interpretación sobre cuáles son los objetos y lo que significan". Ibidem, p.19.

[85] Neste sentido, Parsons, Shils. *Hacia uma...*, p.274.

[86] Tradução, pelo autor, de fragmento da obra em espanhol: "sus orientaciones de valor le permitirán el uso de ciertas normas que lo guiarán en sus elecciones[...] Estas orientaciones de valor comprometen al individuo con un grupo organizado de reglas, es decir, de reglas que no se contradicen entre sí.[...] La orientación de valor de un individuo consiste en el sometimiento de éste a las estipulaciones de esas normas." Ibidem, p.82.

[87] Tradução, pelo autor, de fragmento da obra em espanhol: "Al aspecto de la orientación de valor, por outra parte, le conciernen los criterios por los que evalúa la validez de los enjuiciamientos congnitivos. Algunos de ellos – como los criterios más elementales de lógica o adecuación de la observación – pueden ser universales culturales, en tanto que otros elementos son culturalmente variables". PARSONS. *El sistema...*, p.23.

[88] Ver também PARSONS. *El sistema...*, ob. cit., p.19.

[89] Parsons, Shils. *Hacia uma...*, ob. cit., p.96.

As normas cognitivas estão vinculadas ao conhecimento, que é relativizado quando analisados vários sistemas culturais de valor.

As normas apreciativas correspondem, segundo Parsons, ao modo catéctico da orientação motivacional.[90]

As normas morais podem ser universais quando transcendem o sistema particular de ação, mas podem ser também particulares quando relativizadas à coletividade de que o ator é membro. Essas normas estão dentro de um contexto amplo que compreende o que Parsons denomina de "estandares morais" na cultura comum dos sistemas de interação social, onde funcionam como elementos estabilizadores desses sistemas.[91]

Através dessas três formas normativas desenvolve-se a orientação de valor. Como se pode ver, a ação será desenvolvida através da orientação motivacional e da orientação de valor, conjuntamente, o que vem mostrar a união entre motivação e orientação.

Porém, é importante se ter em vista que a ação é guiada, em primeiro lugar, por motivação e, em segundo, pela existência de normas de orientação.

Quando se possui mais de uma norma de orientação, para nortear ao mesmo tempo uma ação, são utilizados os níveis de primazia, ou seja, havendo conflito, uma norma deve prevalecer sobre a outra.

> Em conseqüência, os três tipos básicos de ação são: a. a *atividade intelectual*, na qual predominam os interesses cognocivos e onde as normas de valor possuem primazia (ou seja, a investigação ou a "busca de conhecimento" é o que importa) b. *a ação expressiva*, onde os interesses catécticos e as normas apreciativas são as que dominam (ou seja, o que importa aqui é a busca de gratificação direta); e c. a *ação responsável ou moral*, onde os interesses valorativos e a normas morais possuem primazia (ou seja, aqui existe o intento por integrar as ações em função de um sistema de ação mais amplo).[92]

Como se pode notar, sobressaem da orientação para a situação o aspecto eletivo e o aspecto referente à expectativa da orientação. Ou seja, sempre a orientação é exercida entre dois ou mais objetos e, por outro lado, sempre vai estar presente a expectativa da orientação.

---

[90] Idem.

[91] Ver, PARSONS, Talcott; SHILS, Edward A.: BALES, Robert F. *Apuntes sobre la teoría de la acción*. Buenos Aires: Amorrortu , 1970. p.16.

[92] Tradução, pelo autor, de fragmento da obra em espanhol: "En consecuencia, los tres tipos básicos de acción son: a. la *activídad intelectual*, en la que predominan los intereses cognoscitivos y donde las normas de valor tienén primacía (es decir, la investigación o la "búsqueda de conocimiento" es lo que importa) b. la *acción expresiva*, donde los intereses catécticos y las normas apreciativas son las que dominan (es decir, lo que importa aquí es la búsqueda de gratificación directa); y c. la *acción responsable o moral*, donde los intereses evaluativos y las normas morales tienen primacía (es decir, aquí existe el intento por integrar las acciones en función de un sistema de acción más amplio)." Parsons, Shils. *Hacia una teoría...*, p.98.

Parsons inclui, no problema de orientação da ação, as variáveis-padrão que define como

> uma dicotomia, um de cujos pólos deve ser elegido pelo autor antes que o significado da situação se encontre determinado para ele e, em conseqüência, antes que possa atuar nessa situação.[93]

Para tanto, tem-se que o sujeito deve "exercer uma série de eleições antes que a situação tenha uma significação determinada",[94] e antes de poder atuar. Para Parsons, cinco eleições dicotômicas devem ser realizadas, pelo ator, antes que qualquer situação tenha um significado determinado. Embora ambos os elementos da dicotomia estejam presentes, não pode haver o acontecimento simultâneo dos mesmos: 1. afetividade – neutralidade afetiva, onde o ator se coloca frente ao dilema de optar entre a gratificação ou não;[95] 2. orientação até si mesmo – orientação até a coletividade, denota a eleição possível entre o interesse privado e o interesse coletivo; 3. universalismo – particularismo, onde o ator se coloca frente à dicotomia de ver o objeto dentro de um todo universal, ou tê-lo apenas nas particularidades que com ele mantém; 4. qualidade – desempenho, ou seja, perceber o objeto como complexo de qualidades ou complexo de realizações;[96] 5. especificidade – difusividade, onde o dilema está na visão de um campo específico ou dos muitos aspectos que o objeto pode oferecer.

Importante é salientar, ainda, que o próprio Parsons admite que as variáveis-padrão não são necessariamente atributos das normas de valor, porque qualquer eleição concreta, específica, pode ser bastante isolada e acidental.[97]

Rocher, trabalhando as questões atinentes à afetividade e neutralidade afetiva, traz exemplos que podem ser analisados para o presente trabalho:

> O papel de marido e pai, que já utilizamos, é inspirado pela afetividade, o particularismo (o marido não julga a mulher e os filhos segundo os mesmos critérios gerais por que julga todas as mulheres e todos os filhos) [...] Em contrapartida, as relações entre o comerciante e o cliente têm geralmente um cunho de neutralidade afetiva, de universalismo (o comerciante fixa os preços e condições de venda segundo critérios

---

[93] Tradução, pelo autor, de fragmento da obra em espanhol: "una dicotomía, uno de cuyos polos debe ser elegido por el actor antes que el significado de la situación se halle determinado para él y, en consecuencia, antes que pueda actuar en esa situación". Ibidem, p.101.
[94] Parsons, Shils. *Hacia una teoría...*, p.100.
[95] Ver. PARSONS. *El sistema...*, p.88.
[96] Parsons diferencia o complexo de qualidade (ou 'adscriptivo') em primário – anteriores ao sistema social – (atributos do organismo ou da personalidade); e secundário – dentro do sistema social – como derivados do sistema (ex. a categoria de *status* – casado, profissão). Neste sentido ver: Ibidem, p.91-98.
[97] Parsons, Shils. *Hacia una...*, p.102.

universais, a não ser que decida 'fazer um preço especial', que às vezes é realmente inspirado no particularismo), de agir (o cliente escolhe o seu comerciante segundo a qualidade da mercadoria ou a sua reputação e o comerciante trata com um cliente que pode pagar), de especificidade (o comerciante trata o cliente como cliente e não como pessoa global), e, por último, de egocentrismo (cliente e comerciante prosseguem ambos interesses particulares).[98]

No primeiro exemplo, o do marido e mulher, tem-se bem-especificada a relação de afetividade, porque as ações movidas por qualquer um deles em relação ao outro possuem a carga afetiva que os une como casal.

No que se refere ao exemplo do comerciante, Rocher deixa clara a neutralidade afetiva entre ele e o cliente, de tal forma que, na análise da relação jurídica de consumo da sociedade moderna, poderá ser visto que os dois pólos da relação – fornecedor e consumidor – buscam seus interesses particulares longe de qualquer aspecto afetivo.

Rocher foi totalmente feliz na sua análise sobre o comerciante, pois esse agente leva suas ações ao âmbito do particularismo, mais precisamente ao egocentrismo. Porém, no que se refere ao cliente – consumidor – há de se fazer alguns reparos na análise de Rocher, para deixar claro que nem sempre o consumidor tem a possibilidade de escolha quanto ao fornecedor. Muitas vezes o cliente – consumidor – não tem sequer escolha sobre o produto a ser adquirido. Basta, para tanto, que o fornecedor seja o único, ou que o produto não tenha similar no mercado. Desaparece, assim, qualquer possibilidade de opção.

Parsons ainda ensina que as características de uma orientação do ator são: orientações a objetos discriminados e relacionados; orientações para metas; orientações para o equilíbrio gratificação-privação; e orientações para normas de aceitabilidade.[99]

A ação não ocorre como elemento isolado, mas dentro de um sistema onde ela se estabelece em nível de organização, ou seja, através da combinação dos fatores de produção[100] na busca do fim almejado. Nesse sentido, para Parsons, são três os modos de organização da ação, ou seja: sistemas sociais; sistemas de personalidade e sistemas culturais.[101] Todos os três modos aqui apresentados serão objeto de análise no próximo item do trabalho.

---

[98] Rocher, ob. cit., p.146.
[99] Parsons, Shils. *Hacia una...*, p.91.
[100] Neste sentido, PARSONS, Talcott. *Estructura y proceso en las sociedades modernas.* Madrid: Instituto de Estudios Políticos, 1966. p.16.
[101] Parsons, Shils. *Hacia una...*, p.76.

3. O sistema geral da ação

Para se trabalhar a contento o sistema geral da ação se faz necessário analisar, em primeiro lugar, aspectos como a propriedade dos sistemas e a definição de sociedade. Após, complementando os estudos, também é importante o exame sobre o sistema cultural, o sistema de personalidade, o organismo comportamental e o sistema social. Para facilitar a visão desses elementos, o desenvolvimento será feito em itens diferenciados.

3.1. Propriedades dos sistemas

Para Parsons, a propriedade[102] mais geral e fundamental de um sistema é a interdependência de suas partes. Para que se forme um sistema, é essencial a interação entre as partes através de uma interdependência,[103] e não ao acaso. Essa interdependência estabelece uma ordem com tendências ao equilíbrio, o que não significa imutabilidade, vez que pode haver mutabilidade dentro de um processo ordenado, a que Parsons denomina de "equilíbrio móvel".[104]

Existe, nesse contexto, as situações que se alteram e devem ser assimiladas pelo sistema dentro de um cômputo geral. De tal forma isso deve ocorrer, que até mesmo as incompatibilidades podem ser superadas através de um redimensionamento do próprio sistema.

A propriedade de *"manutenção do equilíbrio"* é de suma importância para o sistema, e se processa através de ajustes necessários, atendendo a situações determinadas.

Parsons indica dois tipos de processos necessários para a manutenção do equilíbrio de um sistema, denominando-os de "asignación" (consignação) e "integración" (integração). Os primeiros são os processos que mantêm uma distribuição dos componentes compatíveis com a manutenção do equilíbrio; os segundos são aqueles nos quais as relações com o ambiente se realizam.[105]

Porém, "a idéia é que um sistema reage globalmente, como um todo, às pressões exteriores e às reações dos seus elementos internos".[106]

---

[102] Schwartzenberg, trabalhando a idéia de propriedades fundamentais ao sistema, afirma que: "dizer que a realidade estudada forma um sistema significa que se lhe atribui as seguintes propriedades: – é constituída por elementos que têm entre si relações de interdependência; – a totalidade formada pelo conjunto dos elementos não é reduzível à sua soma; – as relações de interdependência entre os elementos, e a totalidade que delas resulta, obedecem a regras que podem exprimir-se em termos lógicos". Schwartzenberg, ob. cit., p. 111.

[103] No mesmo sentido, Schwartzenberg, ob. cit., p.111.

[104] Parsons, Shils. *Hacia una...*, p.133.

[105] Ibidem, p.133-134.

[106] Schwartzenberg, ob. cit., p.111.

3.2. Definição de sociedade

Parsons define sociedade "como o tipo de sistema social caracterizado pelo nível mais elevado de auto-suficiência com relação ao seu ambiente, onde se incluem outros sistemas sociais".[107] [108]

A auto-suficiência é elemento-chave que caracteriza a definição de sociedade. Essa auto-suficiência, quando relacionada aos ambientes, "significa estabilidade de relações de intercâmbio e capacidade para controlar estes últimos em benefício do funcionamento societário".[109]

Como o ambiente físico tem uma significação adaptativa para uma sociedade, essa adaptação estará interligada com todas as possibilidades de acesso e distribuição dos recursos físicos. Porém, quando se aborda o tema *força física*, necessariamente deve-se falar em controle preventivo de ações indesejadas dentro da sociedade. Por isso,

> existem dois contextos de auto-suficiência da sociedade que se referem, respectivamente, ao funcionamento econômico e político com relação ao ambiente físico, através da tecnologia e através do uso organizado de força nas funções militares e policiais.[110]

Nesse contexto, e considerando-se os estudos já fixados anteriormente neste trabalho, nota-se que, no decorrer da segunda metade de século XX, fazia-se necessária a introdução de mecanismos jurídicos para garantir novas condutas no âmbito das relações de consumo, porque as exigências sociais não desejavam a manutenção do *status quo* estabelecido pelo sistema liberal.

O controle das ações de fornecedores e consumidores e a criação de novos direcionamentos para elas foram implementados através da criação de normas que circunscreveram o *Direito do Consumidor*. O sentido de adaptação,[111] preconizado no conceito de sociedade, coaduna-se com a necessidade de modificação. Essa combinação atendia às novas exigências que forçavam a busca de novos parâmetros para igualar as partes componentes da relação jurídica de consumo.

Tem-se aqui tanto a adaptação quanto a força, dois elementos presentes na idéia de sociedade em Parsons: a adaptação, no sentido de ajustar os parâmetros teóricos à realidade social, vez que, como já se afirmou, as

---

[107] PARSONS, T. *O sistema...*, ob. cit., p.19.

[108] Em Schwartzenberg encontra-se a idéia de que "diferentemente do sistema social, que é uma categoria analítica, abstrata, a noção de sociedade faz referência a uma realidade concreta, identificável". Schwartzenberg, ob. cit., p.123.

[109] PARSONS. *O sistema...*, p.19.

[110] Ibidem, p.20.

[111] É de se ver que a "adaptação diz respeito ao conjunto das atividades relativas à produção e à circulação dos bens de consumo. Corresponde portanto a todas as atividades que compõem a economia, ou o subsistema econômico". Schwartzenberg, ob. cit., p.123.

diferenças entre as unidades – fornecedor e consumidor – davam controle total da relação jurídica de consumo ao fornecedor, e a força, no sentido de criar um conjunto normativo com sanções capazes de garantir as condutas idealizadas para o novo contexto.

Por outro lado, a auto-suficiência da sociedade também está relacionada com a personalidade dos indivíduos que dela participam e que é definida por Parsons "como o sistema organizado de orientação e motivação da ação de um ator individual".[112]

Com essa visão, Parsons deixa claro que

> uma sociedade só pode ser auto-suficiente na medida em que de modo geral seja capaz de 'contar' com as realizações de seus participantes como 'contribuições' adequadas para o funcionamento societário.[113]

Assim, embora a contribuição não seja recebida através da adesão absoluta dos participantes, naturalmente ela deve provir da maioria, sob pena de, se a maioria constituir-se de alienados, não se configurar a auto-suficiência.

No que se refere ao aspecto de personalidade, embora já se tenha abordado o assunto em itens anteriores, nunca é demais lembrar que os indivíduos componentes do pólo pertencente ao fornecedor, na relação jurídica de consumo, possuem sua personalidade voltada, em grande parte, para o lucro, vez que ao lançar-se no mercado com um produto é natural que o lucro seja elemento presente. Assim, estariam fora desse contexto as entidades filantrópicas ou benemerentes. Em razão da maioria aqui explicitada, as normas atinentes ao Direito do Consumidor fizeram por vislumbrar a possibilidade de frear as ações que, premidas pela personalidade voltada para o lucro, não mais atendiam à vontade da maioria da sociedade, composta pelo outro lado da relação jurídica de consumo: os consumidores.

No que se refere ao *valor*, no nível social, Parsons aceita o conceito de Durkheim de *representações coletivas*, para designar as bases culturais de desenvolvimento, pois entende que "os padrões institucionalizados de valor, são representações coletivas que definem os tipos desejáveis de sistema social".[114] Conforme demonstra Parsons, o que define a institucionalização de padrões de valor é o consenso dos participantes quanto à orientação de valor com relação a sua sociedade.

Por outro lado, Parsons trabalha a questão do valor em nível cultural, demonstrando que os valores sempre se relacionam com outros componen-

---

[112] Tradução, pelo autor, de fragmento da obra em espanhol: "como el sistema organizado de orientación y motivación de la acción de un actor individual". PARSONS, Shils. *Hacia una...*, p.23.
[113] PARSONS. *O sistema...*, p.20.
[114] Ibidem.

tes do sistema cultural, como conhecimento empírico, sistemas simbólicos[115] e outros.

Portanto, no contexto de legitimação cultural, uma sociedade é auto-suficiente na medida em que suas instituições são legitimadas por valores que seus participantes aceitam com relativo consenso e que, por sua vez, são legitimados por sua coerência com outros elementos do sistema, sobretudo seu simbolismo constitutivo.[116]

Após essa rápida análise sobre as propriedades dos sistemas e a definição de sociedade, pode-se trabalhar sobre o sistema geral da ação que, em Parsons, é constituído por outros subsistemas, a saber: sociais; culturais; de personalidade e organismos comportamentais.[117] Adenda Parsons que "os quatro são abstratamente definidos com relação ao comportamento concreto de interação social".[118]

Parsons atribui quatro funções primárias a todos os sistemas de ação: manutenção de padrão (ou manutenção de modelos, assegura que os atores se mantenham fiéis às normas e aos valores estabelecidos no sistema), a integração (mantém a coordenação entre as partes, é a proteção contra grandes alterações), realização de objetivo (também denominada de perseguição de objetivos, onde são definidos os fins do sistema) e adaptação (que visa a estabelecer relações entre o sistema de ação e seu meio exterior).[119]

É importante se fazer uma análise de cada um dos subsistemas acima indicados, buscando aproximar seus pressupostos aos ditames do direito do consumidor.

3.3. O sistema cultural

O sistema cultural possui como ponto central a cultura, em que Parsons destaca três notas fundamentais:

---

[115] Parsons, em outro trabalho, abordando a idéia de interação estável, cultura comum, ressalta: "Si se consideran las condiciones de las que depende un sistema tal de interacción estable y mutuamente orientado, se llega a la conclusión de que, a nivel humano, esta mutualidad de interacción debe estar mediada y estabilizada por una *cultura común* – es decir, por un sistema de símbolos comúnmente compartidos, y cuyos significados ambas partes los entienden de un modo bastante concordante –. La existencia de dichos sistemas de símbolos – en especial, aunque no exclusivamente, en cuanto están involucrados en el lenguaje – es común a todas las sociedades humanas conocidas." PARSONS, Talcott. *El superego y la teoría de los sistemas sociales. Apuntes sobre la teoria de la acción – obra coletiva*. Buenos Aires: Amorrortu, 1953. p.14.

[116] PARSONS. *O sistema...*, p.21.

[117] No livro SOCIEDADES, perspectivas evolutivas e comparativas, Parsons afirma que "Essa classificação de quatro subsistemas muito gerais de ação humana – o organismo, a personalidade, o sistema social e o sistema cultural – é uma aplicação de um esquema geral que pode ser usado em todo o campo da ação, e que empregarei para analisar os sistemas sociais", p.19.

[118] PARSONS. *O sistema...*, p.15.

[119] Ver também sobre PARSONS, Schwartzenberg, ob. cit., p.121.

Primeira, a cultura é transmitida; constituí uma herança ou uma tradição social; segunda, a cultura é aprendida; não é uma manifestação, com conteúdo particular, da constituição genética do homem; e terceira, a cultura é compartida. Neste sentido, a cultura é, de uma parte, um produto dos sistemas de interação social humana, e de outra, um determinante desses sistemas.[120]

Esse sistema tem por características, segundo Parsons, estar constituído pela organização de valores, normas e símbolos que guiam as eleições dos atores e que limitam os topos de interação que podem ter lugar entre eles; representar uma classe especial de abstração dos elementos dos sistemas social e de personalidade; possuir certos graus de consistência, ou seja, os padrões de normas não podem ser formados por elementos causais e desconectados.[121] No que se refere a essa última característica, Parsons refere:

> As normas regulam as relações entre desempenho e sanções; definem as relações de adequação compatíveis com uma fase dada do sistema, ou com a troca a novas fases. As normas expressam a órbita adequada de desempenho de uma unidade através de diversas fases, e as sanções adequadas para mantê-la nessa órbita.[122]

O sistema cultural é caracterizado, segundo Parsons, pela "manutenção e mudança de padrão – na ótica da organização simbólica e codicista".[123]

---

[120] Tradução, pelo autor, de fragmento da obra em espanhol: "Primeira, la cultura es transmitida; constituye una herencia o una tradición social; segunda, la cultura es aprendida; no es una manifestación, com contenido particular, de la constitución genética del hombre; y tercera, la cultura es compartida. En este sentido, la cultura es, de una parte, un producto de los sistemas de interacción social humana, y de outra, un determinante de esos sistemas." Parsons. *El sistema...*, Revista de Occidente, 1976.

[121] PARSONS, Shils, *Hacia uma...*, p.77.

[122] Tradução, pelo autor, de fragmento da obra em espanhol: "Las normas regulan las relaciones entre desempeño y sanciones; definen las relaciones de adecuación compatibles con una fase dada del sistema, o con el cambio a nuevas fases. Las normas expresan la órbita adecuada de desempeño de una unidad a través de diversas fases, y las sanciones adecuadas para manternerla en esa órbita." PARSONS, SHILS, BALES. *Apuntes sobre...*, p.15-16.

[123] Idem. Em outra obra, conjunta com outros autores, Parsons estende as características do sistema cultural: "Un *sistema cultural* es aquel que tiene las siguientes características: 1.Ni está constituido por la organización de las interacciones ni por las acciones de un actor o individuo particular como tal, sino más bien por la organización de los valores, normas y símbolos que guian las elecciones de los actores, y que limitan los tipos de interacción que pueden tener lugar entre éstos. 2. Por lo tanto, un sistema cultural no es empírico en el mismo sentido en que lo son el de la personalidad y el social, pues representa una clase especial de abstracción de los elementos de esos sistemas. Estos elementos, sin embargo, pueden existir separadamente como simbolos físicos y ser trasmitidos de un sistema de acción empírico a otro. 3. En un sistema cultural, los patrones de normas reguladoras (y de otros elementos culturales que guian las elecciones de actores concretos) no pueden estar formados por elementos casuales o desconectados. Es decir, si un sistema de cultura se manifiesta en la organización de un sistema de acción empírico, debe tener cierto grado de consistencia. 4. Por lo tanto, un sistema cultural es un patrón de cultura cuyas diferentes partes están interrelacionadas para formar sistemas de valor, sistemas de creencias y sistemas de símbolos expresivos." PARSONS et al. *Hacia una...*, p.77.

Em termos de inter-relacionamento entre indivíduo e os padrões culturais, tanto no que se refere à aprendizagem, quanto à contribuição, é de ver com Parsons que

> apesar da grande capacidade dos organismos humanos para a aprendizagem e, na realidade, para a criação de elementos culturais, nenhum indivíduo pode criar um sistema cultural. Os *principais* padrões dos sistemas culturais mudam apenas em períodos de muitas gerações e são *sempre* compartilhados por grupos relativamente grandes; nunca são específicos de um ou de poucos indivíduos. Por isso, são sempre aprendidos pelo indivíduo, que pode fazer apenas contribuições criadoras (ou destrutivas) para sua mudança. Por isso, os padrões culturais mais gerais dão aos sistemas de ação um terreno estrutural muito estável, muito semelhante ao apresentado pelos materiais genéticos do tipo específico, e centralizados nos elementos aprendidos da ação, assim como os genes centralizam os elementos hereditários.[124]

Embora essa opinião, Parsons também suscita a possibilidade de determinados indivíduos e grupos desenvolverem, independentemente, sistemas comportamentais estruturados, porém dentro de limites.

> Dentro dos limites impostos, de um lado pelo tipo específico genético, e, de outro, pela padronização da cultura, existe oportunidade para determinados indivíduos e grupos desenvolverem, independentemente, sistemas comportamentais estruturados. Como um ator é geneticamente humano, e como sua aprendizagem ocorre no contexto de um determinado sistema cultural, seu sistema comportamental aprendido (que denominarei sua personalidade) tem, em comum com outras personalidades, certos aspectos gerais por exemplo, a linguagem que habitual*mente* fala. Por isso, seu sistema comportamental será uma variação singular da cultura e de seus padrões específicos de ação.[125]

Em outro prisma, Parsons trabalha a ação humana vinculada diretamente com o âmbito cultural.

> a ação humana é "cultural" na medida em que os sentidos e as intenções referentes aos atos são formados através de sistemas simbólicos (onde se incluem os códigos através dos quais eles atuam em padrões) que quase sempre se centralizam no aspecto universal das sociedades humanas, isto é, na linguagem.[126]

Nesse patamar de discussão, entra-se em contato com o normativo social, que necessita sempre de legitimação, sendo esta "a exigência funcional central das inter-relações entre uma sociedade e um sistema cultural".[127] Em um sentido lógico, se as normas estão para organizar a sociedade – no sentido de direitos e obrigações – essas normas aplicadas

---

[124] PARSONS. *Sociedades perspectivas...* p.18.
[125] Ibidem, p.18.
[126] Ibidem, p.17.
[127] Ibidem, p.24.

por um poder[128] constituído necessitam de uma legitimação para a sua eficácia.

3.4. O sistema de personalidade

Primeiramente, é de se trazer a crítica de Parsons a Freud e a Durkheim, para que se possam entender, depois, as posições assumidas por Parsons:

> Por uma parte, Freud e seus discípulos, ao concentrarem-se na personalidade individual, não consideraram adequadamente as implicações da interação do indivíduo com outras personalidades para formar um sistema. Por outro lado, Durkhein e os outros sociólogos, ao concentrarem-se no sistema social como sistema, não consideraram sistematicamente as implicações do fato de que é a interação das personalidade o que constitui o sistema social que lhes interessava, e que, por onde, uma análise apropriada do processo motivacional num sistema dessa índole deve ter em conta os problemas da personalidade.[129]

O sistema de personalidade possui, segundo Parsons, as seguintes características: compreende as inter-relações das associações do indivíduo;[130] as ações do indivíduo são organizadas dentro do critério necessidades/disposições; as ações de um ator possuem organização de compatibilidade ou integração mútua, ou seja, certas metas do ator podem influenciar ações ou metas do mesmo ator.[131]

A função que caracteriza o sistema da personalidade é "a realização de objetivos – busca da satisfação pessoal".[132] Não se pode descuidar desse sistema quando se trabalha na análise da ação social. O indivíduo coloca muito *de si* em seu comportamento. Como o comportamento a ser analisado nos sistemas sociais é o comportamento do homem enquanto ser, e enquanto ser social não é possível ignorar o aspecto *personalidade*, que

---

[128] Conforme afirma Schwartzenberg: "Parsons define o poder como a capacidade de obrigar os atores de uma sociedade a cumprir as obrigações que lhes impõem os objetivos coletivos, de forma a poder mobilizar os recursos da sociedade a fim de alcançar os fins propostos." Ob. cit., p.124.

[129] Tradução, pelo autor, de fragmento da obra em espanhol: "Por una parte, Freud y sus discípulos, al concentrarse en la personalidad individual, no consideraron adecuadamente las implicaciones de la interacción del individuo con otras personalidades para formar un sistema. Por el outro lado, Durkheim y los otros sociólogos, al concentrarse en el sistema social como sistema, no consideraron sistemáticamente las implicaciones del hecho de que es la interracción de las personalidades lo que constituye el sistema social que les interesaba, y que, por onde, un análises aproriado del proceso motivacional en un sistema de esa índole debe tener en cuenta los problemas de la personalidad." PARSONS, SHILS, BALES, *Apuntes sobre...*, p.14.

[130] Duas pessoas ao interagirem são, na realidade, uma o objeto da outra em três aspectos, segundo Parsons. O aspecto da percepção cognitiva – o que é o objeto; do afeto ou aversão – o que significa o objeto; e a avaliação – interação entre o que é o objeto e o que significa o objeto. Ver PARSONS, SHILS, BALES. *Apuntes sobre...* p.14.

[131] PARSONS, SHILS. *Hacia una teoría...* p.77.

[132] PARSONS. *O sistema...* p.15-16.

imprime certas peculiaridades ao comportamento do indivíduo. Nesse sentido explica Parsons:

> Por isso, é sempre perigoso negligenciar o aspecto ecológico das relações entre os indivíduos e suas ações. Considerações semelhantes aplicam-se a processos orgânicos e ao funcionamento e desenvolvimento da personalidade, pois ambos estão sempre presentes como fatores de ação concreta. As exigências ligadas a personalidades, organismos comportamentais e ambiente físico-orgânico, explicam muitas das dimensões complexas e transversais da organização real e do funcionamento dos sistemas sociais, que exigem análise cuidadosa e que constantemente apresentam dificuldades para os cientistas sociais.[133]

Merece reforço a idéia de que as ações dos indivíduos não são somente reflexos da sociedade,[134] mas possuem, também, muito da personalidade do indivíduo que executa a ação.[135] Nesse patamar de idéias pode-se levantar a questão da influência da cultura no sistema de personalidade e também da escolha de elementos da cultura pelo sistema de personalidade do agente. Para Parsons o sistema de personalidade tenderá a selecionar elementos particulares da cultura-padrão acessível, que se converterão em partes do sistema de orientação do ator.[136] Ao se analisar as questões atinentes à cultura e ao sistema de personalidade, no que se refere à ação, notar-se-á que não existe exclusividade de opção. Ou seja, a cultura influenciará a personalidade que, por sua vez, com sua formação acabará, também, selecionando elementos da cultura que lhe forem mais gratificantes. Nesse último sentido aparece a idéia de necessidade-disposição como elemento determinante da escolha dos aspectos culturais.

> Daí que atue na seleção das pautas culturais um fator que é independente do conteúdo das mesmas e que está determinado principalmente pela força e o sentido da necessidade-disposição até a conformidade ou até a desconformidade.[137]

A socialização provoca uma adaptação aos padrões desejados para o sistema social, e nesse padrão o indivíduo deverá manter-se para ser

---

[133] PARSONS. *Sociedades perspectivas...*, p.26.

[134] Nesse sentido se expressa Parsons: "Naturalmente, la estructura de carácter del individuo tiene mucha relación con su respuesta a la situación. Influye sobre su conocimiento y sus expectativas, y sobre las selecciones que efectúa a partir de los diversos aspectos de la situación.PARSONS, SHILS. *Hacia una teoría...*, p.264.

[135] No dizer de Rocher, "é preciso salientar que a ação social é sempre e simultaneamente psíquica e social. Como já dissemos mais atrás, ela apela para mecanismos psíquicos e para componentes sociais. A ação humana social é, deste ponto de vista, uma realidade total, global, que compromete e influencia a personalidade individual, formando simultaneamente o tecido do meio social. Rocher. *Sociologia Geral 1*, ob. cit., p.40.

[136] Neste sentido ver: PARSONS, SHILS. *Hacia una teoría...*, p.217.

[137] Tradução, pelo autor, de fragmento da obra em espanhol: "De ahí que actúe en la selección de las pautas culturales un factor que es independiente del contenido de las mismas y que está determinado principalmente por la fuerza y el sentido de la necesidad-disposición hacia la conformidad o hacia la disconformidad." Ibidem, p.218.

reconhecido como membro da sociedade.[138] Assim, nas palavras de Parsons:

> O núcleo do sistema de personalidade pode ser considerado, em grande parte, como um produto da socialização obtido através da aprendizagem e dos ajustes e defesas contra as ameaças surgidas no curso do processo de socialização. É também um produto da complicação expressiva e instrumental do indivíduo durante sua vida, em que ocupa diversos status dentro do sistema social.[139] [140]

A socialização é uma forma de diminuir, o mais possível, a interferência do sistema da personalidade na ação social. Através dela, a sociedade procura estabelecer o tipo de ação que o indivíduo irá executar em uma determinada situação fática. Fala-se em estabilidade mínima da personalidade, ou seja, existem condições mínimas de socialização sem as quais uma personalidade que funcione não pode constituir-se.[141]

Rocher trabalha a idéia de socialização:

> O homem, pela educação e ao longo de toda a sua vida, desenvolve disposições, tendências e necessidades para as quais a resposta desejada será a conformidade às normas. A maior parte dos desejos, das expectativas e necessidades do homem não se formam livremente, segundo uma espécie de necessidade biológica ou mesmo psicológica.[142]

Na relação de consumo, a criação de um conjunto normativo estabelecido como *Direitos do Consumidor* vem, substancialmente, propor o direcionamento das condutas segundo ditames preestabelecidos pelo Estado.

O elemento novo que se traz à discussão é a possibilidade de a personalidade do indivíduo aflorar em dois sentidos: um positivo e outro negativo. Quando positivo, ter-se-ia uma conduta que influenciaria bene-

---

[138] Para Parsons, "Un sistema de personalidad es un sistema de acción que tiene las siguientes características: 1. Comprende las interrelaciones de las acciones de un individuo. 2. Dichas acciones del actor se organizan por medio de una estructura de necesidades-disposiciones. 3. Asi como las acciones de una pluralidad de actores no pueden estar ajustadas por casualidad, sino que deben tener una organización determinada de compatibilidad o integración, así también las acciones de un actor en particular tienen una determinada organización de compatibilidad o integración mutuas. Y asi como las metas o normas que un actor perseguirá o aceptará en un sistema social, se verán afectadas o limitadas por aquellas perseguidas o aceptadas por otros actores, asi también las metas o normas implicadas en una acción singular de un actor se verán afectadas o limitadas por una u*otras metas o normas del mismo actor." Ibidem, p.77.

[139] Tradução, pelo autor, de fragmento da obra em espanhol: "El núcleo del sistema de personalidad puede ser considerado, en gran medida, como un producto de la socialización, logrado a través del aprendizaje y de los ajustes y defensas contra las amenazas surgidas en el curso del proceso de socialización. Es también un producto de la complicación expresiva e instrumental del individuo durante su vida, en la que ocupa diversos status dentro del sistema social." Ibidem, p.263.

[140] Ver também Parsons, quando afirma existir simetria lógica nas relações dos sistemas sociais com a cultura e com a personalidade. PARSONS. *El sistema...*, p.27.

[141] Idem.

[142] Rocher. *Sociologia Geral...*, p.97.

ficamente a sociedade, buscando seu crescimento; quando negativo, ter-se-ia uma conduta voltada exclusivamente para o egocentrismo do indivíduo, o que levaria às ações que prejudicariam todo contexto social. Dentro desse último sentido – em termos gerais, guardadas as devidas exceções – é colocado o fornecedor, pois nele se encontra a busca desenfreada do lucro, mesmo que em prejuízo do consumidor. É, também, na segunda hipótese que se fazem necessárias as normas que vêm para coibir as ações desenvolvidas em prejuízo da sociedade.

Assim, atendendo à questão da personalidade, como elemento de influência na ação social, a sociedade estabelece o que se pode denominar de ordem normativa. Esta, por sua vez, possui como finalidade direcionar as condutas dos indivíduos na persecução de uma padronização social. A manutenção dessa ordem normativa é buscada através do consenso, que é reforçado pelos pontos de interesses entrelaçados, além, é claro, dos mecanismos de imposição do conjunto normativo, que podem trazer consigo, se necessário, a sanção como elemento de concretização da coação.[143]

Parsons aborda a questão da normatividade:

> essa necessidade, por sua vez, liga-se à necessidade de uma interpretação oficial das obrigações normativas institucionalizadas. Por isso, todas as sociedades têm algum tipo de processos "legais"; através deles é possível decidir, sem utilização da violência, o que é certo e errado, e os grupos considerados errados podem ser coagidos a não utilizar suas interpretações, interesses ou sentimentos para prejudicar os outros.[144]

Esta é, fundamentalmente, a filosofia do Direito do Consumidor: buscar, através da norma, a equiparação de forças entre fornecedor e consumidor. Assim, uma das finalidades desse tipo normativo é coibir as condutas do fornecedor, que, se realizadas, prejudicariam sobremaneira o consumidor.

3.5. O organismo comportamental

O organismo comportamental possui como função "a adaptação – a integração primária com o meio ambiente".[145] Quando se aceita a idéia de adaptação,[146] se está trabalhando com os ditos sistemas abertos, ou seja,

---

[143] Nesse sentido, ver PARSONS. *Sociedades perspectivas...*, p.29.
[144] Ibidem.
[145] PARSONS, T. *O sistema...*, p.15-16.
[146] No dizer de Rocher, "se é verdade que o social é vivido psiquicamente pelas pessoas, não é menos certo que a atividade psíquica tem muito de adaptação (ou acomodação, segundo a expressão de Piaget) a um dado social que se mantém exterior às pessoas, mesmo quando o assimilaram." Rocher. *Sociologia Geral...*, p.58.

os que admitem a possibilidade de intercâmbio com outros sistemas – ambientes.

Trabalhando a idéia de sistema e fronteiras, Bertalanffy explica:

> Qualquer sistema como entidade passível de ser investigada tem seu próprio direito a possuir fronteiras, seja espaciais, seja dinâmicas. Num sentido estreito, as fronteiras espaciais existem apenas em uma observação ingênua e todas as fronteiras são, em última análise, dinâmicas.[147]

Nesse intercâmbio entre o sistema e o meio, podem acontecer modificações nos tipos de ação desenvolvidos dentro do sistema. Descrevendo esse intercâmbio, explica Noronha:

> Os processos de intercâmbio do sistema com o seu meio, constituem, segundo a terminologia que está consagrada, os *inputs* (entradas, imissões) e os *outputs* (saídas, emissões). Os primeiros emanam do meio e impulsionam o sistema, os segundos são as respostas dadas pelo sistema, que voltam para o meio. Estas respostas provocam no meio retroações sobre o sistema, ou seja, originam novos *inputs;* estas novas emissões do meio dirigidas ao sistema, são, para este, o que se chama "efeito de retorno", "realimentação" ou *feedback,* que, para o sistema, pode ser positivo ou negativo, conforme, considerando-se as metas deste, reforce ou reduza o comportamento anterior, ou seja, a possibilidade de emissão de *outputs* idênticos aos anteriores. Assim, como se vê, num sistema social *inputs* provocam *outputs,* estes dão origem a novos *inputs,* e assim sucessivamente, num circuito sem começo nem fim.[148]

Com essa troca, o sistema visa a adaptar-se aos novos elementos que o circundam, às mudanças que ocorrem no meio. É, na realidade, tanto motivo de ajustamento, quanto de subsistência.

Na perspectiva de adaptação, o direito do consumidor é o modelo clássico de intercâmbio entre o sistema e o meio. Conforme se pode notar pelo desenvolvimento deste trabalho, o sistema idealizado para as relações de consumo para o século XX veio do liberalismo,[149] no

---

[147] BERTALANFFY, L.von, *et al. Teoria dos sistemas.* Rio de Janeiro: Ed. da Fundação Getúlio Vargas, 1976. p.11.

[148] NORONHA, Fernando. *Direito e sistemas sociais – A jurisprudência e a criação de Direito para além da Lei.* Florianópolis, Ed. da UFSC, 1988, p.58.

[149] "Assim, temos o princípio da liberdade contratual, que traduz a ampla liberdade concedida, pelo Estado liberal, às partes contratantes, de escolher tudo quanto mais conveniente para a formação do vínculo. Uma vez escolhido livremente todos os aspectos norteadores do contrato, através da manifestação da vontade de forma livre e autônoma, é criado para as partes um vínculo cujo cumprimento é por elas obrigatório, cabendo ao Estado zelar para a fiel obediência aos termos do ajuste. Na verdade, a atividade estatal no âmbito das relações intersubjetivas, na época do liberalismo, se limitava a garantir o efetivo cumprimento dos pactos livremente assumidos." NOVAIS, Alinne Arquette Leite. *A teoria contratual e o código de defesa do consumidor.* São Paulo: Revista dos Tribunais, 2001. p.53-54.

século XIX, que trouxe a igualdade[150] e a liberdade como elementos fundamentais ao desenvolvimento da sociedade.[151] Conforme dispõe Cláudia Marques,

> No século XIX, auge do Liberalismo, do chamado Estado Moderno, coube a teoria do direito dar forma conceitual ao individualismo econômico da época, criando a concepção tradicional de contrato, em consonância com os imperativos da liberdade individual e principalmente do dogma máximo da autonomia da vontade.[152] [153]

Porém, no âmbito das relações de consumo, esses ideais não alcançaram seus objetivos: a igualdade entre as partes – fornecedor e consumidor – inexiste, pois o fornecedor é sempre mais forte e organizado que o consumidor; a liberdade, devido a desigualdade de partes, traz a preponderância do fornecedor sobre o consumidor. Nesse último, sendo o fornecedor mais forte economicamente, ele impõe as cláusulas que irão compor a relação de consumo.[154] Sendo também mais organizado forma monopólios e oligopólios, que retiram qualquer

---

[150] Sobre igualdade, explica Carlos Almeida: "O outro grande princípio em que se baseia a ordem jurídica liberal é o da igualdade de todas as pessoas jurídicas. O seu enunciado surge como um irrecusável imperativo humanista, que ninguém se atreverá a discutir. Só que há que distinguir entre a igualdade formal e a igualdade real. A construção de conceitos e a definição de categorias abstratas, pretensamente igualizantes, pode conduzir a verdadeiras discriminações, sempre que se apliquem as mesmas soluções a situações de fato diferentes. O princípio da igualdade dos cidadãos perante a lei, o velho brocardo «onde o legislador não distingue, não há que distinguir» e outras fórmulas semelhantes significam afinal tantas desigualdades no domínio dos direitos e dos deveres quantas as que preexistam na realidade sócio-econômica." ALMEIDA, Carlos Ferreira de. *Os direito dos consumidores*. Coimbra: Livraria Almedina, 1982. p.17.

[151] No dizer de Carlos Almeida: "Os sistemas de mercado, assentes na ideologia liberal, encontraram nos códigos civis e comerciais do século XIX e nos seus sucessores do atual século o método eficiente de estabilização do direito patrimonial privado, correspondente a um modelo produtivo que se baseia na propriedade e na iniciativa privadas, na concorrência e na abstenção do Estado na atividade econômica." Ibidem, p.11.

[152] MARQUES. Contratos no código..., p.35.

[153] Dogma esse que não permitiu, ao jurista brasileiro avanços, inclusive sobre o princípio da boa-fé. Nesse sentido Cláudia Marques: "Fortemente arraigado ao princípio do *pacta sunt servanda* e o dogma da autonomia da vontade, o jurista brasileiro não desenvolveu suficientemente o princípio da boa-fé imanente no Código Civil e explícito no Código Comercial. Ao contrário, caracterizou-se até os anos 70 por uma forte manutenção do individualismo e liberalismo do Código Civil de 1916." MARQUES, Cláudia Lima. Notas sobre o sistema de proibição de cláusulas abusivas no código brasileiro de defesa do consumidor (entre a tradicional permeabilidade da ordem jurídica e o futuro pós-moderno do direito comparado)." *Revista Jurídica*, Porto Alegre, n.268, 2000. p.42.

[154] "O consumidor é destinatário de uma proteção pré e pós-contratual centrada na sua presumida vulnerabilidade técnica, econômica ou jurídica, de maneira que os seculares princípios contratuais, apesar de continuarem no âmago do sistema, encontram condutores de ordem pública a lhes traçar outra dimensão e validade." OLIVEIRA, James Eduardo C. M. O direito de arrependimento do consumidor nas promessas de compra e venda de imóveis. *Revista dos Tribunais*, São Paulo, n.735, 1997. p.109.

possibilidade de escolha do consumidor, fazendo desaparecer a liberdade.[155] [156]

Com esse quadro desenhado, o sistema não poderia se manter nas mesmas condições idealizadas ainda no século XIX. Necessitava ele, indiscutivelmente, adaptar-se aos novos anseios da sociedade. Necessitava, o sistema, adaptar-se ao meio.

O surgimento, no século XX, do que se denominou de "Direito do Consumidor" veio como forma modificadora e, por isso, adaptadora do sistema ao meio. O Estado, usando do normativo jurídico, aparece como elemento de intervenção, retirando, em muitos casos, a liberdade de cláusulas para a relação jurídica de consumo; exigindo o cumprimento de certas ações, por parte do fornecedor, para garantir o produto e o serviço; limitando a liberdade de ação do fornecedor. Em última análise, essa atuação do Estado propicia um campo para o surgimento de uma igualdade mais efetiva entre consumidor e fornecedor.

Com o surgimento da nova normativa jurídica, o sentido de organismo comportamental, vinculado à adaptação, aparece claramente dentro das modificações ocorridas nas ações atinentes à relação de consumo. Tem-se, aqui, presentes tanto os "inputs" emanando do meio para impulsionar o sistema, quanto os "outputs" a resposta do sistema para o meio.

3.6. O sistema social

O sistema social é, na realidade, um sistema de ações organizadas, e como tal Parsons vê nele algumas características: a interação entre dois ou mais atores; a influência de outros indivíduos sobre as ações dos atores e

---

[155] Nesse sentido, Carlos Almeida: "Para os consumidores enquanto tal não há geralmente possibilidades 'de escolha entre contratar e não contratar, pois que só o primeiro termo da alternativa lhes permite a satisfação (porventura incompleta) das necessidades vitais, como a alimentação, o vestuário, os transportes. A seleção da pessoa com quem se contrata é completamente anulada sempre que se verifiquem situações de monopólio (privado ou público) e relativamente reduzida, mesmo quando há pluralidade de fornecedores, pela insuficiência ou complexidade da informação, em termos de poder efetuar uma escolha racional e conveniente." ALMEIDA. *Os direito...*, p.13.

[156] Assim, como afirma James Oliveira: "O liberalismo atendia às necessidades de uma sociedade estabilizada, tanto do ponto de vista político como do sociológico e do econômico, mesmo que nela houvesse disparidades sociais e econômicas.' Contudo, a vida moderna trouxe consigo uma modificação marcante das relações jurídicas civis e comerciais, exigindo que o Estado, como mantenedor da estabilidade social, penetrasse em campos antes restritos à atuação livre das pessoas físicas e jurídicas.
A intercessão estatal atualmente observada deflui de uma nova concepção do Estado moldada na Constituição de Weimar e caminha sob a inspiração do binômino liberdade/ igualdade. Cravejado no seio dessas duas forças universais que predominam na evolução do constitucionalismo, o dirigismo contratual não se dá em qualquer situação, mas apenas nas relações jurídicas consideradas como merecedoras de controle estatal para que seja mantido o desejado equilíbrio entre as partes contratantes." OLIVEIRA, James Eduardo C. M. O direito de arrependimento do consumidor nas promessas de compra e venda de imóveis. *Revista dos Tribunais*, São Paulo, n.735, 1997. p.108-109.

a consensualização sobre ações na busca de metas coletivas e expectativas cognitivas e normativas.[157]

> Um sistema social é, pois, uma função da cultura comum, que tanto forma a base da intercomunicação de seus membros, como também define – e assim em certo sentido determina – os *status* relativos desses membros.[158]

O sistema social tem como função a "integração – no sentido de coordenação das unidades constituídas".[159] Isso revela que um sistema social deve estar estruturado de maneira compatível com as condições de funcionamento de seus atores individuais, enquanto organismos biológicos e personalidades.[160]

Em termos de sistema social, no sentido mais elementar, conforme Parsons, a unidade é o ato. "O ato se converte, pois, numa unidade, num sistema social, na medida em que é parte de um processo de interação entre seu autor e outros atores."[161]

Embora esse tipo de unidade, o próprio Parsons reconhece que para a maioria dos fins, em nível mais macroscópico dos sistemas sociais, é conveniente a adoção de unidade de ordem mais alta que o ato e denominada por ele de "status-rol".[162] Assim para Parsons:

> Cada ator individual se encontra implicado numa pluralidade de semelhantes relações interativas, cada qual com uma ou mais "duplas" no rol complementário. Por isso, a participação de um ator numa relação interativa deste tipo é, para muitos fins, a unidade mais significativa do sistema social.[163]

Em termos de ator, pode-se dizer que o sistema de ação é constituído por homens enquanto indivíduos. Porém, podem-se caracterizar, também, as coletividades dependendo dos objetivos a serem alcançados.[164] A visão

---

[157] PARSONS, SHILS. *Hacia una teoría...*, p.76-77.

[158] Tradução, pelo autor, de fragmento da obra em espanhol: "Un sistema social es, pues, una función de la cultura común, que no solo forma la base de la intercomunicación de sus miembros, sino que define – y así en cierto sentido determina – los status relativos de esos miembros." PARSONS, SHILS, BALES. *Apuntes sobre...*, p.16.

[159] PARSONS, *O sistema das sociedades...*, p.15-16.
O mesmo autor, em outra obra, afirma que "En nuestra conceptualización, un sistema social está constituido por la interacción de una pluralidad de personas, y es analizado dentro del marco de referencia de la teoría de la acción." PARSONS, SHILS. *Hacia una teoría...*, p.41.

[160] Neste sentido: PARSONS. *El sistema...*, p.36.

[161] Tradução, pelo autor, de fragmento da obra em espanhol: "El acto se convierte, pues, en una unidad en un sistema social, en la medida en que es parte de un proceso de interacción entre su autor y outros actores." Neste sentido: PARSONS. *El sistema...*, p.33.

[162] Idem.

[163] Tradução, pelo autor, de fragmento da obra em espanhol: "Cada actor individual se encuentra implicado en una pluralidad de semejantes relaciones interactivas, cada cual con una o más 'parejas' en el rol complementario. Por ello, la participación de un actor en una relación enteractiva de este tipo es, para muchos fines, la unidad más significativa del sistema social." Ibidem, p.34.

[164] Neste sentido: PARSONS. *O sistema...*, p.15.

do sistema social pode ser voltada para as interações de dois ou mais atores individuais, que possuem um sistema comum de valores em uma forma de análise elementar, ou, também, dentro da idéia de atores coletivos[165] no sentido de que os membros individuais interagem entre si e com membros de outros sistemas sociais.[166] Importante é salientar que, "os atos não se realizam individual e separadamente; os atos estão organizados em sistemas."[167]

Assim, os sistemas sociais são os constituídos por estados e processos de interação social entre unidades de ação, conforme afirma Parsons.[168] Nessa linha de pensamento, ainda diz o autor que "a fim de comunicar-se simbolicamente, os indivíduos precisam ter códigos comuns, culturalmente organizados, tais como os da linguagem, que são também integrados em sistemas de sua interação social".[169]

Como se pode notar, não é o indivíduo, a pessoa, a unidade mais significativa da estrutura social, porque a pessoa, sem a comunicação, sem o inter-relacionamento não consegue evoluir para uma estrutura social. Portanto, está com a razão Parsons:

> Para a maioria dos propósitos analíticos, a unidade mais significativa das estruturas sociais não é a pessoa, senão o rol. O rol é aquele setor organizado da orientação de um ator que constitui e define sua participação num processo interativo.[170]

Essa idéia possibilita que se desenvolva análise sobre o sistema atinente à relação de consumo e sobre a importância da criação da dogmática

---

[165] Sobre coletividade explica Parsons: "Llamaremos *colectividad* al sistema social que tiene estas tres propiedades: posee metas colectivas, metas compartidas, y es un sistema de interacción singular, con limites definidos por la duración de los roles constituyentes del sistema. La acción de la colectividad puede considerarse como la *acción concertada* de una pluralidad de actores individuales. Las colectividades pueden actuar concertadamente bacia sus propios miembros o bacia objetos situados en el exterior." PARSONS, SHILS. *Hacia una teoría...*, p.229.

[166] Ibidem, p.229.

[167] Tradução, pelo autor, de fragmento da obra em espanhol: "los actos no se realizan individual y separadamente; los actos están organizados en sistemas." PARSONS. *El sistema...*, p.18.

[168] PARSONS. *O sistema*, p.17.
Na mesma linha afirma que um sistema social "está formado, por supuesto; de las relaciones que tienen lugar entre los actores individuales, y sólo de tales relaciones". PARSONS, SHILS. *Hacia una teoría...*, p.41.

[169] Ibidem, p.41.

[170] Tradução, pelo autor, de fragmento da obra em espanhol: "Para la mayoria de los propósitos analiticos, la unidad más significativa de las estructuras sociales no es la persona, sino el rol. El rol es aquel sector organizado de la orientación de un actor que constituye y define su participación en un proceso interactivo." Ibidem, p.42.
Na mesma obra e página, ainda afirma o autor: "Comprende un grupo de expectativas complementarias acerca de las acciones del actor y de aquellos con quienes interactúa; aquél y éstos poseen tales expectativas. Los roles se hallan institucionalizados cuando son totalmente congruentes con los patrones culturales vigentes, y se organizan alrededor de expectativas acordes con los patrones moralmente sancionados de la orientación de valor que es compartida por los miembros de la colectividad en que el rol funciona."

consumerista, como novo sistema estabilizador das relações, conforme se verá adiante.

Aprofundando o assunto ainda adenda Parsons:

Sem duvida, um dos imperativos funcionais mais importantes da manutenção dos sistemas sociais é que as orientações de valor dos diferentes atores no mesmo sistema social devem integrar-se em alguma medida num sistema *comum*. Todos os sistemas sociais em funcionamento mostram realmente uma tendência até um sistema geral de orientações culturais comuns. O compartir as orientações de valor é particularmente fundamental, ainda quando o consenso com respeito aos sistemas de idéias e de símbolos expressivos seja também um determinante muito importante da estabilidade do sistema social.[171]

Pode-se falar, aqui, de conservação de equilíbrio no próprio sistema de personalidade, pois esse aspecto é de suma importância para o implemento do grau de socialização a que os atores serão submetidos. Na idéia de Parsons, o sistema social depende do grau em que pode conservar o equilíbrio dos sistemas de personalidade de seus membros dentro de certos limites de variação.[172]

O equilíbrio nos sistemas sociais deve ser mantido, sob pena de haver uma ruptura dos mesmos. Duas formas de manutenção do equilíbrio são particularmente importantes: os mecanismos de socialização e os mecanismos de controle social.

Os mecanismos de socialização são os que constroem as necessidades-disposições, cooperando, conforme Parsons "[...]a formação de uma atitude geral para cumprir com as pautas fundamentais das expectativas de rol que encontrará o indivíduo".[173] É dentro dos mecanismos de aprendizagem e de generalização que o processo de socialização atua.

É claro que nem sempre os mecanismos de socialização logram êxito. O fracasso desses mecanismos gera a possibilidade de condutas fora do padrão apresentado. Nesse ínterim, entram em cena os mecanismos de controle social para a manutenção da estabilidade social. O Direito é um dos elementos presentes nesse tipo de controle, quando apresenta aos

---

[171] Tradução, pelo autor, de fragmento da obra em espanhol: "Sin duda, uno de los imperativos funcionales más importantes del mantenimiento de los sistemas sociales es que las orientaciones de valor de los diferentes actores en el mismo sistema social deben integrarse en alguna medida en un sistema *común*. Todos los sistemas sociales en funcionamiento muestran realmente una tendencia hacia un sistema general de orientaciones culturales comunes. El compartir las orientaciones de valor es particularmente fundamental, aun cuando el consenso con respecto a los sistemas de ideas y de símbolos expresivos sea también un determinante muy importante de la estabilidad del sistema social." PARSONS, SHILS. *Hacia una teoría...*, p.43.

[172] Ibidem, p.265.

[173] Tradução, pelo autor, de fragmento da obra em espanhol: "[...]a la formación de una aptitud general para cumplir con las pautas fundamentales de las expectativas de rol que encontrará el individuo". Ibidem, p.266.

atores sociais formas normativas de condutas e, também, os tipos sancionadores.

O surgimento da dogmática consumerista possui a qualidade de se adaptar perfeitamente ao pensamento do autor, pois essa busca uma estabilidade social através da criação de normas que possibilitem a orientação segura de valores para os participantes da relação jurídica de consumo. Somente após a criação do que se denominou de Direito do Consumidor, pode-se vislumbrar a possibilidade de configurar-se uma certa estabilidade dentro desse contexto social, através da busca da real igualdade entre as partes.

Em uma sociedade onde inexiste uma efetiva regulamentação para as relações de consumo, é impossível conseguir-se uma consensualização em termos objetivos, já que os interesses das partes componentes da relação são muitas vezes antagônicos. O surgimento de um sistema dogmático norteador de condutas, onde o interesse maior é o social, procura, dentro da ótica estabelecida por Parsons, que a orientação dos valores dos diversos atores seja integrada em um sistema comum.

A integração em um sistema comum pressupõe o abdicar, por parte de alguns agentes, do poder que possuem, em favor de um contexto social superior, de um consenso de valor dentro da sociedade.[174] A dogmática do consumidor se propõe a estabelecer os parâmetros que devem ser seguidos no âmbito da relação de consumo, buscando igualar o poder entre as partes, vislumbrando uma equiparação de forças que possibilitará a efetiva discussão dos parâmetros que formará a relação jurídica de consumo. Naturalmente a eficácia de tais medidas depende da consensualização entre os agentes, de tal forma que a parte mais forte possa entender a necessidade de uma efetiva integração da sociedade.

Integração essa necessária à harmonia social, principalmente em uma sociedade complexa, onde as expectativas de um não correspondem necessariamente às expectativas do outro. Dentro dessa sociedade complexa, surge a necessidade da realização de "reduções que possibilitem expectativas comportamentais recíprocas e que são orientadas a partir das expectativas sobre tais expectativas".[175]

Luhmann trabalha três dimensões onde o problema é enfrentado: a temporal, a social e a prática. Na dimensão temporal essas estruturas de

---

[174] Nesse sentido Parsons afirma: "Por consiguiente, el requerimiento para la integración exige que el control de los procesos integrativos y de asignación se asocien con los mismos roles o con roles estrechamente relacionados. Exige, además, que los mecanismos que regulan la distribución del poder y el prestigio adjudiquen suficiente poder y prestigio a estos roles integrativos y de asignación. PARSONS, SHILS. *Hacia una teoría...*, p.45.

[175] LUHMANN, Niklas. *Sociologia do direito I.* Rio de Janeiro: Tempo Brasileiro, 1983. p.109.

expectativas podem ser estabilizadas contra frustrações através da normatização; na dimensão social elas podem ser institucionalizadas, ou seja, apoiadas sobre o consenso esperado a partir de terceiros; na dimensão prática "elas podem ser fixadas externamente através de um sentido idêntico, compondo uma inter-relação de confirmações e limitações recíprocas.[176]

Na análise que se está formulando, salienta-se a dimensão temporal onde aparece a denominada normatização, que no caso do Direito do Consumidor se revela como uma nova dogmática, embora a generalização de expectativas trabalhada por Luhmann, dentro de um conceito mais amplo, onde são superadas as descontinuidades típicas a cada dimensão, gere uma imunização simbólica das expectativas contra outras possibilidades.[177]

Por outro lado, Luhmann reconhece que "a unidade do conceito e o paralelismo dos efeitos não escondem o fato de que a generalização significa exigências altamente discrepantes em cada uma das dimensões".[178] Os próprios mecanismos das generalizações temporais,[179] sociais e objetivas são muito heterogêneas, existindo um alto grau de discrepância na forma de funcionamento desses mecanismos, com a geração de expectativas diferentes e, no dizer de Luhmann, "essas incongruências formam um problema estrutural de qualquer sociedade, e é face a esse problema que o direito constitui sua função social".[180]

Com a complexidade[181] da sociedade atual surgem dois fenômenos que merecem ser salientados: um, a superprodução de normas; outro, mais expectativa normativa do que a possibilidade de institucionalização normativa. Embora esses fenômenos divergentes, o Direito ainda consegue um alívio para as expectativas, consistindo este alívio, conforme ensina Luhmann, "na disponibilidade de caminhos congruentemente generalizados para as expectativas, significando uma eficiente indiferença inofensiva contra outras possibilidades, que reduz consideravelmente o risco da ex-

---

[176] LUHMANN, Niklas. *Sociologia do direito I. Op. cit.*, p.109.
[177] Ibidem, p.110.
[178] Ibidem.
[179] Ver LUHMANN. Idem.
[180] Ibidem.
[181] Analisando a complexidade dentro do período da Idade Média e do atual, Luhmann afirma: "Mientras que en la Edad Media se hablaba de la complejidad con base en la distinción entre el todo y las partes, definiéndola, por lo tanto, como algo compuesto, las definiciones actuales recurren a la distinción entre elemento y relación. La complejidad se convierte en un tema problemático cuando uno observa con ayuda de esta distinción. Si no, no lo es. Es decir, no es necesario afrontar constantemente la complejidad, pero un observador puede tematizar la complejidad en cualquier momento, siendo favorables en la actualidad las condiciones para que esto ocurra". LUHMANN, Niklas. *La ciência de la sociedad*. México: Iteso; Anthropos. 1996. p.263.

pectativa contra-fática."[182] Esclarece ainda, que "o direito produz congruência seletiva e constitui, assim, uma estrutura dos sistemas sociais".[183] A função do Direito está na seleção eficiente das expectativas comportamentais.

Nessa ótica, a definição de Direito estabelecida por Luhmann, "como estrutura de um sistema social que se baseia na generalização congruente de expectativas comportamentais normativas",[184] vem ao encontro da nova dogmática do consumidor que seleciona as expectativas tanto dos consumidores, quanto dos fornecedores e, estabelecendo generalizações comportamentais, busca reduzir a complexidade social.

E, por falar em complexidade e redução, não se pode deixar de salientar as palavras de Habermas, quando aborda a questão atinente às instituições do Estado:

> Todo aquele que tenta enfrentar as perspectivas reformistas, servindo-se apenas dos argumentos triviais que destacam a complexidade, confunde legitimidade com eficiência e desconhece o fato de que as instituições do Estado de direito não visam simplesmente reduzir a complexidade, mas procuram mantê-la através de uma contra-regulamentação, a fim de estabilizar a tensão que se instaura entre facticidade de validade.[185]

Passando de Luhmann para Habermas, encontram-se três conceitos de ação, diferenciados segundo as relações ator-mundo: a ação teleológica, a ação regulada por normas e a ação dramatúrgica.

Assim pode-se ver em Habermas que: na ação teleológica "o ator realiza um fim ou faz que se produza o estado de coisas desejado elegendo numa situação dada os meios mais congruentes e aplicando-os de maneira adequada";[186] [187] "o conceito de ação regulada por normas se refere não ao comportamento de um ator em princípio solitário que se encontra em seu meio com outros atores, senão que os membros de um grupo social que orientam sua ação por valores comuns".[188]

---

[182] LUHMANN. *Sociologia do...*, p.115.
[183] Idem.
[184] Ibidem, p.121.
[185] HABERMAS, Jürgen. *Direito e demcracia: entre facticidade e validade*. Vol. II, Rio de Janeiro: Tempo Brasileiro, 1997. p.188.
[186] Trad. do autor. "El actor realiza un fin o hace que se produzca el estado de cosas deseado eligiendo en una situación dada los medios más congruentes y aplicándolos de manera adecuada." HABERMAS, Jürgen. *Teoria de la acción comunicativa I. Racionalidad de la acción y racionalización social.* Madrid: Taurus, 1987. p.122.
[187] "La acción teleológica se amplía y convierte en acción estratégica cuando en el cálculo que el agente hace de su éxito interviene la expectativa de decisiones de a lo menos otro agente que tembén actúa con vistas a la realización de sus proprios propósitos." Idem.
[188] Ibidem, p.123.

Em Parsons, o sistema social[189] é o subsistema integrativo da ação em geral, sendo que

> o sistema social é constituído pela interação de indivíduos humanos, cada membro é *ator* (que tem objetivos, idéias, atitudes, etc.) e *objeto* de orientação, *tanto* para si mesmo *como* para outros atores. Portanto, o sistema de interação é um *aspecto analítico que pode ser abstraído* dos processos totais de ação de seus participantes. Ao mesmo tempo, esses "indivíduos" são também organismos, personalidades e participantes de sistemas culturais.[190] [191]

Para Parsons: "A estrutura dos sistemas sociais pode ser analisada através de quatro tipos de componentes independentemente variáveis: valores, normas, coletividade e papéis."[192]

Os valores estão ligados à manutenção do padrão dos sistemas. Da mesma forma, as normas que mantêm os valores integram o sistema. No que se refere às normas, Parsons dispõe que:

> As normas, que atuam basicamente para integrar os sistemas sociais, são específicas para determinadas funções sociais e tipos de situações sociais. Incluem, não apenas componentes de valor especificados para níveis adequados na estrutura de um sistema social, mas também modos específicos de orientação para ação sob as condições funcionais e situacionais de determinados papéis e coletividades.[193]

Luhmann, referindo-se a Parsons diz:

> Segundo sua tese central, os diversos atores, que podem dar um sentido individualmente subjetivo à sua ação, sempre que desejem atuar entre si em uma certa situação, têm que integrar as expectativas recíprocas de comportamento, e essa integração ocorre com o recurso à estabilidade de normas duráveis, compreensíveis e assimiláveis [...]. Sendo assim toda interação duradoura pressupõe normas, e sem elas não constitui um sistema.[194]

A coletividade, que se insere no agrupamento de indivíduos especificamente determinados, não é vista por Parsons como multidão, grupos fluídicos, mas enquanto possibilidade de identificar quem está dentro ou fora do grupo, quem participa ou não da coletividade. Aqui está presente

---

[189] O sistema social possui, segundo Parsons, as seguintes características: "1. Implica un proceso de interacción entre dos o más actores; el proceso de interacción como tal es un foco de atención para el observador. 2. La situación hacia la que se orientan los actores incluye otros individuos (alters) que son objetos de catexia. Las acciones de los alters se toman cognoscitivamente en cuenta como datos. Las diferentes orientaciones de los alters pueden ser *metas* a perseguir o *medios* para conseguirlas. Sus acciones, por lo tanto, pueden ser objetos para el juicio evaluativo. 3. En el sistema social hay acción interdependiente, y, en parte, concertada, en la que el acuerdo es una función de la orientación hacia metas colectivas, o a valores compartidos, y de un consenso de expectativas cognoscitivas y normativas." Ibidem, p.76-77.
[190] PARSONS, SHILS. *Hacia una teoría...*, p.20.
[191] Ver também: PARSONS. *El sistema...*, p.34.
[192] PARSONS. *O sistema...*, p.18.
[193] idem.
[194] LUHMANN, Niklas. *Sociologia do Direito I. Op. cit.*, p.31.

a idéia de limite estabelecida na coletividade que irá constituir os critérios para determinar quem pode ser incluído ou excluído da coletividade.[195] Esses critérios envolvem sexo, religião, situação econômica, situação intelectual, etc. Visto nessa ótica, como "um sistema social é um sistema que interatuam uma pluralidade de atores, e no qual a ação se encontra orientada por regras, constituídas por complexos de expectativas complementarias que incluem listas e sanções".[196] [197]

Dentro do nível de coletividade, deve-se pensar na diferenciação existente entre os agentes ou participantes, tendo em vista sua participação ou função dentro do grupo.

O *papel* é elemento presente na função adaptativa. O papel é "capaz de definir uma classe de indivíduos que, através de expectativas recíprocas, participam de determinada coletividade".[198] Exemplificativamente pode-se dizer que a mãe não é apenas mãe com referência a seu filho, mas também dentro do contexto coletivo que a insere como mãe. A mãe não pode ser vista como objeto, mas como relação do ser para aquele espaço e tempo determinados.

É importante salientar que esses componentes não são imutáveis e sofrem, portanto, variações, dependendo do contexto em que estão inseridos. Assim, "um padrão generalizado de valor não legitima as mesmas normas, coletividades ou papéis sob todas as condições".[199]

Nesse sentido, as normas jurídicas diferentes podem ser legitimadas por um padrão generalizado de valor, dependendo das condições em que elas estão inseridas.

A motivação é outro aspecto que é tido por Parsons como de fundamental importância para o desenvolvimento da teoria da ação social.

A ação que deve ser trabalhada, na teoria da ação social, é aquela que possui uma determinada orientação premida por uma motivação. Motivação que aparece em Parsons como um conjunto de tendências para adquirir certos objetos-meta. Assim, essa motivação se constitui numa tendência à orientação.[200] Nesse sentido Parsons mostra que:

---

[195] Neste sentido, ver: PARSONS, SHILS. *Hacia una teoría...*, p.230.

[196] Tradução, pelo autor, de fragmento da obra em espanhol: "un sistema social es un sistema en el que interactúan una pluralidad de actores, y en el que la acción se halla orientada por reglas, constituidas por complejos de expectativas complementarias que incluyen roles y sanciones". Ibidem, p.233.

[197] Ver também: PARSONS. *El sistema...*, p.45-47.

[198] PARSONS, SHILS. Hacia una teoría..., p.233.

[199] Parsons. *O sistema...*, p.19.

[200] No dizer de Parsons: "Cuando, por otra parte, hablamos de la "motivación' de un organismo", señalando los "motivos o impulsos"' del mismo, nos referimos a un conjunto de tendencias existentes en ese organismo para adquirir ciertos objetos-meta, o, mejor dicho, ciertas relaciones con los objetos-meta." PARSONS, SHILS. *Hacia una teoría...*

Esta estrutura de listas, como sistema em funcionamento, somente pode operar, em *última* instância, porque as personalidades componentes estão motivadas para atuar nas formas requeridas, e a gratificação, dentro do sistema imediato de listas.[201]

A ação se vê motivada por aquilo que Parsons denomina de *impulso*, *impulsos* ou por *necessidades-disposições*,[202] podendo ela ser, muitas vezes, motivada por mais de um desses elementos ao mesmo tempo, haja vista que, "em certo sentido, todas as ações se encontram motivadas pelo impulso fisiológico do organismo como um sistema fisiológico".[203] [204]

Segundo Parsons, "o conceito motivação se aplica em sentido estrito somente aos atores individuais".[205] Assim, as ações que movem a coletividade também possuem seus componentes de motivação organizados na motivação dos atores individuais. "A ação tem uma orientação quando é guiada pelo significado que o indivíduo lhe confere em relação a suas metas e interesses".[206]

Uma preparação, em nível estimulativo, é fator preponderante dentro da teoria da ação social, para que a ação seja executada. O indivíduo e a coletividade se vêem motivados para executar determinada ação, e só a executarão após essa motivação.

No sentido da orientação a essa motivação existe toda uma implicação que, como diz Parsons,[207] vislumbra o selecionar e quem sabe o eleger.

A seleção se faz possível por meio de discriminações cognitivas: a colocação e caracterização dos objetos, que são experimentados por ele, simultânea e sucessi-

---

[201] Tradução, pelo autor, de fragmento da obra em espanhol: "Esta estructura de roles, como sistema en funcionamento, sólo puede operar, en *última* instancia, porque las personalidades componentes están motivadas para actuar en las formas requeridas, y la gratificación, dentro del sistema inmediato de roles." Ibidem, p.43.

[202] Afirma Parsons: "De ahora en adelante, usaremos el término "impulso"² para referimos a la energía psicológica que posibilita la acción. Usaremos el término "impulsos", u otro como "un impulso" (a *drive*), o "impulso sexual" *(sex drive)*, para referirnos a las tendencias "innatas" que orientan y hacen actuar al actor de manera tal que pueda adquirir relaciones catécticas con los objetos-metas. Usaremos el término "necesidades-disposiciones" para referirnos a esas mismas tendencias cuando no son innatas, sino adquiridas a través del propio proceso de acción." PARSONS, SHILS. *Hacia una...*, p.21.

[203] Tradução, pelo autor, de fragmento da obra em espanhol: "en cierto sentido, todas las acciones se hallan motivadas por el impulso fisiológico del organismo como un sistema fisiológico".Ibidem, p.139.

[204] No mesmo sentido: "la motivación consiste, para la personalidad como sistema, en un 'impulso' unitario simple 'hacia la gratificación'; se trata simplemente de un impulso para 'conseguir algo', para nivelar el estado existente de tensión motivacional." PARSONS, SHILS, BALES. *Apuntes sobre...*, p.196.

[205] Tradução, pelo autor, de fragmento da obra em espanhol: "el concepto motivación se aplica en sentido estricto sólo a los actores individuales". PARSONS, SHILS. *Hacia una teoría...*, p.21.

[206] Tradução, pelo autor, de fragmento da obra em espanhol: "La acción tiene una orientación cuando es guiada por el significado que el individuo le confiere en relación a sus metas y intereses". Idem.

[207] PARSONS, SHILS. *Hacia una teoría...*, p.21.

vamente, como se tivera valor positivo ou negativo, de acordo a sua relevância para a satisfação dos impulsos e de sua organização na motivação.[208]

Através dessa linha de pensamento, o ator tem a possibilidade de escolher entre aquilo que lhe é nocivo e aquilo que lhe é gratificante.

Se, por um lado, as idéias que embasam a teoria da ação social são adequadas ao entendimento da relação jurídica de consumo, por outro existem alguns fundamentos da teoria da ação social, em Parsons, que não encontram adequação na ação que torna possível a relação jurídica de consumo. Nessa seara, a idéia exposta por Parsons ("fixação a objetos que são gratificantes e o refutar daqueles que são nocivos"),[209] se analisada sob a ótica da relação jurídica de consumo, encontra barreira para a sua aplicação, vez que, nem sempre, o consumidor possui a possibilidade de optar entre aquilo que lhe é gratificante e aquilo que lhe é nocivo (um produto ou outro, um serviço ou outro).

A questão que está sendo discutida se apresenta na existência de alternativas para o agente. Assim Parsons escreve que:

> quando tem oportunidades alternativas de gratificação numa situação presente, e alternativas distribuídas entre situações presentes e esperadas, o ator deve ter alguns meios para decidir qual das alternativas, ou combinações deverá seguir.[210]

Nessa idéia de valoração entre uma ou outra opção é que se desenvolve a ação. Naturalmente o ator busca alcançar gratificações quando realiza a ação, afastando, de sobremaneira, as privações, embora possa desenvolver ações de privação buscando alcançar gratificações maiores, o que chega a parecer certa incompatibilidade na conduta, porém no todo inexistente. No dizer de Parsons:

> este realizará ações que, tomadas isoladamente, são autoprivações, porém, vistas na constelação mais ampla de seu sistema de necessidade-disposição, representam a maior gratificação no balanço total das possibilidades realizáveis sob as condições dadas.[211]

---

[208] Tradução, pelo autor, de fragmento da obra em espanhol: "La selección se hace posible por medio de discriminaciones cogniscitivas: la ubicación y caracterización de los objetos, que son experimentados por él, simultánea y sucesivamente, como se tuviera valor positivo o negativo, de acuerdo a su relevancia para la satisfacción de los impulsos y de su organización en la motivación." Idem.

[209] Tradução, pelo autor, de fragmento da obra em espanhol: "fijación a objetos que son gratificantes y el rechazo de aquello que son nocivos". Ibidem, p.21-22.

[210] Tradução, pelo autor, de fragmento da obra em espanhol: "cuando hay oportunidades alternativas de gratificación en una situación presente, y alternativas distribuidas entre situaciones presentes y esperadas, el actor debe tener algunos medios para decidir cuál de las alternativas, o combinaciones de ellas, deberá seguir." Idem.

[211] Tradução, pelo autor, de fragmento da obra em espanhol: "éste realizará acciones que, tomadas aisladamente, son autoprivaciones, pero que, vistas en la constelación más amplia de su sistema de necesidad-disposición, representan la mayor gratificación en el balance total de las posibilidades realizables bajo las condiciones dadas." Ibidem, p.31-32.

Dentro dessas situações, o que parece importante na teoria da ação é a possibilidade de opções através da análise de alternativas diversas. No dizer de Parsons "já temos pontualizado que a organização das alternativas básicas de uma orientação seletiva é fundamental para qualquer sistema de ação".[212] Isto é, a existência de alternativas é elemento fundamental para o sistema da ação.

A ação que é desenvolvida na relação de consumo muitas vezes está longe de possuir alternativas possíveis dentro da idéia de seleção. Assim, no que se refere à liberdade de escolha, dois enfoques podem ser trabalhados: a) se o consumidor só possui uma opção de produto para adquirir, e este lhe é essencial para sua saúde – vida ou morte – ele não possui escolha, uma vez que está forçado a adquirir aquele produto; b) pode-se entender que, para esses casos, o consumidor pode optar por adquirir, ou não, decidindo pela morte. A adoção de um ou outro posicionamento indica a concordância ou não da configuração atribuída à relação jurídica de consumo com a teoria da ação de Parsons, como se pode ver nas seguintes hipóteses:

Em uma primeira, pode-se trabalhar com a existência de produtos de várias marcas, vários preços e diferenciada qualidade, o que induz ao desaparecimento do dilema, vez que se configurará a possibilidade de escolha pelo consumidor, e a ação que leva à relação de consumo terá sua configuração de acordo com a teoria da ação social.

Em uma segunda, o consumidor não possui, à sua disposição, diversas marcas, diversos preços e diferenciada qualidade do produto. No exemplo antes citado, o produto a ser adquirido, pelo consumidor, é um remédio essencial à sua vida, que é vendido por apenas um fornecedor. A pergunta que se impõe é: nesse caso o consumidor possui o poder de escolha?

Para dirimir o problema apresentado, deve-se ter em vista que, quando a teoria da ação social dispõe sobre a escolha que pode ser executada pelo sujeito, estabelece a possibilidade de valoração e comparação dos objetos e interesses, sendo que, como indica Parsons, "a valoração repousa sobre normas que podem ser tanto cognitivas de veracidade como apreciativas de pertinência ou morais de retitude".[213] Nessa ótica, o ator seleciona dentre vários objetos, o que indica que o selecionar da teoria da ação não opta por fazer ou não fazer, mas opta sobre qual objeto vai incidir a ação. Por esse ponto de vista, quando o consumidor não possui escolha, como

---

[212] Tradução, pelo autor, de fragmento da obra em espanhol: "ya hemos puntualizado que la organización de las alternativas básicas de una orientación selectiva es fundamental para cualquier sistema de acción". Ibidem, p.39.

[213] Tradução, pelo autor, de fragmento da obra em espanhol: "la evaluación reposa sobre normas que pueden ser tanto cognoscivas de veracidad como apreciativas de pertinencia o morales de rectitud". PARSONS, SHILS. *Hacia una teoría...*, p.22.

no exemplo elencado – se ele não adquirir o produto fatalmente morrerá – não há incidência de possibilidade de seleção e, por sua vez, não há coadunação entre a teoria da ação, e o direito do consumidor dentro desses parâmetros.

Buscando aprofundar o assunto vinculado ao exemplo do remédio, ou, em última análise, de todos os produtos que estão sob a égide dos monopólios, pode-se trabalhar as características de orientação do ator ensinadas por Parsons: orientação a objetos discriminados e relacionados; orientação para metas; orientação para o equilíbrio gratificação-privação e orientação para normas de aceitabilidade.

Nos parâmetros dessas características não se vê, em nenhuma delas, a possibilidade de aplicação ao direito do consumidor no caso apresentado, ou seja, não há objetos, mas objeto discriminado e relacionado, portanto sem escolha; a meta é a vida, portanto também não há escolha, impõe-se a aquisição; o equilíbrio gratificação-privação só pode merecer uma orientação, novamente à vida, sendo o adquirir o elemento norteador; no caso da orientação para normas de aceitabilidade, mais uma vez deve ser estabelecida a razoabilidade, sobrevivência.

Assim, por todos os ângulos que se possa analisar, tanto em nível de orientação, quanto de eleição efetiva, só aparece um caminho: o da aquisição sem escolhas.

Os considerandos aqui formulados vão muito além da própria teoria da ação, pois envolvem, inclusive, o dogma da autonomia da vontade. No âmbito da autonomia da vontade, Pontes de Miranda escreve: "O auto-regulamento da vontade, a chamada autonomia da vontade, é que permite que a pessoa, conhecendo o que se produzirá com o seu ato, negocie ou não, tenha ou não o *gestum,* que a vincule."[214] É o núcleo central da doutrina clássica, que estabelece o nascimento do negócio jurídico através da vontade livre, ou seja, baseado no princípio da autonomia da vontade.[215]

Não se pode esquecer que,

A autonomia da vontade significa a possibilidade duma tripla escolha livre na vida negocial: contratar ou não contratar, escolher a outra parte e determinar o conteúdo das obrigações assumidas. Trata-se da correspondência jurídica com as normas de

---

[214] MIRANDA, Pontes de. *Tratado de direito privado.* Parte especial, tomo XXXVIII, Rio de Janeiro: Borsoi, 1972. p.39.

[215] A autonomia da vontade e a liberdade contratual, ao lado do equilíbrio entre os poderes e a representação política, constituíram alguns dos princípios básicos informadores do Estado liberal que, por acreditar num processo econômico centrado no equilíbrio natural da produção e circulação de riquezas, concebia suas instituições jurídicas como mediadoras de antagonismos e conciliadoras de interesse. ROCHA, Silvio Luís Ferreira da. *A oferta no código de defesa do consumidor.* São Paulo: Lemos Editorial, 1997. p.30.

comportamento racionais pressupostas pela concorrência exercida no mercado pelos agentes econômicos livres.[216]

Porém, é de se verificar com o próprio Pontes de Miranda que, "não há autonomia absoluta ou ilimitada de vontade; a vontade tem sempre limites, e a alusão à autonomia é alusão ao que se pode querer dentro desses limites."[217] [218]

Cláudia Marques, abordando o tema da liberdade contratual é enfática ao dizer que:

> A idéia de autonomia de vontade está estreitamente ligada à idéia de uma vontade livre, dirigida pelo próprio indivíduo sem influências externas imperativas. A liberdade contratual significa, então, a liberdade de contratar ou de se abster de contratar, liberdade de escolher o seu parceiro contratual, de fixar o conteúdo e os limites das obrigações que quer assumir, liberdade de poder exprimir a sua vontade na forma que desejar, contando sempre com a proteção do direito.[219]

Dentro da história, é de se verificar com Alinne Novais que o "desenvolvimento da noção de autonomia da vontade que teve seu apogeu no liberalismo e, diferentemente de inúmeros outros institutos jurídicos, não teve início no Direito Romano".[220] Na realidade, o direito canônico traz uma contribuição expressiva para que seja formada a doutrina da autonomia da vontade e, "portanto, para a visão clássica do contrato, ao defender a validade e a força obrigatória da promessa por ela mesma, libertando o direito do formalismo exagerado e da solenidade típicos da regra romana".[221] Outra doutrina que contribuiu para o estabelecimento dos contratos nos moldes clássico foi a teoria do direito natural, "pois dela sai a base teórico-filosófica mais importante na formação dos dogmas da concepção clássica: a autonomia da vontade e a liberdade contratual".[222]

---

[216] ALMEIDA, Carlos Ferreira de. *Os direito dos consumidores*. Coimbra: Livraria Almedina, 1982. p.13.

[217] Ibidem.

[218] Pontes de Miranda, dentro desse contexto ainda traz alguns exemplos que determinam posição distinta da autonomia da vontade: "Mas há deveres morais que se refletem na ordem jurídica (que se juridicizam), como ocorre com os médicos ou com os advogados, se o indigente precisa de socorro ou de defensor; e há interesses gerais, que impõem a conclusão coativa (Kontrahierungszwang), como se passa com os concessionários de serviços ao público, e nos casos de economia dirigida ou controlada." MIRANDA, Pontes de. *Tratado de direito privado*. Parte especial, tomo XXXVIII, Rio de Janeiro: Borsoi, 1972. p.39.

[219] MARQUES, Cláudia Lima. *Contratos no código de defesa do consumidor:* o novo regime das relações contratuais. 2ª ed. São Paulo: Revista dos Tribunais, 1995. p.36.

[220] NOVAIS, Alinne Arquette Leite. *A teoria contratual e o código de defesa do consumidor*. São Paulo: Revista dos Tribunais, 2001. p.44.

[221] MARQUES. *Contratos no código...* p.31-32.

[222] Ibidem, p.32.

Forma-se a partir dessas idéias a concepção tradicional de contrato, "a relação contratual seria obra de dois parceiros em posição de igualdade perante o direito e a sociedade, os quais discutiriam individual e livremente as cláusulas de seu acordo de vontade".[223] [224] [225]

Na relação jurídica de consumo, o contrato assume novas configurações, que se distanciam substancialmente da concepção tradicional. Os contratos, na sociedade de consumo, atendem a idéia de massificação. São pré-redigidos pelo fornecedor, onde o consumidor apenas adere às condições nele estabelecidas. Segundo Cláudia Marques:

> Alguns comparam esta predisposição do texto contratual a um poder paralelo de fazer leis e regulamentos privados *(lawmaking power)*. Poder este que, legitimado pela economia e reconhecido pelo direito, acabaria por desequilibrar a sociedade, dividindo os seus indivíduos entre aqueles que detêm a posição negocial de elaboradores da *'Lex'* privada e os que a ela se submetem, podendo apenas aderir a vontade manifestada pelo outro contratante.[226]

Não se pode negar a influência do poder econômico no contexto da relação de consumo, onde é indiscutível a diferença tanto técnica, quanto econômica existente entre as partes que contratam.

---

[223] MARQUES. *Contratos no código...* p.39.

[224] O Estado liberal, que teve como fundamento o dogma da autonomia da vontade, foi desenvolvido, também, sob a concepção da igualdade entre os indivíduos perante a lei. Na verdade, a liberdade de contratar, como um reflexo do dogma da vontade, e a igualdade formal se encontram na base do próprio dogma, dando-lhe sustentáculo e coerência. NOVAIS. *A teoria contratual...*, p.64.

[225] Tratando sobre o assunto, afirma James Oliveira: "A autonomia da vontade, a liberdade de contratar e a obrigatoriedade das convenções,' inobstante tenham adquirido uma moldura diferenciada ao longo dos tempos, permanecem como os principais pilares jurídicos do contrato. A falta de qualquer deles no seu alicerce certamente implicaria no desabamento de toda a construção jurídica que ele representa. Podem ser remodelados, repensados, adaptados; eliminados, nunca.
A autonomia da vontade pode sofrer limitações ditadas pelo interesse comum. A liberdade de contratar pode ceder a determinados temperamentos subjetivos ou objetivos lastreados na segurança jurídica e na ordem pública. A força de lei do que foi combinado pode ser temperada pelo aparecimento de fatos que superam a previsibilidade ou pode sucumbir diante dos comandos imperativos do direito positivo. Em nenhum desses casos, porém, esses princípios são afetados em sua substância. Sua energia jurídica é amenizada apenas topicamente, mas continua a dar amparo e corporificação ao contrato.
Isso quer dizer que o ordenamento jurídico vigente convive com a restrição da autonomia da vontade, com a subtração de alguns objetos do campo contratual, com a edição de regras impositivas que acanham a força de lei da avença por motivos de ordem pública. De maneira alguma, entretanto, suporta que qualquer desses princípios seja minado, pois isso representaria um golpe mortal no contrato.
Portanto, em que pesem as profundas mudanças sociais, econômicas, tecnológicas e políticas dos últimos tempos, é equivocado pensar que o contrato tenha experimentado uma redefinição absoluta de qualquer de seus substratos jurídicos." OLIVEIRA, James Eduardo C. M. O direito de arrependimento do consumidor nas promessas de compra e venda de imóveis. *Revista dos Tribunais*, São Paulo, n.735, 1997. p.107-108.

[226] MARQUES. *Contratos no código...* p.40-41.

As novas técnicas contratuais do novo modelo[227] são indispensáveis ao moderno sistema de produção e de distribuição em massa, não havendo como retroceder o processo e eliminá-las da realidade social. Elas trazem vantagens evidentes para as empresas (rapidez, segurança, previsão dos riscos, etc.), mas ninguém duvida de seus perigos para os contratantes vulneráveis ou consumidores. Estes aderem sem conhecer as cláusulas, confiando nas empresas que as pré-elaboraram e na proteção que, esperam, lhes seja dada por um Direito mais social. Esta confiança nem sempre encontra correspondente no instrumento contratual elaborado unilateralmente, porque as empresas tendem a redigi-los da maneira que mais lhe convêm, incluindo uma série de cláusulas abusivas e ineqüitativas.[228]

Assim, desfaz-se, na sociedade de consumo (na sociedade com métodos de contratação em massa), o modelo clássico de contrato. Na nova sociedade, a igualdade entre partes inexiste, o que faz com que desapareça, também, a proclamada liberdade de contratar. Como se pode notar, também a análise formulada sobre a teoria dos contratos reforça o entendimento exposto anteriormente, no que se refere às incompatibilidades existentes entre a relação jurídica de consumo e a teoria da ação, dentro das idéias do selecionar e do eleger.

---

[227] "O contrato que tem o modelo liberal como seu paradigma, cujo princípio máximo é a autonomia da vontade, reflete, na verdade, um momento histórico que não corresponde mais à realidade atual. Essa concepção tradicional do contrato, que tem na vontade a única fonte criadora de direitos e obrigações, formando lei entre as partes, sobrepondo-se à própria lei, bem como a visão do Estado ausente, apenas garantidor das regras do jogo, estipuladas pela vontade dos contra-tantes, já há muito vêm tendo seus pilares contestados e secundados pela nova realidade social que se impõe." NOVAIS. *A teoria contratual...*, p.67-68.
[228] MARQUES. *Contratos no código...* p.43.

Primeira Parte

BASE TEÓRICA DA DOGMÁTICA CONSUMERISTA

Na teoria das ciências sociais aparece com importância fundamental a codificação do conhecimento. O agrupamento das idéias possibilita um melhor entendimento das mesmas. As idéias dispersas dificultam, por outro lado, seu entendimento.

De uma maneira geral, "a codificação facilita a seleção de problemas".[229] Essa ótica pode ser levada para o âmbito particular do Direito. No Universo Jurídico, verifica-se que os problemas introduzidos na codificação jurídica recebem um direcionamento, ou concentração da investigação para solucionar as questões neles existentes. Em outras palavras, é justamente o que Parsons pretende estabelecer quando trata da codificação dentro da teoria da ação social.

Com o pensamento voltado para a idéia de organizar e facilitar a compreensão do conhecimento dentro da codificação, é que se pretende elaborar a primeira parte deste trabalho, uma vez que ela será de grande importância para se elaborar a análise conjunta da teoria da ação social com a dogmática consumerista.

---

[229] Tradução, pelo autor, de fragmento da obra em espanhol: "la codificación facilita la selección de problemas". PARSONS, SHILS. *Hacia una teoría...*, p.19.

Capítulo I

Conceito de consumidor

O que se entende por consumidor é um problema a ser enfrentado antes de se adentrar ao tema da responsabilidade por danos que possam ser causados, por produtos, a esse agente. Assim, é de se analisar desde o aspecto meramente social, até a conceituação técnica da palavra. Importando, ainda, salientar a posição adotada pelo legislador brasileiro ao dispor o conceito de consumidor no código de proteção e defesa do consumidor (CDC), legislação que hoje norteia todas as relações jurídicas em que ele se encontra presente, como uma das partes.

1. O consumir

O conceito de consumidor está atrelado ao conceito de consumir, uma vez que, sem este, não há consumidor. Segundo Aurélio, consumir é "gastar ou corroer até à destruição; devorar, destruir; extinguir".[230] Assim, fora do âmbito jurídico, o consumir se vincula à destruição, extinção da coisa ou objeto. Nesse mesmo âmbito pode-se dizer com Mário Frota:

> Para os economistas, o consumo constitui o último estágio do processo econômico ou seja, em que os bens econômicos servem para satisfação de necessidades. O consumo distingue-se, pois, da produção, como da distribuição e da venda. O ato de consumo é, pois, um ato jurídico: já que permite obter um bem ou serviço de molde a satisfazer uma necessidade pessoal ou familiar. Comprar alimentos, obter a prestação de cuidados de saúde, adquirir um eletrodoméstico, alugar uma viatura sem condutor, comprar uma moto, arrendar um apartamento, assegurar os serviços de um hotel ou de uma pensão, conseguir o crédito necessário para ocorrer a tais encargos – eis sucessivos atos de consumo com decisivo interesse para o direito.[231]

---

[230] FERREIRA, A. B. de Holanda. *Novo Dicionário da Língua Portuguesa*. 12ª impressão. Rio de Janeiro: Nova Fronteira, 1975. p.371.
[231] FROTA, M. et al. *Direitos do consumidor de produtos e serviços turísticos*. Lisboa: Instituto Nac. Form. Turística, 1995. p. 6.

Por outro lado, o Código Civil brasileiro, em seu artigo 86, diz: *"São consumíveis os bens móveis cujo uso importa destruição imediata da própria substância, sendo também considerados tais os destinados à alienação."* O Código, além de guardar concordância com os dicionários não-jurídicos, acrescenta um novo elemento, de conotação jurídica, que é considerar como consumíveis os bens destinados à alienação. Tem-se com esse dispositivo uma "destruição material" quando o bem se gasta ou se extingue naturalmente, e uma "destruição jurídica", quando o bem sai do patrimônio de alguém e vai para o patrimônio de outrem. Na visão do sentido material manifesta-se Castro do Nascimento:

> o ato de consumir pode significar consumo absoluto, quando há destruição da coisa pelo primeiro uso, ou consumo paulatino, quando a coisa se deteriora pelo uso continuado. Desta forma tanto é consumidor o que compra uma maçã para comer – há o uso que resulta em seu perecimento abrupto – como o que compra um imóvel – há o consumo resultante do desgaste sucessivo ou paulatino.[232]

O autor não fica adstrito, em sua análise, ao Código Civil, uma vez que, transpassando-o, inclui os imóveis como de possível consumibilidade.

O Código Civil brasileiro optou por tratar como consumíveis os bens móveis. No sentido do Código Civil, diz Carvalho Santos: "A distinção entre bens consumíveis e não consumíveis só se aplica aos bens corpóreos móveis."[233] São deixados de fora da análise jurídica os bens imóveis e também os serviços, elementos presentes como bens de consumo dentro do Código de Proteção e Defesa do Consumidor. O direcionamento é coerente, uma vez que o legislador civil optou por restringir o entendimento de *consumir*, unindo-o à idéia de "destruição imediata".[234] Por outro lado, o mesmo legislador civil, usando de ficção jurídica, dispõe como consumíveis os bens destinados à alienação. Aqui, o bem se torna consumível independentemente da sua destruição. Nas palavras de Carvalho Santos, pode-se dizer:

> Não se trata, na espécie, de destruição econômica, mas de um verdadeiro consumo jurídico. Por isso, são essas coisas juridicamente consumíveis, independentemente

---

[232] NASCIMENTO, T. M. Castro do. *Responsabilidade civil no código do consumidor*. Rio de Janeiro: Aidê, 1991. p.18.

[233] SANTOS, J. M. C. de. *Código civil brasileiro interpretado, principalmente do ponto de vista prático*. Parte geral (arts. 43-113). Rio de Janeiro: Freitas Bastos, 1982. p.41.

[234] Por esse entendimento, explica Carvalho Santos: "O Código, na conceituação dos bens consumíveis, quer que o uso importe na destruição imediata da própria substância, assim, por exemplo, o vinho, que uma vez bebido, não existe mais. Afastada fica, pois, a idéia de qualquer conservação depois do uso, e, como conseqüência, qualquer idéia de restituição por parte de quem usa.
Não são consumíveis, portanto, os bens que somente são destruídos com um uso prolongado, como, por exemplo, um par de sapatos, um revólver, uma enxada.
Mas se esses bens, com o uso sucessivo, vêm a ser destruídos, parece razoável que exista um conceito intermediário entre a consumibilidade e a não consumibilidade, qual o dos bens deterioráveis ou não deterioráveis, segundo se deteriorarem ou não com o uso".

de qualquer idéia de destruição. Assim, uma jóia, que naturalmente é inconsumível, se está na vitrine do joalheiro, é juridicamente consumível.[235]

Nesse momento é de se perguntar: o que o CDC entende por bem de consumo? O CDC, em seu art. 2º, *caput*, dispõe: "Consumidor é toda pessoa física ou jurídica que adquire ou utiliza produto ou serviço como destinatário final." Ao invés de falar em bem de consumo, o CDC optou por usar a nomenclatura *produto ou serviço*. Portanto, o bem a ser consumido, para se enquadrar no Código, pode ser *produto* ou *serviço*.

No art. 3, § 1º, o código define o que entende por produto: "Produto é qualquer bem, móvel ou imóvel, material ou imaterial." No mesmo artigo, em seu § 2º, encontra-se a definição de serviço: "Serviço é qualquer atividade fornecida no mercado de consumo, mediante remuneração, inclusive as de natureza bancária, financeira, de crédito e securitária, salvo as decorrentes das relações de caráter trabalhista."

O CDC definiu *Consumidor, fornecedor, produto* e *serviço*, deixando de definir *consumo*. Com isso, deixou à doutrina tal tarefa. Parece importante, pois, investigar o conhecimento fornecido pela economia, uma vez que o *consumo* é um dado também ligado à ciência econômica. Embora o consumo receba regulamentação através do Direito, este deve ter presente os conceitos delineados no âmbito da economia, seja em nível de micro ou de macroeconomia.

Mesmo no âmbito da economia existem várias conotações que são atribuídas à palavra consumo. Belchior, citando vários autores da área econômica, proporciona uma visão generalista do que se pode entender por consumo:

> Não podemos fazer uso da utilidade que reside nas riquezas sociais, sem alterar esta utilidade, sem destruir, em todo ou em parte, e por conseqüência sem alterar ou destruir seu valor. Nós destruímos completamente o valor do alimento que nos serve de alimentação; e cada dia destruímos parcialmente o valor da vestimenta que nos cobre. É esta destruição de valor que se chama consumo (J. B. Say).
> O leitor deve ter compreendido desde logo, que da mesma forma que a produção não é a criação de matéria, mas uma criação da utilidade, o consumo não é uma destruição de matéria, mas uma destruição de utilidade (J. B. Say).
> Por consumo queremos descrever o uso, geralmente aliado à certa medida de destruição física, dos frutos da produção, de modo a satisfazer as necessidades dos membros de uma coletividade. No entanto, é preciso indicar que, para fins de conveniência estatística, é comum supor que os bens foram 'consumidos' assim que passaram para as mãos do 'consumidor', a pessoa cujas necessidades próprias ou de seus dependentes, essas mercadorias irão satisfazer, ainda que o processo de consumo leve dias, semanas ou anos (Edey e Peacock)[236]

---

[235] Santos, *Código civil...*, p.43.
[236] BELCHIOR, E. O. *Vocabulário de Termos Econômicos e Financeiros*. São Paulo: Civilização Brasileira, 1987, p.64.

É importante notar as várias conotações que pode assumir a palavra *consumo*, e que na própria economia a diversidade aparece. Consumo é o processo pelo qual se derivam utilidades de um bem, ou de um serviço. De uma forma mais generalizada, também se pode descrever o consumo como a atividade de adquirir bens e serviços com o intuito de auferir satisfações.[237]

O CDC, ao deixar em aberto o conceito de *consumo* decide por permitir a ingerência de todas as teorias que, de alguma maneira, contribuem para o entendimento do que seja *consumo*: seja na destruição do bem, na destruição da utilidade, ou simplesmente na venda e, também, estendendo o entendimento aos bens móveis, imóveis, materiais, imateriais, além, é claro, dos serviços que também estão regulamentados.

Porém, é de se notar que o consumo norteado pelo CDC é aquele que se caracteriza por ser de destino final, ou seja, quem adquire o produto o faz como destinatário final.[238]

Assim, para receber a proteção do CDC faz-se necessário exercer o ato de consumir, em qualquer de suas modalidades aqui expostas, sobre qualquer tipo de bem mencionado, ou mesmo serviço, mas com a ressalva pertinente de ser consumidor final.

2. O consumidor

Buscar a definição de um objeto ou sujeito, em direito, é procurar estabelecer os limites em que a lei irá atuar sobre e ao redor dele, definindo a tutela jurídica a ser conferida pelo Direito. No caso do consumidor é sua definição, como se expressa V. Benjamin,

> que estabelecerá a dimensão da comunidade ou grupo a ser tutelado e, por esta via, os limites da aplicabilidade do Direito especial. Conceituar consumidor, em resumo, é analisar o sujeito da relação jurídica de consumo tutelada pelo Direito do Consumidor.[239]

---

[237] Nestes sentidos, ver: SELDON, A.; PENNANCE F. G. *Dicionário de Economia*. Rio de Janeiro: Bloc Editores S.A., 1983, p.110.

[238] Nas palavras de Cláudia Marques: "Destinatário final é aquele destinatário fático e econômico do bem ou serviço, seja ele pessoa jurídica ou física. Logo, segundo esta interpretação teleológica não basta ser destinatário fático do produto, retirá-lo da cadeia de produção, levá-lo para o escritório ou residência, é necessário ser destinatário final econômico do bem, não adquiri-lo para revenda, não adquiri-lo para uso profissional, pois o bem seria novamente um instrumento de produção, cujo preço será incluído no preço final do profissional que o adquiriu." MARQUES, Cláudia Lima. *Contratos no código de defesa do consumidor: o novo regime das relações contratuais*. São Paulo: Revista dos Tribunais, 1995. p.100.

[239] BENJAMIN, A. H. de Vasconcellos e. *O conceito jurídico de consumidor*. São Paulo: Revista dos Tribunais-628, 1988. p.70.

De início, é importante salientar que não existe um protótipo de consumidor, ou consumidor típico.[240] Existem, na realidade, tipos de consumidores, ou seja, consumidores com certas características e outros com outras. Os consumidores estão presentes em todas as classes sociais, embora possa ser admitido que determinadas pessoas, por estarem excluídas do contexto econômico-social não sejam consumidores.

Quando se fala de consumidores em todas as classes sociais tem-se em vista tanto o âmbito econômico quanto o cultural. Assim, temos consumidores nas classes alta, média e baixa da população e também temos consumidores que vão do analfabeto ao pós-doutor. Essa diversidade de consumidores impõe, obrigatoriamente, a configuração de características diferenciadas, que vão deste a escolha do tipo de produto a ser consumido até o nível de compreensão sobre informações e publicidade.[241]

Pode-se encontrar *consumidor* nas mais variadas situações sociais e econômicas: tanto é consumidor o comprador no contrato de compra e venda de um automóvel, quanto na compra de uma bicicleta; é consumidor

---

[240] Pasqualotto, abordando o assunto "publicidade e consumidor", e citando Ghidini se inclina por aceitar o critério de consumidor típico dentro da publicidade. Nesse sentido escreve: "Atentou para essa impropriedade Gustavo Chidini, apontando a existência de dados econômicos, sociológicos e culturais envolvidos no fenômeno publicitário, geralmente desconsiderados pelos juízes e pela doutrina, porque são elementos extralegais. A realidade mostra que um alto nível de informação do consumidor corresponde a um baixo índice de influência da publicidade. Essa influência cresce na medida em que diminui a sagacidade do consumidor, justamente a faixa em que há maior necessidade de proteção legal. O critério do consumidor médio revela-se, assim, seletivo, devendo ser substituído por outro referencial, o do consumidor típico, que leve em consideração o menos conscencioso e informado, por conseqüência, aquele mais exposto aos efeitos de publicidades enganosas." Acrescentando ainda: "O critério do consumidor típico, conforme proposto por Ghidini, parece ser o mais adequado, pois além de compatível com a proteção aos mais fracos, escopo e razão de ser do Direito do Consumidor, também permite levar em consideração a elevação do padrão cultural e, inclusive, a "domesticação" das técnicas publicitárias, o que ocorre quando, a custa de repetição, elas se tornam conhecidas, perdendo ou diminuindo a sua nocividade. De certo modo isso vem acontecendo em alguns casos de merchandising. De tanto ser praticado, acabou sendo identificável. É certo, no entanto, que a criatividade humana, especialmente a dos publicitários, não tem limite." PASQUALOTTO, A. Os efeitos obrigacionais da publicidade no código de defesa do consumidor. *Revista de Direito do consumidor*, São Paulo, n.10, 1997. p.124-125.

[241] Abordando o tema, dispõe V. Benjamin: "há consumidores e consumidores! Por trás da estratificação social, das diferenças em poder aquisitivo, das variações de capacidade de receber e digerir informações e, por último, das necessidades não coincidentes, pode-se vislumbrar uma área de identificação ampla fragmentada, sim – não particularizada ao indivíduo-consumidor ou grupo-consumidor, mais ou menos homogênea para toda a coletividade indeterminada de consumidores. As contradições interpessoais e de classe não modificam a identificação de um interesse típico do consumidor, que consistiria na expectativa de todos os consumidores de receberem produtos e serviços de boa qualidade, a preços justos e com informação adequada sobre os mesmos. É que o consumidor, para efeitos jurídicos, se caracteriza mais pela destinação que dá ao bem do que pela qualidade ou valor do bem em si. Não importa se o bem custou 'y' ou 'x'. Tampouco, normalmente, é relevante o status social do consumidor. Pode-se, assim, falar em certos interesses gerais – difusos – dos consumidores e, ao mesmo tempo, reconhecer que nem todos consumidores são iguais, nem, tampouco, suas carências individuais de tutela especial são idênticas." Benjamin. *O conceito jurídico...*, p.70.

o passageiro do avião ou o passageiro de ônibus urbano no contrato de transporte.

Reforçando a idéia anteriormente exposta, é de se salientar que existem pessoas que estão totalmente excluídas do processo de consumo, entendido como elemento relacionado com a produtividade social. Esses párias da sociedade, relegados pelo Estado a um plano onde a desconsideração tanto política quanto jurídica não possui limite, não são considerados consumidores, uma vez que não consomem o produto da produtividade social, mas tão-somente os restos, as sobras, que não possuem qualquer relevância econômica para o Estado. Certamente não foi para esses que os códigos de proteção ao consumidor são promulgados.

Assim, a princípio, toda pessoa pode ser considerada como consumidor. Porém, para se compreender juridicamente o conceito, é de se restringir sua visão aos parâmetros traçados no campo do Direito e, dentro deste, buscar subsídios tanto no âmbito legal e doutrinário, quanto no jurisprudencial.

No próprio Direito, a definição de consumidor não ganha "águas pacíficas", pois as várias legislações buscam traçar a idéia de consumidor conforme suas necessidades.[242]

Para se ter uma idéia, pelo menos inicial de conceito de consumidor, é de se adotar um sentido amplo,[243] ou seja, o indivíduo, ou conjunto de indivíduos que entram no mercado com o intuito de adquirir bens ou utilizar serviços. É claro que nem todas as pessoas entram no mercado adquirindo bens ou serviço sob o mesmo objetivo ou a mesma finalidade. Uns podem adquirir bens ou serviços visando ao seu consumo direto ou

---

[242] No sentido das várias conotações da palavra consumidor, nas várias legislação, diz Renata Mandelbaum: "o conceito jurídico, por sua vez, de maneira ampla, considera como consumidor o sujeito da relação jurídica de consumo, tutelada pelo Direito do Consumidor. Assim, esse conceito vai variar em consonância com o âmbito que for analisado, delimitado pelas instituições jurídicas que determinam os Direitos dos Consumidores. Não existe um único conceito de consumidor mas, sim, diversas leis que tratam da proteção do consumidor. Assim, para cada contexto analisado, a figura poderá ser diversa. Alguns admitem como sendo consumidor o indivíduo isoladamente considerado; outros, de visão mais abrangente, adotam para si o conceito econômico para o campo jurídico, estendendo a aplicação de suas legislações às pessoas jurídicas." MANDELBAUM, R. Contratos de adesão e contratos de consumo.*Revista de Direito do Consumidor*, São Paulo, n.9, 1996. p.161.

[243] No mesmo sentido se manifesta Adalberto Pasqualotto quando analisa o art. 2º do CDC: "O conceito é amplo, incluindo as pessoas jurídicas, o que nem sempre é reconhecido pela doutrina ou no direito comparado. Embora a nossa lei amenize a indenização em favor das pessoas jurídicas colocadas em posição de consumidoras (art. 51, I), não as exclui. O fator limitador do conceito é a *destinação final* do produto ou do serviço. É diferente o uso do mesmo material de construção por um construtor profissional ou por um trabalhador que constrói a sua própria casa. Enquanto o primeiro incorpora o material na casa que depois irá vender, o trabalhador compra para uso próprio. Interpõe-se entre eles a *vulnerabilidade* do consumidor, elemento definidor da desigualdade no mercado frente ao fornecedor e razão de ser da proteção legal." Pasqualotto. *Os efeitos...*, p.77-78.

final; outros podem adquirir bens ou serviços como meio de produção de outros bens.[244]

O conceito de consumidor pode, também, estar vinculado ao aspecto subjetivo ou objetivo do consumir. O conceito de consumidor estará vinculado ao aspecto subjetivo,[245] quando existe uma finalidade no ato de retirada do bem do mercado, e estará vinculado ao aspecto objetivo,[246] quando o único interesse é a retirada do bem do mercado, sem a preocupação do porquê dessa retirada.

2.1. O conceito de consumidor no Código de Proteção e Defesa do Consumidor brasileiro

Uma vez entendido o contexto em que leva o ator a ser consumidor, se faz necessário compreender o que se pode entender por consumidor no contexto do código de proteção e defesa do consumidor brasileiro, devido à importância que possui a posição adotada pelo legislador ao dispor o conceito de consumidor no CDC.

2.1.1. A relação jurídica

Tanto no conceito subjetivo, quanto no objetivo de consumidor é importante a análise da relação jurídica, pois seus componentes podem revelar se a relação pode ser tida, ou não, como relação jurídica de consumo. Para que exista a figura do consumidor, deve haver uma *relação de consumo* que se cristalize com a aquisição ou utilização do produto ou

---

[244] Nesse sentido, Amaral Júnior demonstra que a noção de consumidor se compõe de dois elementos básicos: "o primeiro, de caráter geral, salienta que consumidores são todos que se submetem ao poder dos titulares dos meios de produção. Desse fato resulta a sua posição de subordinação estrutural na economia capitalista, já que a existência do mercado de consumo depende de grandes aparatos publicitários que criam desejos e forjam necessidades. Mas, o que realmente distingue o consumidor, constituindo motivo de proteção para o ordenamento jurídico, é a sua não profissionalidade. Isto significa que o traço essencial que caracteriza o consumidor é a aquisição ou utilização de bens ou serviços para fins não profissionais.
Enquanto o empresário adquire ou utiliza bens e serviços visando à realização de sua atividade profissional, o consumidor pratica atos isolados para atender a fins tipicamente privados. A noção de consumidor indica o ponto terminal do processo de intercâmbio de mercadorias, sendo que os bens são adquiridos para a satisfação de necessidades materiais ou espirituais, e não para a recolocação no mercado." AMARAL Jr., A. do., *Proteção do consumidor no contrato de compra e venda*. São Paulo: Revista dos Tribunais, 1993. p.104.

[245] Sobre a concepção subjetiva de consumidor diz Ulhoa Coelho: "a ênfase do conceito jurídico recai sobre a sua qualidade de não-profissional em relação com o fornecedor profissional." Coelho. ob. cit., p.45.

[246] Nesse sentido afirma Ulhoa Coelho: "o conceito enfatiza a posição de elo final da cadeia de distribuição de riqueza. Nela, o aspecto ressaltado pelo conceito jurídico é o do agente econômico que destrói o valor de troca dos bens ou serviços, ao utilizá-los diretamente, sem intuito especulativo." Idem.

serviço. Relação de consumo que não é vista apenas sob o ângulo sociológico, mas sobretudo do ponto de vista de *relação jurídica*, que possui todos os elementos que caracterizam esse tipo de relação. Exemplificado: uma compra e venda, onde se tem o consumidor como comprador; o fornecedor como vendedor; o bem e o preço.

No entanto, há de se considerar que são necessários certos requisitos para que uma das partes possa ser considerada, na relação jurídica, como consumidor, porque é certo que toda a relação de consumo é uma relação jurídica, mas nem toda a relação jurídica é uma relação de consumo. A relação jurídica é gênero, enquanto a relação de consumo é espécie com configurações bem delimitadas.[247] Nota-se assim a importância de se trabalhar sobre a conceituação de consumidor, como elemento integrante da relação jurídica de consumo.[248]

O consumidor, definido no art. 2º do CDC, é aquele que adquire ou utiliza o produto ou serviço como destinatário final. Porém, pode-se dizer que nem todo destinatário final será consumidor, na concepção jurídica da palavra vinculada à relação jurídica de consumo. Assim, embora o consumidor seja destinatário final do bem ou serviço, se no outro pólo da relação jurídica não estiver um fornecedor típico da relação jurídica de consumo, o consumidor não será reconhecido como elemento de uma relação jurídica de consumo, não recebendo a proteção do CDC. Em outras palavras, deve haver uma correlação entre os pólos da relação jurídica para que a mesma possa ser uma relação jurídica de consumo.[249]

Para corroborar o sentido de correlação entre os pólos da relação jurídica, estabelecido acima, é possível dizer que o adquirente pode estar realizando um contrato de compra e venda com a finalidade de adquirir o bem para seu próprio uso e o de sua família, porém a parte vendedora não é pessoa que exerce uma atividade econômica relacionada com lucratividade. Nesse caso, não se terá um contrato regido pelas normas do direito do consumidor, mas pelas normas do direito civil. A título de exemplo,

---

[247] Esclarecendo a relação de consumo, José Filomeno diz que, "pode-se dessarte inferir que toda relação de consumo: a) envolve basicamente suas partes bem definidas: de um lado, o adquirente de um produto ou serviço (consumidor), e, de outro, o fornecedor ou vendedor de um produto ou serviço (produtor/fornecedor); b) tal relação destina-se à satisfação de uma necessidade privada do consumidor; c) o consumidor, não dispondo, por si só, de controle sobre a produção de bens de consumo ou prestação de serviços que lhe são destinados, arrisca-se a submeter-se ao poder e condições dos produtores daqueles mesmos bens ou serviços." FILOMENO, J. et al, *Código brasileiro de defesa do consumidor – comentado pelos autores do anteprojeto* – Rio de Janeiro: Forense Universitária, 1995, (arts. 1/7) p.26.

[248] Ainda em Filomeno pode-se notar a tendência de proteção ao consumidor dentro da relação de consumo "procurando tratar desigualmente pessoas desiguais, levando-se em conta que o consumidor está em situação de manifesta inferioridade frente ao fornecedor de bens e serviços." Idem.

[249] Nesse sentido, Coelho, ob. cit., p.43.

pode-se trazer a compra e venda de um automóvel realizada entre um advogado e um médico. Aquele, proprietário do veículo que o vende com o único intuito de trocar para um outro modelo, sem maiores vínculos comerciais; por outro lado, o médico adquire o veículo para seu uso e o de sua família sendo, portanto, consumidor final. Tem-se aqui, o comprador enquadrado no conceito de consumidor, porém o advogado não pode ser enquadrado como fornecedor no sentido da relação jurídica de consumo, uma vez que sua atividade econômica é advogar e não vender automóveis usados no mercado.

No mesmo sentido, porém analisando inversamente os pólos da relação jurídica, também não se configurará relação de consumo se, tanto o vendedor quanto o comprador se utilizam do bem com o intuito de lucratividade. Ou seja, o vendedor exerce atividade econômica de oferecimento de certo produto no mercado consumidor, mas o comprador não o adquire como destinatário final, mas com o intuito de utilizá-lo como meio de produção. Nesse sentido, pode-se exemplificar com o fabricante de calçados que adquire de um curtume o couro necessário à confecção dos sapatos. No pólo do vendedor tem-se a empresa, configurada como fornecedora, sua atividade é desenvolvida no mercado consumidor através da colocação do couro; no pólo do comprador não se encontra o consumidor típico da relação de consumo, pois nesse pólo se encontra um comprador que não se apresenta como destinatário final, mas como alguém que utilizará o produto com o intuito de colocá-lo no âmbito da produção para fazer outros produtos e assim buscar na lucratividade seu meio de vida. Esse contrato não será regido pelas normas do direito do consumidor mas pelas normas de direito comercial.[250]

Assim, para que a *relação de consumo* possa ser uma *relação jurídica de consumo*, deve possuir os sujeitos e o objeto delineados conforme os ditames traçados pelo CDC, bastando, para a sua não-configuração, a falta de qualquer um desses elementos, conforme explicitado neste item.

2.1.2. A ordem econômica

No *caput* do art. 2º, tem-se o consumidor propriamente dito, estabelecido sob a ótica do dado econômico, uma vez que vincula o ser consumidor à aquisição ou utilização do produto ou serviço. Dessa forma, nas palavras de José Filomeno, pode-se dizer que,

> assim, procurou-se abstrair de tal conceituação componentes de natureza sociológica – 'consumidor' é qualquer indivíduo que frui ou se utiliza de bens e serviços e pertence a uma determinada categoria ou classe social – ou então psicológica – aqui

---

[250] Sobre o assunto ver: Coelho, ob. cit., p.43-44.

encarando-se o 'consumidor' como o indivíduo sobre o qual se estudam as reações a fim de se individualizar os critérios para a produção e as motivações internas que o levam ao consumo. Igualmente se procurou abstrair considerações de ordem literária e até filosófica, embora relevantes para efeitos da análise da publicidade.[251]

Essa visão purista, que abstrai da norma os elementos filosóficos, sociológicos e psicológicos, não consegue se firmar totalmente, uma vez que se tem conhecimento de que, em um ou em outro momento, essas idéias acabam por aflorar no contexto jurídico, principalmente quando se aplica o Direito no dia-a-dia forense. Mas, buscando aproximar a idéia de consumidor ao intuito do legislador poder-se-ia dizer, também, com José Filomeno:

> Abstraídas todas as conotações de ordem filosófica, psicológica e outras, entendemos por 'consumidor' qualquer pessoa física ou jurídica que, isolada ou coletivamente, contrate para consumo final, em benefício próprio ou de outrem, a aquisição ou a locação de bens, bem como a prestação de um serviço.[252]

O legislador estabeleceu uma importante restrição para a configuração de consumidor: "adquirir o bem como destinatário final", ser, portanto, destinatário final, que poderia ser interpretado como o simples retirar o bem do mercado, o que se traduziria num ato meramente objetivo. Assim estar-se-ia dizendo que o legislador estabeleceu para o conceito de consumidor do art. 2º do código uma idéia totalmente objetiva.

Porém, a análise não pode ser tão simplista. O bem pode ser retirado do mercado para ser utilizado na cadeia produtiva de outro ou outros bens não sendo, portanto, consumido como elemento final, mas integrado no custo de produção de outro ou outros bens como foi explicitado. Como se nota, a expressão destinatário final não possui apenas um entendimento, mesmo porque o próprio código não a explica.

Cláudia Marques, dispondo sobre o assunto e citando Benjamim e Grau,[253] mostra duas correntes perfeitamente delineadas que levam a denominação, uma de finalistas e outra de maximalistas.

> Para os finalistas, pioneiros do consumerismo, a definição de consumidor é o pilar que sustenta a tutela especial, agora concedida aos consumidores. Esta tutela só existe porque o consumidor é a parte vulnerável nas relações contratuais no mercado, como afirma o próprio CDC no art. 4º, inciso I. Logo, convém delimitar claramente quem merece esta tutela e quem não a necessita, quem é consumidor e quem não é. Propõem, então, que se interprete a expressão 'destinatário final' do art. 2º de

---

[251] FILOMENO. *Código brasileiro...*, ob. cit., p.25.

[252] Ibidem, p.26.

[253] Sobre o assunto ver também BENJAMIN, Antônio Hermen de Vasconcellos e. Da qualidade de produtos e serviços, da prevenção e da reparação dos danos.*Comentários ao Códigos de Proteção do Consumidor*, São Paulo: Saraiva, 1991. p.27. Citando Eros Grau.

maneira restrita, como requerem os princípios básicos do CDC, expostos no art. 4º e 6º.[254][255]

Continuando com Cláudia Marques:

> logo, segundo esta interpretação teleológica não basta ser destinatário fático do produto, retirá-lo da cadeia de produção, levá-lo para o escritório ou residência, é necessário ser destinatário final econômico do bem, não adquiri-lo para revenda, não adquiri-lo para uso profissional, pois o bem seria novamente um instrumento de produção cujo preço será incluído no preço final do profissional que o adquiriu. Neste caso não haveria a exigida 'destinação final' do produto ou do serviço.[256]

Ter-se-ia, por essa concepção, uma visão restrita de consumidor onde só estariam presentes aqueles que necessitam de proteção, aqueles que utilizam o produto para seu uso ou o de sua família. Dessa posição fechada, diz Cláudia Marques,

> os finalistas evoluíram para uma posição mais branda, se bem que sempre teleológica, aceitando a possibilidade do Judiciário, reconhecendo a vulnerabilidade de uma pequena empresa ou profissional, que adquiriu, por exemplo, um produto fora de seu campo de especialidade, interpretar o art. 2º de acordo com o fim da norma, isto é, proteção ao mais fraco na relação de consumo, e conceder a aplicação das normas especiais do CDC analogicamente também a estes profissionais[257]

Ao lado da teoria finalista, apresenta-se a corrente maximalista que entende o CDC como um simples conjunto normativo para regular o mercado e não como elemento destinado a proteger o consumidor não-profissional. Explica Cláudia Marques:

> O CDC seria um Código geral sobre o consumo, um Código para a sociedade de consumo, o qual instituiu normas e princípios para todos os agentes do mercado, os quais podem assumir os papéis ora de fornecedores, ora de consumidores. A definição do art. 2º, deve ser interpretada o mais extensamente possível, segundo esta corrente, para que as normas do CDC possam ser aplicadas a um número cada vez maior de relações no mercado. Consideram que a definição do art. 2º, é puramente objetiva, não importando se a pessoa física ou jurídica tem ou não fim de lucro quando adquire um produto ou utiliza um serviço.[258]

Assim entendido, consumidor não seria o destinatário final do produto, mas apenas o destinatário de fato, ou seja, aquele que retira o bem do mercado independente da finalidade. Nesse sentido, é consumidor o advo-

---

[254] MARQUES. *Contratos no código...*, p.100.
[255] Abordando o mesmo assunto, diz José Filomeno: "E nessa hipótese, não bastaria a interpretação meramente teleológica ou que se prenda à destinação final do serviço ou do produto. Consumidor seria apenas aquele que adquire o bem para utilizá-lo em proveito próprio, satisfazendo uma necessidade pessoal e não para revenda ou então para acrescentá-lo à cadeia produtiva." FILOMENO. *Código brasileiro...*, p.29.
[256] MARQUES. *Contratos no código...*, p.100.
[257] Ibidem, p.101.
[258] Ibidem, p.101.

gado que compra a máquina de escrever para seu escritório; a empresa de curtume que adquire um ônibus para transporte de seus funcionários, etc.

A dificuldade de se chegar a um consenso quanto a esse tema não é peculiaridade brasileira. No Direito alienígena, o mesmo também é debatido tanto no âmbito doutrinário, quanto no jurisprudencial. Ensina Cláudia Marques que:

> na França a Lei nº 78-23, de 10 de janeiro de 1978, dizia-se aplicável somente à proteção contra cláusulas abusivas inseridas em 'contratos concluídos entre profissionais e não-profissionais ou consumidores' (art. 35 da lei). Logo, estariam excluídos do campo de aplicação da lei os contratos entre dois profissionais.[259]

Embora a legislação francesa se incline para um sentido – de não estender os benefícios quando somente profissionais estiverem na relação jurídica – a jurisprudência francesa não seguiu pelo caminho indicado.[260]

O artigo 2º do CDC brasileiro foi claro ao dispor a necessidade de se perquerir se o agente é ou não destinatário final do produto ou serviço. Isto significa que esse produto ou serviço não deve ser incorporado na cadeia produtiva de outro bem. Essa é a regra geral e claramente disposta, sem a necessidade de maiores indagações, o que levaria, necessariamente, o intérprete à teoria finalista. Essa parece ser a posição mais coerente a ser adotada, não só tendo em vista o art. 2º do CDC, como também devido à filosofia de proteção adotada ao consumidor pelo mesmo diploma legal. É a regra geral que deve ser preservada.

Naturalmente, na maioria das vezes, a regra geral comporta algumas exceções. No caso em pauta, a regra geral não foge a essa premissa. *A priori*, o Código de Defesa do Consumidor seria utilizado para dirimir as dúvidas surgidas quando, na relação jurídica, uma das partes fosse pessoa física, e não profissional, pois se entende que é aqui que se encontra um desequilíbrio entre as partes.

Porém, o próprio artigo 2º optou por incluir a pessoa jurídica, abrindo caminho às seguintes questões: existe possibilidade de utilização do CDC para as relações que envolvem profissionais entre si? No caso da atuação, na relação jurídica, de profissionais entre si, pode existir desequilíbrio entre as partes? Procurando dirimir essas questões, Cláudia Marques se manifesta abordando o contrato firmado entre dois profissionais, dizendo:

> Como regra geral, presume-se que não há desequilíbrio, ou que não é tão grave a ponto de merecer uma tutela especial, não concedida pelo direito civil e pelo direito

---

[259] MARQUES. *Contratos no código...*, p.102.
[260] Nesse sentido, Cláudia Marques: "A jurisprudência francesa, porém, frente aos inúmeros contratos entre pequenos empresários ou profissionais liberais e fornecedores de bens, em que os primeiros, apesar da profissão, agiam nestes contratos sem conhecimentos técnicos especiais e fora do campo de sua atividade comercial, acabou, em 1987, relativizando o conceito e entendendo que o profissional, nestes casos, também é consumidor." MARQUES. *Contratos no código...*, p.102.

comercial. Esta presunção está presente, igualmente, na lei alemã. Mas, como observamos, por vezes o profissional é um pequeno comerciante, dono de bar, mercearia, que não pode impor suas condições contratuais para o fornecedor de bebidas, ou que não compreende perfeitamente bem as remissões feitas a outras leis no texto de contrato, ou que, mesmo sendo um advogado, assina o contrato abusivo do único fornecedor legal de computadores, pois confia que nada ocorrerá de errado. Nestes três casos, pode haver uma exceção à regra geral, o profissional pode também ser 'vulnerável', ser 'hipossuficiente' para se proteger do desequilíbrio contratual imposto.[261]

Nesse contexto, entram em discussão duas palavras que merecem considerações *vulnerável* e *hipossuficiente*, e que podem, dependendo do caso, modificar a regra geral comentada acima.

No que se refere à vulnerabilidade, pode-se analisá-la sob três aspectos: técnico, jurídico, e fático.

No aspecto técnico, a presença da vulnerabilidade está no desconhecimento, por parte do consumidor, dos dados técnicos do produto a ser adquirido. Desconhecendo essas características do produto, o consumidor pode ser manipulado a bel-prazer do fornecedor. No que se refere à vulnerabilidade técnica, o sistema do CDC a presume para o consumidor não-profissional; porém, conforme já salientado anteriormente, ela também pode atingir o consumidor profissional em alguns casos.

Na vulnerabilidade jurídica, também denominada de científica, tem-se tanto a falta de conhecimentos jurídicos, quanto à falta de conhecimentos de contabilidade ou de economia. Essa vulnerabilidade, no sistema do CDC, aparece como presumida para o consumidor não-profissional, não se estendendo para os consumidores profissionais.

A vulnerabilidade fática, ou socioeconômica, tem seu eixo central, dentro da relação jurídica de consumo, na superioridade econômica de uma das partes sobre a outra. O fornecedor, por ser economicamente mais forte que o consumidor, geralmente impõe as regras, não deixando qualquer escolha ao consumidor.[262] Analisando esse último tipo de vulnerabilidade, Cláudia Marques ressalta que o CDC a presume para o consumidor não-profissional, mas não a presume para o profissional nem para a pessoa jurídica.[263]

Quanto à hipossuficiência, pode-se trabalhar com a definição de Senise Lisboa:

> A expressão hipossuficiência é historicamente utilizada pela doutrina para indicar a parte economicamente mais fraca na relação jurídica e que merece, por causa da situação de inferioridade perante a outra parte a proteção especial do legislador.[264]

---

[261] Marques. *Contratos no código...*, p.105.
[262] Sobre o assunto, ver: Marques. *Contratos no código...*, p.105-106.
[263] Idem.
[264] LISBOA, Roberto Senise. *Responsabilidade civil nas relações de consumo.* São Paulo: Revista dos Tribunais, 2001. p.88.

Uma das proteções auferidas ao consumidor, através da hipossuficiência, é a inversão do ônus da prova, nos termos do inciso VIII do art. 6º, do CDC.[265] Como exemplo, pode-se dizer que, nesse contexto o consumidor não possui condições de ter acesso, muitas vezes, ao interior da sede de uma grande empresa, para fazer prova de que o defeito, por exemplo, do aparelho eletrodoméstico, é fruto de falha de produção, sendo que a inversão do ônus da prova se impõe como elemento que gera igualdade entre as partes.

A inversão do ônus da prova é exceção, uma vez que o processo civil determina, em termos gerais, que o ônus de provar cabe a quem alega, sendo nesse sentido o art. 333 do Código Processual Civil brasileiro.[266] Exceção essa, vinculada diretamente ao *ser consumidor* e interligada à sua hipossuficiência, uma vez que para ocorrer a inversão uma das hipóteses é ter como pressuposto a hipossuficiência, além de ser consumidor.

Como se pode notar, tanto a vulnerabilidade, quanto a hipossuficiência são elementos atrelados diretamente ao consumidor. Devido a esses dois elementos, surgem os dispositivos de proteção estabelecidos no CDC.

Assim, por consumidor, deve ser entendido, também, aquele que possui por característica ser vulnerável e hipossuficiente, nos termos acima explicados, em uma clara delimitação daqueles que podem, ou não, ser atendidos e protegidos pelo Código do Consumidor. Essa composição se completa quando juntadas aos elementos – já discutidos – do art. 2º do CDC, a saber: pessoa física ou jurídica e a idéia de destinatário final.

2.1.3. Agentes comparados a consumidor

A complexidade do tema definição de consumidor fez com que o Código do Consumidor adotasse uma definição geral no *caput* do art. 2º, e três outras, por equiparação: no parágrafo único do art. 2º, no art. 17 e no art. 29.[267] É, portanto, de se analisar as normas indicadas, para se obter

---

[265] CDC – Art. 6º "São direitos básicos do consumidor: ...
VIII – a facilitação da defesa de seus direitos, inclusive com a inversão do ônus da prova, a seu favor, no processo civil, quando, a critério de juiz, for verossímil a alegação ou quando for ele hipossuficiente, segundo as regras ordinárias de experiência; ..."

[266] CPC- Art. 333. "O ônus da prova incumbe:
I – ao autor, quanto ao fato constitutivo do seu direito;
II – ao réu, quanto à existência de fato impeditivo, modificativo ou extintivo do direito do autor."

[267] CDC- Art. 2º, par. único. "Equipara-se a consumidor a coletividade de pessoas, ainda que indetermináveis, que haja intervindo nas relações de consumo."
CDC- Art. 17. "Para os efeitos desta Seção, equiparam-se aos consumidores todas as vítimas do evento."
CDC- Art. 29. "Para os fins deste Capítulo e do seguinte, equiparam-se aos consumidores todas as pessoas determináveis ou não, expostas às práticas nele previstas."

uma compreensão dessa equiparação, de seus agentes e de suas conseqüências.

No art. 2º, *caput*, tem-se a definição de consumidor de um modo direto, concretamente delimitado. Já, em seu parágrafo único tem-se o consumidor por equiparação, *"equipara-se a consumidor a coletividade de pessoas..."* Nas palavras de Pasqualotto,

> depois de emitir o conceito básico de consumidor no *caput* do art. 2º, o legislador abriu um parágrafo para equiparar a coletividade de pessoas, ainda que indetermináveis, que intervenham nas relações de consumo. A possibilidade de determinação da identidade dos consumidores não é relevante. Para efeitos de proteção, podem ser propostas ações coletivas *lato sensu,* tendo em vista interesses difusos (indeterminabilidade dos interessados), coletivos *stricto sensu ou* individuais homogêneos (determinabilidade), de acordo com o disposto nos arts. 81 e seguintes.[268]

Quando se fala em consumidor, a primeira idéia que se tem é do indivíduo buscando resolver um problema – defeito – de um bem adquirido. Nessa idéia é de se imaginá-lo tentando solucionar seu problema com o fornecedor, o serviço de atendimento ao cliente do fornecedor, os PROCONs, as promotorias de justiça, os juizados especiais, e com outros órgãos que podem ser postos à disposição do consumidor pelas mais variadas entidades. Porém, o consumidor não é só indivíduo, ele é também coletividade, que deve ser protegida em seu todo.

O que o legislador do parágrafo único pretendeu fazer foi estender a mesma proteção que o consumidor possui enquanto indivíduo, para o consumidor enquanto coletividade. É a consideração sobre a universalidade. É a abrangência de proteção ao grupo, classe ou categoria de pessoas enquanto elemento exposto ao perigo, que pode ser produzido por um produto ou serviço.[269] O Código, portanto, possui como finalidade: a proteção não só do indivíduo, mas também da coletividade, de forma determinada e de forma indeterminada.

O parágrafo único do art. 2º do CDC traz para discussão os sentidos de *interesses coletivos* e *interesses difusos*, uma vez que necessários para o entendimento da extensão que se deve atribuir ao referido dispositivo legal. Primeiramente, é de se buscar o entendimento do que seja *interesse* para, posteriormente, ligar-se esse entendimento com o *coletivo* e o *difuso*.

---

[268] PASQUALOTTO. *Os efeitos...*, p.78.

[269] No dizer de Filomeno, é porquanto é "natural que se previna, por exemplo, o consumo de produtos ou serviços perigosos ou então nocivos, beneficiando-se assim abstratamente as referidas universalidades e categorias de potenciais consumidores. Ou, então, se já provocado o dano efetivo pelo consumo de tais produtos ou serviços, o que se pretende é conferir à universalidade ou grupo de consumidores os devidos instrumentos jurídico-processuais para que possam obter a justa e mais completa possível reparação dos responsáveis," FILOMENO, ob. cit., p.32.

A definição de *interesse*, em um sentido lato, pode ser dada de acordo com as expressões de Capitant "uma vantagem de ordem pecuniária ou moral".[270] Com a vantagem de ordem pecuniária ou moral, tem-se o interesse que poderia tanto ser fático, quanto jurídico. Porém, é de se limitar a extensão do entendimento da palavra *interesse* para restringi-la especificamente ao âmbito jurídico. Diz Camargo Mancuso:

> A diferença entre os interesses – *lato sensu* - e o interesse jurídico está em que o conteúdo axiológico daqueles primeiros é amplo e variável, na medida em que sua valoração é deixada ao livre arbítrio dos sujeitos; ao passo que o interesse jurídico, por definição, tem seu conteúdo valorativo já prefixado na norma.[271]

O parágrafo único do art. 2°, do CDC traz à discussão os interesses jurídicos vinculados ao âmbito da coletividade, seja ela composta de indivíduos determináveis ou não. Nesse sentido, é de se falar de *interesses coletivos* e de *interesses difusos*.

A doutrina se divide para aceitar, ou não, a distinção entre o que se denomina de *interesse coletivo* e o que se denomina de *interesse difuso*. Alguns doutrinadores se inclinam por trabalhar as duas expressões indistintamente, com um sentido único; outros procuram distinguir as duas expressões, adotando critérios para separá-las, até mesmo como forma de compreensão da matéria.[272]

---

[270] Tradução, pelo autor, de fragmento da obra: "un avantage d'ordre pécuniaire ou moral". CAPITANT, H. *Vocabulário jurídico*. Buenos Aires: Depalma, 1973. Verbete interesse.

[271] MANCUSO, R. de C. *Interesses Difusos: conceito e legitimação para agir*. São Paulo: Revista dos Tribunais, 1988. p.13.

[272] Mancuso mostra bem a dificuldade enfrentada pela doutrina: "Essa ambigüidade começa já na acepção vernacular dos termos 'coletivo' e 'difuso', visto que ambos sugerem a idéia do que é extenso, aplicável a muitas coisas ou pessoas. Tal sinonímia é reforçada pelo uso dessas expressões, indistintamente, como a significar uma e mesma coisa. Assim, M. Cappelletti fala que interesses 'tipici di questo mondo nuovo, come quelli alla salute e all'ambiente naturale, hanno carattere 'disuso', 'collettivo', poichè non appartengono a singoli individui in quanto tali ma alla collettività." Por vezes, o termo "difuso" aparece a qualificar o "coletivo", como em H. Solus e R. Perrot: 'l'extrême deversité des situations particulières que s'amalgament et se juxtaposent au sein des groupements fait que l'intérêt allégué n'est pas toujours un intérêt direct et personnel, mais un simple intérêt collectif beaucoup plus diffus', Outros, ainda, vêem naqueles dois termos duas fases ou momentos de uma mesma realidade, como observar que um interesse pode ser coletivo ou difuso, 'a seconda del grado di aggregazione raggiunto dal gruppo che ne è portatore. No Brasil, em recente trabalho, seus autores declaram utilizar 'indiferentemente, como sinônimas, as expressões interesse 'difuso', coletivo', 'de grupo' ou 'supra-individual', embora reconheçam haver, na doutrina, 'tentativas respeitáveis de distinguir esses conceitos'.
A outros, porém, parece que a distinção terminológica em questão é possível, ou ao menos, útil à melhor compreensão do tema. E, ainda aqui, o critério adotado é o de comparar aqueles interesses, para mostrar que não se confundem. Assim é que Celso Bastos põe em relevo o fato de que os interesses coletivos 'dizem respeito ao homem socialmente vinculado', havendo portanto um 'vínculo jurídico básico', uma geral affectio societatis, ao passo que os interesses difusos 'se baseiam numa identidade de situações de fato', sujeitando-se a lesões de natureza 'extensiva, disseminada ou difusa'.
J. C. Barbosa Moreira também prefere distinguir ambas as expressões, em que pese 'a relativa imprecisão do conceito'. Grinover também distingue os dois termos." MANCUSO, ob. cit., p.58-59.

Para abreviar as discussões, parece importante que se faça, neste trabalho, distinção entre as duas expressões, o que possibilitará, sem sombra de dúvidas, o entendimento da extensão proposta pelo legislador do CDC, ao parágrafo único do art. 2º.

Assim, por entender-se viável a distinção, pode-se dizer, com Nigro Mazzili, que interesses coletivos são

> aqueles referentes a toda uma categoria de pessoas (como os condôminos de um edifício de apartamentos, os sócios de uma empresa, os membros de uma equipe esportiva, os empregados do mesmo patrão) São interesses metaindividuais, porque atingem grupos que têm algo em comum.[273]

Tem-se, então, uma categoria determinada de pessoas ou, pelo menos, determinável: os condôminos pelo registro de imóveis; os sócios pelos estatutos da empresa; os jogadores e os empregados pelos registros competentes, possibilitando, dessa forma, o conhecimento daqueles implicados na relação jurídica e seus níveis jurídicos de envolvimento. Camargo Mancuso reforça as explicações dadas quando dispõe:

> Os interesses coletivos valem-se dos grupos como veículo para a sua exteriorização; um grupo pressupõe um mínimo de coesão, de organização, de estrutura. Os interesses, para serem "coletivos", necessitam, pois, estarem aglutinados, coalisados. E a coesão será tão mais evidente quanto menor for o grupo; o que significa que é justamente a proximidade efetiva entre os membros o fator que fortalece o grupo.[274]

Nota-se, portanto, que os interesses coletivos são, embora vinculados ao grupo, concretizados na identificação, ou identificabilidade dos membros desse grupo; o que denota uma idéia restritiva do coletivo seria o coletivo *stricto sensu*, na busca de proteção aos direitos do grupo, que vinculam seus indivíduos por uma relação jurídica.

Por outro lado, os interesses difusos são aqueles, como diz Nigro Mazzili,

> comuns a toda uma categoria de pessoas, em que não se pode determinar com precisão quais os indivíduos que se encontram concretamente por eles unidos: é o que ocorre com a situação variável dos moradores de uma região, dos consumidores de um produto, dos turistas que freqüentam periodicamente um lugar de veraneio. Nestes casos, convencionou-se chamar estes últimos interesses de difusos, porque, além de transindividuais, dizem respeito a titulares dispersos na coletividade.[275]

Nos interesses difusos, os componentes do *grupo* não estão identificados, é o coletivo em *lato sensu*. É, ainda, de se recordar a definição de Camargo Mancuso sobre interesses difusos:

---

[273] MAZZILI, H. M. *A defesa dos interesses difusos em juízo:* meio ambiente, consumidor e patrimônio cultural. São Paulo: Revista dos Tribunais, 1988. p. 9.
[274] Mancuso, ob. cit., p.42-43.
[275] Mazzilli, ob. cit., p. 9.

São interesses metaindividuais que, não tendo atingido o grau de agregação necessário à sua afetação institucional junto a certas entidades ou órgãos representativos dos interesses já socialmente definidos, restam em estado fluido, dispersos pela sociedade como um todo (v.g., o interesse à pureza do ar atmosférico), podendo, por vezes, a certas coletividades de conteúdo numérico indefinido (v.g., os consumidores). Caracterizam-se: pela indeterminação dos sujeitos, pela indivisibilidade do objeto, por sua intensa litigiosidade interna e por sua tendência à transição ou mutação no tempo e no espaço.[276]

Como se vê pelas manifestações doutrinárias, a distinção é possível e é até muito clara,[277] repetindo-se que, quando se fala em interesses coletivos se está referindo a um vínculo jurídico que une os membros de um determinado grupo de indivíduos, juntamente com um interesse comum, coletivo, existente entre eles, enquanto os interesses difusos possuem como característica a inexistência de vínculo jurídico, estando calcados somente sobre vínculo de fato que une os sujeitos, que são, por sua vez, indeterminados.

O próprio CDC procura deixar clara a distinção que entende existir entre interesse coletivo e interesse difuso. Os incisos I e II do parágrafo único do art. 81, expressamente dispõe uma definição para cada elemento, procurando separá-los da melhor maneira possível.[278] Logo, se o próprio legislador faz a distinção de modo tão claro e objetivo é importante que se procure seguir os caminhos traçados pela lei buscando, cada vez mais, uma interação entre as posições doutrinárias e as legislativas.

---

[276] Mancuso, ob. cit., p.105.

[277] Assim, é de se ver as definições dadas por Grinover e indicadas por Maria A. Zanardo Donato: "'Coletivos são aqueles interesses comuns a uma coletividade de pessoas e a elas somente, quando exista um vínculo jurídico entre os componentes do grupo: a sociedade mercantil, o condomínio, a família, os entes profissionais, o próprio sindicato, dão margem a que surjam interesses comuns, nascidos em função de uma relação-base que une os membros das respectivas comunidades e que, não se confundindo com os interesses estritamente individuais de cada sujeito, permite a sua identificação'.
Por sua vez, 'os interesses propriamente difusos entendem-se aqueles que, não se fundando em um vínculo jurídico, baseiam-se sobre dados de fato, genéricos e contingentes, acidentais e mutáveis: como habitar na mesma região, consumir iguais produtos, viver em determinadas circunstâncias sócio-econômicas'". DONATO, M. A. Z. *A proteção do consumidor: conceito e extensão*. São Paulo: Revista dos Tribunais, 1993. p.150.

[278] CDC, art. 81. "A defesa dos interesse e direitos dos consumidores e das vítimas poderá ser exercida em juízo individualmente, ou a título coletivo.
§ único. A defesa coletiva será exercida quando se tratar de:
I – interesses ou direito difusos, assim entendidos, para efeitos deste Código, os transindividuais, de natureza indivisível, de que sejam titulares pessoas indeterminadas e legadas por circunstâncias de fato;
II – interesses ou direitos coletivos, assim entendidos, para efeitos deste Código, os transindividuais de natureza indivisível de que seja titular grupo, categoria ou classe de pessoas ligadas entre si ou com a parte contrária por uma relação jurídica base;
III – interesses ou direitos individuais homogêneos, assim entendidos os decorrentes de origem comum."

Fica claro, portanto, que o parágrafo único do art. 2º do CDC dispõe sobre a proteção dos interesses coletivos e difusos, equiparando os agentes aqui envolvidos ao consumidor individual disposto no *caput* do mesmo artigo. O que vale dizer é que, para as ações intentadas para a proteção dos interesses tanto coletivos, quanto difusos, são aplicáveis as normas do Código de Proteção e Defesa do Consumidor – Lei 8.078, de 11 de setembro de 1990, sendo possibilitado, que se intente apenas uma ação na busca da proteção de um interesse violado, seja coletivo ou difuso, não necessitando, dessa forma, o ingresso de uma ação para cada possível prejudicado, passando-se, conforme dispõe José Filomeno, "depois da condenação obtida à liquidação conforme a extensão de cada dano individualizado".[279]

O artigo 17 está inserido na seção II, que dispõe *Da Responsabilidade pelo Fato do Produto e do Serviço,* no capítulo IV do CDC, que dispõe *Da Qualidade de Produtos e Serviços, da Prevenção e da Reparação dos Danos,* o que denota, num primeiro momento, as responsabilidades existentes dentro da órbita contratual, vinculando, pelo contrato, o fornecedor ao consumidor.

Porém, o artigo 17 dispõe sobre os consumidores equiparados, deslocando a proteção do âmbito contratual para o âmbito extracontratual. Nesse sentido, expressa-se Cláudia Marques:

> No campo extracontratual, o CDC considera suas normas aplicáveis a todas as vítimas do evento danoso causado por um produto ou serviço, segundo dispõe o seu art. 17. As vítimas não são, ou não necessitam ser consumidores estricto senso, mas a elas é aplicada a tutela especial do CDC por determinação legal do art. 17, que as equipara aos consumidores.[280]

Nem sempre os problemas surgidos com base no fato do produto ou serviço se circunscrevem ao consumidor contratante da relação jurídica, que o vincula ao fornecedor do bem ou serviço. Muitas vezes são afetadas terceiras pessoas[281] que não fazem parte da relação jurídica, motivo pelo qual se busca a proteção mesmo em nível extracontratual. É exemplo do aqui disposto o defeito de fabricação de um automóvel, que provoca um acidente vindo lesionar terceiros pedestres, totalmente estranhos à relação jurídica entre a empresa produtora do automóvel, fornecedora, e o proprietário adquirente, consumidor. Nesse caso, o Código ordena a indenização

---

[279] Filomeno, ob. cit., p.35.

[280] MARQUES. Contratos no código..., p.104.

[281] Nesse mesmo sentido discorre Pasqualotto: "O art. 17 contém outra extensão do conceito de consumidor incluindo nessa categoria todas as vítimas dos acidentes de consumo, mesmo que, *per se*, não atendessem os requisitos do art. 2º É a proteção dos bystanders, beneficiando as pessoas que, ainda que sem qualquer relação, direta ou indireta, com o adquirente com o usuário ou com o próprio produto, venham a ser por ele ou pelo serviço atingidas em sua integridade física ou psíquica." PASQUALOTTO. *Os efeitos...*, p.78.

dessas terceiras pessoas pelo fornecedor. O CDC estende a proteção que, *a priori,* somente aparece entre os partícipes da Relação Jurídica – fornecedor e consumidor *stricto sensu* – para todos aqueles que possam ser prejudicados pelo produto ou serviço, ou seja, todas as vítimas do evento.

O art. 29 estabelece que, *para os fins deste capítulo* (Cap. V – Das Práticas Comerciais) *e do seguinte* (Cap. VI – Da Proteção Contratual) *equiparam-se aos consumidores todas as pessoas determináveis ou não, expostas às práticas nele previstas,* equiparando, novamente, pessoas que não estão presentes na relação jurídica aos consumidores que atuaram diretamente na relação, adquirindo ou utilizando o produto ou serviço. O CDC alastra, novamente, o conceito de consumidor através do art. 29.[282]

Com o art. 29, o legislador optou em inserir no próprio Código regulamentação a uma série de fenômenos do mercado que necessitariam, senão fosse assim, de regulamentação específica. Para se entender, a contento, a extensão do art. 29, pode-se trabalhar sobre a publicidade,[283] onde não há necessidade de qualquer aquisição ou utilização do produto ou serviço para ser acionado o código, bastando, para isso, que a própria publicidade se revista como enganosa, criando a potencialidade de induzir em erro o consumidor a respeito de natureza, características, qualidade, quantidade, propriedades, origem, preço e quaisquer outros dados sobre o produto ou serviço.[284] Da mesma forma que o disposto no parágrafo único do artigo 2º, as pessoas do art. 29 podem ser determinadas ou não.[285]

---

[282] Nesse sentido Benjamin: "O consumidor é, então, não apenas aquele que 'adquire ou utiliza produto ou serviço' (art. 2º), mas igualmente as pessoas 'expostas às práticas' previstas no Código (art. 29). Vale dizer: pode ser visto concretamente (art. 2º), ou abstratamente (art. 29). No primeiro caso impõe-se que haja ou que esteja por haver aquisição ou utilização. Diversamente, no segundo, o que se exige é a simples exposição à prática, mesmo que não se consiga apontar, concretamente, um consumidor que esteja em vias de adquirir ou utilizar o produto ou serviço." BENJAMIN. *Da qualidade...,* p.172-173.

[283] Buscando conceituar publicidade, explica Valéria Chaise: "O vocábulo "publicidade" deriva de "público", do *latim publicus,* e expressa o ato de tornar público, vulgarizar, divulgar'. O termo "publicidade" foi empregado, em um primeiro momento, na sua acepção jurídica, adquirindo a conotação comercial no início do século XIX, quando a palavra *propaganda,* associada aos abusos e métodos de conscientização nazi-fascista, tornou-se indesejável. Pode-se conceituar publicidade como a forma ou meio de comunicação com o público que tem como objetivo promover a aquisição de um produto ou a utilização de um serviço. CHAISE, Valéria Flacão. *A publicidade em face do código de defesa do consumidor.* São Paulo: Saraiva, 2001. p.7-8.

[284] CDC. Art. 37."É proibida toda publicidade enganosa ou abusiva.
§ 1º É enganosa qualquer modalidade de informação ou comunicação de caráter publicitário, inteira ou parcialmente falsa, ou, por qualquer outro modo, mesmo por omissão, capaz de induzir em erro o consumidor a respeito da natureza, características, qualidade, propriedades, origem, preço e quaisquer outros dados sobre produtos e serviços..."

[285] Ensina Benjamin: "É indiferente estejam essas pessoas identificadas individualmente ou, ao revés, façam parte de uma coletividade indeterminada composta só de pessoas físicas ou só de pessoas jurídicas, ou, até de pessoas jurídicas e de pessoas físicas. O único requisito é que estejam expostas às práticas comerciais e contratuais abrangidas pelo Código." Benjamin. *Da qualidade...,* ob. cit., p.173.

Assim, o art. 29 busca igualar certas pessoas, que não estão enquadradas no art. 2°, aos consumidores nele definidos. Tem-se, novamente, a definição de consumidor por equiparação, de um modo indireto, abstratamente considerado.

3. O consumidor no âmbito da teoria da ação social

O presente capítulo teve, como primeiro momento, estabelecer as bases da dogmática consumerista em torno da idéia de consumidor. A partir dos pressupostos da teoria da ação social já conhecidos, e dos parâmetros estabelecidos para o consumidor, pode-se relacionar uns com os outros, verificando a possibilidade de algumas concatenações existentes entre eles.

O consumidor coloca-se na teoria da ação social como ator, ou seja, aquele que faz a ação. Como tal se insere na idéia preconizada pela teoria de que a conduta pode ser tanto individual quanto coletiva. Pela análise elaborada sobre a dogmática do consumidor pode-se notar que ele tanto aparece em nível individual quanto em nível coletivo. É a idéia dos direitos individuais, coletivos e difusos, protegidos pelas normas jurídicas de proteção ao consumidor, em especial o Código de Defesa do Consumidor brasileiro, Lei 8.078, de 11/9/1990.

Para a teoria da ação social, a ação que é importante é aquela executada na qualidade de membro da sociedade. O consumidor só pode ser tido como tal através de uma ação que esteja na qualidade de uma relação de consumo. A idéia de finalidade, abordada no presente capítulo, demonstra claramente a concatenação existente entre o tipo de ação a ser executada pelo consumidor e a ação exigida para a teoria da ação social. Ambas exigem os mesmos pressupostos.

Ainda dentro da idéia de ação, a teoria da ação social se desenvolve sobre quatro pontos a saber: obtenção de fins ou metas; atuação em determinada situação; é normativamente regulada; supõe gastos de energia. Em comparação com a conduta desenvolvida pelo consumidor, para ser tomado como tal, as exigências da teoria da ação se coadunam perfeitamente, senão vejamos: a ação do consumidor é desenvolvida dentro de uma finalidade, *consumo final* elemento teleológico necessário; ocorre em determinada situação, dentro da relação jurídica que se estabelece como relação jurídica de consumo, e não em outro tipo de relação jurídica; é normativamente regulada, através do conjunto normativo que hoje se denomina de normas protetivas do consumidor; supõe sempre gasto de energia, vez que é desenvolvida através de uma atuação do consumidor. Nesse âmbito, o consumidor pode ser tido como o típico ator presente na ação protótipo da teoria da ação social.

No que se refere à influência que a ação pode receber, e que para a teoria da ação se desenvolve através de objetos sociais e não-sociais, pode-se verificar que a ação desenvolvida pelo consumidor passa pelos mesmos elementos. A ação dentro da relação de consumo pode ser influenciada por objetos sociais; no caso particular, o fornecedor é um dos agentes que pode influenciar decisivamente para a execução ou não da ação, pois dele depende o tipo de produto que vai para o mercado, a qualidade e o preço do mesmo e, até mesmo, o nível de informação que ele faz chegar ao consumidor. Por outro lado, a idéia de influência advinda de objetos não-sociais também está presente na ação do consumidor, pois o próprio bem a ser adquirido é elemento fundamental para o exercício da ação, sendo também elemento de influência a própria cultura, que muitas vezes induz a certo tipo de consumo.

Outro elemento que aparece com força na teoria da ação social é a orientação do ator, que pode aparecer através da orientação motivacional[286] – vinculada à gratificação-privação – e a orientação de valor, que é elemento utilizado na seleção da ação. No que se refere ao primeiro elemento, é inegável sua presença na ação a ser desenvolvida pelo consumidor – desde que ele possua condições de escolha entre objetos –, porque ele deverá executar a ação dentro da idéia de buscar uma gratificação à sua pessoa e à sua família, seja advinda de uma forma direta ou indireta, seja de forma mediata ou imediata. Por outro lado, no que se refere ao segundo elemento *modo de avaliação,* onde o ator possui condições de escolher entre um ou outro objeto, na relação de consumo, conforme já se explicitou, nem sempre o consumidor possui condição de optar entre um produto e outro. Basta, para entender o que se quer dizer, lembrar o exemplo dos monopólios, onde o consumidor só possui à sua disposição um tipo de produto. Nesses parâmetros, portanto, nem sempre a norma de valor pode agir sobre o consumidor.

Se, por um lado, a norma de valor nem sempre atua na relação jurídica de consumo, por outro, existem momentos em que ela está presente, basta para isso que existam vários bens de tipos, qualidades e preços diferentes para escolha do consumidor. Nesse último caso há de se perquirir se as três divisões das normas de valor podem ser perfectibilizadas na relação jurídica de consumo, ou seja, as normas cognitivas, apreciativas e morais. Quando existe a possibilidade de escolha para o consumidor, os três tipos se apresentam concretamente na ação. Há um conhecer do objeto a ser adquirido, embora nesse âmbito às vezes o conhecimento não chega a ser profundo e por isso se levantam as questões de vulnerabilidade do

---

[286] Ver Parsons, que afirma que "en un cierto sentido, la motivación consiste en la orientación hacia la mejora del equilibrio entre gratificación-privación del actor." Parsons. *El sistema...*, p.23.

consumidor; existem as questões vinculadas à apreciação, dentro da idéia de quando o consumidor pode atribuir uma significação objetiva ao objeto-produto, que vai ser adquirido; e existem as normas morais que estão presentes, tanto no âmbito universal quanto no local, e interferem na decisão de se fazer ou não ação.

Em termos gerais, pode-se verificar que o consumidor, enquanto ator da ação vinculada à relação de consumo, apresenta em seu ato a maioria das características levantadas por Parsons para a ação desenvolvida dentro da teoria geral da ação. Assim, se por um lado já se nota a concatenação entre a teoria geral da ação com o direito do consumidor, por outro, também se pode notar que em certos aspectos os elementos de um e de outro não andam paralelos. Com isso, há de se continuar perquirindo os demais elementos da dogmática consumerista para, ao final se ter uma posição firme sobre as hipóteses levantadas no início deste trabalho.

Capítulo II
Conceito de fornecedor

O fornecedor é o ente jurídico que se coloca na outra parte da relação jurídica, contraposto a um consumidor. A importância de sua precisa delimitação aparece quando se sabe que ele comporá a parte passiva na demanda que o consumidor intentará na busca por possíveis indenizações da relação contratual ou extracontratual dentro do Direito do consumidor.

Analisando diversas legislações sobre Direitos do Consumidor, não se encontra uma unificação na nomenclatura utilizada para o responsável pelos danos causados por defeitos no produto.

No Brasil, o Código de Proteção e Defesa do Consumidor, Lei 8.078, de 11/9/1990, em seu art. 3º utiliza a palavra *fornecedor*; já no art. 12 fala do *fabricante, produtor, construtor, nacional ou estrangeiro* e do *importador*; no art. 13, adenda à nomenclatura utilizada no art. 12, o *comerciante*; no art. 18 volta a falar em *fornecedor*.

Na Argentina, a Lei 24.999, de 6/98, em seu art. 2º, que modifica o art. 13 da Lei 24.240, estabelece a responsabilidade aos produtores, importadores, distribuidores e vendedores.

Na Espanha, a Lei 26/1984, de 19 de julho – Geral para a Defesa dos Consumidores e Usuários – chama à responsabilidade em seu art. 26 *"quienes producen, importan, suministran o facilitan productos o servicios a los consumidores;* no art. 27, na alínea *a,* alastra a nomenclatura para *fabricante* e *vendedor,* e na alínea *b,* quando aborda os produtos a granel, fala também em "tenedor de los mismos". Por outro lado, embora essa nomenclatura, a Lei 22/1994, de 6 de julho – De Responsabilidade Civil pelos Danos Causados por Produtos Defeituosos – em seu art. 4º, conceitua e traz à responsabilidade o fabricante e o importador.[287]

---

[287] Nesse particular a legislação espanhola recebe a crítica de seus doutrinadores, como faz Reyes López: "Llama la atención que la Ley se decantase finalmente por el término fabricante pues, sin perjuicio de que sea el habitual en la doctrina y en ia jurisprudencia, ha sido sustituído por el término más amplio de productor que es el que empleó la Directiva comunitaria, la cual también dedica el art. 3 a definir legalmente dicha figura, aunque en realidad en el proceda a extender la responsabilidad de éste a otras personas que no podrían ser consideradas productores en sentido estricto". REYES LÓPES, M. J. *Seguridad de productos y responsabilidad del fabricante. Otro supuesto de responsabilidad civil especial: la del fabricante por productos defectuosos.* (analise de la Ley 22/1994, de 6

Na Comunidade Européia em geral, a responsabilidade é tratada pela Diretiva do Conselho 85/374/CEE, de 25 de julho de 1985. O artigo 1º dessa Diretiva dispõe que: "*El productor será responsáble de los daños causados por los defectos de sus productos.*" dando a responsabilidade ao produtor que define no seu art. 3.

O CDC, no *caput* de seu art. 3º[288] buscou definir *fornecedor* com o intuito de estabelecer os possíveis agentes que comporão, com o consumidor, a relação jurídica de consumo.[289]

O art. 3º do CDC foge da concepção tradicional e restrita de fornecedor.[290] [291] O sentido dessa é abastecer com gêneros ou serviço determinado local, o que induz praticamente a se entender como fornecedor aquele que comercializava gêneros ou serviços.[292] No Direito do consumidor,

---

de julio). Cuestiones materiales y procesales. Analisis doctrinal y jurisprudencial. Valencia: Editorial Práctica de Derecho, 1998. p.51.

[288] CDC. Art. 3º, *caput*. "Fornecedor é toda pessoa física ou jurídica, pública ou privada, nacional ou estrangeira, bem como os entes despersonalizados, que desenvolvem atividades de produção, montagem, criação, construção, transformação, importação, exportação, distribuição ou comercialização de produtos ou prestação de serviços."

[289] Na busca de conceituar fornecedor, é de se lembrar interessante colocação de Batista de Almeida: "Talvez seja mais cômodo definir por exclusão, ou seja, dizer quem não pode ser considerado fornecedor. Em princípio, portanto, só estariam excluídos do conceito de fornecedor aqueles que exerçam ou pratiquem transações típicas de direito privado e sem o caráter de profissão ou atividade, como a compra e venda de imóvel entre pessoas físicas particulares, por acerto direto e sem qualquer influência de publicidade." ALMEIDA, J. B. de, *A Proteção Jurídica do Consumidor*. São Paulo: Saraiva, 1993. p.31.

[290] Segundo James Marins: "De modo sintético fornecedor é todo ente que provisione o mercado de consumos, de produtos ou serviços" MARINS, J. *Responsabilidade da empresa pelo fato do Produto:* os acidentes de consumo no código de protesão e defesa do consumidor. São Paulo: Revista dos Tribunais, 1993. p.75.

[291] Na Comunidade Econômica Européia, pela Diretiva do Conselho 85/374/CEE, o produtor é o responsável pelo ressarcimento dos danos causados pelos defeitos dos seus produtos, isto segundo o art. 1º dessa Diretiva.
Em seu art. 3º, 1, a referida Diretiva define produtor: "Se entiende por «productor» la persona que fabrica un producto acabado, que produce una materia prima o que fabrica una parte integrante, y toda aquella persona que se presente como productor poniendo su nombre, marca o cualquier otro signo distintivo en el producto."
Ainda, no art. 3º, 2, a Diretiva equipara, para fins de responsabilidade, ao produtor, a pessoa que importe um produto na Comunidade com vistas a sua venda.
Outra equiparação ao produtor, em nível de responsabilidade, está no art. 3º, 2, da Diretiva, que equipara o comerciante do produto ao produtor quando este não puder ser identificado.
Na Espanha, ver PRADA ALONSO, J., *Protección del consumidor y responsabilidad civil*. Madrid: Marcial Pons, 1998. p.125-141.
Ver também na Espanha: ley 20/1984, de 19 de julio, General para la Defensa de los Consumidores y Usuários. Arts. 26 y 28.; Ley 22/1994, de 6 de julio, de Responsabilidad Civil, por los Daños Causados por Productos Defectuosos, arts. 1º, 4º y 6º.

[292] Em um sentido restrito ao âmbito de comércio direto tem-se conforme ensina Plácido e Silva: "fornecedor derivado do françês *fournir* (fornecer, prover), de que se compôs *fournisseur* (fornecedor), entende-se todo o comerciante ou estabelecimento que abastece ou fornece habitualmente uma casa ou um outro estabelecimento dos gêneros e mercadorias necessários a seu consumo" SILVA, De Plácido e. *Vocabulário jurídico*. Rio de Janeiro: Forense, 1982. p.318.

amplia-se[293] a idéia de fornecedor para abranger os entes que desenvolvem, entre outras, atividades de produção, montagem, criação, construção, transformação, importação, exportação, distribuição ou comercialização de produtos,[294] ou prestação de serviços.

Quando o CDC elencou as atividades possíveis para o fornecedor,[295] o fez de forma exemplificativa,[296] vez que a idéia do Código é alastrar, o mais possível, os campos de incidência das responsabilidades pelos possíveis danos que podem advir dos defeitos do produto.[297] Assim, consegue-se

---

[293] Conforme informa Mukai, "não há, nesse conceito, diferenciação quanto ao produtor e o intermediário ou comerciante." MUKAI, T., et al. *Comentários ao código de proteção do consumidor.* São Paulo: Saraiva, 1991. p.8.

[294] No que se refere à responsabilidade sobre os produtos a lei espanhola 22/94, traz, em seu art. 4°, um conceito de fabricante que se aproxima ao conceito de fornecedor do Código de Proteção e Defesa do Consumidor brasileiro, embora trabalhe separadamente com o conceito de importador. É de se ver: Ley 22/94, Art. 4° "*Concepto tegal de fabricante e importador. – l.* A los efectos de esta Ley, se entiende por fabricante:
a) El de un producto terminado.
b) El de cualquier elemento integrado en un producto terminado.
c) El que produce una materia prima.
d) Cualquier persona que se presente al público como fabricante, poniendo su nombre, denominación social, su marca o cualquier otro signo o distintivo en el producto o en el envase, el envoltorio o cualquier otro elemento de protección o de presentación.
2. A los mismos efectos, se entiende por importador quien, en el ejercicio de su actividad empresarial, introduce un producto en la Unión Europea para su venta, arrendamiento, arrendamiento financiero o cualquier otra forma de distribución."
Ver crítica ao artigo 4° REYES LÓPES, M. J., Seguridad de productos y responsabilidad del fabricante. Otro supuesto de responsabilidad civil especial: la del fabricante por productos defectuosos. (analise de la Ley 22/1994, de 6 de julio). Cuestiones materiales y procesales. Analisis doctrinal y jurisprudencial, Valencia, Editorial Práctica de Derecho, S. L., 1998, p.50.
Ver também ALMEIDA, J. B. de. *A Prote;áo...,* p. 31.

[295] Na Espanha, a lei 22/94 traz à responsabilidade pelos danos causados por produtos defeituosos os fabricantes e os importadores. Estabelece o art. 1° "Los fabricantes y los importadores serán responsables, conforme a lo dispuesto en esta Ley, de los daños causados por los defectos de los productos que, respectivamente, fabriquen o importen."

[296] Ver, no mesmo sentido: PASQUALOTTO, A. Conceitos fundamentais do Código do Consumidor. São Paulo: Revista dos Tribunais, 1991, p.52.

[297] O CDC segue pelos caminhos da Diretiva co Conselho 85/374/CEE, que, como se vê pela análise de Parra Lucan, tenta ampliar ao máximo a proteção ao consumidor: "La inclusión en el régimen de responsabiiidad de la Directiva de todos los sujetos que intervienen en el proceso de producción y distribución del producto obedece, sin duda, como pone de relieve el considerando cuarto del propio texto comunitario, al deseo de dispensar la máxima protección al consumidor dañado." PARRA LUCAN, M. A., *Daños por productos y proteccion del consumidor.* Barcelona: Bosch Editor, 1990. p.538.
O considerando quarto, que se refere Parra Lucan reza o seguinte: "Considerando que la protección del consumidor exige que todo aquel que participa en un proceso de producción, deba responder en caso de que el producto acabado o una de sus partes o bien las materias primas que hubiera suministrado fueran defectuosos; que, por la misma razón, la responsabilidad debiera extenderse a todo el que importe productos en la Comunidad y a aquellas personas que se presenten como productores poniendo su nombre, marca o cualquier otro signo distintivo y a los que suministren un producto cuyo productor no pudiera ser identificado".

atribuir responsabilidades a um maior número de indivíduos,[298] facilitando o ressarcimento de danos ao consumidor. A função básica desse Direito é dar proteção a quem ele entende como o mais fraco na relação jurídica: o consumidor.[299]

O CDC, ao definir fornecedor, diz ser aquele que exerce *atividade*, que pode ser de produção, montagem, criação, construção, transfomação, importação, exportação, distribuição ou comercialização de produtos ou prestação de serviços, (art. 3º CDC). Assim, a atividade[300] pode estar vinculada ao produto ou ao serviço.

1. Tipos de atividades desenvolvidas pelos fornecedores

No que se refere aos tipos de atividades que podem ser exercidas pelo fornecedor, é de se analisar as que estão elencadas no art. 3º do CDC (produção, montagem, criação, construção, transformação, importação, exportação, distribuição, comercialização), para uma boa compreensão do todo.

Para se entender a idéia de *produção*, pode-se começar analisando o art. 12 do CDC, onde o legislador utilizou as palavras *fabricante* ("Entende-se por fabricante aquele que é o responsável pelo desenvolvimento e lançamento de produtos manufaturados no mercado."[301]) e *produtor* ("aquele que é o responsável pela colocação no mercado de produtos não industrializados"[302]), com a nítida intenção de separar os produtos vindos

---

[298] Nas palavras de Gabriel Saad: "A análise do conceito legal de fornecedor deixa patente sua abrangência ou amplitude. É fornecedor (ou vendedor): a) o industrial que fabrica o produto; *b)* o comerciante que o põe em circulação e vende-o à clientela, mas só assumindo determinados riscos que logo mais serão estudados; c) aquele que exporta para outros países nossa produção ou aquele que importa do estrangeiro bens para vendê-los no território nacional; d) o prestador de serviços". SAAD, Eduardo Gabriel. *Comentários ao Código de Defesa do Consumidor*: Lei n. 8.078, de 11.09.90. São Paulo: LTr, 1991. p.49.

[299] No sentido de conceito âmplo de fornecedor ver também: EFING, A. C. *Contratos e procedimentos bancários à luz do código de defesa do consumidor*. São Paulo: Revista dos Tribunais, 1999. p. 58; MELLO, S. M. V. de, *O direito do consumidor na era da globalização: a descoberta da cidadania*. Rio de Janeiro: Renovar, 1998. p.25; ROCHA, S. L. F. da. *Responsabilidade civil do fornecedor pelo fato do produto no direito brasileiro*. São Paulo: Revista dos Tribunais, 1992. P.71; MARINS., *Responsabilidade...*, ob. cit., p.75; SANTANA, H. J. *Responsabilidade civil por dano moral ao consumidor*. Belo Horizonte: Nova Alvorada, 1997. p.32-33; JACOBINA, P. V. *Publicidade no Direito do Consumidor*. Rio de Janeiro: Forense, 1996. p.60; BERTOLDI, M. M. Resposabilidade contratual do fornecedor pelo vício do produto ou serviço. *Revista Direito do Consumidor*, n.10, São Paulo, 1996. p.129.

[300] Segundo Plácido e Silva, Atividade "designa a soma de ações de atribuições, de encargos ou de serviços desempenhados pela pessoa. É este o seu sentido genérico. E, assim, se diz: atividades profissionais, atividades políticas; atividades comerciais." SILVA, DE P. e. *Vocabulário Jurídico*. Rio de Janeiro: Forense, 1982. p.226.

[301] ALVIN, Eduardo Arruda. Responsabilidade civil pelo fato do produto no código de defesa do consumidor. *Revista de Direito do Consumidor*, São Paulo, n.15, 1995. p.133.

[302] Idem.

das indústrias e os vindos da agricultura. A atividade do produtor, especificada no art. 12, está vinculada aos produtos *in natura*, e não aos produtos industriais. Porém, no art. 3º do CDC não aparece tal distinção, o que induz ao entendimento de que, para o legislador do CDC, esse artigo, quando fala em produção, está se referindo tanto ao produto industrial, quanto ao produto *in natura*.

A *montagem* é a combinação de peças para se obter um produto final. Três casos podem aparecer com o desenvolvimento dessa atividade: a) quando a empresa produz as peças e ela mesma as monta formando o todo do produto; b) quando a empresa faz a montagem das peça vindas de outra empresa e entrega o produto final à contratante para comercializar; c) quando a empresa monta as peças vindas de várias outras empresas.

Embora as distinções apresentadas, a responsabilidade das empresas, por defeito do produto, não aparecem diferenciadas para nenhuma delas. A responsabilidade perante o consumidor é solidária entre todas as empresas envolvidas no processo de montagem, ou seja, é responsável tanto o fabricante da peça, quanto o montador, ou mesmo aquele que se apresenta simplesmente como fabricante do produto. O art. 25, § 2º, do CDC, consolida o entendimento aqui explicitado quando estabelece a responsabilidade solidária do fabricante, construtor ou importador e daquele que realizou a incorporação, por dano causado por componente ou peça incorporada ao produto ou serviço.[303]

A *criação* é a atividade vinculada à criatividade humana com enfoque sobre a invenção e a imaginação.[304] A *criação* estabelecida no art. 3º está diretamente ligada aos defeitos decorrentes de projeto, conforme estabelecido no art 12 e sob a responsabilidade dos fornecedores neste elencados.

É de se levar em conta que nem sempre a criação e idealização de projeto será elaborada, por ser um trabalho intelectual específico, pelos agentes do art. 12, mas sim por terceira pessoa. A pergunta que cabe neste momento é: essa terceira pessoa responde frente ao consumidor por defeitos decorrentes do projeto? A negativa parece ser clara e justifica-se exemplificando. É de se supor um fabricante que contrata um projetista para realizar o projeto de um produto. Posto o produto no mercado, apresenta ele um defeito de projeto, causando danos ao consumidor. Quem irá responder frente ao consumidor será o fabricante, uma vez que ele é, frente ao consumidor, pelo art. 12, o responsável pelo projeto. Por outro lado,

---

[303] Art. 25, §2º Sendo o dano causado por componente ou peça incorporada ao produto ou serviço, são responsáveis solidários seu fabricante, construtor ou importador e o que realizou a incorporação.
[304] De Holanda Ferreira eplicando o que se entende por criação e criar afirma: "Criação é invenção, elaboração"; criar é "dar princípio a; produzir, inventar, imaginar, suscitar." FERREIRA, A. B. de H. *Novo Dicionário da Lingua Portuguesa,* Rio de Janeiro: Nova Fronteira, 1975. p.400.

pode o fabricante, em ação regressiva, buscar do projetista o ressarcimento dos danos pagos ao consumidor.[305]

A atividade de *construção*, estabelecida no art. 3 do CDC, está vinculada à área imobiliária – construção de casas, edifícios –, além, é claro, da construção de estradas de rodagem, ferrovias, pontes, etc.[306]

A transformação indica a possibilidade de se modificar um ou mais bens por alguma técnica determinada, elaborando, a partir desse ou desses, um novo bem ou produto.[307]

No que se refere à importação, o CDC opta por responsabilizar o importador, tendo em vista as dificuldades que o consumidor possui de demandar o produtor ou montador no estrangeiro. Com a disposição de responsabilizar o importador, ou seja aquele que adquire o produto no estrangeiro e o vende dentro do território nacional, o legislador facilitou a vida do consumidor e fez com que o importador se preocupasse mais com a qualidade dos produtos que traz para dentro do país.

No âmbito da *exportação*, o CDC dá responsabilidade àquele que exporta as mercadorias brasileiras. Essa alternativa possui o condão de proteger o consumidor dos produtos brasileiros no estrangeiro, criando uma confiança sobre esses produtos, com a nítida intenção de incrementar as exportações.

O *distribuidor* e o *comerciante* também são responsáveis, caracterizando-se como fornecedor, pois são eles que intermedeiam a comercialização do produto entre o produtor e o consumidor. Incluí-los na classe dos fornecedores é de suma importância, uma vez que, muitas vezes, a confiança do consumidor na aquisição do produto está mais no comerciante e no distribuidor do que no próprio produtor.[308]

---

[305] Abordando as questões atinentes ao projetista, igual solução para o Direito Espanhol, apresenta Reyes López: "La regulación de su actividad, así como la responsabilidad que deriva de su ejercicio queda fuera del ámbito objetivo de aplicabilidad de la Ley al incidir únicamente en la actividad empresarial, al margen del mero trabajo intelectual cuyo control quedaría en todo caso acogido a la prestación de un servicio.
Su inaplicabilidad no constituye ningún obstáculo para que posteriormente el fabricante pueda dirigirse en vía de regreso contra el proyectista para exigirle responsabilidades por el mal diseño del producto dado que el fabricante asume todas las consecuencias perjudiciales que puedan derivar del mismo frente a la víctima al poner el producto en eli mercado." LÓPEZ. *Seguridad...*, ob. cit., p.54.

[306] Na área da construção, importante distinção é apresentada por Gabriel Saad: "É preciso distinguir a empresa que é contratada para levar a termo determinada construção de uma outra que recebe do proprietário a empreitada de realizar esta ou aquela atividade (pesquisa do solo, de resistência de materiais, etc), indispensável à construção final. A primeira é responsável por qualquer defeito ou vício que o bem imóvel vier a apresentar; a segunda empresa terá de prestar contas pela exatidão, apenas, do serviço que contratou." SAAD., ob. cit., p.50.

[307] Tendo em vista a criação de um novo produto, a transformação é, no dizer de Carlos Efing, "a mudança ou alteração de estrutura ou forma de produto já existente, transmutando-o em outro produto." EFING, A. C. Sistema financeiro e o código do consumidor. *Revista Direito do Consumidor*, n.17, São Paulo, 1996. p.75.

[308] Sobre as atividades desenvolvidas pelo fornecedor, ver GABRIEL Saad, ob. cit., p.47-52.

2. As idéias de atividade, habitualidade, profissão e remuneração frente ao conceito de fornecedor

O sentido da palavra *atividade* no art. 3º está vinculado ao desenvolvimento de profissão,[309] de lucratividade, o que a vincula com a chamada atividade negocial.[310] O CDC vincula a atividade ao produto e ao serviço, o que induz, em um primeiro momento, à necessidade de desenvolvimento da atividade com cunho profissional[311] para se instalar uma relação jurídica de consumo.

Para que se possa aprofundar o assunto, com delimitação precisa sobre a relação que vincula *fornecedor/atividade/produto* e também que vincula *fornecedor/atividade/serviço*, é oportuno que se analisem separadamente as duas relações.

No que se refere à atividade desenvolvida pelo fornecedor, em relação ao produto, o que se nota é um vínculo direto do fornecedor com a profissão,[312] ou seja, para se ter uma relação de consumo, a parte fornecedora deve ser exercente de uma atividade profissional vinculada à transação, onde busca o lucro, seja ele de forma direta ou indireta.

Nesse mesmo sentido se desenvolveu a Diretiva do Conselho 85/374/CEE, que estabelece como forma de exoneração da responsabilidade do produtor quando não obrou, no negócio jurídico, dentro do seu âmbito profissional. Expressamente estabelece o art. 7º. "En aplicación de

---

[309] Nesse Sentido Bonatto: "Assim, somente 'desenvolve atividade' quem obtenha benefícios, ganhos e lucros, diretos ou indiretos, com tal ação, trazendo um novo elemento básico, que é a noção de profissionalidade. Aliás, na própria transcrição do conceito gramatical de atividade está explícita a palavra *profissão*, a denotar que aquela ação busca determinados benefícios materiais para quem a exercita." BONATTO, C.; MORAES, P. V. D. P. *Questões controvertidas no Código de defesa do consumidor:* principologia, conceitos, contratos. Porto Alegre: Livraria do Advogado, 1998. p.88. Também no sentido da profissionalidade ver: Jacobina. *Publicidade...*, ob. cit., p.60; BERTOLDI, M. M. *Resposabilidade Contratual do Fornecedor pelo Vício do Produto ou Serviço*, Rev. Direito do Consumidor, São Paulo, nº 10, Revista dos Tribunais, 1996. p.129-130; SAAD. ob. cit., p.48; Efing. *Sistema Financeiro...*, ob. cit., p.74; ALMEIDA, J. G. A. de. *A AIDS e o Direito do Consumidor*. Rev. Direito do Consumidor, São Paulo, nº27, Revista dos Tribunais, 1998. p.21-22.

[310] Nesse sentido Marins: "A expressão 'atividade' refere-se a atividade negocial, que é o que dá conteúdo ao conceito de fornecedor." Marins, ob. cit., p.79.

[311] Na Argentina, a Lei 24.240/93 adota a profissionalidade como requisito para ser fornecedor, dizendo: Art. 2º "[Proveedores de cosas o servicios] Quedan obligados al cumplimiento de esta ley todas las personas físicas o jurídicas, de naturaleza pública o privada que, en forma profesional, aun ocasionalmente, produzcan, importen, distribuyan o comercialicen cosas o presten servicios a consumidores o usuarios. Se excluyen del ámbito de esta ley los contratos realizados entre consumidores cuyo objeto sean cosas usadas..."

[312] É de se lembrar com Marins que: "ante a expressão do art, 3º que se refere na definição de fornecedor aos que 'desenvolvem atividades de produção, montagem, criação... comercialização...' devemos entender que o não profissional ao realizar um ato privado de venda de seu veículo, p. ex. não o faz na qualidade de fornecedor, e portanto não estabelece com o comprador 'uma relação de consumo' em seu sentido técnico e jurídico." Marins, ob. cit., p.76.

la presente Directiva, el productor no será responsable si prueba: [...] c: "o que él no fabricó el producto para venderlo o distribuirlo de alguna forma con fines económicos, y que no lo fabricó ni distribuyó en el ámbito de su actividad profesional; [...]"[313]

Assim, na relação em que se vinculam produto e fornecedor deve, indiscutivelmente, haver a profissionalidade.[314] No aspecto da profissionalidade, deve ser considerada também a habitualidade[315] que se consolida[316] dentro da profissão.

O inter-relacionamento entre habitualidade e profissionalidade aparece claramente quando se analisa a definição de consumidor à luz do art. 2º do CDC, que exige para sua caracterização ser destinatário final do produto ou serviço. Logo, de um lado da relação jurídica de consumo que tem por objeto um produto, tem-se o consumidor, como destinatário final, e de outro o fornecedor como profissional, sendo que a inexistência do

---

[313] Parra Lucan, entendendo pela necessidade da profissionalidade, afirma: "Antes de abordar estas cuestiones conviene señalar el dato común que une a todos estos sujetos, productores, importadores y suministradores. Se trata, como ya he apuntado, de todos los miembros de la cadena de producción y distribución del producto defectuoso en cuestión. Pero a ello hay que añadir un matiz. Para que un sujeto pueda ser declarado responsable con arreglo a la Directiva CEE, es preciso que su intervención en el proceso de elaboración del producto se realice en el marco de su actividad profesional." Parra Lucan, ob. cit., p.539.
É de se ressaltar que o aspecto profissional não é apenas no âmbito do processo de elaboração do produto, mas também no que se refere à sua distribuição.
Reyes Lópes, analisando a Lei espanhola 22/1994 afirma que os fabricantes, além de outros requisitos, devem exercer sua atividade de modo profissional para que se possa ter sua responsabilidade. "Entre los requisitos que los fabricantes o sujetos a ellos asimilados deben cumplimentar se encuentran: realizar su tarea en el marco de una actividad profesional de carácter empresarial; haber puesto el producto en el mercado con una finalidad lucrativa, situación que es igualmente extensible a todos aquelios supuestos en los que se cede o regala un producto a título gratuito con una finalidad de difusión del mismo, publicidad... que entre dentro de la dinamica de la actividad empresarial y que la finalidad resultante de la actividad empresarial sea la propia de dedicar el producto a la venta." Reyes López, ob.cit., p.50.

[314] Também Bonatto: "Não bastasse a idéia de resultar do desenvolvimento de atividade um ganho para quem a executa, imprescindível que esta ação tenha continuidade e duração, surgindo, desta forma, a noção de organização e, sendo sinalizado, mais uma vez, para a importância do conceito de profissionalidade, ja que somente se organiza para a consecução de um resultado lucrativo quem possui tal intento." BONATTO, MORAES. Ob. cit., p.88.

[315] Gabriel Saad afirma que é: "De observar-se que o dispositivo em estudo, ao qualificar, como fornecedor, o exercente das atividades econômicas que discrimina, está a dizer que se trata de pessoa física ou jurídica que exerce profissionalmente, continuamente, essa atividade.
Fica, portanto, excluído do conceito de fornecedor aquele que vendeu um bem móvel ou imóvel, mas que tem ofício muito direrente do de vender tais bens." Saad. Ob., cit., p.48.

[316] Na legislação argentina não há necessidade da habitualidade para caracterizar o fornecedor. Comentando o art. 2º de lei 24.240/93, afirma Lorenzetti: "La ley argentina incluye a quienes la ejercen aún de manera ocasional. Ello no significa que se prescinda de la profesionalidad, sino que el profesional puede actuar de una manera permanente o bien ocasional o discontínua." LORENZETTI, R. La Relación de Consumo: conceptualización dogmática en base al Derecho del Mercosur. *Revista Direito do Consumidor*, n.21, São Paulo, 1997. p.19.

profissional,[317] no pólo ocupado pelo fornecedor, descaracteriza o que se chama de relação jurídica de consumo.[318]

A habitualidade separa o vendedor esporádico, que não vai ser abrangido pelo CDC, do fornecedor propriamente dito e aqui tratado. O sentido da palavra habitualidade não pode ser separada do aspecto profissional, vez que o profissional desenvolve sua atividade habitualmente.

Não será abrangido pela relação de consumo aquele que, não sendo profissional, não tem portanto o hábito de comercializar o produto vendido. Essa diferenciação pode ser vista quando se tem, a título de exemplo, um médico que vende seu automóvel, que utilizava para si e para sua família, com o intuito de trocá-lo por um modelo mais novo. Nesse exemplo, as discussões sobre a relação jurídica entre o médico – vendedor – e o comprador do automóvel serão levadas a efeito na órbita civil comum, e não na que se refere ao Direito do Consumidor. O médico não exerce atividade habitual de venda de automóveis, não sendo, portanto, considerado fornecedor para os efeitos do CDC.[319]

Por outro lado, o profissional de comércio de automóveis e que, habitualmente, efetua tais negócios jurídicos será tido como fornecedor para os efeitos das relações jurídicas de consumo.

Outrossim, pode ocorrer que uma pessoa, embora não sendo profissional da área, resolva adquirir certa mercadoria para vender, com o intuito de ganhar algum lucro. Exemplificando: um professor, que ao visitar um fábrica de canetas com seus alunos, resolve adquirir mil canetas ao preço de custo, para vender, com o intuito de ganhar algum lucro. Seria ele responsabilizado, no âmbito do Direito de Consumo, por danos ao consumidor advindos das canetas? No Brasil, seguindo a filosofia do código, esse professor não responderia pelos danos, via CDC, uma vez que não sendo profissional estaria no mesmo nível de conhecimento do próprio consumidor.[320]

---

[317] Na Comunidade Européia, segundo Parra Lucan pode haver, em alguns casos, relação de consumo embora não haja profissionalidade. diz ela: "Pero, junto a la actividad profesional, que incluye las notas de habitualidad e, incluso, de cierta organización, el art. 7. c) de la Directiva menciona la venta o distribución 'con fines económicos'. Ello significa que también a los no profesionales que elaboran el producto para la venta o distribución con fines económicos podrá exigirseles responsabilidad con arreglo al texto comunitario." Parra Lucan. Ob. cit., p.540.

[318] Ver também: Marques. *Contratos no Código...*, ob. cit., p.115.

[319] Igual solução é adotada na CEE. Nas palavras de Parra Lucan, tem-se que: "Por el contrario, no podrá ser considerado responsable con arreglo a la Directiva quien, fuera del ámbito de su actividad profesional distribuye un producto, aún con fines económicos, pero que no fabricó para venderlo. Por ejemplo, el ama de casa que vende a la vecina uno de los botes de la mermelada que, en exceso, ella misma preparó en su cocina sin intención de distribuirla, o el particular que vende su vehículo a un amigo o a tercero con el que contacta a través de un anuncio en la prensa." Parra Lucan. ob. cit., p.540.

[320] Solução idêntica é adotada na Comunidade Econômica Européia: "La interpretación literal de la Directiva lleva, además, a la conclusión de que si están excluidos del ámbito de la misma los sujetos que, sin actuar en el ámbito de su actividad profesional, adquiren para vender o distribuir con fines económicos un producto que no han elaborado". Ibidem, p.542.

Dentro da sistemática e filosofia do Código de Proteção e Defesa do Consumidor brasileiro, de igualar partes que são desiguais – o fornecedor altamente preparado e organizado, contra o consumidor fraco e desorganizado –, é indiscutível que a exigência de profissionalidade do lado do fornecedor é primordial. O aspecto profissional é que faz a diferença. Se os dois pólos estão configurados de forma igual, não há necessidade de proteção do Estado para uma das partes. Assim, se uma das partes, o fornecedor, não agir de forma profissional, a relação jurídica não será discutida no âmbito de direito do consumidor.[321]

Alguns autores, dentro desta visão profissional do fornecedor de produtos, vinculam-no à remuneração, "Esta é uma nota essencial à caracterização do fornecedor: a remuneração, que dá o tom do exercício profissional. Ela não se aplica apenas aos serviços."[322] [323] Embora a idéia de profissional induza vincular o fornecedor à remuneração, quando se fala em responsabilidade de indenizar pelo fato do produto não há necessidade de remuneração para vincular o fornecedor à relação jurídica de consumo. Não é porque não houve remuneração pelo produto que haverá descaracterização de *fornecedor*, para a relação do consumo, daquele que forneceu o produto. Para isso basta verificar a possibilidade de indenizar por dano provocado por produto enviado como amostra grátis. Não se deve, portanto, no sentido da responsabilidade civil, pelo fato do produto, confundir habitualidade e profissão, com a necessidade de remuneração para se ter o fornecedor de produto.

Nesse pormenor, poder-se-ia introduzir uma outra variável que seria o *ânimo de lucro* vinculado à atividade-fim do fornecedor, que estaria presente no fornecedor, em todas as relações jurídicas de consumo.[324]

---

[321] Diferente é a solução adotada na CEE, que admite a possibilidade de discução no âmbito da Diretiva do Conselho 85/374/CEE, os casos em que embora não profissional o fornecedor obrou com fim econômico. É de se ver com Parra Lucam: "Si que, en cambio, deberá responder con arreglo a la Directiva (si concurren los demás requisitos) quien elabora un producto con vistas a su distribución con un fin económico aun cuando no sea en el marco de su actividad profesional: por ejemplo, el ama de casa que pone en conserva pimientos con la finalidad de venderlos." Parra Lucan, ob. cit., p.540.

[322] PASQUALOTTO. *Conceitos fundamentais...*, p.52.

[323] No mesmo sentido: "Oque se faz necessário frisar é que a atividade prestada pelo fornecedor, seja ele quem seja, deve ser remunerada para a caracterização da Relação de Consumo, ou seja, serviços e produtos fornecidos gratuitamente não estão sob o enfoque do C.D.C." Mello. *O direito do consumidor...*, ob. cit., p.28.
Ver também: Nascimento. *Comentários ao código...*, p.25.

[324] Nesse sentido, parece caminhar a Comunidade Européia, quando não admite a busca de ressarcimento de dano contra aquele que por amizade elaborou e presenteou com um produto um amigo. É de se notar que neste exemplo não há ânimo de lucro na referida doação. Exite diferença entre esse exemplo e a amostra grátis, que busca, para um segundo momento, o lucro. Parra Lucan, abordando o assunto assim se manifesta: "De este modo, la víctima del daño ocasionado por el uso o consumo de un producto no podrá dirigirse, con base en el texto comunitario, contra quien elaboró el producto o se lo proporcioné, por ejemplo, en el marco de una relación de amistad. Así, no será responsable por los daños causados con arreglo a la Directiva, quien intoxica a sus vecinos con el pastel que

Esse ânimo de lucro, vinculado à atividade-fim do fornecedor de produtos, não pode ser confundido com a simples remuneração. No exemplo da amostra grátis, não existe remuneração, mas existe o ânimo de lucro que certamente virá, depois, com a venda do produto.[325] Pelo que se nota, não é a remuneração isolada que determina a existência do fornecedor, mas o exercício de sua atividade-fim que busca o lucro, uma vez que pode haver, para configurar uma relação de consumo: atividade-fim mais remuneração ou atividade-fim sem remuneração.[326]

Fica clara a solução do presente problema quando se dividem os fornecedores de produtos em: fornecedores com ânimo de lucro em sua atividade-fim, e fornecedores sem ânimo de lucro em sua atividade-fim. Os que não possuem ânimo de lucro em sua atividade-fim e que fornecem algum produto sem remuneração – práticas assistenciais e benemerentes – não serão considerados como partes fornecedoras, para fins de uma relação de consumo, no que se refere a esse produto. Porém, os fornecedores que possuem em sua atividade-fim o ânimo de lucro, até mesmo quando fornecerem seus produtos sem remuneração estarão vinculados a uma relação de consumo – amostras grátis.

Já, quando se fala de fornecedor de serviços, no que se refere à necessidade de remuneração, pode-se dizer que é ela elemento necessário para a caracterização da relação jurídica de consumo e, conseqüentemente, de fornecedor de serviço, vez que para se ter este, é imprescindível a remuneração pelos serviços prestados.[327]

---

elaboró para obsequiarles. Tampoco quien entrega grauitamente a unos amigos la conserva caducada y en malas condiciones. Tampoco quien introduce en la Comunidad para su propio uso y procedente de un tercer país, un vehículo que, defectuoso, causa graves lesiones a un amigo a quien se lo dejó." Parra Lucan. ob. cit., p.539.

[325] Pasqualotto, explicando seu ponto de vista no que se refere à remuneração, ainda afirma que: "Isto serve para isolar o conceito de relação de consumo. Do contrário, toda operação praticada por um fornecedor se confundiria, desaparecendo a especialidade da tutela. Se uma loja de vestuário vende os móveis de exposição das roupas para mudar a decoração, não se firma uma relação de consumo com o comprador, porque a loja não agiu conforme a sua finalidade comercial. Do mesmo modo, um prestador de serviços, que fizesse negócio diverso de sua profissão, tal como o segurador que vende seu automóvel particular. Embora possa estar presente nestas operações o intuito de ganho, com realização da venda por preço favorável, não existe a profissionalidade." PASQUALOTTO. *Conceitos fundamentais...*, ob. cit., p.52.
Ver também Parra Lucan. ob. cit., p.539-540.

[326] Explicando e esclarecendo a idéia da remuneração vinculada ao fornecedor, diz Pasqualotto: "Todavia, a gratuidade não é fator que, por si só, sirva de negativa da existência de relação de consumo. As amostras grátis são práticas comerciais (cap. V do tít. I) e podem ser consideradas abusivas se remetidas ou entregues ao consumidor sem solicitação prévia. Uma amostra que causasse dano ao consumidor, embora gratuita, obrigaria o fornecedor a reparação." PASQUALOTTO. ob. cit., p.53.

[327] No sentido da necessidade de remuneração, na prestação de serviço, se manifesta Batista de Almeida: "é importante ter sempre em mente que tal prestação será remunerada e não subordinada a vínculo trabalhista. Sendo gratuita, como ocorre, v. g., com os atos de camaradagem e os decorrentes de parentesco e vizinhança, os conhecidos "favores", não será serviço a que a lei empresta tutela." ALMEIDA, J. B. de. *A Proteção Jurídica do Consumidor*. São Paulo: Saraiva, 1993. p.32.

A remuneração é o elemento indispensável à consolidação da relação jurídica de consumo que envolve serviços. Se não houver remuneração pelo serviço, não se tem a possibilidade de discutir, na órbita da legislação de consumo, qualquer prejuízo sofrido pelo consumidor. Um eletricista que executa um pequeno serviço de eletricidade, gratuitamente, para seu vizinho, não pode ser demandado via CDC, por defeito no serviço executado.[328] Essa discussão se daria na esfera cível comum, e não dentro da legislação especial de direito do consumidor.

Quanto à habitualidade e profissionalidade do fornecedor de serviços, existem, no âmbito doutrinário, discussões a respeito.

O artigo 3º, § 2º, não estabelece expressamente a necessidade que fornecedor de serviço seja profissional, porém essa necessidade é levantada por muitos doutrinadores, como é o caso de Gabriel Saad: "o prestador de serviços sujeito as disposições do Código de Defesa do Consumidor é aquele que tem como profissão o exercício de qualquer atividade e, entre elas, as de natureza bancária, de crédito e securitária".[329][330]

Outro aspecto que se discute, na doutrina, é o que se refere à habitualidade. Alguns autores, como Zanardo Donato, exigem a habitualidade para configurar a relação jurídica de consumo para os serviços. Afirma a autora:

> Por outro lado, entendemos que, se esporádico o serviço prestado, não estará se constituindo em uma atividade econômica e, conseqüentemente, não estará a caracterizar o prestador de serviços como fornecedor, não podendo, dessa forma, incluir-se esta prestação de serviços esporádica, ainda que prestada por um profissional, dentre as relações de consumo.[331][332]

Outros autores dizem que a profissionalidade e a habitualidade não são necessárias.[333] Assim, quando se aborda o tema que vincula *fornece-*

---

[328] No sentido da necessidade de remuneração para caracterizar a realação de consumo, quando envolve serviços: Cláudio Bonatto: "Decorre dos ensinamentos acima o fundamental requisito da 'remuneração' do serviço, um dos vetores da identificação da qualidade de fornecedor.
Dessa forma, mesmo sendo determinada pessoa física ou jurídica uma executora habitual de específica atividade, necessário que exista remuneração." BONATTO, ob. cit., p.89.

[329] Saad, ob. cit., p.60.

[330] Ver também: Zanardo Donato: "Decorrente da remuneração caracterizadora da profissionalidade do fornecedor [...]" DONATO, ob. cit., p.130.
Cláudio Bonatto: "Porém, não porque está explicitada a exigência da remuneração, a qual entendemos ser um reforço conceitual, mas sim, porque sendo o serviço qualquer atividade é lógico afirmar-se advir de um profissional, [...]" BONATTO, Cláudio. *Código de defesa do consumidor: cláusulas abusivas nas relações contratuais de consumo*. Porto Alegre: Livraria dos Advogados, 2001, p.27.

[331] DONATO, ob. cit., p.130.

[332] No sentido da habitualidade: "serviço é qualquer atividade fornecida habitualmente no mercado de consumo prestada com o ituito de lucro.." GOMES, Marcelo Kokke. *Responsabilidade civil:* dano e defesa do consumidor. Belo Horizonte: Del Rey, 2001. p.158.

[333] Toshio Mukai salienta: "Portanto, a atividade será não só aquela que é prestada profissionalmente, com habitualidade, como aquela que, embora esporádica, o seja mediante pagamento de uma remuneração." MUKAI *et al*, ob. cit., p.9.

dor/atividade/serviço, existe controvérsia na doutrina. Para alguns doutrinadores, no caso do serviço, não há necessidade de se ter um profissional no pólo ocupado pelo fornecedor. Nesse sentido se refere Cláudia Marques:

> Quanto ao fornecimento de serviços, a definição do art. 3º do CDC foi mais concisa e, portanto, de interpretação mais aberta, menciona apenas o critério de desenvolver *atividades de prestação de serviços*. Mesmo o § 2º do art. 3º define serviço como "qualquer atividade fornecida no mercado de consumo, mediante remuneração...", não especificando se o fornecedor necessita ser um profissional. A *remuneração* do serviço é o único elemento caracterizador, e não a profissionalidade de quem o presta. A expressão "atividades" no *caput* do art. 3º parece indicar a exigência de alguma reiteração ou habitualidade, mas fica clara a intenção do legislador de assegurar a inclusão de um grande número de prestadores de serviços no campo de aplicação do CDC, à dependência única de ser o co-contratante um consumidor.[334]

No que se refere à necessidade da existência de profissão do fornecedor, quando a relação de consumo envolve serviço, existem outros doutrinadores que se inclinam por aceitar que o fornecedor de serviço tenha que ser profissional para ser tido como tal, sendo isto, requisito essencial para a formação da relação jurídica de consumo envolvendo serviços. Bonatto se inclina para a necessidade de profissão, dizendo:

> [...] em nossa maneira de encarar a questão, o requisito da profissionalidade é essencial.

Veja-se que o espírito teleológico do CDC é igualar os desiguais, motivo pelo qual é tentado pela Lei Protetiva igualar o consumidor ao fornecedor profissional, pois eles, na relação de direito material, são naturalmente desiguais, exatamente por causa do elemento profissionalidade, que contém as idéias de prevalência de conhecimentos técnicos, costume em realizar determinada atividade, reiteração, organização tendente à obtenção de um resultado finalístico lucrativo, etc.[335] [336]

A questão que vincula ou não o elemento profissional[337] à relação jurídica de consumo passa pela análise conjunta de quatro elementos fundamentais: o conceito de consumidor, o conceito de serviço, a filosofia de proteção ao consumidor caracterizada no Código e a definição de *profissional*.

---

[334] MARQUES, Contratos no código..., p.116.

[335] BONATTO, MORAES. Ob. cit., p.91.

[336] Bonatto, justificando seu ponto de vista, exemplifica: "Sob outro prisma, imaginemos que uma pessoa tenha conhecimentos de eletrônica e conserte um aparelho de televisão para seu vizinho e receba uma gorjeta. Será ele considerado fornecedor de serviço, para o fim de ressarcir eventual prejuízo causado ao proprietário do eletrodoméstico? Seria justificável desigualar pessoas naturalmente iguais? A resposta a ambas as perguntas é negativa, pois não é este o objetivo do Estatuto Protetivo." Ibidem, p.91-92.

[337] Ver, no sentido da necessidade do fornecedor ser profissinal na relação jurídica que envolve serviço, para caracterizá-la como relação jurídica de consumo: PASQUALOTTO. Os serviços Públicos no Código de Defesa do Consumidor. *Revista Direito do Consumidor,* São Paulo, n.1, p.134.

Quando o CDC define consumidor, em seu art. 2º, o faz como destinatário final de produtos ou serviços. Com essa definição, o CDC cria os dois pólos da relação jurídica de consumo: de um lado o consumidor, como destinatário final; do outro, o fornecedor, como elemento que se utiliza do produto ou serviço para *fornecê-los* ao consumidor. Logo, nesse pólo deve estar o agente que, pelo seu caráter profissional, terá todo o entendimento técnico e científico necessário ao bom desenvolvimento da atividade que será exercida com habitualidade.

Por outro lado, o CDC definiu, no § 2º do art. 3º, *serviço*, colocando-o como atividade fornecida, mediante remuneração, no mercado de consumo. A idéia de mercado de consumo possibilita o entendimento de que o fornecedor atue de forma profissional, vez que deve exercer a atividade dentro do mercado, como profissional portanto, não como alguém que realiza um serviço, sem qualquer vínculo com o mercado. Atuar no mercado é buscar o lucro dentro dele, é desenvolver concorrência, é estar presente com habitualidade, é ser profissional.

Por outro lado, analisando também os dois artigos, 2º e 3º do CDC, conjuntamente com a filosofia do código – proteção ao consumidor – pode-se ver que o Código pretende proteger alguém – e esse alguém é o consumidor – e não o fornecedor, que, mais forte pelas suas condições de conhecimento e/ou de poder econômico, impõe suas regras dentro do mercado.

No que se refere à definição de profissão, sabe-se que ela está vinculada à habitualidade e à forma de buscar um meio de subsistência, o que leva, indiscutivelmente, a um certo conhecimento da atividade a ser exercida. Assim, é de se perquirir se, para a caracterização de profissão, basta estar no mercado consumidor fornecendo um serviço e dele auferir lucros, ou, por outro lado, para consolidar essa idéia de profissão é necessário comprovação documental, através de certificados de conclusão de cursos, diplomas, aprovação em exames aplicados por órgãos de classe, etc. Tem-se aqui o aspecto formal de profissão. Sendo assim, quando a Lei exige a necessidade de diploma e/ou certificado, esta exigência deve ser cumprida para se ter a relação jurídica de consumo. Porém, existem variadas *profissões* que independem de diplomas e/ou certificados para que sejam exercidas: de pedreiros, carpinteiros, eletricistas, etc., que exercem a atividade dizendo-se profissionais – forjados na prática – e que não possuem qualquer documento que os confirme como profissionais.

Para o Código, as duas posições são válidas: primeira, se houver exigência legal de documentação comprobatória da profissão, essa deve ser exigida; segunda, se a profissão não estiver regulamentada por lei, logo, para exercê-la, não há necessidade de qualquer documento legal, o exercente da profissão também será alcançado pela Lei 8.078/1990.

Pela análise efetuada até o presente momento, pode-se ter dois possíveis entendimentos da Lei 8.078/1990:

Um – analisando a dogmática na teoria – pela exigência da profissão. Com base na proteção daquele – o consumidor – que estaria em desvantagem técnica e/ou econômica com relação àquele – o fornecedor – que, detentor do conhecimento, teria toda força para estabelecer as regras do jogo dentro da relação jurídica de consumo. Assim, somente aquele que é profissional poderia ter condição de sobrepujar o consumidor, formando a desigualdade entre as partes. Se o fornecedor não se caracteriza como profissional, não seria alcançado pela lei protetiva.

Dois – analisando a dogmática na teoria e na prática – pela não-exigência da profissão. A Lei 8.078/1990 possui, como um de seus princípios básicos, a proteção do consumidor em sentido amplo e não restrito. Esse entendimento leva a concluir que a não-adoção do CDC para as relações jurídicas que envolvem consumidores de um lado, e de outro, fornecedores que, não possuindo *status* de profissional, lançam-se no mercado vendendo serviços de baixa qualidade, só vem em prejuízo do consumidor. Na prática, se a lei protetiva deixar de acolher esses casos, estará prejudicando o consumidor, em favorecimento ao fornecedor, e essa não parece ser a filosofia do Código.

A preocupação aqui apresentada é com a extensão do alcance que o Código deve ter sobre aqueles que fazem serviços e cobram por ele, na busca de uma proteção ao consumidor o mais abrangente possível. É lógico que, quando se fala em profissão, não se fala somente em necessidade de certificados ou diplomas, mas do exercício da atividade dentro de um *modus operandi*, e de uma habitualidade, que coloca o trabalhador como profissional dentro do mercado de consumo. Com esse entendimento, a abrangência do CDC se alastra para alcançar todo aquele que se coloca no mercado de consumo e vende seu serviço ao consumidor, de tal forma que se diferencia deste, por ter conhecimentos e condições superiores de entendimento sobre o objeto da relação jurídica de consumo.

3. O fornecedor enquanto pessoa

Além da relevante gama de atividades abrangidas no conceito de fornecedor, é de se ressaltar as várias espécies[338] de fornecedor que são mencionadas no referido artigo 3º: pessoa física ou jurídica, pública ou

---

[338] Ver Filomeno *et al*, ob. cit., p. 35/36; Também: Saad, ob. cit., p.48; SILVA, C. A. P. da, Visão do *Leasing* em Face do Código de Defesa do Consumidor. *Revista Direito do Consumidor*, São Paulo, n.32, 1999, p.118.

privada, nacional ou estrangeira, bem como entes despersonalizados. Uma vez enquadrados como fornecedores, esses agentes terão responsabilidades na indenização por danos causados ao consumidor.

A responsabilidade pela indenização dos danos será solidária quando houver mais de um responsável.[339] Essa regra tem validade tanto no que se refere ao fato do produto, quanto ao vício do produto. No sentido da solidariedade se manifesta Net Lôbo, dizendo que

> no sistema do Código do Consu dor, prevalece a solidariedade passiva de todos os que participam da cadeia ec mica de produção, circulação e distribuição dos produtos ou de prestação de ser os. São todos fornecedores solidários.[340]

A solidariedade é um elemento indispensável para responsabilizar todos aqueles que, de alguma maneira, concorrem para o dano produzido ao consumidor. Visto que a filosofia do código é a proteção ao consumidor, uma de suas funções é buscar responsabilizar todos aqueles que concorrem para o evento danoso. Dessa forma, através da solidariedade, possibilitou-se ao consumidor maiores e melhores condições para ver seu dano ressarcido.

O fornecedor, enquanto pessoa física, é qualquer pessoa, homem no sentido geral, que pode ser fornecedor, bastando, para isso, apresentar-se no mercado desenvolvendo atividade profissional que tanto pode ser na órbita mercantil, quanto civil, oferecendo produtos ou serviços. Segundo as palavras de Cretella Júnior fornecedor é

> *qualquer* pessoa física, não interessando sua qualificação, no mundo jurídico. A pessoa física é o homem, sujeito de direitos e obrigações no mundo jurídico. Por excelência, a pessoa física é parte integrante da relação de consumo, ao fornecer produto ou serviço ao consumidor.[341]

Salienta-se a importância da inclusão dos profissionais liberais como fornecedores de serviços, pois possibilitou a demanda, via CDC, contra

---

[339] Explicando a solidariedade, diz Grinberg: "Significa dizer que cada um dos devedores solidários responde pela totalidade dos danos, podendo o consumidor exigir de um apenas ou de todos a indenização total ou parcial..." GRINBERG, Rosana. Fato do produto ou do serviço: acidentes de consumo. *Revista de Direito do Consumidor*, São Paulo, n.35, 2000. p.154.

[340] Fazendo uma comparação com o sistema do vício redibitório o mesmo autor salienta que " No sistema tradicional dos vícios redibitórios, a pretensão (e a ação edilícia correspondente) é exercida apenas contra a pessoa que entregou a coisa. Na atividade negocial, é sempre o comerciante ou quem exerce ato de comércio. Por tais razões, não faria sentido manter-se a mesma regra da responsabilidade por fato do produto, nas relações de consumo, quando é identificável o fornecedor originário, que foi responsável pelo lançamento do produto ou serviço no mercado, sendo razoável que lhe caiba o ônus da indenização pelos danos que provocar. Na responsabilidade por vício do objeto, todavia, cuida-se de adimplemento contratual insatisfatório, inadequado ou impróprio, invertendo-se o peso da imputação da responsabilidade, agora envolvida em longa cadeia de solidariedade." LÔBO, P. L. N., Responsabilidade do Fornecedor por Vício do Produto ou do Serviço. *Revista Do Direito do Consumidor*, São Paulo, n.19, 1996. p.110-111.

[341] CRETELLA JÚNIOR, J., *et al. Comentários ao Código do Consumidor*. Rio de Janeiro: Forense, 1992. p.10.

esse tipo de fornecedor, facilitando para o consumidor a busca de seus direitos, como é o caso da inversão do ônus da prova.

O fornecedor, enquanto pessoa jurídica, é o mais comum de todos os fornecedores, com atuação também no âmbito mercantil ou civil. Abrange tanto as pessoas jurídicas de direito privado quanto as de direito público, sejam elas nacionais ou estrangeiras.[342]

O fornecedor, enquanto pessoa jurídica de direito privado, são todos os fornecedores que, estando inscritos nos registros competentes, trabalham no âmbito privado, com ânimo de lucro, oferecendo no mercado consumidor produtos ou serviços.[343]

O fornecedor, enquanto pessoa jurídica de direito público, é o poder público ou as empresas concessionárias do poder público, ou seja, tanto as empresas estatais quanto as paraestatais[344] podem estar presentes numa relação jurídica de consumo como fornecedor.[345]

Embora nessa espécie de fornecedor deve-se colocar a presença do Poder Público propriamente dito, por suas empresas públicas, pelas concessionárias de serviços públicos, é de se deixar claro que somente irá se constituir uma relação de consumo quando o Poder Público presta o serviço – água, luz, etc. –, mediante a cobrança de um determinado preço,[346] que não deve ser confundido com imposto. Quando o Poder Público presta serviços que são mantidos com os impostos, o beneficiário desse serviço não se denomina consumidor mas contribuinte, o que desloca a relação jurídica para fora da relação jurídica de consumo.

Não é apenas na área de serviços que o poder público pode ser considerado fornecedor. Muitas vezes ele atua no mercado como verdadeiro vendedor de produtos. Quando isso ocorre, é ele responsável também, perante o consumidor, como qualquer outro fornecedor do âmbito privado.

O fornecedor, enquanto pessoa nacional, são os fornecedores que possuem a nacionalidade brasileira.[347]

---

[342] Ver. Cretella Júnior *et al*. Ob. cit., p.10-11.

[343] No sentido da pessoa jurídica como fundação e corporação, ver: Cretella Júnior *et al*, Ob. cit., p.11.

[344] No mesmo sentido, Pasqualotto: "Os fornecedores pessoas jurídicas podem ser privados ou públicos. Ficam incluídos, portanto, os entes estatais ou paraestatais, sob todas as suas formas (autarquias, companhias de economia mista e empresas públicas), que prestam serviços à coletividade, mormente os de fornecimento de energia elétrica, água, telefonia etc." PASQUALOTTO. Conceitos fundamentais..., p.52.

[345] Ver também: Mello, ob. cit., p.28; OLIVEIRA, J. C. de. *Código de proteção e defesa do consumidor:* doutrina, jurisprudência, legislação complementar. São Paulo: Editora de Direito, 1998. p.15.

[346] Ver, Oliveira, ob. cit., p.15.

[347] Ver, Saad. *Comentários ao Código...*, p.48.

O fornecedor, enquanto pessoa estrangeira, são os fornecedores de outros países que exportam produtos para o Brasil, ou então que prestam determinado serviço dentro do território nacional, ou que vendam produtos no território nacional, embora sejam estrangeiros. Na realidade, para ser alcançado pela legislação de consumo, não importa sequer sua situação jurídica dentro do país, de legalidade ou ilegalidade. Assim, até mesmo os que estejam ilegalmente no país e, portanto, impedidos legalmente de comerciar, podem ser enquadrados como fornecedores se exercerem atividade negocial vendendo produtos ou serviços.[348]

O que se nota é a inexistência de qualquer diferenciação entre os fornecedores nacionais e estrangeiros,[349] para fins de caracterizá-los como fornecedores, dentro da relação jurídica de consumo.[350]

4. O fornecedor enquanto "ente despersonalizado"

São os fornecedores que não possuem personalidade jurídica, mas atuam no mercado fornecendo produtos ou serviços.[351] Conforme Cretella Júnior, "entes despersonalizados, como, por exemplo, patrimônios sem registro, são *universitates facti,* não *iuris,* que somente entram, como neste caso, no mundo jurídico, se a lei os credenciar de modo expresso, atribuindo perfectibilidade aos atos praticados".[352]

---

[348] Nesse sentido, Castro do Nascimento: "O estrangeiro aqui residente também pode se qualificar como fornecer (art. 5º, XIII, da Constituição). Excepcionalmente, ou em passagem também pode ser. Basta que, como exemplo, preste serviço remunerado para, autonomamente, consertar um carro, ou faça a venda de qualquer produto, nacional ou estrangeiro. alegação de que estaria impedido de prestar serviço ou comercializar no Brasil não produz eco na lei." Nascimento. *Responsabilidade Civil...,* p.25.

[349] Cláudia Marques afirma que: "Se, há algum tempo, a proteção do consumidor era um tema de direito interno, eis que a atuação da maioria das pessoas restringia-se ao território do seu país, uma relação típica nacional, sem qualquer elemento de internacionalidade, hoje a realidade regional e nacional é diversa. Com a abertura dos mercados a produtos e serviços estrangeiros, com a crescente integração econômica, a regionalização do comércio, as facilidades de transporte, o turismo em massa, o crescimento das telecomunicações, da conexão em rede de computadores. do comércio eletrônico, não há Como negar que o consumo já extrapola as fronteiras nacionais. Os bens estrangeiros estão nos supermercados, os serviços são oferecidos por fornecedores com sede no exterior por meio do *telemarkething,* da televisão, do rádio, da Internet, da publicidade massificada no dia-a-dia da maioria dos cidadãos de nossas metrópoles regionais." MARQUES, Cláudia Lima. A insuficiente proteção do consumidor nas normas de direito internacional privado – da necessidade de uma convenção interamericana (CIDIP) sobre a lei aplicável a alguns contratos e relações de consumo. *Revista dos Tribunais,* São Paulo, n.788, 2001, p.13.

[350] Ver, PASQUALOTTO. *Conceitos fundamentais...,* p.52; Bertoldi. *Resposabilidade Contratual...,* p.130.

[351] Brito Filomeno traz como exemplo de fornecedores como entes despersonalizados: "a gigantesca Itaipu Binacional, em verdade um consórcio entre os governos brasileiro e paraguaio para a produção de energia hidroelétrica, e que tem regime jurídico *sui generis."* Filomeno *et al. Código Brasileiro...* p.36.

[352] Cretella Júnior *et al,* ob. cit., p.12.

Não se pode dizer que, quando se está frente a entes despersonalizados não existe o aspecto profissional. A existência de profissionalidade é indiscutível, embora ela seja feita de forma totalmente irregular,[353] ou fora dos padrões atinentes à formação da personalidade jurídica.

Uma sociedade de fato pode ser acionada pelo consumidor, buscando o ressarcimento de um dano provocado por um produto, independente de a mesma não possuir a referida personalidade jurídica.

Os entes despersonalizados podem aparecer tanto na área privada, quanto na área pública. Na primeira pode-se encontrar, a título de exemplo,[354] as sociedades irregulares, porque não possuem seus atos constitutivos regularmente inscritos nos órgãos competentes, e as sociedades de fato, porque nem sequer atos constitutivos possuem; na área pública, têm-se os órgãos da administração pública, as sociedades binacionais e tantas outras.[355] Na realidade, o que as qualifica como entes despersonalizados é a inexistência de personalidade jurídica.[356]

Quando o legislador do CDC incluiu como fornecedores os entes despersonalizados demonstrou sua preocupação com o consumidor, independente de maiores formalismos legais, não se importando se o fornecedor está constituído de acordo com a legislação ou não.

O que importa, para fins de ressarcimento de danos ao consumidor, na caracterização de uma relação jurídica de consumo, e no que se refere ao fornecedor, é a atuação no mercado de consumo, mediante uma atividade negocial independente de sua perfeita caracterização jurídica, enquanto personalidade jurídica.[357]

---

[353] Nesse sentido Marins: "Tal profissionalidade pode existir, todavia, ainda que de forma irregular, como ocorre, p. ex., com os vendedores ambulante que praticam, em sua maioria atividade ilegal mas sujeita às normas de consumo." Marins ob. cit., p.76.

[354] Conforme Castro do Nascimento: "Há outros entes despersonalizados na área privada e que podem ser fornecedores. Em caso de falência, ente despersonalizado, que a representa, é a *massa falida*. O condomínio, existente no edifício de apartamentos também não tem personalidade jurídica." Nascimento. *Responsabilidade Civil...*, p.25.

[355] "No direito brasileiro, há inúmeras entidades *destituídas de personalidade*. Não são pessoas físicas, nem jurídicas. Não se inscrevem entre as *fundações*, nem entre as *corporações*. São, pois, *entes* destituídos do atributo da personalidade, ou seja, entes despersonalizados, como diz a lei. No entanto, têm *capacidade postulacional*, capacidade de figurar em relação jurídica, na qualidade de autor ou réu, capacidade judiciária: consórcios, condomínios em edifícios, fundos, massas falidas, espólios, heranças jacentes, Câmaras Municipais. Assim, o legislador faz referência a hipóteses de *despersonalizações*, que o nosso direito reconhece." Cretella Júnior *et al*, ob. cit., p.12.

[356] Ver, Nascimento. *Responsabilidade Civil...* p.25-26.

[357] A norma, ao aludir aos entes despersonalizados, demonstra, segundo Cretella Júnior, "revela a preocupação máxima do legislador mais com os *fatos* do que,com as *formas jurídicas*, mais com as *fontes fornecedoras* e com os *consumidores* do que com o enquadramento perfeito dessas mesmas partes, no mundo jurídico, sob esta ou aquela forma consagrada pelo Direito.
O normal, no mundo jurídico, é trabalhar com entidades *de iure*, ao invés de jogar com entidades *de fato*, porque as primeiras têm, como características, a nota da personalidade, típica do mundo do direito." Cretella Júnior *et al*, ob. cit., p.11-12.

5. Categorias de fornecedor

No que se refere ao fornecedor,[358] a doutrina tem trabalhado sobre três categorias,[359] como alude Denari:

a) o *fornecedor real,* compreendendo o fabricante, o produtor e o construtor;

b) o *fornecedor presumido,* assim entendido o importador de produtos industrializado ou *in natura*;

c) o *fornecedor aparente,* ou seja, aquele que apõe seu nome ou marca no produto final.[360]

Essa nomenclatura, que é adotada também por outros doutrinadores,[361] serve de orientação para se saber o alcance das responsabilidades, uma vez que o legislador pode delimitar claramente quem pode ser responsabilizado pelo evento.[362]

---

[358] A legislação e a doutrina brasileira tem trabalhado sobre a palavra FORNECEDOR, diferente da legislação e doutrina estrangeira que trabalha sobre a palavra PRODUTOR. A Diretiva 85/374 da CEE se refere no art. 1º à responsabilidade do produtor, estabelecendo no art. 3.1. o que se deve entender por produtor. Aqui, a palavra produtor possui um conteúdo mais amplo do que o estabelecido na legislação brasileira, principalmente no Código de Defesa do Consumidor, onde na concepção de tal amplitude está disposta na palavra fornecedor. Assim, quando na doutrina estrangeira se classifica a palavra produtor em produtor real, presumido e aparente, para a doutrina brasileira equivalentes são fornecedor real, presumido e aparente.

[359] Adotando a mesma nomenclatura, diz Vasconcellos e Benjamin: "O Código prevê três modalidades de responsáveis: O *real* (o fabricante, construtor e produtor), o *presumido* (*o* importador) e o *aparente* (o comerciante quando deixa de identificar o responsável real)." Benjamin. *Da qualidade...,* ob. cit., p.56.

[360] Denari, *ob.* cit., p.108.

[361] Ver também: ALCOVER GARAU, G., *La Responsabilidad Civil de Fabricante*, Madrid: Civitas, 1990. p. 101ss; Marins. *Responsabilidade da...,* ob. cit., p.98; Benjamin. *Da qualidade...,* ob. cit., p.56; Vieira de Mello, quando afirma: "Percebemos com muita nitidez a classificação estipulada pelo C.D.C. focalizando as três classes de fornecedores como sendo: 1. o fornecedor real ou mediato, aquele que fabrica, produz e constrói; 2. o fornecedor aparente ou quase fornecedor, aquele que detém o nome, marca ou patente; 3. o fornecedor presumido, aquele que intermedeia, o comerciante imediato, o importador, o distribuidor." Mello, ob. cit., p.46.

[362] No entender de Vasconcelos e Benjamin a legislação brasileira, "ao contrário de legislações estrangeiras, acrescenta as figuras do 'fabricante' e 'importador' as do 'construtor' e do 'produtor'. É que o texto brasileiro, desejoso de ampliar o leque de opções subjetivas do dever de indenizar, diversamente do que sucede com a Diretiva n 85/374, preferiu não limitar sua aplicabilidade com a utilização exclusiva do vocábulo 'fabricante'". Benjamin. *Da qualidade...,* p.56. É de se notar que a DIRECTIVA DEL CONSEJO 85/374/CEE, DE 25 DE JULIO DE 1985, RELATIVA A LA APROXIMACIÓN DE LAS DISPOSICIONES LEGALES, REGLAMENTARIAS Y ADMINISTRATIVAS DE LOS ESTADOS MIEMBROS EN MATERIA DE RESPONSABILIDAD POR LOS DANOS CAUSADOS POR PRODUCTOS DEFECTUOSOS *(DO* nº L 210, de 7 de agosto) trabalha sobre a palavra "productor". Em seu artigo 1º estabelece: "El productor será responsable de los daños causados por los defectos de sus productos." Para deixar claro o que deve ser entendido por produtor no artigo 3º, 1. define a palavra nos seguintes termos: "Se entiende por «productor» la persona que fabrica un producto acabado, que produce una materia prima o que fabrica una parte integrante, y toda aquella persona que se presente como productor poniendo su nombre, marca o cualquier otro signo distintivo en el producto." A mesma Diretiva se preocupa ainda em destacar a responsabilidade do importador (art. 3º, 2.), e de responsabilizar o "suministrador" (art. 3º, 3.) no caso do produtor

5.1. Fornecedor real

O fornecedor real,[363] também denominado de mediato, é, no dizer de Marins, "toda pessoa física ou jurídica que participa da realização e criação do produto acabado ou de parte componente do mesmo, inclusive a matéria-prima, ou seja, é o fornecedor final assim como o fornecedor intermediário",[364] podendo ser portanto o fabricante, o produtor e o construtor.[365]

Para se abordar a idéia de *fabricante*, é importante *se* ter em vista a complexidade dos produtos que circulam no mercado. Na maioria das vezes não é apenas uma empresa que participa do processo de sua elaboração, haja vista o desenvolvimento acelerado do que se denominou de *terceirização*, onde terceiras pessoas trabalham na confecção de componentes que irão formar, após junção com os demais, o produto final.

Essa complexidade dos produtos abriu tendência a uma ampliação no sentido da palavra fabricante,[366] uma vez que não se pode entender por

---

não poder ser identificado. A Diretiva expressamente dispõe: art. 3º, 2. "Sin perjuicio de la responsabilidad del productor, toda persona que importe un producto en la Comunidad con vistas a su venta, alquiler, arrendamiento financiero o cualquier otra forma de distribución en el marco de su actividad comercial será considerada como productor del mismo, a los efectos de la presente Directiva, y tendrá la misma responsabilidad que el productor."
Art. 3º, 3. "Si el productor del producto no pudiera ser identificado, cada suministrador del producto será considerado como su productor, a no ser que infornara al perjudicado de la identidad del productor o de la persona que le suministró el producto dentro de un plazo de tiempo razonable. Lo mismo sucederá en el caso de los productos importados, si en estos no estuviera indicado el nombre del importador al que se refiere al apartado 2, incluso si se indicara el nombre del productor."
Nesse particular, o texto brasileiro do CDC (art. 12) procurou especificar de forma expressa cada um dos partícipes da relação jurídica que entendeu responsabilizar, não partindo através de apenas um termo genérico.

[363] Ferreira da Rocha explica: "O fornecedor ou produtor real é o realizador do produto, a pessoa física ou jurídica que sob a sua responsabilidade participa do processo de fabricação ou produção do produto acabado, de uma parte componente ou de matéria-prima. Na terminologia empregada no art. 12, do Código de Defesa do Consumidor, seriam o "fabricante, o produtor e o construtor, nacional ou estrangeiro". ROCHA, S. L. F. da, *A responsabilidade civil...*, p. 72.

[364] Marins, ob. cit., p.99.

[365] Parra Lucan, trabalhando sobre o produtor real, dispõe: "Aqui, de momento, nos vamos a limitar a analizar los supuestos de que responden los (productores reales), es decir los que, con independencia de que se muestren como tales, elaboran el producto acabado, producen las materias primas o fabrican una parte integrante." Parra Lucan ob. cit., p.543.

[366] "O termo fabricante não deixa de apresentar uma certa ambigüidade. Isso porque também se aplica ao mero montador (art. 25, § 2º) que, em um sentido estrito, não é propriamente um fabricante. O fabricante, expoente da lista legal, é o sujeito mais importante da sociedade de consumo. É ele que, por assim dizer, domina o processo através do qual os produtos chegam às mãos dos distribuidores e varejistas e, a partir destes, no consumidor.
Por fabricante, no sentido do código, entende-se qualquer um que, direta ou indiretamente, insere-se nesse processo de desenvolvimento e lançamento de produtos no mercado. É não só o manufaturador final, como, ainda, o que fabrica peças ou componentes. É tanto o mero montador, como aquele que fabrica seu próprio produto. É não apenas o fabricante de matérias-primas, como também aquele que as utiliza em um produto final." Benjamin. *Da qualidade...*, p.56.

fabricante somente aquele que coloca o produto no mercado. Nesse sentido se manifesta Ferreira da Rocha:

> Por fabricante devemos entender a pessoa física ou jurídica que coloca no mercado produtos industrializados, manipulados ou processados, acabados ou semi-acabados. O conceito de f*abricante* abrange não só aquele que produz produtos acabados, mas também aquele que produz matéria-prima, componentes e peças para serem utilizados na fabricação de outros bens.[367] [368]

Tendo em vista a existência de diversas empresas que participam do processo produtivo de um produto, é de se perguntar se o fabricante[369] final do produto – que na doutrina é conhecido como *assembler*, por deter o controle do processo produtivo – deve responder pelos danos causados pelos defeitos da matéria-prima ou de partes componentes utilizadas no produto final, e fabricados por terceiros, que também se denomina de *fabricante de fase*?

Na Europa, Parra Lucan enfrentou o problema desenvolvendo análise sobre a Diretiva 85/374/CEE. A autora, partindo do art. 1º.[370] da Diretiva, que estabelece o regime de responsabilidade do produtor e seguindo pela análise do artigo 3.1.,[371] da mesma Diretiva, que dispõe sobre o conceito de produtor conclui, que este último artigo comporta duas interpretações:

> Em primeiro lugar cabe interpretar que todas as pessoas que participam no processo de produção são produtores e, em conseqüência, deverão responder pelos danos ocasionados pelo produto defeituoso independentemente de quem fora o causador do defeito. A responsabilidade de todos os participantes no processo de produção

---

[367] Rocha. *A responsabilidade...*, p.73.

[368] No mesmo sentido, Kriger Filho: "Pela doutrina corrente, fabricante é entendido como qualquer pessoa que, direta ou indiretamente, insere-se no processo de desenvolvimento e lançamento de produto no mercado, enquadrando-se na definição não só o manufaturador final, como, também, o que faz peças ou componentes. No caso de um determinado produto ter mais de um fabricante, todos são *solidariamente responsáveis* pelos defeitos e suas conseqüências, cabendo ação regressiva contra aquele que efetivamente deu causa ao problema." KRIGER FILHO, D. A. *A responsabilidade civil e penal no código de defesa e proteção do consumidor*. Porto Alegre: Síntese, 1998. p.74.

[369] Importante é se buscar explicar o que se pode entender por fabricante, uma vez que, como afirma Vasconcellos e Benjamin: "O termo "fabricante" não deixa de apresentar uma certa ambigüidade. Isso porque também se aplica ao mero montador (art. 25, § 2º) que, em um sentido estrito, não é propriamente um fabricante." Além disso "o fabricante, expoente da lista legal, é o sujeito mais importante da sociedade de consumo. É ele que, por assim dizer, domina o processo através do qual os produtos chegam as mãos dos distribuidores e varejistas e, a partir destes, ao consumidor." Assim o próprio autor ressalta que "por fabricante, no sentido do Código, entende-se qualquer um que, direta ou indiretamente, insere-se nesse processo de desenvolvimento e lançamento de produtos no mercado. É não só o manufaturador final, como, ainda, o que fabrica peças ou componentes. É tanto o mero montador, como aquele que fabrica seu próprio produto. É não apenas o fabricante de matérias-primas, como também aquele que as utiliza em um produto final." Benjamin. *Da qualidade...*, p. 56.

[370] Directiva 85/374/CEE. Artículo 1.0. El productor será responsable de los daños causados por los defectos de sus productos.

[371] Directiva 85/374/CEE. Art. 3º,1. Se entiende por "productor" la persona que fabrica un producto acabado, que produce una materia prima o que fabrica una parte integrante, y toda aquella persona que se presente como productor poniendo su nombre, marca o cualquier otro signo distintivo en el producto.

seria, ademais, solidária, pois segundo o art. 5 da Diretiva quando, em aplicação da mesma, 'dois ou mais pessoas forem responsáveis do mesmo dano, sua responsabilidade será solidária, sem prejuízo das disposições de Direito interno relativas ao direito a repetir'.

Uma segunda leitura do art. 3.1 do texto comunitário leva a conclusão de que cada um dos membros da cadeia de produção (quem produz uma matéria prima ou fabrica uma parte integrante, ou o produto acabado...) responde pelos danos que sejam devidos a defeituosidade de seu próprio produto. Dito em outros termos, o objetivo do art. 3.1 não seria outro que o de negar a responsabilidade do fabricante do produto acabado pelos danos ocasionados por defeitos de uma peça elaborada por outra pessoa, ou por defeitos da matéria prima. Nestes pressupostos seria o produtor da parte integrante ou o da matéria prima defeituosa quem, com mando da Diretiva CEE, deveria responder.[372]

A partir dessas duas interpretações e analisando outros artigos da Diretiva 85/374/CEE, Parra Lucan conclui, para responder à questão formulada – se o produtor responde pelos danos causados pelos defeitos das matérias-primas ou das partes componentes –, dizendo que

> os fatores que entram em jogo neste ponto são muito complexos: por um lado quem lança o produto ao mercado é o fabricante do mesmo de modo que, se alguém cria umas expectativas ou certa imagem no consumidor é ele; por outra parte ainda que em alguns pressupostos pode ser exigível que o produtor final verifique um controle das matérias primas e produtos isso nem sempre é possível. A Diretiva não o afirma expressamente porém, ao meu juízo há de chegar-se a conclusão de que a vítima poderá dirigir-se contra o produtor do produto acabado, contra o produtor da matéria prima ou parte componente defeituosa ou contra ambos conjuntamente.[373]

---

[372] Tradução, pelo autor, de fragmento da obra em espanhol: "En primer lugar cabe interpretar que todas las personas que participan en el proceso de producción son productores y, en consecuencia, habran de responder de los daños ocasionados por el producto defectuoso con independencia de quien fuera el causante del defecto. La responsabilidad de todos los participantes en el proceso de producción seria, además, solidaria, pues según el art. 5 de la Directiva cuando, en aplicación de la misma, 'dos o mas personas fueran responsables del mismo daño, su responsabilidad será solidaria, sin perjuicio de las disposiciones de Derecho interno relativas al derecho a repetir'.
Una segunda lectura del art. 3.1 del texto comunitario lleva a la conclusión de que cada uno de los miembros de la cadena de producción (quien produce una materia prima o fabrica una parte integrante, o el producto acabado...) responde de los daños que sean debidos a la defectuosidad de su propio producto. Dicho en otros términos, el objetivo del art. 3.1 no seria otro que el de negar la responsabilidad del fabricante del producto acabado por los daños ocasionados por defectos de una pieza elaborada por otra persona, o por defectos de la materia prima. En estos supuestos sería el productor de la parte integrante o el de la materia prima defectuosa quien, con arreglo a la Directiva CEE, deberia responder." Parra Lucan, ob. cit., p.544.

[373] Tradução, pelo autor, de fragmento da obra em espanhol: "los factores que entran en juego en este punto son muy complejos: por un lado quien lanza el producto al mercado es el fabricante del mismo de modo que, si alguien crea unas expectativas o cierta imagen en el consumidor es él; por otra parte aunque en algunos supuestos puede ser exigible que el productor final verifique un control de las materias primas y productos ello no siempre es posible. La Directiva no lo afirma expresamente pero, a mi juicio ha de llegarse a la conclusión de que la víctima podrá dirigirse contra el productor del producto acabado, contra el productor de la materia prima o parte componente defectuosa o contra ambos conjuntamente." Ibidem, p.545.

No Brasil, o problema foi enfrentado na doutrina, e a opção pela responsabilidade solidária parece ter sido a melhor solução encontrada. Nesse sentido se expressa Vasconcellos e Benjamin:

> Na hipótese de um determinado produto ter mais de um fabricante (um de matéria-prima, outro de componente e outro do produto final), todos são solidariamente responsáveis pelo defeito e por suas conseqüências, cabendo, evidentemente, ação regressiva contra aquele que, efetivamente, deu causa ao defeito. Na medida em que cada um desses agentes econômicos é responsável pelo *dever de segurança,* não lhes sendo permitido alegar ignorância do vício ou mesmo carência de culpa, são todos chamados a responder solidariamente pela colocação do produto defeituoso no mercado".[374]

Assim, não pode o fabricante final eximir-se, frente ao consumidor, da obrigação de indenizar, afirmando, ou até mesmo provando, que o defeito estava em uma peça incorporada ao produto e que não foi elaborada por ele. Pelo mesmo caminho da responsabilidade, não pode o fabricante de fase eximir-se perante o consumidor, alegando que elaborou a peça de acordo com as especificações do fabricante final, ou que dele era o controle de qualidade.

Exemplificando a solução adotada, pode-se dizer que, se um automóvel com defeito de fábrica nos freios provoca um acidente, os prejudicados podem demandar o fabricante do componente, a montadora, o fabricante da matéria-prima, ou os três ao mesmo tempo.[375]

Por essa linha de pensamento, as pessoas mencionadas no artigo 12 do CDC: o fabricante, o produtor, o construtor, nacional ou estrangeiro, nem sempre respondem sozinhas pelos danos causados por defeitos nos produtos. Essa responsabilidade pode ser solidária[376] com outras pessoas que atuaram no processo de fabricação, construção e montagem.

É de se entender que a responsabilidade pelo fato do produto, atribuída ao fabricante, deve alcançar todos os responsáveis pelo ato de fabricar, seja na denominada produção por integração vertical, quanto na produção por integração horizontal.[377] O Código de Defesa do Consumidor

---

[374] Benjamin. *Da qualidade...*, p.56.

[375] Em outro exemplo bem saliente Vasconcelos e Benjamin: "Imagine-se, por exemplo, que um televisor, em decorrência de um defeito em um componente, vem a explodir e a ferir o consumidor. Este pode, a sua escolha, acionar o montador, o fabricante do componente, o fabricante da matéria-prima, ou os três. Por exemplo, caso o montador venha a pagar pelo dano, cabe-lhe ação regressiva contra aquele que, de fato, deu origem ao defeito. E esta a regra do art. 25, § 2º." Idem.

[376] Citando Vasconcellos e Benjamin, e Alcover Garau, James Marins adota o mesmo ponto de vista: "O fabricante de parte componente responde solidariamente com o fabricante do produto final (solidariamente legal, decorrente do art. 7º.), ainda que em determinadas hipóteses seguramente lhe seja ensejado o direito de regresso, como p. ex.: a)quando puder imputar o defeito a erro de concepção do produto incorporado: e, b) na hipótese de o defeito ocorrente na parte componente se dê como resultado de instruções errôneas fornecidas pelo fabricante do produto final." Marins. Ob. cit., p.100.

[377] A complexidade do sistema produtivo, onde os produtos são fabricados por partes em empresas diferentes, incorporou sua nomenclatura à produção na forma de integração vertical e horizontal.

brasileiro não distingue as duas classes para fins da responsabilidade pelo fato do produto.[378]

Ao responsabilizar o fabricante, o CDC estabelece conexão direta entre o fabricante e a responsabilidade de indenizar, porém o próprio Código não esqueceu de responsabilizar solidariamente o fabricante, construtor ou importador e aquele que realizou a incorporação quando o dano for causado por componente ou peça incorporada ao produto ou serviço.[379]

Além do fabricante, o *produtor* também pode ser responsabilizado pelo dano provocado por defeito no produto. Para o CDC brasileiro, produtor é aquele que lança no mercado produtos não-industrializados de qualquer espécie, sejam eles de origem animal ou vegetal.[380]

Caso o produto seja proveniente de importação e houver acondicionamento em nosso país, a responsabilidade por danos alcançará, também, o acondicionador do produto, tendo em vista o § 1°, do art. 25 do CDC."[381] [382]

Ferreira da Rocha, inspirado em Ugo Carnevalli, afirma que "a moderna divisão da produção entre as empresas é exprimida sob a forma de *integração vertical,* caracterizada pelo fato do produto final colocado em circulação incorporar componentes ou matéria-prima produzidos por outro fabricante, ou, sob a forma de *integração horizontal,* caracterizada pela atribuição a outra empresa de trabalho ou operação que o produto deveria sofrer no processo de fabricação, como por exemplo, o serviço de tornearia, retífica, tratamento térmico, controle de qualidade, embalagem. A integração horizontal, portanto, não implica a produção de outro bem que deva ser incorporado ao produto final." Rocha, S. L. F. da. *A responsabilidade...,* p. 74. Em termos de Código de Defesa do Consumidor brasileiro, e responsabilidade pelo fato do produto, não existe qualquer diferenciação entre as duas classes de produção, quando se trata em ressarcir o consumidor por dano produzido por defeito do produto. A responsabilidade é solidária atendendo ao disposto no art. 25 do CDC.

[378] No mesmo sentido, Ferreira da Rocha: "Simples interpretação literal do mencionado artigo de lei levaria o intérprete a concluir pela exclusão da responsabilidade do fabricante que participou do processo produtivo sob a forma de integração horizontal, porque ali há menção apenas de formas de integração vertical. Entretanto, interpretação teleológica sugere conclusão oposta. Sem dúvida a finalidade do art. 25, § 2°, foi a de disseminar a responsabilidade a todos os fabricantes de fase que participaram do processo de fabricação de um determinado produto. Nada justificaria a disparidade de tratamento numa situação idêntica do ponto de vista econômico. Afinal, tanto faz incorporar uma peça ou componente, quanto executar um serviço ou operação necessários." ROCHA, S. L. F. da. *A responsabilidade...,* p.76-77.

[379] CDC, art. 25, § 2° *Sendo o dano causado por componente ou peça incorporada ao produto ou serviço, são responsáveis solidários seu fabricante, construtor ou importador e o que realizou a incorporação.*

[380] No mesmo sentido se manifesta Vasconcellos e Benjamin: "O produtor, no Código, é basicamente aquele que põe no mercado produtos não-industrializados, em particular os produtos animais e vegetais não-processados. Novamente aqui o dispositivo distancia-se da Diretiva e das leis nacionais promulgadas sob sua inspiração quando excluem tais produtos da regulamentação especial. Se o produto animal ou vegetal sofrer processamento (limpeza e embalagem, por exemplo), são solidariamente responsáveis o produtor e aquele que efetuou o processamento. cabendo, aquele também, ação regressiva do que pagou contra quem deu causa ao defeito." Benjamin. *Da qualidade...,* p.57.

[381] CDC, art. 25, § 1° *"Havendo mais de um responsável pela causação do dano, todos responderão solidariamente pela reparação prevista nesta e nas Seções anteriores."*

[382] Ver também, nesses termos, Denari, ob. cit., p.109.

Por outro lado, o *construtor* é o fornecedor que trabalha colocando no mercado de consumo produtos imobiliários, seja através de bens ou de serviços. A responsabilidade pelos danos causados ao consumidor pode advir tanto dos serviços técnicos de construção, quanto dos defeitos existentes no material que foi empregado na obra. Na primeira hipótese, responde sozinho pelo dano, na segunda, responde solidariamente com o fabricante do produto defeituoso, nos termos do § 1º do art. 25 do CDC.[383] [384]

É de se salientar que o Código não faz diferença entre nacional e estrangeiro quando se refere à responsabilidade do fabricante, do produtor ou do construtor. Todos eles, nacionais ou estrangeiros, possuem o dever de indenizar.

5.2. Fornecedor presumido

A palavra *presumido* indica que o verdadeiro fornecedor não é aquele que está sendo responsabilizado, mas outra pessoa. Porém, para efeitos jurídicos presume-se como fornecedor aquele que não o é na realidade. No dizer de Ferreira da Rocha "o fornecedor ou produtor presumido é aquele que importou os produtos, ou, ainda, vende produtos sem identificação clara do seu fabricante, produtor, importador ou construtor (art. 13, CDC)".[385] Como fornecedor presumido é de se salientar o importador, ou qualquer outro que intermedeia na relação jurídica de consumo, sem dispor claramente sobre os demais agentes responsáveis pelo produto (Marins aponta como fornecedor presumido "o comerciante de produto anônimo"[386] trazendo o art. 13, I e II, do CDC, para às responsabilidades do art. 12.).

O *importador*, que também pode ser responsabilizado pelo dano, tanto o é aquele que importa produtos industrializados, quanto aquele que importa produtos *in natura*. A responsabilidade deste se deve às dificul-

---

[383] Neste sentido, Denari, ob. cit., p.109.

[384] No mesmo sentido se manifesta Vasconcelos e Benjamin: "o construtor diferentemente do fabricante e do produtor, lança no mercado produtos imobiliários. O vício de qualidade em uma construção pode decorrer não só de má técnica utilizada como ainda de incorporação de um produto defeituoso fabricado por terceiro. Na medida em que o construtor é responsável por tudo o que agrega a sua construção, sua responsabilidade inclui os produtos e serviços ajuntados a esta. Mas, evidentemente, tal solução não tem o condão de isentar de responsabilidade o real causador do defeito. Por isso mesmo, serão responsáveis, de modo Solidário, o construtor e o fabricante do produto, podendo aquele que pagou mover ação de regresso contra o verdadeiro causador do defeito." Benjamin. *Da qualidade...*, p.57.
Ver também Kriger Filho, ob. cit., p.74.

[385] ROCHA, S. L. F. da. *A responsabilidade...*, p.74.

[386] Marins, ob. cit., p.98.

dades que o consumidor possui para acionar o fabricante ou produtor em país estrangeiro.[387] [388]

5.3. Fornecedor aparente

O fornecedor aparente é aquele que, aos olhos do consumidor, responsabiliza-se pela qualidade do produto, de tal forma que o consumidor adquire o produto porque imagina que tal fornecedor participou do processo produtivo ou que infere, ao produto, a qualidade desejada pelo consumidor.

O fornecedor aparente não participa diretamente do processo produtivo. Ele apenas participa como elemento fiscalizador, uma vez que são terceiras pessoas que desenvolvem a atividade direta de fabricação. No dizer de Ferreira da Rocha, "o fornecedor ou produtor aparente é aquele que, embora não tenha participado do processo de fabricação ou produção do produto, se apresenta como tal pela aposição no produto do seu nome, marca ou outro sinal distintivo".[389]

Analisando o fornecedor aparente, Ferreira da Rocha opina:

> o Código de Defesa do Consumidor é omisso em relação ao fornecedor ou produtor aparente, ao menos na responsabilidade pelo fato do produto, porque no art. 12 não faz menção àqueles que se apresentem como produtor ou fabricante pela aposição no produto do seu nome, marca ou outro sinal distintivo.[390]

Apesar disso, o mesmo autor aceita que exista sobre o fornecedor aparente a mesma responsabilidade do fornecedor real. "Embora o Código de Defesa do Consumidor tenha omitido essa categoria de responsáveis, a responsabilidade pelo fato do produto deve abrangê-los".[391] É de se compartilhar com a opinião de Ferreira da Rocha, vez que o Código de Defesa do Consumidor, no art. 12, ao referir o fabricante, o produtor, o construtor, nacional ou estrangeiro, e o importador, dando a eles a responsabilidade

---

[387] Vasconcellos e Benjamin preleciona que "o importador é aquele que traz para o Brasil produto fabricado ou produzido em outro país. O importador, em verdade, só é responsabilizado porque os fabricantes ou os produtores de seus produtos não são alcançáveis facilmente pelo consumidor. É ele, então, equiparado, por conveniência de implementação do direito do consumidor, ao fabricante e ao produtor. A responsabilidade do importador não depende da natureza jurídica do negócio que originou a transação: compra e venda, permuta e *leasing* são alguns dos negócios jurídicos que dão ensejo ao dever de indenizar." Benjamin. *Da qualidade...*, p.57.

[388] No mesmo sentido, Kriger Filho: "Por último, importador é a pessoa que traz para o país produto fabricado ou produzido no exterior. A sua responsabilidade não depende da natureza jurídica do negócio que ensejou a importação, sendo certo que sua responsabilidade advém do fato de não poder o consumidor facilmente alcançar o produtor ou fabricante do produto." Kriger Filho. *A responsabilidade...*, p.75.

[389] ROCHA, S. L. F. da. *A responsabilidade...*, p.72.

[390] Idem.

[391] Ibidem, p.78.

pelo fato do produto abrange, seguramente, todos os tipos que se possa englobar como fornecedor, seja ele real, aparente ou presumido.[392]

Como fornecedor aparente, o exemplo característico é o das franquias, onde franqueado e franqueador possuem responsabilidade solidária em face do § 1º do art. 25 do CDC.

Quando se aborda o tema do *fornecedor aparente,* trabalha-se sobre marca, que pode ser *marca de indústria* ou *marca de comércio.* Pelo que se viu até agora, não restam dúvidas de que as marcas de indústria – que são usadas pelo fabricante para distinguir seus produtos – inferem àqueles que a colocam no produto a responsabilidade pelos danos atinentes ao fato do produto.

Restam dúvidas no que se refere às denominadas *marcas de comércio,* uma vez que podem acontecer de duas formas: na primeira, é colocada a marca, pelo comerciante, no produto, com a indicação de que o produto está apenas por ele sendo distribuído, sendo também identificado o fabricante, construtor, produtor ou importador real do produto. Nesse caso, o comerciante declara expressamente que apenas está comercializando o produto; na segunda, é colocada a marca sem qualquer identificação do fabricante, construtor, produtor ou importador real do produto, aparecendo, aos olhos do consumidor, que o comerciante também é fabricante, construtor, produtor ou importador daquele produto e, mesmo que esta configuração não seja clara, o consumidor entende que o comerciante se responsabiliza não só pela qualidade, como também pelos defeitos do produto em questão.

No que se refere à responsabilidade pelo fato do produto, diversa é a solução para os casos das denominadas *marcas de comércio.* Se o comerciante apõe sua marca no produto e não deixa nele referência ao fabricante, construtor, produtor ou importador, passa ele a ser responsável perante o art. 12, como fornecedor aparente. Se, porém, ao inferir sua marca no produto, o comerciante deixa claramente disposto que apenas o está comercializando, uma vez que mantém o registro de quem é o real

---

[392] Sobre o porquê da responsabilização do fornecedor aparente é de se ver o comentário de Ferreira da Rocha: "A razão desses dispositivos é facilitar para o consumidor a individualização do sujeito obrigado a reparar os danos causados por produtos defeituosos. Sendo a aparência do fabricante (produtor) o fundamento da responsabilidade de quem se apresenta como tal, não se exige da vítima a descoberta da identidade do fabricante (produtor) real. A responsabilidade do fabricante (produtor) aparente ocorre mesmo que as circunstâncias permitam presumir que o produto foi realmente fabricado por outra pessoa, se o fabricante (produtor) verdadeiro não vier identificado de modo preciso e inequívoco no produto." Rocha, S. L. F. da, ob. cit., p.79. Além desses aspectos que facilitam ao consumidor a busca de indenização, na realidade o consumidor é guiado para a aquisição do produto através de seu "marketing", e, ao ter presente determinada marca imagina que o produto foi fabricado pela empresa que nele pôs seu nome, marca ou outro sinal distintivo e o adquire baseado nessa confiança. Nada mais lógico, portanto, que aquele que chama o consumidor à aquisição do produto seja considerado como responsável pelos danos causados por seus defeitos.

fabricante, construtor, produtor ou importador, não será ele responsabilizado pelo art. 12 do CDC, mas tão-somente de forma subsidiária, quando ocorrer fato atinente ao art. 13, inc. III.[393]

6. O fornecedor no âmbito da teoria da ação social

Um dos aspectos que podem ser analisados no presente estudo é o que se refere aos três pontos fundamentais para a teoria da ação: atos individuais e coletivos, uma situação de ação, orientação do ato em situação determinada.

Pelos elementos tratados no presente item, pode-se notar que o conceito de fornecedor passa pelos parâmetros da teoria da ação, pois sua configuração necessita do enquadramento nela estabelecido.

Em primeiro lugar, o conceito necessita de um ator, que pode ser, no caso do direito do consumidor, tanto um prestador de serviços, como um fornecedor de produtos.

Em segundo, faz-se necessária a situação de ação. Essa situação deve ocorrer através de alguém que seja profissional ou não, através de uma situação que seja habitual ou não, através de uma situação de remuneração ou não, dentro dos parâmetros já dissertados, e tendo em vistas os posicionamentos doutrinários exposto.

Em terceiro, tem-se a orientação do ato em situação determinada, que leva sempre à relação jurídica de consumo. O ato de consumo está vinculado a uma necessidade natural ou social, o que demonstra a existência de orientação na conceituação de fornecedor, vez que, dependendo da orientação de sua conduta, pode ser tido como fornecedor de produto ou serviço e, também dependendo de sua orientação, muitas vezes não será tido como fornecedor para a relação jurídica de consumo.

Como se pode notar, a teoria da ação social se coaduna com as discussões travadas nesse item do trabalho, pois a relação jurídica de consumo, *stricto sensu*, e o direito do consumidor, *lato sensu*, estão adequados, nesse âmbito de discussão, aos elementos que fundamentam a teoria da ação social.

---

[393] No mesmo sentido, trabalho de Ferreira da Rocha: "O problema existe em relação a marca de comércio. Quem coloca a própria marca de comércio nos produtos deve ser considerado fabricante (produtor) ou comerciante? No caso, se a marca de comércio não é precedida da expressão 'distribuído por', ou equivalente, demonstrando que o comerciante está apenas comercializando o produto, será ele responsabilizado nos termos do art. 12, do Código de Defesa do Consumidor. Caso contrário não. O comerciante que aponha no produto sua marca, o seu nome ou outro sinal distintivo sem nele ocultar o verdadeiro fabricante (produtor) não é responsável nos termos do art. 12, mas apenas subsidiariamente nos termos do art. 13." Rocha, S. L. F. da, ob. cit., p.80-81.

Continuando com a análise integrativa entre o conceito de fornecedor e a teoria da ação social, pode-se trabalhar, agora, dentro da teoria da ação social, verificando a possibilidade de estabelecer outras relações entre a idéia de fornecedor e a teoria.

Partindo-se da idéia de conduta, sabe-se que, na teoria da ação social, ela pode ser individual ou coletiva. O fornecedor, que pode ser pessoa física ou jurídica terá relação com o aspecto individual, e também com o aspecto coletivo, visto este *stricto sensu*. A idéia de coletivo *stricto sensu* aparece no fornecedor, por exemplo, quando a lei determina a solidariedade de todos os responsáveis pelos danos provocados ao consumidor, nos moldes do art. 25, §1º, do CDC.

Outra análise que pode ser efetuada é a que se refere à importância dada, pela teoria da ação social, à ação executada pelo ator dentro da coletividade na qualidade de membro e sua concatenação com o direito do consumidor. O que importa ao direito do consumidor é a ação executada pelo fornecedor na qualidade de fornecedor, e não outra que ele poderá executar fora do âmbito do consumo. Assim, de igual modo que a teoria da ação social, a ação qualificada que importa a ela está presente no direito do consumidor, através da ação que está dentro da relação de consumo, ou seja, executada pelo fornecedor enquanto membro da relação de consumo.

No que se refere aos quatro pontos na concepção da conduta levantados por Parsons, ou seja, para a obtenção de fins ou metas; desenvolvida em determinada situação; ser normativamente regulada; e supor gastos de energia, a seguinte análise pode ser feita no que se refere à conduta do fornecedor.

Uma, a conduta do fornecedor se desenvolve em busca de fins específicos, que se traduzem na busca do lucro.

Duas, somente é levada em conta a conduta do fornecedor desenvolvida em uma situação específica, a relação de consumo.

Três, antes da dogmática consumerista poder-se-ia dizer que a conduta do fornecedor estava regulada por norma sociais, porém, dentro da visão do próprio fornecedor, ou, em última análise, do conjunto dos fornecedores, que, detentores do poder de mercado, dominavam as situações atinentes às relações de consumo. Por outro lado, em análise do período atinente à dogmática consumerista, o que se nota é um direcionamento das condutas através das normas estatais, independente, muitas vezes, da vontade do próprio fornecedor. Em resumo, tanto em uma como em outra situação, é indiscutível a existência de normas que regulam a conduta.

Quatro, a suposição de gastos de energia para a ação é pacífica na atuação do fornecedor, vez que sua conduta é movimentação social e, como tal, pressupõe o gasto de energia exigido.

A ação, na teoria da ação social, é influenciada por objetos sociais e não-sociais. A ação do fornecedor passa pelos mesmos parâmetros, pois ela é, em primeiro lugar, influenciada por objetos sociais – o próprio consumidor e sua atuação com relação aos produtos colocados no mercado; e, em segundo lugar, influenciada por objetos não-sociais – o próprio bem que ele coloca no mercado; os bens que outros fornecedores colocam no mercado; e também os objetos culturais – herança cultural, costumes e tradição.

A influência é inegável, vez que a conduta do fornecedor depende em muito do seu produto – tipo, para que ele foi elaborado, que tipo de consumidor ele vai alcançar, etc. – e também dos produtos colocados no mercado pelos concorrentes, que exercerão influência sobre a conduta do fornecedor, determinando política de preço, desenho de produto, qualidade e muitas outras. Também recebe influência dos costumes e das tradições, pois esses elementos muitas vezes determinam o tipo de produto a ser lançado no mercado, as formas que ele deve ter, e, até mesmo o momento em que deve ser lançado.

No que se refere à avaliação sobre os objetivos sociais, estes são avaliados tendo em vista o complexo de qualidade, ou seja, o sujeito percebe o outro pelo que ele é, não pelo que ele fez; ou, por outro lado, a percepção pode estar vinculada às realizações do outro, ou seja, o sujeito percebe o outro pelo que ele faz, e não pelo que ele é. A partir dessas duas idéias, pode-se trabalhar a percepção do fornecedor em relação ao consumidor.

No universo de fornecedor, as duas análises efetuadas estão presentes. Porém, é de se atentar que pode existir um fator de prioridade a ser eleito pelo fornecedor.

O fornecedor dará prioridade ao que o consumidor faz, deixando para segundo plano o que ele é, quando tem por finalidade o lucro. Nesse caso, o fornecedor não pode executar sua conduta tendo em vista apenas a percepção do consumidor enquanto consumidor, sem buscar entender qual seu comportamento, tanto anterior ao lançamento do produto no mercado, quanto após esse lançamento. O sujeito fornecedor deve perceber, se busca o lucro, o sujeito consumidor pelo que ele faz, e não somente pelo que ele é.

Por outro lado, o fornecedor deverá dar prioridade ao que o consumidor é, e deixará para segundo plano o que ele faz, quando sua empresa não visa ao lucro. As empresas que não visam ao lucro – entidades filantrópicas – se estabelecem perfeitamente no que se refere à ação do fornecedor, às características da teoria da ação social. Aqui, as duas concepções da teoria da ação estão presentes, embora com prioridades diferentes das empresas que visam ao lucro. Como não há visão do lucro, o fornecedor pode perceber o consumidor mais pelo que ele é, deixando para segundo plano o que ele faz – um fornecedor estatal de medicamentos gratuitos contra a AIDS tem na sua percepção o ser consumidor aidético. É lógico que não estará fora da percepção desse fornecedor o que o consumidor faz – tomar corretamente e regularmente o medicamento, seguindo todas as prescrições indicadas por ele – no seu dia-a-dia. Nesse âmbito, onde não existe o lucro, o sujeito fornecedor, dentro da relação de consumo, terá presente os dois aspectos da teoria da ação social em análise.

No que se refere à orientação do ator para a conduta, têm-se dois modos na teoria da ação social: a orientação motivacional, vinculada à gratificação e à privação; e a orientação de valor, que se apresenta no momento da seleção.

Na ação desenvolvida pelo fornecedor ocorre a orientação motivacional, pois sua ação passa pela idéia de gratificação/privação – lucro ou ajuda, conforme a empresa vise ao lucro ou à filantropia. A ação somente será desenvolvida se houver gratificação. O fornecedor não desenvolverá a ação se não houver uma forma de gratificação. Assim, haverá o modo cognitivo – percepção e conhecimento do objeto – vez que o objeto da relação jurídica de consumo é plenamente conhecido do fornecedor; o modo catéctico – quando o fornecedor confere uma significação objetiva ao objeto-produto; o modo de avaliação – onde o fornecedor avalia qual objeto irá pôr no mercado, seguindo a idéia de maior gratificação.

As normas de valor, em seus três pontos: cognitivo, apreciativo e moral, estarão presentes na ação a ser desenvolvida pelo fornecedor. Essa análise tem ponto de partida desde o conhecimento do objeto-produto a ser desenvolvido, passando pela cognificação objetiva do objeto, até chegar no aspecto moral da conduta que muitas vezes ganha fundo universal e outras está vinculada à sociedade onde o produto vai ser comercializado. Nesse último aspecto, pode-se verificar que muitas vezes o produto sofre modificações, ou não é comercializado em certas sociedades devido, exclusivamente, ao aspecto moral que está inserido nele. Assim, a ação não será executada. Nesse particular, tem-se como exemplos filmes que muitas vezes não são aceitos em certas sociedades, ou se aceitos devem sofrer sérias modificações, adaptando-se aos padrões morais daquelas sociedades.

Como se pode verificar, a conduta a ser desenvolvida pelo fornecedor passa pelo âmbito da Teoria da Ação Social desenvolvida por Parsons. A conduta do fornecedor é uma conduta social, por isso sua adequação aos parâmetros estabelecidos da referida teoria.

Capítulo III

Conceito de produto

Fora do âmbito jurídico, pode-se ter o conceito de produto estudando sua geneologia e também o que dizem os dicionários lingüísticos: na gênese da palavra, produto provém do termo latino *productu,* representando o que é produzido pela natureza, ou então, aquilo que se constitui em resultado de qualquer atividade do homem, seja física ou mental.[394] Os dicionários[395] revelam o conceito de produto utilizado no dia-a-dia das relações sociais, que muitas vezes coincidem, como se verá durante o desenvolver deste trabalho, com as idéias adotadas pelos ordenamentos jurídicos.[396]

No âmbito jurídico, em particular no CDC, tem-se no seu art. 3º, § 1º, a definição legal de produto: "Produto é qualquer bem, móvel ou imóvel, material ou imaterial."

A partir dessa definição[397] de produto,[398] em sentido amplo, pode-se trabalhar no intuito de esclarecer o objeto da Relação Jurídica de Consu-

---

[394] Nesse sentido, NORRIS, R., *Responsabilidade civil do fabricante pelo fato do produto*. Rio de Janeiro: Forense, 1996. p.37.

[395] "Produto. Aquilo que é produzido pela natureza: produto vegetal; produto mineral. Resultado de qualquer atividade humana (física ou mental..." Ferreira, ob. cit., p.1141.

[396] Lois Caballé, trabalhando a definição de produto no cotidiano, afirma: "Para ello nada mejor que acudir a la definición que nos da el *Diccionario de la Lengua* de la Real Academia Española, y así establece que producto significa cosa producida, lo que indica que es el resultado de una elaboración, de una manipulación, de um procedimiento, del hecho de fabricar o producir, de la conducta del fabricante o productor." LOIS CABALLÉ, A. I., *La responsabilidad del fabricante por los defectos de sus productos*. Madrid: Tecnos, 1996. p.24.
O dicionário de língua portuguesa, assinado por De Holanda Ferreira estabelece como produto "aquilo que é produzido pela natureza: produto vegetal; produto mineral. Resultado de qualquer atividade humana (física ou mental): o produto da colheita; um produto da imaginação. O resultado da produção..." Ferreira, ob. cit., p.1141.

[397] Ver, BERTOLDI. "Responsabilidade contratual..., ob. cit., p.130; LEÃES, L. G. de B., *A responsabilidade do fabricante pelo fato do produto*. São Paulo: Saraiva, 1987. p.157-158.

[398] Para saber sobre a definição de produto, em países da Comunidade Européia: Alemanha, França, Itália, Bélgica, ver. Caballé, ob. cit., p. 100-120.
O mesmo autor, analisando a Lei Geral para a defesa dos consumidores da Espanha, afirma: "En una lectura conjunta de la Ley General para la Defensa de los Consumidores y Usuarios observamos que, a los efectos de la Ley y en materia de responsabilidad, no da una definición de producto y que emplea indistintamente los terminos bien y producto para referirse al causante delos daños sufridos por los consumidores y usuarios," Caballé, ob. cit., p.121-122.

mo, que aparece como nomenclatura nova – *produto* – diversa da utilizada até então no Código Civil brasileiro – *bem* –, expressão criticada por alguns juristas que entendem que a palavra *bem* teria uma amplitude maior do que *produto*;[399] festejada por outros, que entendem que o CDC adotou nomenclatura condizente com os conceitos modernos.[400]

Na realidade, também não existe na legislação estrangeira um consenso sobre a utilização de um ou outro vocábulo: Na Espanha, a Lei 26/1984, de 19 de julho, geral para a defesa dos consumidores e usuários, utiliza, no art. 3º, "los productos[...]"; no art 13 "los bienes, productos[...]"; no art. 1º.2. ao definir consumidor diz: "son consumidores o usuarios las personas físicas o jurídicas que adquieren, utilizan o disfrutan como destinatarios finales, bienes muebles o inmuebles, productos,[...]" Também na Espanha, a Lei 22/1994, de 6 de julho – Da responsabilidade civil pelos danos causados por produtos defeituosos – utiliza a nomenclatura *produto* como se vê pela própria denominação da lei. Em seu art. 2º, inclusive estabelece um conceito legal de produto.[401] Em Portugal, a Lei 29/81, de 22 de agosto, lei de defesa do consumidor, no seu artigo 2º, ao definir consumidor, diz: "Para efeitos da presente lei, considera-se consumidor todo aquele a que sejam fornecidos bens ou serviços[...]" Na Comunidade Européia, a Diretiva 85/374/CEE, de 25 de julho de 1985, também utiliza a nomenclatura *produto*, estabelecendo definição em seu art. 2º

É de se notar, no entanto, que o § 1º do art. 3º do CDC, ao mesmo tempo que se refere a *produto*, também utiliza a expressão *bem*, quando estabelece "*produto é qualquer bem*". Seria uma referência ao bem em seu sentido mais amplo. A explicação de *produto* através da idéia de *bem*

---

[399] Nesse sentido, Brito Filomeno: "Melhor, entretanto, no nosso entendimento, seria falar-se em "bens" e não "produtos", mesmo porque, como notório, o primeiro termo é bem mais abrangente do que o segundo, aconselhando tal nomenclatura, aliás, a boa técnica jurídica, bem como da economia política." Filomeno, ob. cit., p.37.
No mesmo sentido, ver também: EFING, A., *Contratos e Procedimentos Bancários à Luz do Código de Defesa do Consumidor*. São Paulo: Revista dos Tribunais, 1999. p.65.
Ver também Norris, ob. cit., p.39.

[400] Nesse sentido, Zanardo Donato: "As diversas qualificações que o produto pode assumir, revelam-se muito mais abrangentes e dinâmicas do que aquelas elencadas pelo legislador pátrio, sob a inspiração dos Códigos clássicos hoje tão distanciados de nossas realidades político-socio-econômicas. Ademais, tratam essas qualificações de especificações dadas ao produto que, antes do advento do CDC, eram indiferentes ao direito privado." Donato, ob. cit., p.115.

[401] Em comentário à definição de produto, usada na Lei 22/1994, diz Reyes López: "La concreción del término producto no es meramente circunstancial. La pretensión de la Ley es dotar de protección específica a los usuarios o adquirentes de productos defectuosos industriales fabricados en serie y en masa. De ahí que, en líneas generales y, con las matizaciones que se harán seguidamente, los productos acogidos en el ámbito de aplicación de esta Ley sean los bienes muebles fabricados en origen o que hayan sido objeto de una transformación en la que haya mediado la intervención humana o mecánica." Reyes López, ob. cit., p.69.

significa que não houve um afastamento da idéia de *bem jurídico*, embora, numa visão mais restritiva, o produto denote vinculação com a criatividade humana. A nomenclatura *bem jurídico* possui uma abrangência maior do que produto,[402] o que não o retira dessa qualificação, vez que a utilização da palavra *produto* vem para atender às novas dinâmicas trazidas pela nova disciplina do Direito do Consumidor.[403] Gabriel Saad comenta o § 1º do art. 3º:

> o Código só se refere ao bem jurídico, objeto de direito subjetivo, aquele que goza de tutela jurídica e que tem natureza patrimonial. De conseguinte, se o patrimônio é o conjunto de relações jurídicas de uma pessoa com valoração econômica, o bem a que alude o dispositivo sob comentário é o bem econômico. Ocioso dizer que há outros bens sem apreciação econômica, como direito ao nome, estado civil, etc. mas a estes bens, é claro, não se reporta o Código de Defesa do Consumidor.[404]

O legislador do CDC, ao mesmo tempo que simplifica, quando estabelece – no art. 3º, § 1º – que para ser produto basta que seja um bem móvel, imóvel, material ou imaterial, ele amplia o conceito, uma vez que não estabelece, nesse artigo e parágrafo, qualquer restrição ao tipo de bem. É de se notar que qualquer bem ou é móvel ou imóvel, ou é material ou imaterial. No art. 3º, § 1º do CDC brasileiro, portanto, não há qualquer restrição para se considerar um bem como produto. Diferentemente se pronunciou o legislador da Diretiva 85/374/CEE, que não considera como produto as matérias-primas agrícolas que não sofreram transformação e os produtos de caça.[405] Expressamente dispôs no art. 2º:

---

[402] Analisando a Diretiva 85/374/CEE, no que se refere à definição de produto, Lois Caballé segue pelo mesmo entendimento quando afirma que "[...] estimamos que el concepto de «producto» se incluye en el concepto de bien como una de sus clases.
Entendemos que «productos» son bienes que han sido objeto de una transformación, entendiendo transformación en sentido amplio, es decir, incluyendo tanto la transformación mecânica como la manual, en el marco de una actividad industrial o comercial. Y, por ello, no creemos en la existencia de productos espontáneos: un producto no es espontáneo porque siempre es el resultado de la manipulación o transformación de un bien o de haberle añadido algo a un bien, sólo son espontâneos algunos bienes." Caballé, ob. cit., p.41-42.
Sobre o sentido de transformação, ver também: López, ob. cit., p. 71; RODRÍGUEZ LLAMAS, S., *Régimen de responsabilidad civil por productos defectuosos*. Navarra: Aranzadi, 1997. p. *165-167*; Parra Lucan que levanta como hipótese o seguinte sentido ser dado à transformação: "[...] las respuestas bien podría ser la de que transformación inicial supone la exposición de la materia prima agrícola a los riesgos de la fabricación industrial." PARRA LUCAN, *Daños por Productos*..., p.490.
[403] Importante é salientar com Zanardo Donato: "Além do mais, devemos considerar, ainda que se entenda mais abrangente a expressão 'bens', a divisão que lhe foi imposta tradicionalmente, bens móveis – bens imóveis; bens singulares –bens coletivos; bens divisíveis – indivisíveis, o que poderia induzir o intérprete do Código de Defesa do Consumidor a erros ou enganos, ou quiçá, até a não conseguir pormenorizar a categoria do produto." Donato, ob. cit., p.115.
[404] Saad, ob. cit., p.58.
[405] Discussão existe na doutrina sobre a abrangência ou não da necessidade de transformação sobre os produtos de caça.

A los efectos de la presente Directiva, se entiende por «producto» cualquier bien mueble, excepto las materias primas agrícolas y los productos de la caza,[406] aun cuando esté incorporado a otro bien mueble o a uno inmueble. Se entiende por «materias primas agrícolas» los productos de la tierra, la ganaderia y la pesca, exceptuando aquellos productos que hayan sufrido una transformación inicial.[407] Por "producto" se entiende también la electricidad.[408]

O Código brasileiro, no artigo enfocado, afastou-se das legislações que operaram sobre o conceito de produto de forma restritiva direta, aos moldes da Lei espanhola[409] 22/1994.[410] Para o CDC brasileiro, o conceito

---

[406] Analisando o art. 2º da Diretiva 85/374/CEE, no que se refere à definição de produto, Lois Caballé afirma: "Por lo tanto, podemos afirmar que la definición de «producto» de la Directiva 85/374/CEE resulta aplicable, en principio, a los bienes o productos resultado de una actividad productiva en la que haya algún tipo de manipulación y/o transformación.
Desde este punto de vista podemos afirmar que la Directiva 85/374/CEE posee una visión industrialista del término «producto», ya que – como hemos visto – sólo contempla los bienes resultado de una actividad dedicada a la producción industrial y los naturales que hayan sufrido una transformación de tipo industrial." LOIS CABALLÉ, ob. cit., p.42. A posição do doutrinador espanhol bem demonstra o aspecto restritivo dado à definição de produto pela Diretiva, restrição essa que não se encontra no Código do Consumidor brasileiro.
No sentido dos bens serem industrializados, também se manifesta Parra Lucan: "[...]esse bien mueble há debido ser producido industrialmente o, la menos, haber experimentado una transformación industrial." Parra Lucan, *ob. cit.*, p. 478.

[407] Sobre transformação, ver: Considerandos da Diretiva 85/374/CEE que coloca a transformação como de tipo industrial que possa causar um defeito aos produtos; Caballé, ob. cit., p. 82-97; DE LA VEGA GARCIA, F. L. *Responsabilidade civil derivada del producto defectuoso*. Madrid: Civitas, 1998. p.77.
Também, sobre transformação, tanto na comunidade européia, quanto na Espanha, JIMÉNEZ LIÉBANA, D. *Responsabilidad civil: daños causados por productos defectuosos*. Madrid: Macgraw-Hill, 1998. p. 141, 173, 192-218.

[408] Embora a exclusão das matérias-primas agrícolas e dos produtos da caça como "produto", a Diretiva optou, no art. 15.1.a., em deixar liberdade aos Estados-Membros para incluí-los como "produtos" em suas legislações. Estabeleceu a Diretiva, no art. 15.1: Cada Estado miembro podrá: a) "no obstante lo previsto en el artículo 2, disponer en su legislación que, a efectos del artículo 1 de esta Directiva, por «producto» se entienda también las materias primas agrícolas y los productos de la caza".

[409] Segundo De La Vega Garcia: "La opción realizada por el legislador español há sido calificada, a la vez, de política y prática. Es política porque la no imputación – a través LRCP – de la responsabilidad civil a los agricultores y ganaderos parece favorecer al sector primario; es práctica porque en el momento em que se tramita la LRCP son muchos los Estados miembros que han adoptado la misma solución, lo que redunda em beneficio de la pretendida armonización." De La Veja Garcia, ob. cit., p. 75.
Ver também, no mesmo sentido: LLAMAS, Sonia Rodrigues. *Régimen de responsabilidad civil por productos defectuosos*. Navarra: Aranzadi, 1997. p. 165.

[410] Também obrou de forma restritiva o legislador espanhol, na Lei 22/1994, de 6 de julho, sobre responsabilidade civil pelos danos causados por produtos defeituosos, quando definiu produto. Restrição essa que excluiu da definição os bens imóveis, as matérias-primas agrárias e de gado e os produtos de caça e pesca que não tenham sofrido uma transformação inicial, como se pode notar no art. 2º da lei: "*Concepto legal de producto.–l.* A los efectos de esta Ley, se entiende por producto todo bien mueble, aun cuando se encuentre unido o incorporado a otro bien mueble o inmueble, excepto las materias primas agrarias y ganaderas y los productos de la caza y de la pesca que no hayan sufrido transformación inicial."
Sobre o tema ver: Jiménez Liébana, ob. cit., p.145.

de produto vai além da idéia de produto industrial e/ou manufaturado, para alcançar até mesmo os produtos agrícolas.[411]

Porém, é de se notar que a análise que se está elaborando sobre o § 1º do art. 3º do CDC, em que se busca saber se produto é realmente qualquer bem, para efeitos da relação jurídica de consumo, não pode, de forma alguma, restar restrita ao parágrafo em discussão. A análise do parágrafo comporta integração com os demais artigos do CDC que obviamente deverão alastrar o entendimento da proposta estabelecida, pelo legislador, no § 1º.

Portanto, ao se analisar o § 1º do art. 3º do CDC, deve-se vincular *produto* com *relação jurídica de consumo*. O parágrafo não fala de *produto* de forma geral e cotidiana, mas de *produto* dentro de uma relação jurídica de consumo, ou seja, o *produto* do parágrafo é aquele que é parte de uma relação jurídica de consumo, ou que dela pode fazer parte. Portanto, essa análise deve ser procedida tendo em vista outros aspectos.

Pode-se dizer que, embora o § 1º do art. 3º diga que "produto é qualquer bem móvel ou imóvel, material ou imaterial" pode-se entender que nem todo bem é um produto para a relação jurídica de consumo, vez que o bem se apresenta como gênero, e o produto, como espécie.[412]

Para que o bem seja um produto, objeto da relação jurídica de consumo, deve ele ser analisado tendo em vista a finalidade pela qual está sendo adquirido ou utilizado. A finalidade é fator determinante para se saber se um bem irá ou não integrar, como objeto, a relação jurídica de consumo.[413] Se o bem for adquirido ou utilizado a título de destino final,

---

[411] Segundo Reyes López, não são todas os bens da terra que devem ser excluídos de ser produto, de acordo com o art. 2º da Lei 22/1994: "Sobre este aspecto, el criterio mayoritariamente imperante es que únicamente, deben quedar ajenos a esta Ley los productos que se obtienen mediante la explotación de la fuerza productiva de la tierra mientras que los productos naturales tales como el agua, la sal, el gas o el petróleo... no quedan excluidos." Reyes López, ob. cit., p. 72.

[412] Lois Caballé afirma:"Estimamos que el concepto de "producto" se incluye en el concepto de bien como una de sus clases." Lois Caballé ob. cit., p.41.

[413] A finalidade, no sentido de destino final do bem, também é reconhecida na Lei Geral para a Defesa dos Consumidores e Usuários, 26/1984, da Espanha, quando dispõe em seu art. 1.2. "A los efectos de esta Ley, son consumidores o usuarios las personas físicas o jurídicas que adquieren, utilizan o disfrutan como destinatarios finales, bienes muebles o inmuebles, productos, servicios, actividades o funciones, cualquiera que sea la naturaleza pública o privada, individual o colectiva de quienes los producen, facilitan, suministran o expiden."
Analisando a legislação espanhola sobre o assunto, Lois Caballé afirma: "De lo hasta aquí expuesto podemos deducir que la legislación española protectora de los consumidores de los daños causados por productos (arts. 25 a 28 de la Ley General para la Defensa de los Consumidores y Usuarios) contempla los bienes o productos destinados al uso o consumo privado o doméstico de los consumidores y usuarios finales, es decir, los bienes o productos que hemos denominado de consumo;" e acrescenta: "Por lo tanto, el ámbito de aplicación objetivo de la Ley General para la Defensa de los Consumidores y Usuarios comprende tanto los bienes o productos naturales como los productos industriaies de consumo destinados a los consumidores y usuarios en su consideración de destinatarios finales." Lois Caballé, ob. cit., p.125.
É de se ter em vista que o legislador espanhol, ao elaborar a Lei 22/1994, de 6 de julho, de

comporá a relação jurídica de consumo. Se, por outro lado, for ele adquirido ou utilizado como meio de produção de um outro bem, não haverá consolidação da relação jurídica de consumo.[414] Assim, pode-se dizer que não é qualquer bem que será objeto da relação jurídica de consumo, mas somente aquele que entrar nela revestido da característica de ser utilizado pelo consumidor como destinatário final, atendendo à disposição do art. 2º do CDC, que define consumidor e exige que, para sê-lo, tenha que adquirir ou utilizar o bem como destinatário final.

Por essa análise, pode-se verificar que o mesmo bem – um automóvel, por exemplo – pode ser ou não produto/objeto de uma relação jurídica de consumo. Para essa configuração concretizar-se faz-se necessária a caracterização dos pólos tanto ativo, quanto passivo da relação. Uma vez perfectibilizados esses pólos, de acordo com os atributos jurídicos, o bem passará a ser um produto, assim entendido pela relação jurídica de consumo.

Portanto, é de suma importância se ter presente a conceituação de *bem*, no sentido jurídico, para que se possa, depois, compreender melhor a idéia de *produto* dentro do CDC. No sentido jurídico, como informa Cretella Jr., *bem* "é toda coisa relevante para o direito, tendo valor econômico. Nesta acepção, produto é toda coisa que, por ter valor econômico, entra no campo jurídico, sendo objeto de cogitação, pelo homem, quando parte integrante de relação jurídica".[415] Essa relação jurídica pode aparecer nas mais variadas formas, desde arrendamento, *leasing*, compra e venda, até permuta, e em outras.

Mukai tece crítica sobre o § 1º do art. 3º do CDC:

Assim, o produto é definido também de modo amplo pela Lei (qualquer bem, móvel ou imóvel, material ou imaterial). Todavia, essa definição, embora ampla, ainda é

Responsabilidade Civil pelos Danos Causados por Produtos Defeituosos, não estabeleceu a relação de finalidade para os produtos. Sobre o assundo se manifesta Rodríguez Llamas: "El concepto de producto, tal y como se encuentra contemplado en la Ley, abarca tanto a los bienes muebles de consumo como a los bienes de consumo empresarial o bienes de produccion. En cuanto a estos últimos, su inclusión en el âmbito objetivo de aplicación de la Ley resulta sorprendente, fundamentalmente debido a que el mundo de la producción y su problemática no tiene nada que ver con el mundo del consumo. Con ello se pone de relieve que uno de los objetivos que se pretendió conseguir con la Directiva 374/85/CEE es someter la mayor cantidad posible de bienes que puedan circular en el mercado común a una misma responsabilidad por sus defectos." Rodríguez Llamas, p.161-162.

[414] A finalidade de utilização do produto, disposta nessa análise, não entra em consideração no conceito de produto estabelecido no art. 2º da Diretiva 85/374/CEE. Em comentário ao tema, assim se manifesta Lois Caballé: "Es decir, la definición de 'producto' de la Directiva 85/374/CEE contempla um producto en el sentido de aportación-manipulación realizada en el curso de una actividad profesional, industrial, artesanal o artística, independientemente de que tenga la consideración de bien de consumo o de bien de producción, ya que la Directiva no concede ninguna relevancia al destino que se le dé al 'producto' dañante, sino al que se le da a la cosa dañada." Lois Caballé, ob cit., p.53-54.

[415] CRETELLA JÚNIOR, J., *Comentários ao Código do Consumidor*, Rio de Janeiro: Forense, 1992. p.14.
No mesmo sentido, ver também: Kriger Filho, ob, cit., p.17.

incompleta, já que deixa de abranger os produtos incorporados a outro produto ou a um imóvel.[416]

Embora com razão o doutrinador, no que se refere ao artigo específico,[417] não fica sem regulamentação jurídica, e sem proteção o consumidor, pelos danos provocados por produtos incorporados a outro produto ou a um imóvel.[418] Não parece haver, quando se analisam outros artigos do CDC, lacuna para o tema em pauta. O intérprete não deve se ater, para resolver a presente questão, somente ao artigo comentado, mas buscar em outros artigos do CDC – 7, 19 e 25, § 2° – subsídios para que se possa ver suprida a incompletude apontada por Mukai.[419]

---

[416] Mukai, ob. cit., p.9.

[417] O art. 2° da Lei espanhola, 22/1994, de 6 de julho, sobre responsabilidade civil pelos danos causados por produtos defeituosos, contempla os produtos unidos ou incorporados a outro bem móvel ou imóvel: "*Concepto legal de producto.– l.* A los efectos de esta Ley, se entiende por producto todo bien mueble, aun cuando se encuentre unido o incorporado a otro bien mueble o inmueble, excepto las materias primas agrarias y ganaderas y los productos de la caza y de la pesca que no hayan sufrido transformación inicial. – 2. Se consideran productos el gas y la eletricidad."
A Lei espanhola 26/1984, de 19 de julho, Geral para a defesa dos consumidores e usuários, no art. 1.2. define consumidor e traz para a relação jurídica de consumo os bens móveis e imóveis, nada regulamentando expressamente sobre os móveis incorporados a outros móveis ou imóveis. Diz o art. 2.1. da Lei: "A los efectos de esta Ley, son consumidores o usuarios las personas físicas o jurídicas que adquieren, utilizan o disfrutan como destinatarios finales, bienes muebles o inmuebles, productos, servicios, actividades o funciones, cualquiera que sea la naturaleza pública o privada, individual o colectiva de quienes los producen, facilitan, suministran o expiden." Embora não expressamente estabelecido na Lei, Lois Caballé entende que também não houve a exclusão expressa dos móveis incorporados a outros móveis ou imóveis o que importaria em sua aceitação pela Lei. Explica o autor: "Ya que la Ley General para la Defensa de los Consumidores y Usuarios no los excluye expresamente, entendemos incluidos en su ámbito de aplicación a los bienes muebles incorporados en otros muebles o en inmuebles, aunque – desde la perspectiva del Derecho español – esta incorporación sí que será relevante y hará cambiar de naturaleza al bien que se incorpora, lo que no tendrá demasiadas consecuencias, ya que también están incluidos los bienes inmuebles y – como hemos dicho – no se hace ninguna precisión sobre su composicón." Lois Caballé, ob. cit., p.68.
Por outro lado, o art. 2° da Diretiva 85/374/CEE "A los efectos de la presente Directiva, se entiende por «producto» cualquier bien mueble, excepto las materias primas agrícolas y los productos de la caza, aun cuando esté incorporado a otro bien mueble o a uno inmueble [...]"

[418] Sobre o assunto também se manifesta Roberto Norris: "Efetivamente, não assiste razão a Toshio Mukai ao afirmar ser incompleta a definição, pelo fato de não se reportar a tais casos (produtos incorporados).
Esta omissão, que poderia ocasionar sérios distúrbios em diversas atividades – v.g., a da construção civil, uma vez que os produtores dos bens móveis, tais como cimento, tijolos, utilizados na edificação de um determinado imóvel, não ficariam submetidos, de forma clara, ao novo regime de responsabilidade foi de todo suprida pelo que dispõe o art. 25 da Lei n. 8.078/90." Norris, ob. cit., p.38.

[419] Sobre a referida omissão também se refere James Marins: "Pensamos que tal omissão se justifica pois embora a responsabilidade pelos produtos incorporados a outros produtos é inicialmente do fornecedor que procedeu a tal incorporação (porque mais facilmente identificável pelo consumidor), todos os participantes da cadeia de produção respondem pelo fato do produto que se inseriu no mercado de consumo (incluíndo nesse produto todos os seus insumos e elementos, ainda que eventualmente passíveis de individuação) em virtude da solidariedade que os une no pólo passivo das ações de responsabilidade com base no Código de Proteção e Defesa do Consumidor (arts. 7° § único e 19)." Marins, ob. cit., p. 81.

Deve-se entender, portanto, que terá o consumidor a proteção do CDC e direito à indenização, por danos provocados à sua pessoa por todo bem, mesmo que incorporado a um bem móvel, ou imóvel e que, neste último caso, perca o caráter de móvel sendo, assim, considerado como bem imóvel por incorporação. Igual é o entendimento extraído do art. 2º da Lei espanhola 22/1994, que expressamente estabeleceu no artigo a regulamentação sobre os bens unidos ou incorporados.[420] Porém, como a referida Lei exclui os bens imóveis, coisa que a lei brasileira não faz, é de se esclarecer que embora os bens incorporados[421] venham a assumir o caráter de imóveis por incorporação, continuam com os efeitos atribuídos pela lei.[422]

A norma brasileira, ao adotar os bens imóveis como produtos, evitou os problemas advindos com os bens móveis incorporados aos imóveis[423] e que se tornam imóveis por equiparação. Problemas esses que aparecem quando se sabe que alguns bens móveis – tijolos, cimento, etc. –, ao serem incorporados aos imóveis, não podem mais ser retirados sem deterioração do imóvel, enquanto outros – banheiras, vidros de uma janela, etc. – podem ser retirados sem deterioração do imóvel.

Para o Código de Proteção e Defesa do Consumidor brasileiro, os efeitos jurídicos sobre qualquer tipo desses bens, no que se refere à responsabilidade civil do fornecedor para com o consumidor, recebe idêntico tratamento. Na Espanha, tendo em vista a Lei 22/1994, o tratamento desses

---

[420] É de se notar que a Lei espanhola 22/1994 utilizou as palavras *união* e *incorporação* evitando qualquer dúvida sobre a matéria. No texto da Diretiva 85/374/CEE só é utilizada a palavra *incorporação*. Comparando as duas normas, diz Jiménez Liébana: "En efecto, la Ley comprende los calificativos «unión o incorporación», a diferencia de la Directiva que sólo habla de «incorporación», para dejar claro, que a efectos de la Ley, también se considera producto la parte integrante o materia prima que integre un producto acabado o final sea mueble o inmueble y siendo sus fabricantes o importadores responsables, a pesar de tal unión o incorporación." Jiménez, ob. cit., p.147-148.

[421] É de se lembrar que nem todos os imóveis estão excluídos da Lei espanhola 22/1994, vez que os ditos imóveis por incorporação recebem os efeitos da norma. No dizer de De La Vega Garcia: "*bienes inmuebles por incorporación* en el régimen jurídico de la LRCP implica la existencia de bienes que nuestro Ordenamiento considera inmuebles y que, a pesar de ello, están incluidos en el ámbito de aplicación de la misma. Estos bienes han sido fabricados como bienes muebles, a través de un proceso creador de riesgo y de lanzamiento en masa de productos, y, con posterioridad, han sido incorporados a otro bien que tiene la pecuriaridad de ser inmueble." De La Vega Garcia, ob. cit., p.69.
Ver também: Rodríguez Llamas, ob. cit., p.161-162.

[422] Nesse sentido, ver Reyes Lopéz, ob. cit., p.74.

[423] Como se sabe os bens móveis incorporados a imóveis podem surtir dois efeitos: o primeiro, de não poderem ser separados do imóvel sem dederioração do mesmo – a exemplo dos tijolos -; o segundo, de poderem ser separados do imóvel sem deterioração do mesmo – a exemplo dos radiadores de calefação. Devido a esses dois efeitos surgem opiniões distintas na aplicação do art. 2º da Diretiva 85/374/CEE. Trabalhando o tema, observa Parra Lucan: "[...]cabe deducir que la mención del art. 2 de la Directiva a los bienes muebles incorporados a inmuebles de fontanería y calefacción, carpintería, albañilería, ascensores, etc. quedan excluidos del concepto de «producto» porque, de acuerdo con el concepto jurídico de bien inmueble, haya que considerarlos como tales." Parra Lucan, ob. cit., p.482-483.

bens, segundo Vega Garcia,[424] se opera de forma distinta. Os bens móveis que incorporados ao imóvel podem dele ser separados sem deterioração, recebem a proteção da Lei 22/1994, porém aqueles móveis que incorporados ao imóvel não podem dele ser retirados, sem deterioração, não recebem a proteção da lei, devendo a discussão sobre possíveis ressarcimentos ser feita na órbita da legislação comum.[425]

Como se pode notar, o conceito de produto não pode ser analisado, somente tendo em vista o § 1º do art. 3º. Existem reflexos dessa conceituação para se analisar em outros artigos do CDC. Exemplos disso são o *caput* do art. 12[426] e o *caput* do art. 18,[427] ambos do CDC. Nessas normas tem-se presente o produto como elemento resultante do processo produtivo, estando sua conceituação, portanto, atrelada à atuação da criatividade humana sobre a natureza. Pelo que se vê, somente a integração dos vários artigos do CDC pode proporcionar a completa conceituação de produto.

O produto pode ser objeto da relação jurídica de consumo, independentemente de a relação possuir o elemento de remuneração presente.[428] Assim, não há necessidade de um pagamento para ver o produto produzir efeitos jurídicos dentro do Direito do Consumidor. Isso não significa que não tenha ele valor econômico. O valor econômico existe, o que não existe é a remuneração. É de se ver que o produto enviado ao consumidor, a título de amostra grátis, pode dar ensejo ao ressarcimento, via

---

[424] Nesse sentido, ver: De La Vega Garcia, ob. cit., p.69-70; FERNANDEZ ROMO, M. D. M., *La responsabilidad civil de producto*. Madrid: Editorial de Derecho Reunidas, 1997. p.40-41.

[425] Sobre o tema também se manifesta Jiménez Liébana: "De esta forma, aunque se excluye de la consideración de «producto» los inmuebles, se responde por los elementos de la construcción que forman parte del edificio (cemento, ladrillos, puertas, cerraduras, radiadores etcétera), ya que éstos son también bienes muebles cuya puesta en circulación en estado defectuoso si originan daños dan lugar a la responsabilidad prevista en la Ley para los hipotéticamente responsables contemplados en el artículo 4 de la Ley 22/94, independientemente de que pierdan o no su naturaleza de bien mueble al incorporarse a un inmueble, que ya no es «producto» a los efectos dela Ley." Jiménez Liébana, ob. cit., p.148.

[426] CDC, Art. 12. "O fabricante, o produtor, o construtor, nacional ou estrangeiro, e o importador respondem, independentemente da existência de culpa, pela reparação dos danos causados aos consumidores por defeitos decorrentes de projeto, fabricação, construção, montagem, fórmulas, manipulação, apresentação ou acondicionamento de seus produtos, bem como por informações insuficientes ou inadequadas sobre sua utilização e riscos."

[427] CDC, Art. 18. "Os fornecedores de produtos de consumo duráveis ou não duráveis respondem solidariamente pelos vícios de qualidade ou quantidade que os tornem impróprios ou inadequados ao consumo a que se destinam ou lhes diminuam o valor, assim como por aqueles decorrentes da disparidade, com as indicações constantes do recipiente, da embalagem, rotulagem ou mensagem publicitária, respeitadas as variações decorrentes de sua natureza, podendo o consumidor exigir a substituição das partes viciadas."

[428] No mesmo sentido: Cláudio Bonatto: "A definição legal é bastante clara e auto-explicativa, sendo de salientar-se um dado fundamental, que é a ausência do requisito da remuneração, ao contrário do que ocorre com o serviço, para que o produto seja considerado como objeto de relação jurídica de consumo." Bonatto, ob. cit., p.94.

Código de Proteção e Defesa do Consumidor, por danos produzidos por ele, ao consumidor. Com base na idéia de valor econômico atrelado ao bem, pode-se dizer que os bens fora do comércio[429] não farão parte de uma Relação Jurídica de Consumo para efeitos de proteção do CDC.

Seguindo a nomenclatura do CDC, tem-se que o produto pode ser móvel ou imóvel, material ou imaterial. Como já se salientou, não basta o produto ser móvel ou imóvel, material ou imaterial para configurar uma relação jurídica da consumo. A idéia de bem que irá fazer parte da relação de consumo deve estar agregada a um conteúdo finalístico[430] e a uma clara caraterização das partes envolvidas na relação. Assim, importante é analisar-se cada uma das espécies de bens elencadas no § 1º do art. 3, do CDC, para obter-se uma visão mais aprofundada sobre o assunto.

1. Bens móveis

O art. 3º, § 1º, coloca em primeiro lugar que produto é todo o bem móvel. Ao intérprete cabe perquirir inicialmente o que se deve entender por *bem móvel*. Não se encontra no CDC definição do que seja bem móvel. Por isso, é de se acreditar que o legislador do CDC tenha optado por manter o trabalho legal do Direito Civil sobre a definição de bem móvel.

Assim, deve-se buscar na área do Direito Civil a definição pertinente. Para o Código Civil são móveis os bens suscetíveis de movimento próprio, ou de remoção por força alheia, sem alteração da substância ou da destinação econômico-social, sendo considerados ainda as energias que tenham valor econômico, os direitos reais sobre objetos móveis e as ações correspondentes, e os direitos pessoais de caráter patrimonial e respectivas ações.[431]

---

[429] Conforme a doutrina civil, os bens fora do comércio são aqueles inalienáveis, ou seja, os naturalmente indisponíveis – ar atmosférico, o mar -; os legalmente indisponíveis – bens públicos de uso comum -; e os inalienáveis por vontade das partes – bem de família -. Sobre o tema ver PEREIRA, C. M. da S. *Instituições de direito civil*. Rio de Janeiro: Forense, 1987. p.307-308.

[430] Esse caráter finalístico é trazido por Castro do Nascimento, que afirma: "para fins das relações de consumo, interessa saber que é um bem com determinado conteúdo finalístico. É um bem porque, no sentido genérico, tem aptidão para satisfazer necessidades humanas e, mais do que isto, tem valor econômico e pode ser objeto de uma relação jurídica entre pessoas." NASCIMENTO, T. M. C. do. *comentários ao código do consumidor*. Rio de Janeiro: Aidê, 1991. p.23.
No mesmo sentido ver: MELLO, S. M. V. de. *O direito do consumidor na era da globalização*: a descoberta da cidadania, Rio de Janeiro: Renovar, 1998. p.29.

[431] A Lei 10.406 – Novo Código Civil, que entrou em vigor na data de 1/1/2003, estabelece que:
Art. 82. São móveis os bens suscetíveis de movimento próprio, ou de remoção por força alheia, sem alteração da substância ou da destinação econômico-social.
Art. 83. Consideram-se móveis para os efeitos legais:
I – as energias que tenham valor econômico;
II– os direitos reais sobre objetos móveis e as ações correspondentes;
III – os direitos pessoais de caráter patrimonial e respectivas ações.

Assim, é de se notar que os chamados semoventes também estariam abrangidos pelo CDC.

No que se refere ao gás e à corrente elétrica, tanto doutrina e jurisprudência, quanto a legislação brasileira entendem que a eletricidade e o gás devem ser considerados como bens móveis. Assim, embora não tenha expressamente[432] colocado no Código de Proteção e Defesa do Consumidor brasileiro a equiparação desses bens como produto, esse deve ser o entendimento, uma vez que considerados, sem sombra de dúvidas como bens móveis.[433]

Estabelecido o entendimento do que pode ser um *bem móvel* cabe buscar resolução a um segundo problema: todos os bens móveis podem ser produto de uma relação de consumo? A princípio a resposta pode ser afirmativa, uma vez que o Código estabelece que "produto é qualquer bem móvel".

No entanto, a análise da resposta ao problema proposto não pode ser feita simplesmente sobre o art. 3º, § 1º, do CDC, mas deve levar em conta, conforme já salientamos, o art. 2º do mesmo Código, que dispõe sobre o conceito de consumidor e aborda a questão do *destinatário final*. Somente serão tidos como produtos de uma relação jurídica de consumo aqueles bens móveis que serão utilizados pelo consumidor como destino final. Não entrarão para a relação jurídica de consumo os bens móveis que integrarem a cadeia de produção de uma empresa, por exemplo, e que serão utilizados para a produção de outros bens. Afora esse aspecto finalístico, o CDC não traz qualquer outra limitação para que os bens móveis sejam considerados produtos dentro de uma relação jurídica de consumo.[434]

---

[432] O legislador europeu colocou expressamente na Diretiva 85/374/CEE, art. 2, a eletricidade como produto: "Por 'producto' se entiende también la electricidad."
Por outro lado, o legislador espanhol, na Lei 22/1994, além da eletricidade incluiu o gás como produto aos efeitos da Lei. Art. 2.2. "Se consideran productos el gas y la electricidad."
Ver comentário sobre o gás e a eletricidade na Lei espanhola 22/1994 e na Diretiva 85/374/CEE: De La Vega Garcia, ob. cit., p. 84-86; Rodríguez Llamas, ob. cit., p.149.

[433] Trantando sobre o assunto, na órbita cível, assim se manifesta Caio Mário: "O desenvolvimento técnico e o progresso vieram levantar uma indagação quanto à caracterização do gás e da corrente elétrica. Quanto ao primeiro, que sob o critério da removibilidade, se configura como coisa corpórea, não pode haver dúvida na sua definição como coisa móvel, dada a sua transportabilidade em espécie por via tubulação ou de embotijamento. A corrente elétrica, porém, não tem a mesma corporalidade. A doutrina e jurisprudência brasileira, conceituando o seu desvio irregular como furto, levam à sua caracterização como coisa móvel e o Código Penal brasileiro, de 1940, encerrou qualquer controvérsia equiparando a energia elétrica, ou qualquer outra dotada de valor enconômico, a coisa movel." Pereira, Introdução ao direito civil..., ob. cit., p.287.

[434] O doutrinador europeu, quando elaborou a Diretiva 85/374/CEE, não se preocupou com a finalidade que seria dada ao produto, uma vez que, no art. 2º dessa Diretiva, estabeleceu dois aspectos que diferenciam substancialmente do Código do Consumidor brasileiro:
Um, caracterizando o bem móvel como o bem industrial. Industrial no sentido amplo, conforme discorre Lois Caballé: "[...] el término industrial debe interpretarse ampliamente, de manera que comprenda toda actividad productiva industrial, artesanal o artística que contribuya o tenga potencia-

2. Bens imóveis

Quando se comparam as diversas normas jurídicas – ordenamentos jurídicos nacionais, convênios internacionais,[435] diretivas – não se tem encontrado consenso no sentido de ver estabelecido o imóvel como produto na relação jurídica de consumo.[436] O Código de Proteção e Defesa do Consumidor brasileiro, como já se viu, acolheu como produto os bens imóveis.

Da mesma forma que fez com os bens móveis, o CDC não estabeleceu qualquer definição do que poderia ser entendido por bem imóvel. Assim, seguindo-se novamente a orientação adotada pelo Código Civil, pode-se dizer que são imóveis o solo com a sua superfície, os seus acessórios e adjacências naturais, compreendendo as árvores e os frutos pendentes, o espaço aéreo e o subsolo. Também tudo quanto o homem incorporar per-

---

lidad para contribuir a modificar la esencia del bien y convertirlo en un bien mueble de producción para ser utilizado en un proceso de producción o en un bien mueble industrial para ser consumido." Lois Caballé, ob. cit., p.58.
Outro aspecto deixou fora do conceito de produto as matérias primas agrícolas, sem transformação inicial e os produtos de caça. Essas exceções não estão presentes no código brasileiro.

[435] O convênio de Haya, sobre a Lei aplicável a responsabilidade por danos derivados dos produtos, de 2 de outubro de 1973, coloca o imóvel como produto na relação jurídica de consumo. Esse convênio tem por objetivo resolver o conflito de leis aplicável a responsabilidade dos fabricantes e demais pessoas contempladas em seu art. 3°, pelos danos causados por produtos. O artigo 2. determina: "A efectos del presente convenio: a) la palabra "productos" comprenderá los productos naturales y los productos industriales, bien sean en bruto o manufacturados, muebles e inmuebles;[...]"
Comentando esse convênio explica claramente Lois Caballé: "El convenio de La Haya incluyen los bienes de consumo y los bienes de producción expressamente al hacer referencia a los productos industriales, incluso los naturales y los inmuebles. Es decir, quedan comprendidos en la definición de «producto» y les es aplicable el Convenio de La Haya para determinar la Ley aplicable a todos los productos industriales, muebles, de consumo o de producción, a todos los productos naturales, materias primas y productos derivados, y a todos los inmuebles cualquiera que sea su destino, porque todos los daños que causen están comprendidos, según se desprende del artículo 2b), excepto los causados al mismo producto." Lois Caballé, ob. cit., p.34.
Ver também: Jiménez Liébana, ob. cit., p.135.
O Convênio foi ratificado pela Espanha em 7 de novembro de 1988 e entrou em vigor em 1° de fevereiro de 1989 (BOE, de 25/1/1989).

[436] A Diretiva do Conselho 85/374/CEE, quando define *produto* para efeitos da Diretiva, no art. 2°, somente se reporta aos bens móveis: "A los efectos de la presente Directiva, se entiende por «producto» cualquier bien mueble, excepto las materias primas agrícolas y los productos de la caza, aun cuando esté incorporado a otro bien mueble o a uno inmueble. Se entiende por «materias primas agrícolas» los productos de la tierra, la ganadería y la pesca, exceptuando aquellos productos que hayan sufrido una transformación inicial. Por «producto» se entiende también la electricidad." Logo para essa Diretiva estão excluídos como produtos os bens imóveis.
Buscando solucionar a exclusão dos bens imóveis como produtos na Diretiva afirma Parra Lucan que: "De cualquier forma, esta ausencia del texto comunitario de los daños causados por inmuebles puede quedar subsanada dentro de la CEE por dos vias: en primer lugar, por las propuestas de Directiva existentes en la Comunidad en torno a la seguridad en la construcción y, en segundo lugar, a *través* de la *inclusión en* el *régimen* de la Directiva de la responsabilidad por daños causados por bienes muebles incorporados a inmuebles (art. 2). Parra Lucan, ob. cit., p.480.

manentemente ao solo, como a semente lançada à terra, os edifícios e as construções, de modo que não possam ser retirados sem destruição, modificação, fratura, ou dano, tudo quanto no imóvel o proprietário mantiver intencionalmente empregado em sua exploração industrial, aformoseamento ou comodidade. Para fins de efeitos legais também são tidos como imóveis os direitos reais sobre imóveis, inclusive o penhor agrícola, e as ações que os asseguram; as apólices da dívida pública oneradas com a cláusula de inalienabilidade e o direito à sucessão aberta.[437] [438]

3. Bens materiais

O bem material é aquele que possui uma existência concreta, possuindo como características a possibilidade de ser percebido visualmente, de ser quantificado tanto sob a ótica da medida, quanto da pesagem, que pode, em última análise, ser apreendidos. Como exemplo, pode-se falar do automóvel, do livro, da roupa em geral.[439]

4. Bens imateriais

Os bens imateriais se contrapõem aos ditos materiais, uma vez que aqueles não podem ser vistos, pesados, medidos ou apreendidos, não possuindo existência tangível. Importante é salientar que, apesar dessas impossibilidades elencadas, possuem expressividade econômica, podendo ser comprados, doados, enfim transacionados no mundo jurídico.[440] Nessa classe se incluem os clássicos exemplos dos espetáculos públicos, dos direitos autorais, dos direitos reais e da propriedade industrial.[441]

---

[437] Ver Código Civil Brasileiro de 1916, art. 43 e 44.

[438] Ver também a Lei 10.406 – novo código civil – que entrou em vigor em 11/1/2003. Art. 79. São bens imóveis o solo e tudo quanto se lhe incorporar natural ou artificialmente.
Art. 80. Consideram-se imóveis para os efeitos legais:
I – os direitos reais sobre imóveis e as ações que os asseguram;
II – o direito à sucessão aberta.
Art. 81. Não perdem o caráter de imóveis:
I – as edificações que, separadas do solo, mas conservando a sua unidade, forem removidas para outro local;
II – os materiais provisoriamente separados de um prédio, para nele se reempregarem.

[439] Ver complementação em Cretella Júnior, *Comentários...*, p.15.

[440] No mesmo sentido, Cretella Júnior. *Comentários...*, p.15.

[441] No mesmo sentido e afirmando que: "Em todas estas situações não se configura qualquer tipo de ocorrência de consumo na acepção literal da palavra, que comumente induz à noção de 'destruição', 'gasto', 'corrosão', em suma, no sentido de finalização. Emerge, isto sim, o conceito de satisfação

Em particular deve-se fazer menção, pela sua importância acelerada no cotidiano da sociedade, aos chamados programas de "software", que vêm a somar-se aos chamados bens imateriais, sendo responsáveis pelo comando do tráfego aéreo, ferroviário e terrestre, pelos comandos da robotização, segurança em edifícios, empresas, sistemas bancários, etc. Enfim, estão hoje em dia em todos os setores da vida moderna.

A luz do Código de Defesa e Proteção do Consumidor brasileiro, os programas de "software" estão incluídos entre os bens imateriais e portanto elencados para os efeitos do § 1º do art. 3º, sendo considerados como produtos.[442]

5. O produto no âmbito da teoria da ação social

O produto, dentro da teoria da ação social, será tratado como objeto não-social, dentro da idéia de objetos-meta.

Na teoria da ação social, o ator – que para o presente momento, na relação jurídica de consumo, tanto pode ser o consumidor, quanto o fornecedor – é influenciado para a ação, por objetos não-sociais.

Na relação de consumo, essa influência, se analisada sob o prisma do produto, ocorre diferentemente quando se trata do fornecedor e quando se trata do consumidor, conforme já se dissertou nos capítulos anteriores.

No que se refere à ação do consumidor, o produto possui influência em dois dos três modos de orientação atinentes à teoria da ação social: o modo cognitivo, com a percepção e o conhecimento do objeto; e o catéctico, onde o consumidor confere uma significação objetiva ao produto. Quanto ao terceiro modo de avaliação, somente em alguns casos ele vem a ocorrer, vez que para a sua ocorrência deve existir pelo menos dois objetos (produtos) para serem selecionados, o que não ocorrerá no caso dos monopólios.

---

de uma necessidade da pessoa, que é fundamental para a obtenção precisa da definição de bem imaterial." Bonatto; Moraes, ob. cit., p.95. Ver também, na mesma obra, p.96.
No dizer de Gabriel Saad: "Bem incorpóreo ou imaterial é aquele de caráter abstrato ou ideal ao qual a lei atribui valor econômico, como, por exemplo, a propriedade literária ou científica, o gozo de uma patente ou marca." Saad, ob. cit., p.60.
[442] Na Espanha, a Lei 22/94 não considera, como fez o Código do Consumidor brasileiro, expressamente, como produto os bens imateriais, porém, os reconhece quando ao definir produto coloca no art. 2º, "[...] todo bem móvel [...]", não fazendo qualquer distinção entre materiais imateriais. Também na Comunidade Européia a Diretiva 85/374/CEE não estabelece expressamente a diferenciação entre bens móveis materiais e imateriais, dispondo no art 2º, como definição de produto "[...] qualquer bem móvel [...]".

Por outro lado, quando se analisa a relação fornecedor, produto e motivação dentro da teoria da ação social, pode-se verificar que os três modos estão presentes, vez que há, por parte do fornecedor, o modo cognitivo – percepção e conhecimento do produto – o modo catéctico – conferindo significação objetiva ao produto – e o modo de avaliação – onde o fornecedor escolhe entre vários produtos possíveis aquele que irá fornecer, dentro do critério de maior ou menor grau de satisfação.

No que se refere à idéia de norma de valor, apresentada na teoria da ação em três pontos: cognitivas, apreciativas e morais, pode-se dizer que, em relação ao produto, os três pontos estão presentes no seu âmbito. Já demostrados os dois primeiros, pode-se dizer, ainda, que o aspecto moral, que tanto pode ser universal ou dentro do mundo circundante, estará presente dentro do produto, vez que sua configuração estará atrelada aos aspectos morais exigidos, seja de maneira universal, ou até mesmo dentro da sociedade onde o produto está inserido.

Como se pode notar, o produto está inserido em vários aspectos da teoria da ação social, pois sendo classificado como objeto não-social influencia a ação tanto do sujeito consumidor, quanto do sujeito tido como fornecedor.

Capítulo IV

Conceito de serviço

Embora o serviço não seja objeto diretamente relacionado ao presente trabalho, ele é um dos conceitos básicos da dogmática consumerista e, por isso, é de se efetuar análise do mesmo.

Sendo ele, porém, elemento importante para a dogmática do consumidor, isso levou a optar-se por sua inclusão em um capítulo dentro da parte atinente aos conceitos básicos da dogmática consumerista, para que não ficasse seccionada a base teórica, sem um de seus elementos.

Sendo que o objetivo do trabalho é analisar a teoria da ação social e o direito do consumidor, sob a ótica da responsabilidade civil no direito brasileiro, por danos ao consumidor causados por produtos, não se fará, para este capítulo, a análise atinente à teoria da ação social.

Assim, para início, é de se dizer que além do art. 2º vincular o consumidor ao produto, estende a visão de consumidor àquele que adquire ou utiliza serviço.[443] Nesse sentido, é bom lembrar o *caput* do art. 3º do CDC, que vincula a idéia de fornecedor também àquele que presta serviço.[444] O consumidor visto pelo CDC é aquele que adquire ou utiliza tanto o produto, quanto o serviço.

O CDC consolida esse entendimento em vários outros artigos, onde normatiza sobre os vários efeitos danosos que podem surgir na relação de consumo que envolve serviços,[445] incluindo também normas de tipologia penal.

---

[443] A legislação espanhola tem trabalhado com nomenclatura diversa de consumidor quando se refere aos serviços, preferindo o vocábulo *usuário*. Nesse sentido é de se lembrar a Lei 26/1984 que é denominado de Lei Geral para a Defesa dos Consumidores e Usuarios. Parra Lucan reforça esse entendimento dizendo: "En numerosos ámbitos de prestación de servicios se há venido denominando al cliente como 'usuario': servicios de gas, teléfono [...]" Parra Lucan, ob. cit., p.348-349.

[444] CDC, Art. 3º Fornecedor é toda a pessoa física ou jurídica, pública ou privada, nacional ou estrangeira, bem como os entes despersonalizados, que desenvolvem atividades de produção, montagem, criação, construção, transformação, importação, exportação, distribuição ou comercialização de produtos ou prestação de serviços.

[445] Na Argentina, a Lei 24.240, Lei de defesa do consumidor, conforme nos informa Stiglitz: "regula especificamente los deberes de los empresarios en etapa de ejecución de los contratos de prestación de servicios (arts. 19 a 24). Y en particular, en relación con servicios públicos domiciliarios,

Para corroborar essa idéia, é de se salientar os seguintes artigos e parágrafos do Código do Consumidor: §§ 1º e 2º do art. 14, que tratam dos defeitos dos serviços, também o § 4º do mesmo artigo, que dispõe sobre os serviços prestados por profissionais liberais; o art. 20, que dispõe sobre os vícios dos serviços; o art. 21, que trata dos serviços de reparo; o art. 40, que trata do orçamento dos serviços. Na tipologia penal tem-se o art. 65, que aborda os serviços de alto grau de periculosidade e o art. 70, que trata do emprego, em serviços de reparação, de componentes usados. Esses dois últimos artigos trazendo, inclusive, penas aos fornecedores infratores.[446]

No que se refere ao *serviço*, o código o direciona para equipará-lo ao produto, que técnica e claramente é um elemento de consumo.[447] A partir dessa idéia, poder-se-ia perquirir: o serviço, ou prestação de serviço é um ato de consumo? A questão é relevante, uma vez que à primeira vista não há um consumir do serviço. Castro do Nascimento solucionou bem a questão quando dispôs:

> Poder-se-ia sustentar que, na prestação de serviços, o ato de consumo é ficcional, bastando a ficção jurídica face à clareza da lei. Entretanto, a nosso sentir, há o ato de desgaste, não de alguma coisa necessariamente porque o objeto da relação de consumo não é um produto; o desgaste físico é do prestador de serviço. Quando se trata de um autônomo, isto é, de uma pessoa física (o médico, o farmaceutico, o

---

incorporando normas de tutela del usuario, en orden al modo de prestación, información, reciprocidad en el trato, seguridad, medición, facturación, reclamos e interrupción de la prestación (arts. 25 a 31)." STIGLITZ, G. A.; STIGLITZ, R. S., *Derechos y defensa de los consumidores*. Buenos Aires: Ediciones La Rocca, 1994. p.327.

[446] CDC, Art. 65. "Executar serviço de alto grau de periculosidade, contrariando determinação de autoridade competente:
Pena – Detenção de 6 (seis) meses a 2 (dois) anos e multa."
CDC, Art. 70. "Empregar, na reparação de produtos, peças ou componentes de reposição usados, sem autorização do consumidor:
Pena – Detenção de 3 (três) meses a 1 (um) ano e multa."

[447] Fernández Romo, analisando a Lei espanhola 22/94 – Responsabilidade Civil por danos causados por produtos – afirma que: "La Ley no viene a posicionar-se explícitamente respecto a la polémica de los servicios, entendidos o no como producto; habria que valorar si éstos son un bien inmueble, si pueden o no originar defecto, para responder positivamente, y a la vez, distinguir entre dos tipos de servicios, uno en sentido amplio, aquel que no se obliga a garantizar un resultado, y aquel que si se obliga a garantizar un resultado;" Fernandez Romo, ob. cit., p.38-39.
No âmbito comunitário, a Diretiva 85/374/CEE não traça normativa para os serviços. Conforme escreve Jiménez Liébana: "La Directiva al definir el procucto como *Cualquier bien mueble* excluye a los servicios de su ámbito de apolicación." Jiménez Liébana, ob. cit., p.160. Confirmando, ainda, na mesma obra, p. 167: "Em cualquier caso, en materia de servicios no existe regulación comunitaria en lo que afecta a la responsabilidad del prestador [...]"
Embora não se encontre, na Lei espanhola 22/94 e na Diretiva 85/374/CEE, normativas para responsabilizar o fornecedor frente aos defeitos dos serviços, na Espanha pode o consumidor se socorrer da Lei 26/84 – Lei Geral para Defesa dos Consumidores e Usuários – que trata sobre o assunto. Neste sentido Reyes López: "Por el momento, la reclamación de los daños provocados por servicios defectuosos sigue regulándose por lo dispuespo en la Ley General para la Defensa de los Consumidores y Usuarios" Reyes Lópes, ob. cit., p.74.

mecânico, etc.), o desgaste físico é evidente. A dúvida restaria quando a prestação de serviços é exercida por uma pessoa jurídica. Esta, como se sabe, é uma ficção de direito. Contudo, como trecho da realidade, como elemento fático icontornável, há o desgaste físico do pessoal da empresa.[448]

Assim, ao lado dos produtos, encontra-se como objeto da relação jurídica de consumo a prestação de serviços,[449] que são atividades oferecidas dentro do mercado consumidor, mediante uma contraprestação de pagamento.[450] Tem-se o fornecedor como a pessoa prestadora do serviço, e o consumidor como a pessoa que paga pelo serviço prestado. Com a denominação de prestação de serviço ou simplesmente serviço, conforme faz o Código de Proteção e Defesa do Consumidor brasileiro, tem-se mais um objeto da relação jurídica de consumo.

O Código de proteção e defesa do consumidor brasileiro define serviço quando estabelece, em seu art. 3º, § 2º, que "serviço é qualquer atividade fornecida no mercado de consumo, mediante remuneração, inclusive as de natureza bancária, financeira, de crédito e securitária, salvo as decorrentes das relações trabalhista."

O código não coloca, como possível objeto da relação jurídica de consumo, qualquer serviço, mas tão-somente aquelas atividades fornecidas no mercado de consumo, mediante remuneração. Assim, se a atividade não for fornecida no mercado de consumo, não será considerada serviço para efeitos do código. E, também, se a atividade for oferecida no mercado de consumo, mas de forma gratuita, não será considerada serviço para os mesmos efeitos.

Além do aspecto geral tratado pelo art 3º, § 2º, do CDC, o mesmo parágrafo dispõe exemplificativamente alguns serviços que devem ser considerados para os efeitos de proteção do código – os de natureza bancária, financeira, de crédito e securitária.

---

[448] Nascimento, ob. cit., p.22.

[449] É de se lembrar, com Parra Lucan, que muitos países não aceitam uma regulamentação uniforme e conjunta sobre responsabilidade de produtos e serviços, "Pero, aunque no existe inconveniente a nivel teórico de considerar al destinatario final de un servicio como consumidor (o usuario, si se prefiere) hay que recordar que, en Derecho comparado y a nivel supranacional se ha rechazado desde *un* principio que pudiera lograrse una regulación uniforme y conjunta de la responsabilidad del empresario de servidos y la del fabricante, distribuidor[...] de productos. La jurisprudencia estadounidense, por ejemplo, ha rechazado en numerosas ocasiones que la *strict liability* sea una via adecuada para obtener la reparación de los daños sufridos en una prestación de servicios defectuosa. El Convenio del Consejo de Europa sobre responsabilidad por productos de los daños de lesiones corporales y muerte y la Directiva CEE sobre responsabilidad por productos defectuosos no son, como veremos, aplicables a los daños ocasionados por los servicios." Parra Lucan, ob. cit., p.348-349.

[450] Conforme dispõe Zanardo Donato: "Vale dizer, o objeto da relação jurídica não está restrito apenas às coisas, mas abrange ainda as atividades ou ações humanas, desde que alguém deva fazer ou não fazer ou obrigue-se a dar alguma coisa. A essa atividade – física ou intelectual – praticada pelo homem (através do seu trabalho), possuidora de conteúdo econômico, denomina-se prestação." Donato, ob. cit., p.117.

Para o CDC, o serviço pode ser executado tanto por pessoa física – por exemplo, quando um homem é contratado para fazer a jardinagem de uma residência, mediante pagamento e sem vínculo empregatício – quanto jurídica – exemplificando, quando uma empresa é contratada para fazer a pintura de uma residência – mediante pagamento.

De uma maneira geral,

> serviço é ação de servir. Consiste em atos do homem, atividades, desempenhos, prestações. O serviço pode, como conseqüência, gerar produtos, ou pode exaurir-se, com a própria atividade realizada em determinado fim: limpeza, purificação, policiamento, guarda, vigilância.[451]

Porém, o serviço, visto no sentido amplo, não é aquele abrangido pelo CDC, uma vez que, *lato sensu*, serviço pode ser qualquer atividade desenvolvida por uma pessoa, independente de ser esse serviço remunerado ou não, e, também, de ser ele vinculado a uma relação trabalhista ou não.

Quando se trabalha o sentido de serviço, abrangido pelo CDC, pode-se notar que a sua conceituação se desenvolve dentro do que se pode chamar de sentido estrito, uma vez que, para configurar o serviço disposto no art. 3º, § 2º, são necessários alguns requisitos essenciais.

Para se configurar o conceito de serviço, estabelecido no CDC, são necessários três requisitos essenciais: atividade fornecida no mercado de consumo; remuneração e não ser relação de caráter trabalhista. Além desses três elementos fundamentais, é importante que se examine, para uma completa análise do sistema sobre os serviços implantado pelo código, a relação dos serviços abrangidos por esse dispositivo legal, os serviços públicos e privados, as atividades de natureza bancária, financeira, de crédito e securitária.

1. Atividade fornecida no mercado de consumo

O serviço abrangido pelo CDC caracteriza-se por ser aquele oferecido no mercado consumidor.[452]

Além da questão referente ao oferecimento de serviço no mercado de consumo, existe divergência doutrinária sobre a necessidade de regularidade ou não do oferecimento desse serviço pelo fornecedor. Ou seja, para se ter o serviço fornecido como objeto de uma relação de consumo, deve o fornecedor oferecê-lo regularmente, ou mesmo seu oferecimento esporádico gera conseqüências dentro do Código do Consumidor? Esse aspecto

---

[451] Cretella Júnior. *Comentários...* p.15.
[452] Ver. Nascimento, ob. cit., p.24.

já foi amplamente tratado no Capítulo II – conceito de fornecedor – item 2 – as idéias de atividade, habitualidade, profissão e remuneração frente ao conceito de fornecedor – por isso deixa-se de abordá-lo no presente item.

2. Remuneração

Um dos requisitos essenciais para se ter o serviço vinculado a uma relação jurídica de consumo é a remuneração, isto é, o consumidor de serviço somente recebe a proteção do CDC se esse serviço for remunerado. Nesse sentido se expressa Bonatto: "Serviço, como objeto de relação jurídica de consumo, tem como elemento fundamental a existência de remuneração".[453]

Quando o § 2º, do art. 3º, do CDC, fala em *mediante remuneração*, não está dizendo somente remuneração direta, mas também remuneração indireta.

Por remuneração direta entende-se aquela que é paga diretamente, em espécie, ao fornecedor, pelos serviços prestados.

A remuneração indireta é aquela que não aparece em espécie, mas se encontra embutida em outro serviço ou produto fornecido pelo fornecedor. Surge aqui apenas uma aparência de gratuidade.[454] Pode vir travestida de promoções, onde a gratuidade é apenas uma forma de atrair clientela. A título de exemplo, pode-se dizer como freqüente a promoção de troca de peças de automóveis, com a mão de obra de troca oferecida gratuitamente. No exemplo, se está diante de uma remuneração indireta, vez que o custo de reposição está embutido no valor da peça trocada.

Nos mesmos parâmetros da remuneração indireta, está o estacionamento à disposição do consumidor no *shopping center*, que gera responsabilidades ao fornecedor, uma vez que o entendimento tanto doutrinário, quanto jurisprudencial, é de que seu custo está embutido no preço das mercadorias vendidas nas lojas do "shopping".[455] Nesses casos o que se tem é um verdadeiro contrato de depósito, onde o bem – automóvel – deve ser devolvido, ao consumidor, sem qualquer dano.[456]

---

[453] BONATTO, MORAES. ob. cit., p.96.
[454] Ver: Efing, ob. cit., p.68.
[455] Ver. Marins, ob. cit., p.82-83.
[456] Analisando esse tipo de contrato diz Senise Lisboa: "A existência de estacionamento à disposição da clientela é método atrativo para captação cada vez maior da mesma, inexistindo motivo para desconsiderar-se o contrato de depósito do bem automotor efetuado entre o consumidor e o fornecedor [...].
Em se tratando de prestação de serviços de estacionamento desvinculado de qualquer outra finalidade de captação de clientela, incide a Lei 8.078/90, por se tratar de contrato de depósito, a título oneroso,

3. A relação trabalhista

O serviço abrangido pelo CDC é aquele que não está atrelado a uma obrigação trabalhista. Ou seja, se comparado com o trabalhador vinculado à legislação trabalhista, o serviço abrangido pelo CDC se caracteriza por uma independência do fornecedor de serviços em relação ao beneficiado pelo serviço.

O serviço abrangido pelo CDC cuida do que se denomina de trabalho autônomo. Assim, o serviço vinculado ao CDC é aquele que é exercido por pessoa, que não possua vínculo empregatício com o consumidor. Logo, o serviço prestado com vínculo empregatício não será abrangido pelo CDC[457] mas pela CLT (Consolidação das Leis do Trabalho).[458]

O que o legislador do CDC pretendeu, ao dispor expressamente a retirada do código dos serviços prestados diante das relações trabalhistas, foi deixar claro que uma coisa é a relação entre *empregado/empregador* e outra, totalmente diferente, é a relação entre *consumidor/fornecedor*. Nos dois casos a relação jurídica se estabelece sobre uma prestação de serviço, porém, quando se fala em serviço na relação de consumo, tem-se um serviço ofertado no mercado consumidor, mediante remuneração, seja ela direta ou indireta, e sem os encargos sociais atribuídos pela legislação trabalhista. Por outro lado, o serviço que vincula *empregado/empregador* dentro de uma relação trabalhista que, repete-se, não é abrangida pelo CDC, possui legislação própria – ex. CLT – é prestada mediante remuneração direta e incidência de encargos de ordem trabalhista – férias remuneradas, 13º salário, etc.[459]

---

por meio do qual se compromete o depositário a devolver a coisa em perfeito estado, conforme lhe foi entregue, ao seu proprietário." Lisboa, R. S. *Contratos difusos e coletivos*. São Paulo: Revista dos Tribunais, 1997. p.381.

[457] No mesmo sentido se manifesta Castro do Nascimento: "Na chamada relação empregatícia, quem detém o poder de comando, nele incluídos o direito de dirigir e fiscalizar a prestação pessoal de serviços é o empregador. O empregado se encontra numa relação de sujeição, porque dependente juridicamente daquele. Via de conseqüência, os riscos da atividade econômica exercida são do empregador. Parece claro que se sujeitando às ordens do empregador, a atividade que presta não pode gerar contra ele mesmo responsabilidades as mais diversas." Nascimento, ob. cit., p.26.

[458] No Brasil, os serviços desenvolvidos através do vínculo empregatício possuem legislação própria. Ver Consolidação das Lei do Trabalhos (CLT), Decreto-lei 5.452 de 1º/05/1945.
Ver também: Donato, ob. cit., p.118.

[459] Analisando o tema, assim se manifesta Cretella Júnior: "A *relação de consumo* coloca em confronto os componentes do binômio fornecedor-consumidor, assim como a relação trabalhista põe em confronto duas partes integrantes do binômio empregador-empregado. Nos dois casos, as relações gravitam em torno *de serviço prestado*, sendo que, na primeira hipótese, a atividade *é* fornecida no mercado de consumo, mediante remuneração, inclusive a atividade de natureza bancária, financeira, de crédito e securitário, cujo alvo *é* sempre o destinatário final, o consumidor, pessoa física ou jurídica, que utiliza o serviço prestado pela primeira parte constitutiva do binômio aludido, o fornecedor. Assim, para efeitos da presente lei, não se identifica, como *serviço*, a atividade fornecida,

No que se refere às denominadas operações mistas – empreitada mista, mão-de-obra mais materiais – onde existe o fornecimento de serviços e produtos, parece ser tranqüila a incidência do CDC sobre elas. Embora não haja expressa disposição do código se referindo sobre esse tipo de operação, a amplitude do conceito de serviço, estabelecido por ele, não deixa dúvida sobre a proteção dada pelo CDC ao consumidor do objeto caracterizado nesse tipo de relação jurídica.[460]

4. Serviço privado e serviço público

Serviços privados: no que se refere aos serviços privados, ou seja, os executados por particulares, sejam eles pessoas físicas ou jurídicas, não existe qualquer dúvida quanto à sua abrangência pelo CDC, visto que, inclusive, esses são a maioria dos serviços oferecidos no mercado de consumo, necessitando de regulamentação efetiva e proteção eficaz ao consumidor.

Serviços públicos: no âmbito dos serviços públicos,[461] é de se notar que o CDC também possui alcance de regulamentação e proteção ao consumidor. Vários são os artigos que demonstram essa abrangência: o art. 3 que estabelece como fornecedor toda a pessoa, pública ou privada que desenvolve atividades vinculadas ao serviço; o art. 4º que dispõe sobre a política nacional de relações de consumo e dá como um dos princípios básicos dessa política a presença do Estado no mercado de consumo; o art. 6 que estabelece os direitos básicos do consumidor e, entre eles, no inciso décimo dispõe sobre a adequada e eficaz prestação dos serviços públicos em geral e o art. 22 que obriga os órgãos públicos a fornecer serviços adequados, eficientes, seguros e, quanto aos essenciais, contínuos.

---

mediante remuneração, se decorrente de relação trabalhista. Se o empregado presta ou 'fornece' serviço ao empregador, mediante remuneração, que é o salário, contraprestação pela atividade prestada, nem por isso estamos diante do binômio fornecedor-consumidor, pois o empregador não se confunde com o consumidor, nem o serviço se projeta no mercado de consumo. Por sua vez, nem o empregado se identifica com o fornecedor, não obstante o empregado desenvolva atividade que favorece o patrão, pela simples razão de que estamos diante de *vinculum iuris* de natureza trabalhista[...]" Cretella Júnior, *Comentários...*, p.16-17.

[460] Pela proteção do consumidor nas operações mistas, se manifesta Toshio Mukai ao comentar o art. 3º, § 2º do CDC: "Como se verifica, o conceito da lei ora sob comento não é tão específico quanto às operações mistas. Mas, no nosso entender, as abrange, desde que se tratem de operações em que a atividade preponderante sobre o material," Mukai, ob. cit., p.10.
Sobre o tema e a relação trabalhista, ver também Filomeno, ob. cit., p.40.

[461] Segundo Hely Lopes Meirelles, "*Serviço público* é todo aquele prestado pela Administração ou por seus delegados, sob normas e controles estatais, para satisfazer necessidades essenciais ou secundárias da coletividade ou simples conveniências do Estado." MEIRELLES, H. L., *Direito administrativo brasileiro.* São Paulo: Malheiros Editores, 1999. p.297.

Além do CDC, é de se ressaltar também o art. 175 da Constituição Federal que estabelece como incumbência do Poder Público, na forma da lei, diretamente ou sob o regime de concessão ou permissão, sempre através de licitação, a prestação de serviços públicos.

O que se nota nos artigos elencados nos parágrafos anteriores é a efetiva presença dos órgãos públicos na prestação de serviços à comunidade. Os órgãos públicos se apresentam como verdadeiros fornecedores no sentido amplo da palavra. Nessa classe se incluem a União, os estado , os municípios, as autarquias, sociedades de economia mista, empresas concessionárias ou permissionárias, ou seja, todas as pessoas jurídicas que, vinculadas ao Poder Público, prestam serviços à sociedade.

Porém, nem todos os serviços públicos estão abrangidos pelo Código de Proteção e Defesa do Consumidor, visto que não existe apenas um tipo de serviço público. Pode-se classificá-los em vários tipos, sendo que, como se verá, para alguns deles o consumidor receberá a proteção do CDC, enquanto para outros não.

Como não é objeto do presente trabalho levantar polêmicas sobre a classificação dos serviços públicos, é de se adotar uma classificação para discutir o enquadramento ou não dos serviços públicos no CDC. A classificação apresentada por Hely Lopes Meirelles atende a todas as expectativas do presente trabalho e será o ponto de partida para a análise proposta.

Segundo o autor:

Levando-se em conta a essencialidade, a adequação, a finalidade e os destinatários dos serviços, podemos classificá-los *em: públicos* e *de utilidade pública; próprios* e *impróprios do Estado; administrativos* e *industriais; "uti universi"* e *"uti singuli"*.[462]

Essa classificação propicia o entendimento das várias formas que o serviço público pode se apresentar no meio social.

Os serviços públicos se contrapõem aos serviços de utilidade pública, uma vez que os primeiros, partindo de sua essencialidade, devem ser prestados diretamente pela administração pública – serviços de saúde pública, segurança interna, polícia, e segurança nacional entre outros – enquanto os segundos, não sendo essenciais à comunidade e devendo ser prestados por conveniência, não necessitam ser prestados diretamente pela administração. Embora possam ser executados diretamente pela Administração, também podem ser executados através de concessão ou permissão, mediante remuneração por parte de quem os utiliza – exemplo: telefonia, energia elétrica, transporte coletivo.[463]

---

[462] Meirelles, ob. cit., p.298.

[463] Analisando o assunto, assim se manifesta Lopes Mirelles: No primeiro caso *(serviço público)*, o serviço visa a satisfazer necessidades gerais e essenciais da sociedade, para que ela possa subsistir e desenvolver-se como tal; na segunda hipótese *(serviço de utilidade pública)*, o serviço objetiva

Os serviços próprios do Estado, segurança pública, saúde pública, etc., são atribuições do Poder Público, vez que interessam a toda a população, não podendo ser delegados a outras pessoas, mesmo porque, conforme ensina Lopes Meirelles, são geralmente gratuitos ou de baixa remuneração. Por outro lado, os serviços impróprios do Estado, por suas peculiaridades de não afetarem substancialmente as necessidades da comunidade, satisfazem interesses comuns de seus membros. Estes terão remuneração e poderão ser exercidos por outras pessoas que não a administração direta.[464]

Os serviços administrativos são os serviços internos do Poder Público, necessários à implementação dos demais serviços de ordem pública e vão desde a imprensa oficial até as estações experimentais. Já, os serviços industriais, que na realidade são serviços impróprios do Estado, produzem utilidades que serão adquiridas mediante remuneração, podendo estes ser executados tanto pelas empresas estatais ou de economia mista, ou por concessionárias ou permicionárias.

O último bloco da classificação apresentada por Lopes Meirelles refere-se aos serviços denominados de *uti universi* e de *uti singuli*. Os primeiros de abrangência geral ou universal – não há prévia identificação dos destinatários do serviço – são indivisíveis e não se consegue mensurá-los e, além disso, são mantidos mediante impostos e não podem ser delegados a terceiros; os segundos de abrangência individual ou particular, atendem à conveniência dos cidadãos, podendo ser delegados a terceiros, sendo mantidos mediante taxa ou tarifa.[465]

---

facilitar a *vida do indivíduo na coletividade,* pondo à sua disposição utilidades que lhe proporcionarão mais conforto e bem-estar. Daí se denominarem, os primeiros, serviços *pró-comunidade* e, os segundos, serviços *pró-cidadão,* fundados na consideração de que aqueles *(serviços públicos)* se dirigem ao bem comum e estes *(serviços de utilidade pública),* embora reflexamente interessem a toda a comunidade, atendem precipuamente às conveniências de seus membros individualmente considerados." Meirelles, ob. cit., p.299.

[464] Explica melhor Lopes Meirelles: "*Serviços próprios do Estado:* são aqueles que se relacionam intimamente com as atribuições do Poder Público (segurança, polícia, higiene e saúde públicas, etc.) e para a execução dos quais a Administração usa da sua supremacia sobre os administrados. Por esta razão, só devem ser prestados por órgãos ou entidades públicas, sem delegação a particulares.
Tais serviços, por sua essencialidade, geralmente são gratuitos ou de baixa remuneração, para que fiquem ao alcance de todos os membros da coletividade.
Serviços impróprios do Estado: são os que não afetam substancialmente as necessidades da comunidade, mas satisfazem interesses comuns de seus membros, e, por isso, a Administração os presta remuneradamente, por seus órgãos ou entidades descentralizadas (autarquias, empresas públicas, sociedades de economia mista, fundações governamentais), ou delega sua prestação a concessionários, permissionários ou autorizatários. Esses serviços, normalmente, são rentáveis e podem ser realizados com ou sem privilégio (não confundir com monopólio), mas sempre sob regulamentação e controle do Poder Público competente." Meirelles, ob. cit., p. 299.

[465] Ainda nas palavras de Lopes Meirelles: "*Serviços "uti universi" ou gerais:* são aqueles que a Administração presta sem ter usuários determinados, para atender à coletividade no seu todo, como os de polícia, iluminação pública, calçamento e outros dessa espécie. Esses serviços satisfazem

O problema a ser enfrentado é verificar para qual ou quais desses serviços, ditos públicos, o consumidor recebe a proteção do CDC.

Da definição de serviço, estabelecida no § 2º, do art. 3, do CDC, onde aparece uma exigência fundamental, a remuneração, já se pode ter um ponto de partida para a delimitação dos serviços públicos que serão abrangidos pelo CDC.

Se, para ser considerado serviço, o CDC exige a remuneração, como elemento essencial e importante, é se fazer uma análise da classificação anteriormente apresentada, para se saber quais dos serviços públicos são fornecidos mediante pagamento.[466] Nos serviços públicos, o custo pode advir do recolhimento de tributos – impostos, taxas ou contribuição de melhoria – ou através de preços públicos ou tarifas. Logo, para cobrir o primeiro tipo de custos – tributo – temos o contribuinte, e para cobrir o segundo tipo de custos temos o consumidor.[467]

Nessa linha de pensamento, e dentro da idéia do sentido estrito de serviço estabelecido pelo CDC, é de se deixar claro que não estão compreendidos na proteção ao consumidor, dispensada pelo código, os serviços provindos dos tributos em geral, ou seja, aqueles serviços que se inserem nas denominadas relações de natureza tributária, uma vez que nesse tipo de relação tem-se contribuinte e não consumidor.[468] Assim, os

---

indiscriminadamente a população, sem que se erijam em direito subjetivo de qualquer administrado à sua obtenção para seu domicílio, para sua rua ou para seu bairro. Estes serviços são indivisíveis, isto é, não mensuráveis na sua utilização. Daí por que, normalmente, os serviços *uti universi* devem ser mantidos por *imposto* (tributo geral), e não por taxa ou tarifa, que é remuneração mensurável e proporcional ao uso individual do serviço.
Serviços "uti singuli" ou individuais: são os que têm usuários determinados e utilização particular e mensurável para cada destinatário, como ocorre com o telefone, a água e a energia elétrica domiciliares. Esses serviços, desde que implantados, geram direito subjetivo à sua obtenção para todos os administrados que se encontrem na área de sua prestação ou fornecimento e satisfaçam as exigências regulamentares. São sempre serviços de utilização individual, facultativa e mensurável, pelo quê devem ser remunerados por *taxa* (tributo) ou *tarifa* (preço público), e não por imposto. Meirelles, ob. cit., p.300.
Ver também: BONATTO, MORAES. *Questões...*, ob. cit., p.101-102.

[466] No mesmo sentido ver: Donato, *Proteção...*, p.122.

[467] Conforme dispõe Bonatto: "Todas estas considerações reforçam a idéia de que consumidor não é contribuinte. Neste está inserido um conteúdo de coletividade, de busca do bem comum, de integração a uma estrutura organizacional geral, ao passo que a noção de consumidor, como participante do ato de consumir produto ou serviço, emerge com prevalência a idéia de satisfação individualizada de uma necessidade objetiva ou subjetiva de pessoa, seja física ou jurídica."
No mesmo sentido ver: Donato, *Proteção...*, p.109.

[468] Constituição Federal, Art. 145. "A União, os Estados, o Distrito Federal e os Municípios poderão instituir os seguintes tributos:
I – impostos;
II – taxas, em razão do exercício do poder de polícia ou pela utilização, efetiva ou potencial, de serviços públicos específicos e divisíveis, prestados ao contribuinte ou postos a sua disposição;
III – contribuição de melhoria, decorrente de obras públicas."

serviços ditos *uti universi* não seriam abrangidos pelo Código do Consumidor.[469]

Por outro lado, estão compreendidos no CDC os serviços públicos pagos mediante tarifas, sejam eles prestados diretamente pelo poder público, ou indiretamente, através de suas concessionárias ou permissionárias.[470]

É de se esclarecer a situação dos serviços denominados de *uti singuli* que, às vezes são remunerados por taxas e outras vezes por tarifas.

Quando o serviço *uti singuli* é executado mediante o pagamento de uma taxa – que, conforme a própria Constituição,[471] é um tributo cobrado em razão do exercício do poder de polícia ou pela utilização, efetiva ou potencial, de serviços públicos específicos e divisíveis, prestados ao contribuinte ou postos à sua disposição – tem-se uma relação tributária e não uma relação de consumo.[472] Assim sendo, o serviço *uti singuli* que for efetuado mediante pagamento de taxa não estará compreendido nas normativas do Código do Consumidor.[473]

Outro aspecto a ser levado em conta, quando se opta por retirar do CDC os serviços pagos através de taxas, é que estes, por serem tributos,

---

[469] Neste mesmo sentido ver: BONATTO, MORAES. *Questões...*, ob. cit., p.101.

[470] Sobre o tema ver: Filomeno, *Código...*, ob. cit., p.39; Donato, *Proteção...*, ob. cit., p.120-130. Com o mesmo posicionamento Bonatto: "Assim, deve ficar claro que, sob nossa ótica, todas as pessoas que se valham de serviços públicos remunerados por tarifa ou preço público sem dúvida alguma estão abrangidas pelas normas do CDC, seja quando esteja configurada uma hipótese de liberdade formal ou substancial." BONATTO, MORAES. *Questões...*, ob. cit., p.110.

[471] O Código Tributário Nacional explicando o fato gerador das taxas, reza: Art. 77. "As taxas cobradas pela União, pelos Estados, pelo Distrito Federal ou pelos Municípios, no âmbito de suas respectivas atribuições, têm como fato gerador o exercício regular do poder de polícia, ou a utilização, efetiva ou potencial, de serviço público específico e divisível, prestado ao contribuinte ou posto à sua disposição."

[472] Analisando o tema afirma Bonatto: "Assim, a taxa é uma imposição do poder público, eis que não contém o caráter de voluntariedade encontrado no ato de pagar o preço, seja privado ou público. Identifica-se, também, porque pode ser cobrada sem que haja a fruição efetiva do serviço.
Todavia, o que mais releva é exatamente este caráter impositivo, o qual afasta completamente qualquer tipo de reconhecimento da existência da figura do consumidor." BONATTO, MORAES. *Questões...*, ob. cit., p.103.

[473] Abordando o assunto, diz Bonatto: "Oque não concordamos é que seja considerado consumidor de um serviço público remunerado por taxa, uma pessoa que sequer pode escolher este mesmo serviço ou sequer necessita dele, pois isto atenta contra a teleologia e à própria sistemática do Código de Defesa do Consumidor. BONATTO, MORAES. *Questões...*, ob. cit., p.105.
É de se esclarecer, também, que o contribuinte, tanto dos serviços *uti universi,* quantos os dos serviços *uti singuli* pagos por taxas, por não receberem a proteção do CDC, não ficam sem ação contra o Estado. É de se anotar o art. 37, § 6º da Constituição Federal: " As pessoas jurídicas de direito público e as de direito privado prestadoras de serviços públicos responderão pelos danos que seus agentes, nessa qualidade, causarem a terceiros, assegurado o direito de regresso contra o responsável nos casos de dolo ou culpa."

não podem ser suspensos no caso de falta de pagamento.[474] Por outro lado, a falta de pagamento dos serviços pagos por tarifas pode ensejar a suspensão dos mesmos. Nota-se, pois, nos serviços públicos pagos por tarifas, uma verdadeira relação jurídica que segue os padrões da ordem privada.[475]

Assim, os serviços *uti singuli* são oferecidos mediante tarifa, e esta não se confunde com tributo. É sim preço público. "O preço público ou tarifa envolve relação com contornos de direito privado, ao passo que a taxa, como qualquer outro tributo, por ser compulsória, envolve relação típica de direito público".[476]

5. Atividades de natureza bancária, financeira, de crédito e securitária

O código expressamente estabeleceu a atividade de natureza bancária como serviço, incluindo-a nas relações jurídicas de consumo, no art. 2º, § 2º Assim, a atividade de natureza bancária[477] oferecida no mercado de consumo mediante remuneração, direta ou indireta, reger-se-á pelo disposto no CDC.[478] Nesses casos, o banco será o fornecedor, e o cliente que utiliza seus serviços, como destinatário final, será o consumidor.[479]

---

[474] "Ocorre, ainda, que, se o serviço é obrigatório, sua remuneração é por taxa (tributo), e não por *tarifa* (preço), e a falta de pagamento de tributo não autoriza outras sanções além de sua cobrança executiva com os gravames legais (correção monetária, multa, juros, despesas judiciais)." Meirelles, ob. cit., p.301.
No mesmo sentido, ver também: BONATTO, MORAES. *Questões...*, ob. cit., p.107.

[475] Posição divergente é levantada por Pasqualotto: "os serviços públicos impróprios, prestados direta ou indiretamente pelo Estado ou, ainda, por meio de concessão, autorização ou permissão, estão sob a tutela do CDC, porque remunerados pelo pagamento específico de taxas ou tarifas." Pasqualotto, ob. cit., p.145.

[476] BONATTO, MORAES, *Questões...*, ob. cit., p.104.

[477] Senise Lisboa explicando as operações bancárias, afirma que: "As operações bancárias em geral constituem-se em serviços remunerados direta ou indiretamente que são prestados por instituições financeiras regularmente constituídas, que se encontram em funcionamento por autorização governamental.
Os negócios jurídicos celebrados pelo consumidor, juntamente com instituição financeira, possuem regras específicas, ditadas de forma genérica pela Lei 8.078/90 e pelo Direito Bancário." Lisboa. *Contratos...*, ob. cit., p.373.

[478] No mesmo sentido: Donato, ob. cit., p.130-131.
Ver também: Efing. *Contratos...*, ob. cit., p.70.

[479] Dirimindo as dúvidas escreve Bonatto: "A Doutrina predominante qualifica as atividades bancárias como "serviços", tendo sido este o objetivo do legislador consumerista, tanto é que escrevem nestes termos, nos seus comentários à Lei Projetiva, os elaboradores do anteprojeto que veio a se converter na Lei nº 8.078/90.
Em realidade, quem recebe um crédito consome sim, pois "gasta" o dinheiro, pelo que a hipótese se enquadra perfeitamente na definição de consumo." BONATTO, MORAES. *Questões...*, ob. cit., p.98.

As instituições bancárias relutaram e ainda relutam contra seu enquadramento no Código de Defesa do Consumidor. Conforme informa Bonatto, "um dos argumentos de algumas Instituições Bancárias, para não se verem abrangidas pela norma consumerista, é o de que o dinheiro volta às mãos do fornecedor, pois é um crédito concedido".[480] Não existe qualquer razão para esse tipo de pensamento vez que o consumidor paga por esse serviço. Existem vários exemplos que analogicamente apresentam a mesma configuração dos executados pelos bancos e que fazem parte daqueles abrangidos pela norma consumerista. O próprio Bonatto elenca alguns: o aluguel de um veículo e a visita a um museu mediante pagamento.[481]

No que se refere ao Banco como fornecedor de serviços, na relação jurídica de consumo, não resta dúvida quanto à sua configuração. Porém, quando se analisa a figura do consumidor, frente ao Banco, duas situações podem aparecer: o consumidor como pessoa física e o consumidor como pessoa jurídica.

No que se refere ao consumidor, como pessoa física, desde que ele atue como consumidor final,[482] estará ele incluído na categoria de consumidor, sem qualquer sombra de dúvidas.[483]

Quanto à pessoa jurídica, embora as situações se tornem mais complicadas devido à própria complexidade da pessoa envolvida, as análises guardarão os mesmos caminhos percorridos para a pessoa física. Porém, é de se reconhecer que, como foi dito, a complexidade dos casos é de maior envergadura. Assim, deve-se perquirir: sobre a finalidade nem sempre clara quando de trata de uma empresa; sobre a vulnerabilidade que também

---

[480] BONATTO, MORAES. *Questões...*, ob. cit., p.98.

[481] Após análise, conclui Bonatto: "Em suma, oferecer crédito no mercado é prestar serviço, serviço este que será pago pelo fato de ter sido por causa deste "aluguel de dinheiro" que o consumidor teve satisfeitas suas necessidades finais de viabilização de um objetivo, segurança, oportunidade e outras utilidades necessárias à vida em sociedade." BONATTO, MORAES. *Questões...*, ob. cit., p.98.

[482] É de se notar que nem sempre o contratante de serviços bancários buscará o contrato como consumidor final. É de se ver exemplo citado por Ulhoa Coelho onde, " se se tratar de contrato bancário com um exercente de atividade empresarial, visando ao implemento de sua empresa, deve-se verificar se este pode ser tido como consumidor. Se o empresário apenas intermedia o crédito, a sua relação com o banco não se caracteriza, juridicamente, como consumo, incidindo na hipótese, portanto, apenas o direito comercial". Coelho, ob. cit., p.429-230.

[483] Nesse sentido, Zanardo Donato: "Em se tratando de consumidor – pessoa física – não haverá de surgir qualquer dvida. Vale dizer, ocorrendo uma prestação de serviços bancários, onde figurem, de um lado, na qualidade de fornecedor um determinado banco comercial e, de outro, na qualidade de consumidor, uma pessoa física qualquer, que contrate objetivando uma destinação final, parece-nos evidente que essa relação jurídica se caracterizará como uma relação de consumo. A inclusão da pessoa física, enquanto consumidor é clara, segundo o texto da lei." No mesmo sentido: Donato, ob. cit., p.131.

demanda dificuldades para se saber quando uma empresa pode ou não ser considerada como vulnerável frente a seu fornecedor.[484]

Da mesma forma que as atividades bancárias, as atividades desenvolvidas pelas financeiras e postas no mercado de consumo, mediante remuneração, também estão incluídas entre os serviços normados pelo CDC. A empresa financiadora será o fornecedor, enquanto a pessoa que utiliza seus serviços mediante pagamento, direto ou indireto, será considerado consumidor.

Os serviços prestados pelas financeiras podem ser os mais variados, que vão desde a simples cobrança de contas, água e luz, até a concessão de mútuos, ou financiamento de bens móveis ou imóveis.[485]

No que se refere à atividade de crédito, para não deixar dúvidas quanto a interpretações diversas, o CDC expressamente determinou a atividade de crédito como serviço para fins de o consumidor receber a proteção do CDC.

O serviço, caracterizado como atividade securitária e abrangido pelo CDC, é aquele que provem de um contrato de seguro assinado entre o consumidor e uma empresa de seguros.

No Brasil, a regulamentação do seguro é feita através do Decreto-lei n. 73, de 21 de novembro de 1966.[486] Esse decreto que regulamenta os seguros privados no país divide-os em obrigatórios[487] e facultativos, con-

---

[484] Zanardo Donato abordando sobre as dificuldades da análise da pessoa jurídica como consumidor nos serviços bancários, escreve: "Deve-se, pois, ao verificar-se a inclusão ou não de determinada pessoa jurídica na qualidade de consumidora dos produtos e serviços fornecidos pelos bancos e outras entidades financeiras, investigar a finalidade daquele negócio jurídico – se na qualidade de consumidor ou não – e a partir de então perquirir-se acerca de sua vulnerabilidade. Assim, se o contrato bancário efetivado pela pessoa jurídica tiver sido realizado buscando o alcance de uma atividade intermediária, não há que se falar em relação de consumo. Se, entretanto, o contrato houver sido realizado buscando-se alcançar uma atividade final, deve-se, a partir daí, perquirir-se da vulnerabilidade do consumidor." Donato, ob. cit., p.132.

[485] Brito Filomeno lembra que os investidores de valores mobiliários não são considerados consumidores na ótica do CDC, vez que: "Tanto isso é verdade, que a Lei nº 7.913, de 7 de dezembro de 1989, previu ações específicas de ressarcimento a investidores, prevendo ainda a Lei nº 6.024, de 13 de março de 1974, medidas acautelatórias quando se tratar de liquidação extrajudicial de instituições de crédito." Filomeno. *Código do...*, p.40.

[486] DECRETO-LEI 73 DE 21/11/1966 – DOU 22/11/1966
Dispõe sobre o Sistema Nacional de Seguros Privados, Regula as operações de seguros e resseguros e dá outras providências.
Regulamentado pelo Decreto nº 60.459, de 13/03/1967.
ART.1 – "Todas as operações de seguros privados realizados no País ficarão subordinadas às disposições do presente Decreto-lei."

[487] O Decreto-lei 73 de 21/11/1966 DECRETO-LEI 73 DE 21/11/1966 – DOU 22/11/1966, em seu art.20 dispõe que são obrigatórios os seguros de:
a) danos pessoais a passageiros de aeronaves comerciais;
b) responsabilidade civil do proprietário de aeronaves e do transportador aéreo;
* Alínea "b" com redação dada pela Lei nº 8.374, de 30/12/1991.

siderando como operações de seguros privados os seguros de coisas, pessoas, bens, responsabilidades, obrigações, direitos e garantias. Como se pode notar, o decreto exclui os seguros do âmbito da Previdência Social, regidos pela legislação especial pertinente.

Fica claro, portanto, que as atividades de seguro fazem parte dos serviços em que o consumidor encontra proteção no CDC. Prova disso é que o próprio código dispõe em outros artigos aspectos específicos dessa proteção dispensada ao consumidor. É de se ressaltar o artigo 101 que dispõe sobre o chamamento ao processo do segurador, pelo réu que houver contratado o seguro de responsabilidade.[488]

---

c) responsabilidade civil do construtor de imóveis em zonas urbanas por danos a pessoas ou coisas;
d) bens dados em garantia de empréstimos ou financiamentos de instituições financeiras públicas;
e) garantia do cumprimento das obrigações do incorporador e construtor de imóveis;
f) garantia do pagamento a cargo de mutuário da construção civil, inclusive obrigação imobiliária;
g) edifícios divididos em unidades autônomas;
h) incêndio e transporte de bens pertencentes a pessoas jurídicas, situados no País ou nele transportados;
i) crédito rural;
j) crédito à exportação, quando julgado conveniente pelo CNSP, ouvido o Conselho Nacional do Comércio Exterior (CONCEX);
* *Alínea "j" com redação dada pelo Decreto-Lei nº 826, de 5/9/1969.*
l) danos pessoais causados por veículos automotores de vias terrestres e por embarcações, ou por sua carga, a pessoas transportadas ou não;
* *Alínea "l" com redação dada pela Lei nº 8.374, de 30/12/1991.*
m) responsabilidade civil dos transportadores terrestres, marítimos, fluviais e lacustres, por danos à carga transportada.
* *Alínea "m" acrescida pela Lei nº 8.374, de 30/12/1991.*
Parágrafo único. Não se aplica à União a obrigatoriedade estatuída na alínea "h" deste artigo.
* *§ único acrescido pela Medida Provisória nº 1.940-16, de 9/12/1999 (DOU de 10/12/1999, em vigor desde a publicação).*
[488] Sobre o chamamento ao processo do segurador pelo réu que houver contratado seguro de responsabilidade ver: PEREIRA, A. O. K. O seguro e o código de defesa do consumidor brasileiro. *Revista Faculdade de Direito*, n.9, Caxias do Sul: Educs, 1987. p.103.

Segunda Parte

A PROTEÇÃO DO CONSUMIDOR NO DIREITO BRASILEIRO

A pesquisa desenvolvida nessa segunda parte, está direcionada para o estudo da dogmática jurídica, enquanto elemento de proteção ao consumidor. Além do estudo da dogmática está presente, em todos os capítulos, a análise conjunta da teoria da ação social, sempre com vistas a verificação de sua aplicação ao Direito do consumidor.

O trabalho possui, como um de seus elementos centrais, o defeito nos produtos como indutor de responsabilidade civil. Nessa ótica, a segunda parte está direcionada para o estudo da dogmática antes do código de proteção e defesa do consumidor, da nova dogmática surgida com o código, dos defeitos do produto e da responsabilidade civil gerada por esses defeitos.

Ressalta-se que todas as análise formuladas dentro da dogmática, passam também pelo estudo da teoria da ação social, atendendo sempre aos objetivos indicados desde o início do trabalho.

Capítulo V

Dogmática e proteção do consumidor no direito brasileiro

Neste capítulo, pretende-se estudar a dogmática vinculada à relação jurídica de consumo. Dois momentos históricos possuem importância para o entendimento da proteção ao consumidor dentro do âmbito jurídico brasileiro: o período anterior ao código de proteção e defesa do consumidor e o período que com ele se inicia, trazendo uma nova dogmática para enfrentar os problemas advindos com as relações de consumo.

Assim, a divisão deste quinto capítulo em dois itens, que abordam respectivamente a proteção do consumidor antes do Código e a proteção do consumidor advinda com o Código, perfazem a idéia de estudo para esses momentos.

1. A dogmática de proteção do consumidor, no Brasil, antes da Lei nº 8.078, de 11 de setembro de 1990

No Brasil, antes do Código de Defesa do Consumidor, Lei nº 8.078, de 11 de setembro de 1990, a legislação pouco disciplinou a matéria relativa ao Direito do Consumidor. O Ordenamento Jurídico possuía alguns artigos dentro do Código Civil brasileiro – dispositivos sobre evicção e vícios redibitórios – dentro do Código Penal e algumas leis esparsas, sem uma clara preocupação de solucionar os problemas que poderiam surgir nas relações jurídicas de consumo.

Nesse contexto, era importante a elaboração de normas que possibilitassem uma efetiva proteção ao consumidor, dispositivos legais diferentes das normas até então utilizadas, pois deveriam atender às novas concepções e necessidades de uma sociedade de consumo.[1]

---

[1] Abordando o tema da transição para a relação jurídica de consumo, afirma KRIGER FILHO: "No que diz respeito às relações de consumo, vários são os fatores que induziram a adoção de um regime jurídico ligado à responsabilidade, diverso do constante no Código Civil. Entre estes, podemos

1.1. Aspectos histórico-sociais

Tendo em vista as mudanças legislativas ocorridas no Estado brasileiro, nas últimas décadas, é de se supor que as transformações econômicas, jurídicas e sociais que se fizeram no mundo, no último século,[2] não passaram despercebidas em nível de Brasil, uma vez que, inserido no contexto mundial, recebe os reflexos do que acontece nos âmbitos econômico, político, social e jurídico, quando esses acontecimentos têm importância em nível internacional.

A sociedade mundial vê, a partir do liberalismo emergente do século XIX, um direcionamento para as idéias propostas nessa doutrina, que primeiro aparece no âmbito político,[3] e depois alastra-se ao plano econômico, onde a liberdade e a igualdade figuram como fonte da vontade.[4]

---

destacar a preocupação com a integridade física do consumidor e a ineficiência da teoria dos vícios redibitórios para resolver as inúmeras questões pertinentes à matéria de consumo que surgiram na vida moderna." Kriger Filho, D. A. *A responsabilidade civil e penal no código de defesa e proteção do consumidor.* Porto Alegre: Sintese, 1998. p.64.

[2] "O século XX despediu-se, deixando, todavia, marcas indeléveis em nosso mundo. Em razão do fantástico desenvolvimento tecnológico e científico que nele teve lugar, abrangendo áreas do conhecimento humano sequer imaginadas, profundas transformações sociais, econômicas e políticas ocorreram, que, por sua vez, passaram também a exigir transformações no ordenamento jurídico porquanto as normas legais até então existentes ficaram ultrapassadas, deixando enorme descompasso entre o social e o jurídico. Resultaram daí os novos direitos – direito da comunicação, direito espacial, direito ambiental, biodireito, direito do consumidor e assim por diante –, todos destinados a satisfazer as necessidades de uma sociedade em mudança." CAVALIERI FILHO, Sergio. *O direito do consumidor no limiar do século XXI.* Revista do Direito do Consumidor, São Paulo, n° 35, julho/setembro/2000. p.97.

[3] Analisando a democracia marxista e liberalista, afirma Severo Rocha que: "entendemos que talvez a maior dificuldade para a análise da democracia no fim do século seja provocada pelo fato de que as duas teorias dominantes na teoria política, o marxismo e o liberalismo, chegaram a um esgotamento de suas potencialidades críticas." ROCHA, Leonel Severo. Direito, cultura política e democracia. *Anuário do Programa de Pós-Graduação em Direito – Mestrado e Doutorado- 2000,* São Leopoldo: Gráfica da UNISINOS, 2000. p.141.

[4] "Decorrente do liberalismo político, surge o liberalismo econômico, buscando através das leis econômicas a condução do sistema para o equilíbrio. A livre concorrência e a não-intervenção do Estado constituíam requisitos imprescindíveis para que o mecanismo a ser regido por essas leis econômicas funcionasse perfeitamente. Buscava-se, destarte, a harmonia entre os interesses individuais e o interesse geral da sociedade.
Reflexamente, essa nova ordem social, política e econômica de cunho liberal infiltrou-se no Direito operando a sua transformação. Advém, como conseqüência, o positivismo jurídico e a concepção do direito como sistema jurídico.
O direito privado, portanto, transforma-se ao absorver e normatizar essa recém-introduzida concepção econômica que, em sua expressão maior, traduz-se no direito obrigacional e, resultante desse processo jurídico, apresenta como sua maxime a autonomia da vontade. É o liberalismo político e econômico disseminando-se através da ordem jurídica obrigacional, resultando no voluntarismo.
O voluntarismo, expresso pela autonomia da vontade, passa a reger a concepção de vínculo contratual, através do qual a propriedade – como produto – será circulada, bastando para tanto que a ordem jurídica confira sua tutela à vontade das partes, caracterizada como fonte de direitos e obrigações contratuais, asseverando, assim, a produção dos efeitos desejados pelos contratantes.
Apresentando-se a liberdade e a igualdade como fontes do voluntarismo, não interessava a perquirição relativa à condição econômica ou social dos contratantes. A demonstração da autonomia da vontade

Porém, é de se atentar para o que diz Severo Rocha, quando analisa o discurso e a hegemonia:

> No interior do discurso existem diferentes tendências, suscitando necessariamente o problema da hegemonia, pois não existe poder soberano (discurso competente) sem uma elite que domine. No entanto, não há discurso hegemônico e coerente *a priori*. Os discursos são produtos de diferentes práticas sociais. Deve-se ainda ressaltar que toda relação de forças possui sempre uma representação simbólica. É indissociável a relação do discurso com esta prática política. Uma está imbricada na outra. Desta forma, não se poderia entender as relações hegemônicas na sociedade sem esta dialética práxis-discursiva.[5]

Assim, tanto a liberdade quanto a igualdade aparecem muito bem delineadas no plano teórico e ideal, porém no plano prático e concreto os objetivos ficam longe das metas traçadas.

Nesse contexto prático, surgiu a produção em massa[6] e a concorrência[7] que, em um primeiro momento, parecia ser totalmente favorável ao consumidor.[8] Nesse sentido, também se manifesta Benjamin: "é para ele

---

e a igualdade das partes no momento de contratar mostravam-se suficientes, ainda que, como constatou-se posteriormente pela realidade fática, a autonomia da vontade e a igualdade das partes configurassem somente uma abstração ideal e não, como pretendia, uma realidade jurídica." Donato, ob. cit., p.15-16.

[5] ROCHA, Leonel Severo. *Epistemologia jurídica e democracia*. São Leopoldo: Editora Unisinos, 1998. p.127-128.

[6] "A massificação da produção, verificada em especial após o fordismo, impôs, por via de conseqüência, a massificação do consumo e da comunicação entre consumidores e fornecedores, ou seja, da informação. Esta é a sociedade em que vivemos: anônima, complexa e desigual.
Anônima, no sentido de que não conhecemos mais aquele que produz os bens e presta os serviços que consumimos. Complexa, pois igualmente ignoramos de que forma se processa a produção. Desigual, diante da preponderância econômica, jurídica e técnica do fornecedor." MELLO, Heloísa Carpena Vieira de. *Responsabilidade civil no código de defesa do consumidor*. Revista de Direito do Consumidor, São Paulo, nº 28, Revista dos Tribunais Ltda., outubro/dezembro/1998. p.60.

[7] "Visava-se, a princípio, tão-somente ao desenvolvimento da produção em série obtida pela tecnologia ascendente, atingindo-se a produção em massa, resultante da obtenção simultânea da redução dos custos produtivos e de um maior contingente de consumidores aptos a adquirir o produto (os quais em decorrência do barateamento do preço comprariam mais). E, como conseqüência de todo esse processo econômico, decorreria a auferição de maiores lucros.
Esse processo gerou, como esperado, uma concorrência acentuada entre os produtores, levando-os a desenvolver novas técnicas de vendas vislumbradas pela demonstração das qualidades e benefícios que os consumidores teriam ao adquirir seu produto (em detrimento do produto do concorrente), induzindo-os a comprar. Surge, a partir de então, o aprimoramento do *Marketing*.
Como resultante ou complemento desses dois processos produtivos e mercadológico – fez-se necessário o desenvolvimento de novas formas de crédito, a fim de que o consumidor pudesse mais fácil e rapidamente adquirir o produto.
O consumidor, destinatário de todo esse processo altamente produtivo, deveria configurar-se como o maior beneficiário dessas transformações econômicas." Donato, ob. cit., p.17.

[8] "Ao final do século XIX, sobrevêm novas transformações sociais determinando a evolução do liberalismo. O indivíduo é substituído pelo grupo; as sociedades comerciais, notadamente as sociedades anônimas, promovem a concentração dos meios produtivos; os produtores organizam-se, fazendo acordos – posteriormente denominados cartéis – a fim de limitar os efeitos da concorrência, vindo a criar situações de oligopólios ou monopólios. Surge, então, dessa ulterior transformação do pano-

e pensando nele que se produz. É a ele que se vendem produtos e serviços; é a ele que se busca seduzir com a publicidade."[9] [10]

Porém esse quadro não se concretizou na prática porque, segundo Zanardo Donato,

> em face das extraordinária proporções alcançadas por esse processo produtivo, cada vez mais fortalecido, o consumidor, já imbuído do espírito consumerista que esse mesmo processo produtivo veio a impingir-lhe, tornava-se vulnerável. Resta, ao final, o consumidor atingido por essa explosão produtiva, que o induz a buscar mais e mais a satisfação de suas necessidades e desejos e, ao mesmo tempo, torna-o impotente face à robustez adquirida pelo produtor. Contrariamente ao esperado, ou seja, ver-se o consumidor engrandecido pelo seu poder de compra, deparamo-nos com sua fragilidade, sua vulnerabilidade frente ao poderio econômico.[11]

No contexto do capitalismo, os produtores se organizaram, e os consumidores desorganizados se tornaram vulneráveis frente ao poder econômico.

A situação criada pela atividade econômico-social, colocando de um lado os empresários – fornecedores – e de outro os consumidores, que na teoria deveriam andar juntos para o crescimento global da sociedade, criou uma configuração não esperada: os empresários organizando-se em grandes grupos, através dos monopólios ou cartéis dominam, através do seu poder econômico, todas as relações vinculadas ao consumo, uma vez que, do outro lado, estavam os consumidores desorganizados, e portanto vulneráveis a todo tipo de direcionamento advindo do mais forte. O poder econômico impunha seus ditames e os consumidores não possuíam meios eficazes para defesa, uma vez que a pretendida igualdade entre as partes dava lugar ao domínio de uma parte economicamente forte e organizada, sobre a outra economicamente fraca, desorganizada e sem a proteção do Estado, que não dispunha de meios jurídicos condizentes com a situação que se formara.

---

rama econômico, o capitalismo exacerbado que, através do elevado desenvolvimento produtivo, condicionou-nos um novo modelo social: a sociedade de consumo (*mass consumption society*)." Donato, ob. cit., p.17.

[9] BENJAMIN. O conceito... p.69.

[10] Idem. E adenda ainda, na mesma obra, Benjamin: "É o consumidor, enfim, quem paga a conta da produção e é dele que vem o lucro do produtor. A influência do consumidor é sentida nos dois extremos da estrutura econômica: no ponto final da cadeia de produção ele adquire, consome e se utiliza dos produtos e serviços oferecidos, julgando-os e, quando, possível, selecionando-os. Demais disso, no pólo mesmo da produção o consumidor faz-se ouvir, quer pelas suas reações negativas a um determinado produto, quer pela manifestação de uma necessidade de consumo específica, embora sua força, sempre relativa, seja diretamente proporcional ao seu grau de afluência e de informação. Geralmente, os consumidores mais fortes e sofisticados podem levar a uma purificação do mercado, p. ex., através da eliminação gradual de produtos alternativos indesejáveis. Idealmente, os produtores deveriam ser forçados a melhorar seus produtos automaticamente através da atuação de pressões competitivas no mercado."

[11] Donato, ob. cit., p.18.

1.2. Aspectos histórico-jurídicos

Dentro do contexto econômico-social, descrito no item anterior, o próprio Direito se vê envolvido. Devido a esse envolvimento, o Direito procurou organizar-se dentro da idéia de sistematização jurídica, que se apresentava como sendo o indispensável à sua estabilidade[12] e que, no início do século XX, parecia solucionar todos os problemas. Porém, como bem salienta Zanardo Donato,

> do ideal propagado pela Revolução Francesa – Igualdade, Liberdade e Fraternidade – restaram, pois, nas últimas décadas, encampado pela sociedade capitalista, a tão-somente: igualdade e liberdade. Ideais estes que estavam a refletir unicamente a realidade jurídica positiva já existente e que, por essas razões, não mais refletiam verdadeiramente a realidade fática.[13]

Com esse quadro delineado, cabia ao Estado e ao Direito buscar soluções aos impasses advindos das relações que se estabeleciam entre fornecedor e consumidor. Surge, num primeiro momento, um conjunto normativo que atuou de forma paliativa como proteção ao consumidor. É a fase pré-intervencionista:

> "A teoria pré-intervencionista de proteção do consumidor e, portanto, o direito de proteção do consumidor, desenvolveu-se a partir do direito comercial e do direito de concorrência. Analisaram-se criticamente alguns pressupostos básicos de direito civil como a liberdade contratual, 'caveat emptor', responsabilidade por culpa etc. Esta teoria propôs soluções 'amenas', sem impor padrões satisfatórios nas relações contratuais que, é claro, tinham de ser adequadas às diversas tradições legais."[14] [15]

---

[12] "O positivismo jurídico, na verdade, não foi apenas uma tendência científica, mas esteve também ligado, inegavelmente, à necessidade de segurança da sociedade burguesa. O período anterior à Revolução Francesa caracteriza-se pelo enfraquecimento da justiça, através do arbítrio inconstante do poder da força, provocando a insegurança das decisões judiciárias. A primeira crítica a essa situação veio do círculo dos pensadores iluministas. A exigência de sistematização do direito acabou por impor aos juristas a valorização do preceito legal no julgamento de fatos decisivos. Daí surgiu, na França, de grande influência nos países em que o espírito napoleônico predominou, correspondendo, no mundo germânico à doutrina dos pandectistas. A tarefa do jurista circunscreveu-se, a partir daí, cada vez mais à teorização e sistematização da experiência jurídica, em termos de unificação construtiva dos juízes normativos e dos esclarecimentos dos seus fundamentos, descambando, por fim, para o chamado 'positivismo legal', com a autolimitação da ciência do direito ao estudo da lei positiva e o estabelecimento da tese de 'estabilidade do direito.'" FERRAZ JR. T. S. *Conceito de Sistema no Direito*. São Paulo: Revista dos Tribunais, 1976. p.31-32.

[13] Donato, ob. cit., p.18.

[14] REICH, Norbert. *Algumas proposições para a filosofia da proteção do consumidor*. RT-728, junho de 1996, p.13.

[15] Por outro lado, com maior força, "o Direito do Consumidor veio a lume para eliminar as desigualdades criadas nas relações de consumo pela revolução industrial, notadamente a partir da segunda metade do século XX, revolução essa que aumentou quase que ao infinito a capacidade produtiva de ser humano." CAVALIERI FILHO, Sérgio. *O direito do consumidor no limiar so século XXI*. In Revista de direito do consumidor, São Paulo, nº 35, Revista dos Tribunais, 2000, p.98.

Antes de assumir a complexidade criada pela sociedade de consumo, a relação *Vendedor/Comprador* possuía um vínculo de confiabilidade direto. Nesse sentido explica Lima Moraes:

> Essa relação assumia um caráter muito pessoal, e eventual conflito circunscrevia-se à órbita privada ou individual dos litigantes. E, ademais, não merecia maior relevo social.
>
> Com o passar do tempo, todavia, em face da mudança nas relações de comércio e em razão do advento da sociedade de consumo, caracterizada pela produção em massa, aliada ao imperioso crescimento da publicidade nesse campo, houve necessidade de o Estado intervir, com seu poder cogente, nas relações em que figurasse como parte o consumidor, tutelando seus interesses. E isso porque, se de um lado o consumidor, isoladamente considerado, se mostrava frágil e impotente para enfrentar as novas ofensas que lhe eram arremessadas pelo mundo moderno, de outro lado impunha-se ao Estado conferir um tratamento jurídico peculiar a esse conflito oriundo de uma relação que não mais se estabelecia no plano eminentemente individual.[16]

A confiança é um dos elementos que move as relações entre as pessoas e, em última análise, a própria sociedade. Ao pretender adquirir uma passagem de ônibus, o consumidor não vai antes nas oficinas da empresa verificar se a manutenção dos veículos está sendo feita. Há uma confiança[17] de que isto esteja sendo feito.[18] Através dessa confiança se vislumbra a certeza no futuro, é de certa forma uma antecipação do futuro.[19] Porém, se trabalhada a confiança vinculada com a segurança, há de se ver que somente o presente traz toda a segurança. Nas palavras de Luhmann: "a confiança somente pode assegurar-se e manter-se no presente. Nem o futuro incerto nem inclusive o passado pode despertar a confiança, já que não se eliminou a possibilidade do descobrimento futuro de

---

[16] Moraes, V. de L. Da tutela do consumidor, *Revista da Associação dos Juízes do Rio Grande do Sul*, Porto Alegre: AJURIS, 1989. p.7-8.

[17] "[...] A responsabilidade pelo vício de qualidade instituída por nosso Código de Proteção e Defesa do Consumidor representa a consagração de um dever de qualidade, anexo à atividade do fornecedor e fundado no princípio da proteção à confiança." SCAFF, Fernando Campos. *A responsabilidade do empresário pelo fato do produto e do serviço, do código civil ao código de proteção e defesa do consumidor.* RT-737, março de 1997, 86º ano, p.28.

[18] "Quien confia en una empresa, en una determinada situación, producción y/o comercialización de bienes y servicios es porque espera que ella se comporte en forma *predecible* conforme a las expectativas que ella misma generó como antecedente, verbigracia, por la publicidad masiva. Generar confianza entonces implica otorgar certeza sobre algun acontecimiento futuro, verbigracia, la eficiencia y seguridad del bien o servicio; es hacer desaparecer la incertidumbre, es poder anticiparse ala misma y comportarse como si ese futuro fuera cierto y minimizando las sítuaciones de riesgo.
De esta forma, entre la *confianza* y el futuro, hay una *relación de previsibilidad* en el comportamiento empresarial y cuanto mayor sea la confianza, mayor sera el grado de certidumbre acerca de un comportamiento o hecho futuro de los consumidores." WEINGARTEN, Celia. *El valor economico de la confianza para empresas y consumidores.* Revista de Direito do Consumidor, São Paulo, nº 33, Revista dos Tribunais, janeiro/março/2000. p.35.

[19] Luhmann, Niklas. *Confianza.* México: Anthropos, 1996. p.14.

antecedentes alternativos".[20] Assim, a confiança é um elemento que não se mostra como segurança, mas como possibilidade. Fazer a ação com confiança é fazê-la dentro de parâmetros possíveis. Nas palavras de Luhmann, "a confiança, no mais amplo sentido da fé nas expectativas de um, é um fato básico da vida social."[21] [22]

Falar em confiança nas relações de consumo é falar em qualidade, garantia de troca do produto, de ressarcimento dos danos possíveis, fazer novamente o serviço que não ficou a contento. Também a confiança, nas relações de consumo, está diretamente relacionada com seleção. A seleção no presente determina o futuro. E essa seleção deveria levar em conta, sensivelmente, a confiança que o consumidor possui no produto ou serviço a ser adquirido.[23]

É de se notar que o verbo *dever* foi utilizado como "*deveria*", e não como "*deve*", justamente para deixar claro que, muitas vezes, não há para o consumidor opção de escolha para decidir entre um produto que confia ou não. As relações jurídicas de consumo são concretizadas, não raras vezes, sobre produtos ou serviços monopolizados e sob as condições de cartéis, que estão distante de possibilitar opções baseadas na confiabilidade.

Luhmann, com propriedade, dispõe:

> Este problema pode captar-se mais claramente se distinguimos entre o *futuro no presente e o presente no futuro*. Cada presente tem seu próprio futuro, que é o prospecto ilimitado de suas próprias possibilidades futuras. Concebe um futuro do qual somente uma seleção pode, no futuro, converter-se em presente. No progresso até o futuro, estas possibilidades abrem caminho à seleção de novos presentes e com ele a novas perspectivas futuras.[24]

---

[20] Tradução, pelo autor, de fragmento da obra em espanhol: "la confianza solamente puede asegurarse y mantenerse en el presente. Ni el futuro incierto ni incluso el pasado puede despertar la confianza, ya que no se há eliminado la posibilidad del descubrimiento futuro de antecedentes alternativos". Ibidem, p. 20.

[21] Tradução, pelo autor, de fragmento da obra em espanhol: "la confianza, en el más amplio sentido de la fe en las expectativas de uno, es un hecho básico de la vida social." Ibidem, p. 5.

[22] Sobre o assunto ainda afirma Luhmann: "Donde hay confianza hay un aumento de posibilidades para la experiencia y la acción, hay un aumento de la complejidad del sistema social y también del número de posibilidades que pueden reconciliarse con su estructura, porque la confianza constituye una forma más efectiva de reducción dela complejidad." Luhmann. Confianza..., p.14.

[23] Nesse sentido, Celia Weingarten: "El hombre actua por motivaciones, y la primordial es la expectativa de confianza que supera la incertidumbre en cualquier orden, especialmente en el ambito juridico economico para romper con los riesgos del mercado, creando un marco de expectativa favorable a su acceso, evitando daños innecesarios.
La *espectativa de confianza* nace fundamentalmente a partir dela credibilidad objetivizada, que es la que *orienta el comportamiento y guia las decisiones* del individuo y sus intencionalidades, especialmente a los consumidores." ." WEINGARTEN, Celia. *El valor economico de la confianza para empresas y consumidores*. Revista de Direito do Consumidor, São Paulo, n° 33, Revista dos Tribunais, janeiro/março/2000. p.35.

[24] Tradução, pelo autor, de fragmento da obra em espanhol: "Este problema puede captarse más claramente si distinguimos entre *el futuro en el presente y el presente en el futuro*. Cada presente

Não restam dúvidas de que, de uma maneira geral, dentro da sociedade, a seleção do presente estabelece o futuro, uma vez que o futuro se vê no presente. Porém, quando se trata de relação jurídica de consumo, como já foi abordado anteriormente, nem sempre pode-se falar em possibilidade de seleção, ou seja, em possibilidade de escolha do futuro, vindo portanto o futuro, muitas vezes, por imposição e não por seleção.

Não descuida Luhmann da possibilidade de diferença entre presente e futuro, quando busca solução para o impasse, no que denominou de *eleição consciente*.

> Se a experiência traz consciência da diferença entre seu futuro no presente e seu presente no futuro, a oportunidade surge de fazer uma eleição consciente, junto com a incerteza e uma necessidade de consolidar relações entre os presentes atuais e os presentes futuros, que o futuro no presente parece por em perigo.[25]

Nas relações de consumo, nem sempre a solução adotada por Luhmann se aplica. *Eleição consciente* é um elemento que nem sempre vai estar presente nas relações jurídicas de consumo. Se, por um lado, o consumidor pode eleger conscientemente entre um produto e outro, entre um serviço e outro, muitas vezes essa eleição consciente não aparece, vez que o consumidor não possui a opção de eleição. Assim, não haverá como consolidar relações entre os presentes atuais e os presentes futuros. Não há como retirar o perigo que se apresenta.

Nesse patamar de discussão, em que se envolve a relação jurídica de consumo, pode-se dizer que a relação entre presente e futuro nem sempre é uma questão de confiança, ela simplesmente acontece no presente, independente da perspectiva de confiança no futuro.

A confiança, como redutor da complexidade social, é inegável quando ela pode ser aplicada. Porém, essa aplicabilidade em nível de relação de consumo está longe de ser a ideal. O surgimento da dogmática consumerista é uma tentativa de fazer surgir uma maior confiança dentro desse tipo de relação, vez que não se podia deixar que as partes continuassem a se digladiar na busca de soluções, na maioria das vezes não encontradas, para solver os problemas que se apresentavam. Mesmo porque as partes estavam em franca desigualdade, sendo o fornecedor mais forte, tanto economicamente, quanto em nível de conhecimento. Esta desigualdade

---

tiene su propio futuro, que es el prospecto ilimitado de sus propias posibilidades futuras. Concibe un futuro del cual solamente una selección puede, en el futuro, convertirse en presente. En el progreso hacia el futuro, estas posibilidades abren paso a la selección de nuevos presentes y con elo a nuevas perspectivas futuras." Ibidem, p.21.

[25] Tradução, pelo autor, de fragmento da obra em espanhol: "Si la experiencia trae conciencia de la diferencia entre su futuro en el presente y su presente en el futuro, la oportunidad surge de hacer una elección consciente, junto con la incertidumbre y una necesidad de consolidar relaciones entre los presentes actua-les y los presentes futuros, que el futuro en el presente parece poner en peligro." Idem.

somente trazia segurança e confiança para o fornecedor, e não para o consumidor.

Luhmann, analisando a questão atinente ao dinheiro e ao poder, no meio social, os coloca como mecanismos sociais que garantem segurança frente ao futuro, pressupondo a confiança.[26] E isso é exatamente o que ocorre no âmbito da relação de consumo: o dinheiro e o poder estabelecem segurança e confiança para os fornecedores que, através deles, possuem condições de manipular o mercado a seu bel-prazer. Essa situação, analisada sob a ótica de um período anterior à dogmática do consumidor, pode encontrar um distanciamento acentuado entre fornecedor e consumidor, com predomínio quase total daquele sobre este.

A dogmática consumerista vem com o intuito de diminuir esse distanciamento, fazendo com que haja uma maior igualdade entre as partes. A união dessa igualdade com a criação de expectativas generalizadas que, muitas vezes, não possuem aprovação individual, possibilita uma maior confiança na ação a ser executada, ocorrendo, também, uma redução da complexidade social. Nesse sentido, escreve Luhmann:

> [...] através da generalização, são superadas as descontinuidades tópicas a cada dimensão, eliminando-se assim os perigos específicos a cada dimensão. Dessa forma a normatização dá continuidade a uma expectativa, independentemente do fato de que ela de tempos em tempos venha a ser frustrada. Através da institucionalização o consenso geral é suposto, independentemente do fato de não existir uma aprovação individual.[27]

Quanto mais complexa a sociedade, maior a possibilidade de discrepância no que se refere às expectativas, fazendo com que haja uma diminuição na confiança a ser depositada sobre a ação.

Em uma sociedade simples, sobe o nível de confiança existente entre fornecedor e consumidor. Esses laços são estreitados devido ao conhecimento que cada parte possui da outra, além do que, em sociedades simples há uma forte caracterização da solidariedade,[28] que seguramente traz um elevado índice de confiança nas relações interpessoais. Exemplos desse tipo de sociedade poder-se-iam verificar nas ditas sociedades familiares, onde o número de participantes é pequeno e homogêneo e o inter-relacionamento não traz a complexidade dos grandes e heterogêneos grupos.

---

[26] Nas palavras de Luhmann: "Dinero, poder y verdad (a los cuales volveremos en detalle) son mecanismos sociales que permiten que se pospongan las decidones, sin embargo garantizan una seguridad frente a mi futuro de mayor incertidumbre y complejidad de sucesos. La estabilización de éstos y otros mecanismos en el presente presupone la confianza" Luhmann. Confianza, p.26-27.

[27] LUHMANN, Niklas. *Sociologia do direito I*. Rio de Janeiro: Edições Tempo Brasileiro Ltda., 1983. p.110.

[28] Luhmann reconhece que: "Talcott Parsons estaba en lo correcto al considerar la solidaridad expresiva del pequeño grupo como la base de la confianza política precisamente en relación con la incertidumbre inevitable de procesos políticos complejos." Luhmann. Confinaza, p.27.

Em uma sociedade complexa, que Severo Rocha chega a denominar de hipercomplexa,[29] aos moldes da sociedade moderna, a impessualização nas relações de consumo assume uma faceta que desloca o consumidor da *pessoa referência,* ou seja, o consumidor sente-se distante dos responsáveis.[30] As relações jurídicas são tratadas com *representantes dos representantes* da empresa que fabrica o produto. Essa despersonalização retira do consumidor a confiança que antes depositava em *certa pessoa.*

É lógico que a confiança não deixa de existir, pois a completa ausência de confiança impediria o homem de levantar-se pela manhã,[31] porém, no contexto social moderno, ela fica minimizada. Há, de certa forma, também, um deslocamento da confiança calcada nas pessoas *donas da empresa,* para as *marcas* que se fixam no mercado, e no sistema como um todo. A confiança passa para o âmbito sistêmico, já não é mais uma pessoa que se tem como referência, mas sim o conjunto que o sistema apresenta.[32]

Na atual sociedade, a confiança no sistema[33] que substitui a confiança em um indivíduo, se fez como necessidade imposta pela hipercomplexidade da mesma. Seria impossível verificar todos os dados atinentes a todas as ações que envolvem as relações jurídicas de consumo. Para isso, ter-se-

---

[29] ROCHA, Leonel Severo. Três matrizes da teoria jurídica. *Anuário do Programa de Pós-Graduação em Direito – Mestrado e Doutorado –* 1998/99, São Leopoldo: Gráfica da UNISINOS, 1999. p.122.

[30] Trabalhando a confiança e a complexidade da sociedade, Lorenzetti afirma que: "Há sido descripto suficientemente en la filosofía y en la teoria social, como un aspecto de las sociedades maduras que se van fraccionando en múltiples sectores autonómicos, que van cambiando su escala cuantitativa hacia dimensiones masivas y planetarias, que aceleran el tiempo y la sofisticación de los dispositivos del consumo, todo lo cual presenta relaciones distantes, anónimas hipercomplejas." LORENZETTI, Ricardo Luiz. *La oferta como aparencia y la aceptación basada en la confianza.* In Revista de direito do consumidor julho-setembro/2000, São Paulo, n° 35, Revista dos Tribunais, 2000, p. 10.

[31] Luhmann, ob.cit., p.5.

[32] Nesse sentido, Lorenzetti: "La organización económico-social en una economia global tiene a configurase como 'sistema experto' en numerosas áreas, presentando entonces un supuesto de magnitud considerable y relevante. El viaje en avión, el turismo, los servicios informáticos, los bancarios, los clubes de campo, el seguro, la jubilación, los parques de diversiones, los shopping centers, las prestaciones de salud, presentan características similares en el plano organizacional: a) son sistemas, ya que el individuo no se ralaciona con outro individuo, sino con un sistema de individuos, b) son expertos ya que presentan características tecnológicas inexcrutables, y el individuo sólo se relaciona con su presentación externa y simplificada." LORENZETTI, Ricardo Luiz. *La oferta como aparencia y la aceptación basada en la confianza.* Revista de direito do consumidor n° 35, São Paulo: Revista dos Tribunais, 2000, p.12.

[33] Nesse sentido, Celia Weingarten: "[...]Por un lado se trata de darle *confiabilidad al sistema economico* en si mismo como soporte del bienestar y otro individualmente, las empresas apuntan a que aquella confiabilidad se deslize hacia sus productos, relacionandolos con la calidad de vida.
Esta generación de confianza, con herramientas especificas como la publicidad y el *marketing,* hacen que los consumidores y usuarios busquen determinadas *marcas* de bienes y servidos, asi como empresas que comercializan determinadas *lineas,* en la idea que en tales circunstancias ahorran costos de información, mercadeo etc." WEINGARTEN, Celia. *El valor economico de la confianza para empresas y consumidores.* Revista de Direito do Consumidor, São Paulo, n° 33, Revista dos Tribunais, janeiro/março/2000. p.33.

ia que entender de tudo, de todos os sistemas e subsistemas existentes na sociedade (só para exemplificar: informática, mecânica, leis, economia, administração, etc.). Nesse instante, onde a confiança ganha caráter generalizado, pode-se falar em vulnerabilidade do consumidor, vez que apenas com base nessa confiança ele não consegue ter domínio sobre a situação, e não possuindo esse domínio lhe resta apenas confiar, não como questão de negligência, mas de necessidade.[34] A ação se automatiza de forma tal, que o ator que a realiza, celebrando um contrato, por exemplo, não tem sequer consciência dos seus efeitos jurídicos.[35]

Outro elemento, que se demonstra atrelado ao nível maior ou menor da confiança é a familiaridade com o âmbito sobre o qual a ação vai ser praticada, vez que a familiaridade é ponto de partida para a aceitação de outros elementos que não necessitam fazer parte do âmbito em que o indivíduo está familiarizado.[36] "A familiaridade é a pré-condição para a confiança como também para a desconfiança, ou seja, para todo tipo de compromisso com uma atitude determinada até, o futuro".[37] O sujeito, ao optar por uma ação, ou outra, terá em conta os aspectos que lhe são familiares, pois daí lhe vem a possibilidade de confiar ou desconfiar do que estaria prestes a acontecer, pois a confiança ou desconfiança só irá acontecer se o sujeito tiver condições de selecionar elementos que o levem a essas conclusões. Esses elementos farão parte, indiscutivelmente, da familiaridade do indivíduo. É o passado prevalecendo sobre o presente e sobre o futuro, com a redução da complexidade.[38]

---

[34] Necessidade essa, muitas vezes criada fora do aspecto biológico. Nesse sentido Carlos Ghersi: "Las *necesidades reales* corresponden a referencias ajenas al sistema económico: condicionamientos biológicos de la reproducción (alimentos, vivienda y vestido) y dependen del sistema antropológico humano, mutandose conforme a la historia y al devenir natural-ecológico y cultural.
En el otro aspecto – necesidades inducidas – la *economia* produce desde dentro del sistema (autorreferencias) continuamente nuevas necesidades para la continuidad, regulación o ampliación del funcionamiento del mercado y la reproducción del proceso de acumulación.
Es decir que, respecto del consumidor/sujeto, como extremo del binario, existe un condicionamiento de referencia ajena.
En síntesis: la operatoria socio-económica dela transacción, es un proceso de *referencia ajena* (antropología – sistema económico capitalista) para el consumidor, que queda *controlado* por la empresa." GHERSI, Carlos A. La paradoja de la igualdad del consumidor en la dogmática contractual. Revista de Direito do Consumidor, São Paulo, n° 36, Revista dos Tribunais, outubro/dezembro/2000, p.42.
[35] No mesmo sentido: Lorenzetti, ob. cit., p.12.
[36] Nesse sentido, Luhmann: "En la comunicación interpersonal sólo parte de esta familiaridad es verbalizada; el resto se presupone como la base para entender, siendo bien y verdaderamente garantízado como evidente por la aprobación moral." Luhmann. Confianza, ob.cit., p.30.
[37] Tradução, pelo autor, de fragmento de obra em espanhol: "la familiaridad es la precondición para la confianza como también para la desconfianza, es decir, para todo tipo de compromiso con una actitud determinada hacia el futuro". Ibidem, p.32.
[38] Neste sentido: Luhmann. *Confianza...*, p.31.

Executam-se ações com base no conhecimento, na familiaridade, que leva à possibilidade de confiar, ou não, no que irá acontecer.[39] Assim, tanto a familiaridade, quanto a confiança atuam como elementos de redução da complexidade. Ou seja, mesmo que o contexto se apresente extremamente complexo, quando existe familiaridade e confiança, há uma simplificação dos mecanismos na busca dos resultados. Tanto o relacionamento entre familiaridade e confiança, quanto o grau de redução de complexidade não é igual em todos os sistemas sociais, pois nesses contextos também estão presentes outras variáveis que, como a própria complexidade, podem interferir no resultado. Segundo Luhmann:

> Por outra parte, a grande complexidade da ordem social cria uma necessidade maior de coordenação e de aqui uma necessidade que agora se satisfaz cada vez menos por meio da familiaridade. Nestas circunstâncias, a familiaridade e a confiança devem buscar uma relação nova e que seja reciprocamente estabilizadora, a qual já não se baseia num mundo imediatamente experimentado, assegurado pela tradição e muito a mão.[40]

Nesse ínterim, a confiança vai ser basificada na estrutura predeterminada dos sistemas sociais. Entra-se aqui nas ciências positivas que impõem verdades, muitas vezes longe da realidade intersubjetiva.[41] Se a análise for formulada sobre o direito que "produz congruência seletiva e constitui, assim, uma estrutura dos sistemas sociais,"[42] pode-se notar que ele busca no estabelecimento das normas a certeza das ações, estando, assim, a confiança direcionada para as normas: "o que a norma disser, deve ser o que irá acontecer".[43] A confiança, na realidade, passa a ser a confiança no sistema, e não somente na pessoa do outro.

---

[39] Para Luhmann "la confianza solamente es posible en un mundo familiar; necesita a la historia como transfondo confiable. No se puede dar confiaza sin esta base esencial y sin todas las experiencias previas." Luhmann. *Confianza...*, p.33.

[40] Tradução, pelo autor, de fragmento da obra em espanhol: "Por otra parte, la gran complejidad del orden social crea una necesidad más grande de coordinación y de aqui una necesidad que ahora se satisface cada vez menos por medio de la familiaridad. En estas circunstancias, la familiaridad y la confianza deben buscar una relación nueva y que sea reciprocamente estabilizadora, la cual ya no se basa en un mundo inmediatamente experimentado, asegurado por la tradición y muy a mano." Ibidem, p.34.

[41] Nas palavras de Luhmann: "Las ciencias positivas reducen el conocimiento verdadero a la función de ordenamiento de la relación entre la percepción y el concepto, suponiendo que la percepción, al igual que los conceptos (especialmente si son congruentes), puede ser llevada a una certeza intersubjetiva inequívoca y asegurada contra la arbitrariedad del *altér ego*." Ibidem, p.35.

[42] LUHMANN. *Sociologia do direito I*. Ob. cit., p.115.

[43] No geral, porém, o homem em seu di-a-dia não estão preocupado com confiança ou desconfiança. Com razão Luhmann quando afirma: "La familiaridad total del mundo de la vida generada anónimamente, incluyendo a la naturaleza y a la relación humana que se construyen en términos generalizados, es y continuará siendo la razón manifiesta del ser, la base práctica de todos los enfoques intencionales a objetivos específicos. Los hombres viven dia a dia en esta zona intermedia sin problemas específicos de confianza o desconfianza." Luhmann. *Confianza*, p.35.

Nasce, como resultado, uma nova forma de confiança no sistema que implica renunciar, como um risco consciente, a alguma possibilidade de maior informação, assim como também a uma indiferença cuidadosa e ao contínuo controle dos resultados.[44]

Em nível da relação de consumo, a questão da familiaridade é elemento que está presente na hora da decisão para o desenvolvimento da ação de adquirir um bem ou serviço. Quanto mais familiarizado o consumidor estiver com o produto ou serviço, a ser adquirido, maior será a confiança nele depositada.

Por outro lado, a complexidade dos produtos oferecidos no mercado deixa o consumidor sem a possibilidade de familiarização com seus intrincados mecanismos. Exemplos atuais são os *softwares* na área da computação, sobre os quais poucos consumidores possuem condições de estar familiarizados e muito menos de dominá-los completamente.

Nesse patamar de discussão, surge o que vem se denominando, na dogmática jurídica, de vulnerabilidade do consumidor, pois, não dominando as técnicas de compreensão, submete-se ele a todos os direcionamentos do fornecedor. Logo, em termos de confiança, ocorre, nesse âmbito, uma minimização, pois o consumidor, não detentor do conhecimento, retrai-se, desconfiando das intenções formuladas pelo fornecedor.

Assim, se a familiaridade e a confiança são formas complementares de absorção da complexidade,[45] o que deveria existir, nas relações de consumo, é a intensificação da familiaridade e, conseqüentemente, da confiança entre as partes que se envolvem na referida relação.

Porém essa intensificação, tanto da familiaridade, quanto da confiança não ocorre nas relações jurídicas de consumo dentro da complexidade da sociedade atual.

Os motivos da minimização da confiança no contexto das relações de consumo parecem estar atrelados a três elementos fundamentais: o primeiro, devido à própria complexidade da sociedade moderna, que retira a possibilidade do indivíduo familiarizar-se com todo o complexo que lhe é apresentado; o segundo, devido à organização dos fornecedores na busca do lucro e da dominação do mercado, com sensíveis prejuízos ao consumidor;[46] e

---

[44] Tradução, pelo autor, de fragmento da obra em espanhol: "Nace, como resultado, una nueva forma de confianza en el sistema que implica renunciar, como un riesgo consciente, a alguna posibilidad de mayor información, así como también a una indiferencia cuidadosa y al continuo control de los resultados." Luhmann, *Confianza...*, p.36-37.

[45] Nesse sentido, Luhmann, *Confianza...*, p.33.

[46] Nesse contexto particular é de se salientar que a busca pelo lucro, muitas vezes desregrado, leva o fornecedor a executar certos atos que, com o passar do tempo, faz com que o consumidor perca a confiança no produto, na marca, e porque não dizer no próprio fornecedor. O próprio Luhmann, analisando o problema da confiança, afirma que "una mentira puede transtornar enteramente la confianza, y por su valor simbólico, demasiados pequeños errores y exposiciones falsas pueden desenmascarar el verdadero carácter de alguien o algo, amnudo con un rigor implacable." Luhmann, *Confianza...*, p.49.

o terceiro, ao sistema liberal adotado, que entendendo as partes da relação de consumo como iguais, dá plena liberdade para o mercado e para as relações de consumo.

Na busca de uma reativação da confiança dentro da relação jurídica de consumo aparece o *princípio da confiança*, que conforme assinala Cavalieri Filho:

> Outro princípio que merece destaque é o da confiança, intimamente ligado ao princípio da transparência. Confiança é a credibilidade que o consumidor deposita no produto ou no vínculo contratual como instrumento adequado para alcançar os fins que razoavelmente deles se espera.[47]

Fora, especificamente da relação de consumo, mas dentro do complexidade da sociedade moderna, o próprio Luhmann já analisava a possibilidade de redução da familiaridade. Explica ele:

> A medida que a ordem social se encontra cada vez mais complexa e variável, tende no todo a perder seu caráter prosaico, evidente, sua familiaridade dada por este, porque a experiência cotidiana somente pode considerá-lo ou anulá-lo numa forma fragmentária.[48]

Se tanto a familiaridade, quanto a confiança tendem a se minimizar na sociedade complexa, devem-se buscar outras formas que levem à pacífica convivência, vez que não é possível buscar soluções na separação daqueles que não coadunam nas idéias. Assim, busca-se nas estruturas predeterminadas o estabelecimento das bases para a confiança nos sistemas sociais.[49] Porém, essas estruturas, que se traduzem em tipos de sistemas, não conseguem reproduzir o mundo real em toda sua complexidade,[50] há diferença considerável entre o interno e o externo do sistema, mas, através de certa seleção, podem estabelecer ordem e desencadear a manutenção da confiança, porque demonstram, aparentemente, a mesma complexidade. Existe diferença entre o interno e o externo, que reside, no dizer de Luhmann, no fato de que todos os processos internos operam a um nível mais baixo de complexidade e de uma forma seletiva, recebendo os dados do mundo como informações pertencentes ao sistema.[51]

Reportando-se à confiança, escreve Luhmann que,

---

[47] CAVALIERI FILHO, Sérgio. *O direito do consumidor no limiar do século XXI*. Revista de direito do consumidor, São Paulo, n° 35, Revista dos Tribunais, 2000, p.102.

[48] Tradução, pelo autor, de fragmento da obra em espanhol: "A medida que el ordem social se vuelve cada vez más complejo y variable, tiende en el todo a perder su carácter prosaico, evidente, su familiaridad dada por hecho, porque la experiencia cotidiana solamente puede considerarlo o anularlo en una forma fragmentaria." Ibidem, p.34.

[49] Nesse sentido, idem.34.

[50] Ver LUHMANN. *Confianza...*, p.44.

[51] Ibidem, p.45.

no caso da confiança, a redução da complexidade adota formas especiais por causa de sua natureza subjetiva. Tais formas podem descrever-se como câmbios no nível em que se absorve, ou se faz tolerável, a incerteza. O sistema substitui a certeza externa pela certeza interna, e ao faze-lo eleva a tolerância da incerteza nas relação externas.[52]

Por ficção – e só por ficção pode ser feito[53] – cria-se a estrutura que, no caso da relação de consumo, consubstancia-se na dogmática consumerista, e que terá por função retomar a confiança perdida no inter-relacionamento tumultuado pela disputa de forças estabelecidas no sistema liberal, com nítida vantagem ao fornecedor.

[...] o comportamento social em um mundo altamente complexo e contingente exige a realização de reduções que possibilitem expectativas comportamentais recíprocas e que são orientadas a partir das expectativas sobre tais expectativas. Na dimensão temporal essas estruturas de expectativas podem ser estabilizadas contra frustrações através da normatização.[54]

É a busca de solução, dentro da ficção, estabelecida pela ciência positiva. Ainda, no dizer de Luhmann:

As ciências positivas reduzem o conhecimento verdadeiro à função de ordenamento da relação entre a percepção e o conceito, supondo que a percepção, igualmente que os conceitos (especialmente se são congruentes), pode ser levada a uma certeza inter-subjetiva inequívoca e assegurada contra a arbitrariedade do *alter ego*.[55]

Certeza essa impossível de ser abalizada antes da ação. Os resultados provindos da ação, na realidade não podem ser medidos senão após a ação ser completada. Antes, apenas surge uma idéia do que irá acontecer. O êxito não poderá ser mensurado antecipadamente. O êxito – se vem a aparecer – só aparece depois da ação.[56] Nesse aspecto deve haver um certo grau de confiança – que se apóia na ilusão, uma vez que se possui menos

---

[52] Tradução, pelo autor, de fragmento da obra em espanhol: "en el caso de la confianza, la reducción de la complejidad adopta formas especiales a causa de su naturaleza subjetiva. Tales formas pueden describirse como cambios en el nivel en que se absorve, o se hace tolerable, la incertidumbre. El sistema sustituye la certeza externa por la certeza interna, y al hacerlo eleva la tolerancia de la incertidumbre en las relaciones externas." Idem, p.45.

[53] "El punto crítico cartesiano de la metafísica sustituyó el darse cuenta consciente del pensamiento que se piensa a sí mismo, por la existencia preconsciente del ser. Pero la auto-conciencia del pensamiento es considerada como una experiencia interna del ser humano individual, y basándose simplemente en ello, se la reduce a una generalización." LUHMANN. *Confianza...*, p.34.

[54] LUHMANN. *Sociologia do direito I*. Ob. cit., p.109.

[55] Tradução, pelo autor, de fragmento da obra em espanol: "Las ciencias positivas reducen el conocimiento verdadero a la función de ordenamiento de la relación entre la percepción y el concepto, suponiendo que la percepción, al igual que los conceptos (especialmente si son congruentes), puede ser llevada a una certeza intersubjetiva inequívoca y asegurada contra la arbitrariedad del alter ego." Luhmann. *Confianza...*, p.35.

[56] Nesse sentido: Luhmann. *Confianza...*, p.41.

informação do que se necessita para vislumbrar o êxito[57] – para que induza à ação, na busca do resultado, nem que esse grau seja mínimo.

Para se chegar à conclusão ou não de que houve uma minimização da confiança, dentro da complexidade da sociedade moderna, pode-se trabalhar tanto na órbita da teoria funcionalista de sistemas, como na teoria estruturalista. A importância dessa análise pode ser verificada na idéia de Severo Rocha:

> Nos últimos tempos, a noção de ciência do Direito, baseada em critérios sintático-semânticos, tem se alterado para critérios pragmáticos. Esta trajetória se desloca sucessivamente de uma perspectiva estrutural, voltada aos aspectos normativos do Direito, até um perspectiva funcionalista, dirigida às funções sociais do Direito; de um ponto de vista mais teórico até um ponto de vista mais político, permitindo-se a colocação do problema da democracia.[58]

Luhmann, analisando a teoria funcionalista, explica:

> O conceito, então, significa um número de possibilidades que se faz acessível através da formação do sistema. Implica que as condições (e em conseqüência os limites) de possibilidade podem especificar-se, que o mundo chega a constituir-se segundo esta maneira, e também que o mundo contém mais possibilidades, de modo que neste sentido tem uma estrutura *aberta*. Desde um ângulo esta relação entre mundo e sistema pode ver-se como problema de sobrecarga e como uma instabilidade ameaçada constantemente.[59]

Por outro lado, o estruturalismo[60] que se desenvolve como sistema fechado em si mesmo[61] e, portanto, sobre a idéia de que uma estrutura se basta a si própria, não necessitando para ser apreendida do recurso de todas as espécies de elementos estranhos à sua natureza,[62] também necessita ser explicado neste momento do trabalho.

No estruturalismo temos, conforme ensina Piaget, uma estrutura que

---

[57] Ibidem, p.53.

[58] ROCHA, Leonel Severo. *Três matrizes...*, p.121.

[59] Tradução, pelo autor, de fragmento da obra em espanhol: "El concepto, entonces, significa un número de posibilidades que se hacen accesibles a través de la formación del sistema. Implica que las condiciones (y en consecuencia los límites) de posibilidad pueden especificar-se, que el mundo llega a constituirse según esta manera, y también que el mundo contiene más posibilidades, de modo que en este sentido tiene una estructura *abierta*. Desde un ángulo esta relación entre mundo y sistema puede verse como problema de sobrecarga y como una inestabilidad amenazada constantemente." Luhmann. *Confianza...*, p.10.

[60] É de se lembrar com Lepargneur, que "a atitude estruturalista é reação contra a hipótese do Progresso que nasceu no século XVIII e contra qualquer imperialismo do historicismo que deu a mística dominante no século XIX; é contra o humanismo existencialista do século XX, e os neo-evolucionistas representados pelo teilhardismo." LEPARGNEUR, Hubert. *Introdução aos estruturalismos*. São Paulo: Herder, 1972. p.7.

[61] Existem sistemas que se caracterizam por ser fechados e outros abertos, sendo que os "sistemas fechados bastam-se a si próprios; pelo contrário, os sistemas abertos caracterizam-se pelas suas trocas com o exterior". SCHWARTZENBERG. *Sociologia...*, p.114.

[62] Nesse sentido: PIAGET, Jean. *O estruturalismo*. São Paulo: DIFEL, 1969, p.8.

é um sistema de transformações que comporta leis enquanto sistema (por oposição às propriedades dos elementos) e que se conserva ou se enriquece pelo próprio jogo de suas transformações, sem que estas conduzam para fora de suas fronteiras ou façam apelo a elementos exteriores. Em resumo, uma estrutura compreende os caracteres de totalidade, de transformações e de auto-regulação.[63]

Através dessa característica, as estruturas se regulamentam elas próprias, o que produz um certo fechamento dentro da própria estrutura,[64] que se estabelece como articulação dos seus elementos entre si. A estrutura[65] concretiza leis específicas que mantêm, ou procuram manter, o equilíbrio dentro do conjunto. Com essa idéia, "as transformações inerentes a uma estrutura não conduzem para fora de suas fronteiras e não engendram senão elementos que pertencem sempre à estrutura e que conservam suas leis."[66] [67]

Nessa questão do fechamento, ele

não significa absolutamente que a estrutura considerada não possa entrar, a título de subestrutura, em uma estrutura mais ampla. Contudo, esta modificação das fronteiras gerais não anula as primeiras: não há anexação e sim confederação e as leis de subestrutura não são alteradas e sim conservadas, de maneira tal que a mudança interposta é um enriquecimento.[68]

Isso significa que o sistema não é totalmente fechado nem perfeitamente autônomo.

Luhmann explica a teoria cibernética, que deriva do estruturalismo:

Desde a perspectiva oposta, a mesma situação aparece como uma ordem *superior*, construída por meio da redução da complexidade através da construção de um sistema, que reduz o problema a uma questão de seleção.[69]

---

[63] Piaget. O estruturalismo, ob. cit., p.8.

[64] "Uma estrutura é um conjunto de elementos entre os quais existem relações, de forma que toda modificação de um elemento ou de uma relação acarreta a modificação dos outros elementos e relações" Lepargneur, p.4-5.

[65] "A estrutura supõe normalmente a noção de totalidade na qual se agrupam elementos, a noção de disposição que particulariza esse conjunto a partir de seus elementos e de suas disposições relativas, a noção de solidariedade, segundo a qual a alteração que atinge um elemento tem repercussões mais ou menos profundas sobre os demais elementos do sistema." Lepargneur, p.8.
Também Andrada Coelho: "A linha mestra da visão estruturalista é a concepção da sociedade como um todo, em que as partes se entrosam. Só a consideração global confere sentido aos elementos, os quais, desligados e encarados cada um de per si, não são mais objetos da sociologia." COELHO, Ruy Galvão de Andrada. *Estrutura social e dinâmica psicológica*. São Paulo: Pioneira, 1969. p.163.

[66] Piaget. O estruturalismo, ob.cit., p.15.

[67] O estruturalismo "consiste sempre em situar cada fato, cada elemento significante do real lugar-comum de certas relações que o definem, num determinado conjunto." Lepargneur, ob. cit., p.7.

[68] Piaget. O estruturalismo. ob. cit., p.15.

[69] Tradução, pelo autor, de fragmento da obra em espanhol: "Desde la perspectiva opuesta, la misma situación aparece como un orden *superior*, construido por medio de la reducción de la complejidad a través de la construcción de un sistema, que reduzca el problema a una cuestión de selección." Luhmann. *Confianza...*, p.10.

Não se pode esquecer que, no mundo, as possibilidades são maiores do que se pode entender. Nesse sentido, o sistema liberal não conseguia resolver todos os problemas que o mundo consumerista lhe apresentava.

Ao lado dessa configuração, o consumidor, por ser hipossuficiente e vulnerável, também não consegue responder a todo o complexo que se lhe aparece pela frente. O "bombardeio" das propagandas,[70] que no século XX teve por escopo quase exclusivamente a venda dos produtos e serviços, somado à própria complexidade dos próprios produtos, construídos de tal forma que não está ao alcance do entendimento do consumidor, e também as formas desmedidas de busca do lucro, muitas vezes exorbitantes, perfazem a área de insegurança que se instala diante do consumidor, fazendo com que a desconfiança seja elemento presente cada vez mais dentro da sociedade.

Por isso, a necessidade de um conjunto normativo capaz de retomar a confiança. Assim, nas últimas décadas, a sociedade vem obtendo avanços consideráveis no que se denominou de *Direito do Consumidor*. Da mesma forma que os demais Estados, o Brasil não podia manter-se fora do novo contexto, mormente que não possuía, em seu direito positivo, normas que possibilitassem uma efetiva proteção ao consumidor.

Antes da Lei 8.078, de 11 de setembro de 1990, no Brasil, a defesa do consumidor era exercida de maneira superficial.[71] Zanardo Donato ensina que

> a tutela deferida aos consumidores pelo direito positivo vigente caracterizava-se basicamente em duas ordens: uma destinada a prevenir e evitar danos, subdividida em normas de intimidação e punição no âmbito penal e através das normas de controle

---

[70] Tendo em vista a propaganda como elemento ligado à comunicação, pode-se dizer com Carlos Direito que: "É preciso não esquecer que estamos cuidando do consumidor em uma sociedade que privilegia a comunicação de massa e que condiciona boa parte de seus juízos pelo que recebe dos meios de comunicação. Para uma grande parte da população o que é ditado pela comunicação é, também, verdade. Nesse sentido, o que não tem repercussão jornalística não existe, isto é, o veículo de comunicação social forma o juízo do seu destinatário." DIREITO, Carlos Alberto Menezes. A proteção do consumidor na sociedade da informação. *Revista Forense*, Rio de Janeiro, n.346, Abril/junho/1999, p.26.

[71] Explicando o tema, afirma Ulhoa Coelho: "em sintonia com as características do primeiro estágio evolutivo da tutela jurídica dos consumidores em outros países, já havia antes do Código, no direito brasileiro, um conjunto esparso e lacunoso de normas administrativas voltadas à proteção do consumidor de determinados bens. Como por exemplo, refira-se ao exercício do poder de polícia das várias instâncias governamentais, no controle da qualidade de produtos alimentícios ou farmacêuticos, através principalmente dos serviços de vigilância sanitária. Somente a partir da segunda metade da década 70, com o surgimento de órgãos especializados (o PROCON de São Paulo foi criado em 1976), o Poder Público pode dar início à atuação administrativa com o caráter de promoção do consumidor, através de programas de orientação e conscientização. Com os órgãos especializados, o estado ampliou o âmbito de sua ação, antes limitada à mera repressão administrativa." COELHO, F. Ulhoa, *O empresário e os direitos do consumidor:* o cálculo empresarial na interpretação do Código de Defesa do Consumidor. São Paulo: Saraiva, 1994. p.26.

direto da fiscalização, a ser realizado pela ordem administrativa; outra, visando à compensação dos danos causados através de sua reparação exercida no âmbito civil.

As normas de direito penal[72] e as normas administrativas mostravam-se eficazes à medida que efetivamente eram aplicadas.

Entretanto, em relação ao âmbito do direito privado – notadamente ao direito civil – regulador das reparações de danos civis, o direito positivo vigente apresentava-se totalmente insuficiente e inadequado."[73]

As garantias de evicção e vícios redibitórios disciplinadas no Código Civil não eram suficientes para dirimir os novos problemas surgidos na relação jurídica de consumo.[74] Como esse tipo de legislação não mais

---

[72] Embora não faça parte deste trabalho, pode-se dizer, a título de complementação, que a defesa do consumidor na órbita penal tem sido amplamente normatizada em quase todas as legislações. Nesse âmbito, é de se ver as disposições de Lima da Fonseca: "A proteção penal dos consumidores é apenas um dos aspectos protetivos, mas aquela engloba ainda duplo prisma: proteção física do consumidor e uma proteção dos seus interesses econômicos. O resguardo de processo penal insere-se naquela.

Vamos verificar como se apresenta a proteção penal dos consumidores nos Estados Unidos, Canadá, Austrália, Áustria, Alemanha, Bélgica, Inglaterra, Itália, Espanha, Suécia, Finlândia, Dinamarca e Noruega.

A proteção física ao consumidor está presente em todos os países referidos, sendo a mais completa, graças a uma legislação abundante e perfeccionista.

Ocorre que a proteção física do consumidor é a que mais aparece, principalmente no domínio da saúde, onde a primeira categoria de proteção concerne ao nível alimentar. Em todos os países existe uma legislação sobre produtos alimentícios, às vezes um verdadeiro Código Alimentar, como na Áustria e na Espanha. Nos EUA e Canadá tem-se uma lei sobre alimentos, drogas e cosméticos, sendo que existem outras leis sobre produtos alimentícios de primeira necessidade.

A segunda categoria diz respeito à proteção contra produtos e substâncias suscetíveis de causarem danos à saúde. Alguns países possuem leis especiais sobre produtos perigosos (Canadá, Suécia e EUA), e outros, sobre venenos, medicamentos e pesticidas (Inglaterra, Dinamarca e Noruega).

A terceira categoria concerne à proteção contra as fraudes em geral e nos delitos de falsificação de mercadorias, colocada às vezes no próprio Código Penal (Canadá, Itália e Bélgica) e às vezes em lei especial (Inglaterra, Suécia e Noruega).

As sanções penais são severas em todos os países, à exceção da Espanha, onde o Código Alimentar possui sanções unicamente administrativas. Sanções do tipo tradicional: multas mais ou menos elevadas e prisão, geralmente até três anos, mas na maioria dos casos no máximo até um ano." FONSECA, A. C. L. da. *Direito penal do consumidor:* código de defesa do consumidor. Porto Alegre: Livraria do Advogado, 1996. p.6.

[73] Donato. Ob. cit., p.19.

[74] Para se ter uma idéia sobre a defasagem existente entre a teoria redibitória e o contexto jurídico de consumo, é de se anotar a análise efetuada por Kriger Filho sobre os aspectos que propiciaram a substituição do método de controle: "Estes aspectos são:
– *exigência de vínculo contratual,* em que a teoria dos vícios redibitórios, por ser vinculada ao Direito contratual, torna impossível a responsabilização de todos os que atuam na cadeia de consumo, pois dificilmente o consumidor estabelece contrato com outras pessoas que não o comerciante, constituindo-se o negócio realizado *res inter alios acta* com o produtor ou fabricante;
– *estreiteza do conceito de vício redibitório,* na qual, permitindo o surgimento da responsabilidade apenas para os casos em que os defeitos ou vícios sejam de tal grau que tornem impróprio o produto para o fim destinado ou lhe diminua o valor, deixa o consumidor à mercê daqueles vícios menores, de somenos importância, que freqüentemente ocorrem no mercado de consumo;
– *exclusão da garantia de durabilidade,* em que o princípio da durabilidade, não encontrando guarida na teoria dos vícios redibitórios, deixa o consumidor desprotegido naqueles casos em que os fornecedores colocam no mercado produtos ou serviços com pouca vida útil, sem informar adequadamente os adquirentes;

satisfazia os interesses dos consumidores brasileiros e da sociedade como um todo, mereceu urgente manifestação legislativa para disciplinar as tumultuadas relações entre fornecedores e consumidores.

A insuficiência da garantia dos vícios redibitórios nos moldes do direito tradicional permitiu a reformulação do quadro existente, construindo-se um outro, mais moderno e melhor moldado às necessidades jurídicas modernas, que não se preocupe apenas com a proteção econômica, mas também com a sua incolumidade físico-psíquica, dos consumidores.[75]

É de se ressaltar que a legislação específica sobre direito do consumidor não veio para substituir, ou suprimir, as normas atinentes à evicção e aos vícios redibitórios, mas para aprimorar a proteção ao consumidor que vinha sendo dada em nível de Direito Civil.

O Código Penal brasileiro, Decreto-Lei 2.848, de 7/12/1940, dispunha, e ainda mantém algumas sanções a empresários por práticas perigosas à saúde do consumidor (como por exemplo, os artigos 274 a 280).[76] Como se pode notar, o tema é pouco tratado no principal dispositivo repressor

---

– *insuficiência das opções satisfativas,* em que as poucas opções oferecidas pela teoria dos vícios redibitórios nos casos dos produtos defeituosos (rejeição da coisa ou abatimento do preço) tornam insuficiente a satisfação integral do consumidor, que busca acima de tudo receber o bem que pagou em perfeitas condições de uso, seja por meio de reparos, seja mediante entrega de outro bem de características semelhantes;
– *disponibilidade da garantia,* na qual a disponibilidade absoluta da garantia, permitida pela teoria dos vícios redibitórios, enseja o prevalecimento natural do fornecedor em relação ao consumidor, podendo restringir ou suprimir a sua responsabilidade através do contrato;
– *dificuldade das provas do vício,* que dificulta em muito a responsabilização do fornecedor, vez que, pelo sistema tradicional, compete ao consumidor a prova de que o vício é anterior à entrega do produto, coisa que somente pode ser feita através de perícia em processos judiciais dispendiosos." Kriger Filho. A *responsabilidade...,* ob. cit., p.65-66.

[75] Kriger Filho, ob. cit., p.66.

[76] Art. 274 do CPB."Empregar, no fabrico de produto destinado a consumo, revestimento, gaseificação artificial, matéria corante, substância aromática, anti-séptica, conservadora ou qualquer outra não expressamente permitida pela legislação sanitária:
Pena – detenção, de 1 (um) a 3 (três) meses, e multa."
Art. 275 do CPB. "Inculcar, em invólucro ou recipiente de produto alimentício ou medicinal, a existência de substância que não se encontra em seu conteúdo ou que nele existe em quantidade menor a mencionada:
Pena – detenção, de (um) a 3 (três) meses, ou multa."
Art. 276 do CPB."Vender, expor à venda, ter em depósito para vender ou, de qualquer forma, entregar a consumo produto nas condições dos arts. 274 e 275:
Pena – detenção, de (um) a 3 (três) meses, ou multa.
Art. 277 do CPB."Vender, expor à venda, ter em depósito ou ceder substância destinada à falsificação de produto alimentício ou medicinal:|
Pena – detenção, de 6 (seis) meses a 1 (um) ano, e multa."
Art. 278 do CPB. "Fabricar, vender, expor à venda, ter em depósito para vender ou, de qualquer forma, entregar a consumo coisa ou substância nociva à saúde, ainda que não destinada à alimentação ou a fim medicinal:
Pena – detenção, de 1 (um) a 3 (três) anos, e multa."
Art. 280 do CPB."Fornecer substância medicinal em desacordo com receita médica:
Pena – detenção, de 1 (um) a 3 (três) anos, ou multa."

brasileiro. Em outros diplomas legais, a idéia de consumidor também não é tratada com expressividade.[77] [78]

De igual forma que os demais diplomas legais, o Código Civil brasileiro e o Código Tributário nacional[79] não desenvolvem normas que possibilitem a criação de uma filosofia de proteção ao consumidor.

O Direito do Consumidor não havia tomado corpo na legislação brasileira anterior a 1988, ano da promulgação da Constituição que iniciou o processo de desenvolvimento do Direito do Consumidor no país. E por falar em Constituição de 1988, fazendo análise de seu texto legal, pode-se notar que a idéia de proteção ao consumidor está presente em artigos de fundamental importância ao Direito do Consumidor, senão veja-se: na Constituição Federal de 1988, a idéia de proteção ao consumidor está presente nos artigos 5º, XXXII; 24, VIII; 150, § 5º;[80] e 155, VII.[81]

---

[77] Para se ter uma idéia da pouca repercussão do tema é de se dizer que a palavra *consumidor* aparece apenas uma vez em todo o Código Penal brasileiro, no art. 175. No Código de Processo Penal, Decreto-Lei 3.689, de 3/10/1941, a palavra *consumidor* não aparece nenhuma vez em seus artigos. A palavra *consumidor* também mereceu pouca atenção do Código Civil brasileiro, Lei 3.071, de 1º de janeiro de 1916, pois consumidor só está presente no art. 776, I. Essa mesma palavra consumidor não mereceu a atenção de nenhum artigo do Código de Processo Civil brasileiro, Lei 5.869, de 11 de janeiro de 1973. O Código Comercial brasileiro, Lei 556, de 25 de junho de 1850, não dedica nenhum artigo à palavra *consumidor*. No Código Tributário Nacional, Lei 5.172, de 25 de outubro de 1966, a palavra consumidor, aparece no art. 74, IV.

[78] Código Penal brasileiro. Art. 175. "Enganar, no exercício da atividade comercial, o adquirente ou consumidor:
I – vendendo, como verdadeira ou perfeita, mercadoria falsificada ou deteriorada;
II – entregando uma mercadoria por outra:
Pena – detenção, de 6 (seis) meses a 2 (dois) anos, ou multa".

[79] Código Tributário Nacional. Art. 74. "O imposto, de competência da União, sobre operações relativas a combustíveis, lubrificantes, energia elétrica e minerais do País tem como fato gerador: ...
IV – a distribuição, assim entendida a colocação do produto no estabelecimento consumidor ou em local de venda ao público;
V – o consumo, assim entendido a venda do produto ao público [...]"

[80] Constituição da República Federativa do Brasil. Art. 150. "Sem prejuízo de outras garantias asseguradas ao contribuinte, é vedado à União, aos Estados, ao Distrito Federal e aos Municípios: [...]
§ 5º A lei determinará medidas para que os consumidores sejam esclarecidos acerca dos impostos que incidam sobre mercadorias e serviços". [...]

[81] Constituição da República Federativa do Brasil. Art. 5º. "Todos são iguais perante a lei, sem distinção de qualquer natureza, garantindo-se aos brasileiros e aos estrangeiros residentes no País a inviolabilidade do direito à vida, à liberdade, à igualdade, à segurança e à propriedade, nos termos seguintes:
[...]
XXXII – o Estado promoverá, na forma da lei, a defesa do consumidor; [...]"
Art. 24. "Compete à União, aos Estados e ao Distrito Federal legislar corretamente sobre:
[...]
V – produção e consumo;
VIII – responsabilidade por dano ao meio ambiente, ao consumidor, a bens e direito de valor artístico, estético, histórico, turístico e paisagístico;
[...]"
Art. 155. "Compete aos Estados e ao Distrito Federal instituir impostos sobre:
[...]

Assim, analisando os principais diplomas jurídicos do Brasil, antes da entrada em vigor do Código de Defesa do Consumidor, pode-se entender que o direito do consumidor não detinha a relevância de que hoje é portador.

Além dessa regulamentação, outros Diplomas Legais cuidavam e ainda cuidam, superficialmente, do tema, sem a sistematização e filosofia implantada pelo Código. É de se notar os denominados crimes contra a economia popular, que mereceram atenção na Lei 1.521/51; no art. 65 da Lei 4.591/64;[82] no art. 77 da Lei 6.435/77;[83] e nos arts. 110 e 121 do Decreto-Lei 73/66.[84]

Abordando o assunto, na órbita civil, acentua Ulhoa Coelho:

Quanto à disciplina das relações civis no período anterior à vigência do Código de Defesa do Consumidor, novamente se registra a proteção de natureza pontual, cir-

---

VII – em relação às operações e prestações que destinem bens e serviços a consumidor final em outro Estado, adotar-se-á:
a) a alíquota interestadual, quando o destinatário for contribuinte do imposto;
b) a alíquota interna, quando o destinatário não for contribuinte dele;
IX – incidirá também:
a) sobre a entrada de mercadoria importada do exterior, ainda quando se tratar de bem destinado a consumo ou ativo fixo do estabelecimento, assim como sobre serviço prestado no exterior, cabendo o imposto ao Estado onde estiver situado o estabelecimento destinatário da mercadoria ou do serviço;
[...]"
Art. 170. "A ordem econômica, fundada na valorização do trabalho humano e na livre iniciativa, tem por fim assegurar a todos existência digna, conforme os ditames da justiça social, observados os seguintes princípios:
[...]
V – defesa do consumidor;
[...]"

[82] Art. 65, da Lei 4.591 de 16/12/1964. "É crime contra a economia popular promover incorporação, fazendo em proposta, contratos, prospectos ou comunicação ao público ou aos interessados, afirmação falsa sobre a constituição do condomínio, alienação das frações ideais do terreno ou sobre a construção das edificações.
Pena – reclusão de 1 (um) a 4 (quatro) anos e multa de 5 (cinco) a 50 (cinqüenta vezes o maior salário mínimo legal vigente no País.
§ 1º – Incorrem na mesma pena:
I – o incorporador, o corretor e o construtor, individuais, bem como os diretores ou gerentes de empresa coletiva incorporadora, corretora ou construtora que, em proposta, contrato, publicidade, prospecto, relatório, parecer, balanço ou comunicação ao público ou aos condôminos candidatos ou subscritores de unidades, fizerem afirmação falsa sobre a constituição do condomínio, alienação das frações ideais ou sobre a construção das edificações;[...]"

[83] Art. 77 da Lei 6.435 de 15/7/1977. "Constitui crime contra a economia popular, punível de acordo com a legislação respectiva, a ação ou omissão dolosa, pessoal ou coletiva, de que decorra a insuficiência das reservas ou de sua cobertura, vinculadas à garantia das obrigações das entidades de previdência privada."

[84] Art. 110 do Decreto-Lei 73, de 21/11/1966. "Constitui crime contra a economia popular, punível de acordo com a legislação respectiva, a ação ou omissão, pessoal ou coletiva, de que decorra a insuficiência das reservas e de sua cobertura, vinculadas à garantia das obrigações das sociedades seguradoras.
Art. 121. Provada qualquer infração penal a SUSEP remeterá cópia do processo ao Ministério Público para fins de direito."

cunscrita a determinados gêneros de negócios, como a compra e venda de imóveis (Leis nº 5.491/64 e 6.766/79) ou a comercialização de logiciário (Lei nº 7.646/87). A expressiva maioria dos atos jurídicos na relação de consumo permanecia disciplinada pelas normas do Código Civil ou Comercial, inspiradas pela noção liberal do 'caveat emptor' (as cautelas cabem ao comprador), que, evidentemente, protegem o fornecedor e não o adquirente de produtos ou serviços.[85]

Assim, antes do Código de Defesa do Consumidor, a preocupação jurídica em torno da matéria *defesa do consumidor* aparece com determinação na Constituição brasileira de 5/10/1988. Nesse Diploma Legal, os princípios da tutela do consumidor são tratados em dois momentos principais: no Título II – Dos Direitos e Garantias Fundamentais – Capítulo I – Dos Direitos e Deveres Individuais e Coletivos, art. 5º, XXXII, que responsabiliza o Estado pela promoção da defesa do consumidor;[86] e no Título VII – Da Ordem Econômica e Financeira – Capítulo I – Dos Princípios Gerais da Atividade Econômica, art. 170, V, que erige como princípio constitucional a defesa do consumidor.[87]

Além desses dispositivos, que foram e são basilares para a construção jurídica em torno da defesa do consumidor, a Constituição contempla outros que, embora não sejam de cunho fundamental, são importantes no contexto jurídico: o art. 150,§ 5º; o art. 175, § único, II; o art. 220, §§ 3º, II e 4º.[88] A Constituição trata do assunto em vários de seus dispositivos, deixando clara a intenção de adotar, na legislação brasileira, um caminho firme para a regulamentação do Direito do Consumidor.

O Direito brasileiro, no que se refere à proteção ao consumidor, apresentava, antes do Código, uma regulamentação esparsa e indireta, sem disciplina e sistematização, que somente veio a tomar corpo jurídico a partir do Código de 1990. Assim, o embrião do desenvolvimento da pro-

---

[85] COELHO. O empresário..., ob. cit., p.26.
[86] Constituição da República Federativa do Brasil de 1988, art. 5º, XXXII.
[87] Constituição da República Federativa do Brasil de 1988, art. 170, V.
[88] Constituição da República Federativa do Brasil de 1988, Art. 150. "Sem prejuízo de outra garantias asseguradas ao contribuinte, é vedado à União, aos Estados, ao Distrito Federal e aos Municípios: ...;
§ 5º A lei determinará medidas para que os consumidores sejam esclarecidos acerca dos impostos que incidam sobre mercadorias e serviços."
Art. 175. § único. A lei disporá sobre: ...;
II. os direitos do usuário;
..."
Art. 220 § 3º "Compete à lei federal:
[...];
II. estabelecer os meios legais que garantam à pessoa e à família a possibilidade de se defenderem de programas ou programações de rádio e televisão que contrariem o disposto no art 221, bem como da propaganda de produtos, práticas e serviços que possam ser nocivos à saúde e ao meio ambiente.
§ 4º A propaganda comercial de tabaco, bebidas alcoólicas, agrotóxicos, medicamentos e terapias estará sujeita a restrições legais, nos termos do inciso II, do parágrafo anterior, e conterá, sempre que necessário, advertência sobre os malefícios decorrentes de seu uso."

teção ao consumidor no Brasil foi a Constituição de 1988, pois foi ela que determinou a elaboração do Código de Defesa do Consumidor, no art. 48 do Ato das Disposições Constitucionais Transitórias[89] além, é claro, de normatizar os princípios básicos desse direito, conforme já exposto.

No que se refere ao Direito Constitucional, pode-se dizer ainda que as Constituições brasileiras, anteriores a 1988, não se preocuparam em contemplar princípios de defesa do consumidor. Porém, a título de novidade constitucional, esse não é um fenômeno eminentemente brasileiro, pois o mesmo acontece em outros países. Somente na década de 70 é que se começou a tratar do assunto em nível constitucional. Ulhoa Coelho esclarece bem o tema quando expõe que

> o próprio assunto também não despertara a atenção de constituintes de outros países até a promulgação de Constituição portuguesa em 1976, que atribuiu ao Estado a incumbência de 'proteger o consumidor, designadamente através do apoio à criação de cooperativas e de associações de consumidores' (art. 81º, al.m). Foi, no entanto, a Constituição espanhola de 1978[90] a primeira a tratar mais detidamente o assunto, no que foi seguida pela revisão constitucional de 1982 em Portugal.[91]

Portanto, o constituinte brasileiro, em bom tempo, incluiu, no contexto jurídico nacional, os pilares que iriam nortear o ordenamento positivo sobre a proteção do consumidor. Embora alguns constitucionalistas[92] afirmem ter sido tímida a Constituição, no dispor sobre a proteção dos consumidores, também admitem que houve um grande avanço nesse âmbito da legislação brasileira a partir da Constituição de 1988, pois como dispõe Afonso da Silva, o que essa Constituição dispôs em seus artigos, "tudo somado, tem-se o relevante efeito de legitimar todas as medidas de intervenção estatal necessárias a assegurar a proteção prevista".[93] É a intervenção do Estado[94]

---

[89] Art. 48. Ato das Disposições Constitucionais Transitórias. "O Congresso Nacional, dentro de cento e vinte dias da promulgação da Constituição, elaborará código de defesa do consumidor."
[90] Constituição espanhola de 1978. Art. 51.
"1. Los poderes públicos garantizarán la defensa de los consumidores y usuarios, protegiendo, mediante procedimientos eficaces, la seguridad, la salud y los legítimos intereses económicos de los mismos.
2. Los poderes públicos promoverán la información y la educación de los consumidores y usuarios, fomentarán sus organizaciones y oirán a éstas en las cuestiones que puedan afectar a aquéllos, en los términos que la ley establezca.
3. En el marco de lo dispuesto por los apartados anteriores, la ley regulará el comercio interior y el régimen de autorización de productos comerciales".
[91] COELHO. O empresário..., ob. cit., p.23.
[92] SILVA, J. Afonso da. *Curso de direito constitucional positivo*. São Paulo: Malheiros, 1992, p.237-238.
[93] Idem.
[94] Quando se fala em filosofia de proteção ao consumidor e intervenção já se está diante de três momentos, o "pré-intervencionista (paradigma desenvolvido na economia de mercado dos anos cinqüenta e sessenta), intervencionista (anos setenta) e pós-intervencionista (anos oitenta)". REICH, Norberto. *Algumas proposições para a filosofia da proteção do consumidor*. Revista dos Tribunais, São Paulo, n.728, junho de 1996, p.12.

dentro da visão instrumentalista[95] que supera, como afirma Severo Rocha até mesmo a problemática da ideologia, desde as contribuições de Weber sobre os processos de racionalização do capitalismo contemporâneo até as críticas radicais de Marcuse, caracterizado por uma dominação baseada na razão instrumental.[96]

Ao lado disso, é de se salientar que a matéria tomou forma direta e orientadora a partir dessa Constituição vindo, mais tarde, a se concretizar no Código de Defesa do Consumidor.

A importância da tutela constitucional está no abrir os caminhos ao desenvolvimento da legislação ordinária, que deve tratar do assunto, disciplinando-o, concretamente, de acordo com os interesses da sociedade. Nesse sentido, vinculando o tema, inclusive, à interpretação legislativa, destaca Ulhoa Coelho que

> a inserção dos direitos do consumidor entre os fundamentais da pessoa e entre os princípios básicos da ordem econômica não significa apenas o reconhecimento da sua importância pelo constituinte, com repercussões meramente políticas. Tem, ao contrário, relevância jurídica para a interpretação das disposições ordinárias de proteção dos consumidores.[97]

Por isso, a afirmação de que a Constituição de 1988 jurisdicionou a necessidade de se implantar, no direito nacional, a proteção ao consumidor é verdadeira, uma vez que essa idéia estava apenas no pensamento dos juristas pátrios, já, na época, transformando-se em movimento em prol da consolidação desses direitos.

1.3. A teoria da ação social e o direito do consumidor: análise dentro da ótica histórico-social e histórico-jurídica

As explicações dadas nos itens "1.1" e "1.2" deste capítulo, sob a rubrica de, respectivamente, *aspectos histórico-sociais*, e *aspectos histórico-jurídicos*, são elementos indispensáveis para se entender as conotações

---

[95] Ressalta Norbert Reich: "A proposição intervencionista para a proteção do consumidor, similar a muitas outras áreas de política social é baseada em um papel estatal mais ativo das relações sociais. O Estado do bem-estar-social ('Etat providence', 'Sozialstaat') teve de controlar e, eventualmente, mudar os princípios clássicos de liberdade contratual, concorrência e responsabilidade por culpa, que são vistos como mecanismos discriminatórios contra o consumidor (e outras pessoas ou grupos 'fracos' dentro da sociedade, como os locatários, os pequenos comerciantes e etc.)". REICH, Norberto. *Algumas proposições para a filosofia da proteção do consumidor*. Revista dos Tribunais, São Paulo, n.728, junho de 1996, p.14-15.

[96] ROCHA, Leonel Severo. *Direito, cultura política e democracia*. Anuário do Programa de Pós-Graduação em Direito – Mestrado e Doutorado 2000 – São Leopoldo: Gráfica da UNISINOS, 2000. p. 148.

[97] COELHO. O empresário..., ob. cit., p.23.

existentes entre o Direito do Consumidor e a Teoria da Ação Social no contexto delineado, no trabalho, até o presente momento.

Analisando as questões vinculadas à codificação, pode-se ter presente no período anterior à dogmática consumerista, a dispersão do conhecimento, impossibilitando soluções adequadas aos problemas advindos das relações jurídicas de consumo. Por outro lado, o surgimento da dogmática consumerista traz o agrupamento de idéias, facilitando a seleção de problemas, dentro da idéia de Parsons, já mencionada, de que a codificação facilita a solução de problemas. Dentro do mesmo tema podem-se ver, em Luhmann, as expectativas generalizadas como forma de redução da complexidade advinda com as expectativas individuais.

> O direito não é primeiramente um ordenamento coativo, mas sim um alívio para as expectativas. O alívio consiste na disponibilidade de caminhos congruentemente generalizados para as expectativas, significando uma eficiente indiferença inofensiva contra outras possibilidades, que reduz consideravelmente o risco da expectativa contra-fática.[98] [99]

O legislador brasileiro, ao optar por elaborar um Código de Defesa do Consumidor, teve a pretensão de concentrar, em um diploma legal, a sistemática e a filosofia concernentes à proteção do consumidor. Nessa perspectiva, poder-se-ia dizer que o legislador também concretizou a visão de Direito de Luhmann, que o assinala como "estrutura de um sistema social que se baseia na generalização congruente de expectativas comportamentais normativas".[100]

Existia – como agora ainda existe, embora atenuada – dentro da sociedade, uma desigualdade de forças: o fornecedor – elemento mais forte economicamente – dominava a situação jurídica frente ao consumidor – elemento economicamente mais fraco – que se via subjugado sem a possibilidade de maiores reações. Enquanto isso ocorria, o Estado se mantinha distante, sem uma precisa orientação às partes da relação jurídica de consumo.

O Direito do Consumidor, enquanto codificação, procura concentrar esforços no dispositivo legal – Código de Defesa do Consumidor, Lei 8.078, de 11 de setembro de 1990, na busca de soluções aos problemas advindos da relação de consumo.

---

[98] LUHMANN. *Sociologia do direito I*. Ob. cit., p.115.

[99] Corroborando o sentido, afirma Luhmann: "Visto do ângulo da função da generalização congruente, o direito existe em qualquer sociedade; mas o grau de diferenciação estrutural do direito modifica-se ao longo do desenvolvimento social, e isso na medida em que a complexidade da sociedade aumenta e melhor se caracteriza a necessidade de expectativas comportamentais normativas, congruentemente generalizadas. [...] O direito serve principalmente à possibilitação de uma ação mais complicada, mais rica em condicionantes, e ele realiza isso através da generalização congruente entre as premissas contingenciais de tal ação." LUHMANN. *Sociologia do direito I*. Ob. cit., p.119.

[100] LUHMANN. *Sociologia do direito I*. Ob. cit., p.121.

Retomando as idéias de Parsons e analisando o sistema cultural, pode-se dizer que esse sistema inclui elementos essenciais que não podem ser pesquisados no nível individual. Nota-se, para o momento social em análise, uma tendência para a aplicação do chamado sistema liberal em que o indivíduo, premido pelo sistema, deixava-se influenciar pelas idéias preconizadas. Pelo sistema liberal, o mercado se auto-regulamentaria livremente, e o consumidor elaboraria sua ação no sentido de escolher tanto qualidade quanto preço, determinando assim quem ficaria ou não no mercado.

O sistema cultural liberal apontava assim para uma direção, levando consigo uma parcela da sociedade. Porém, enquanto os consumidores, que detinham a superioridade numérica, em comparação aos fornecedores, que acreditavam no sistema que se estabelecia, a maioria dos fornecedores organizava-se na busca do lucro. Nessa busca da lucratividade começaram a surgir os monopólios, os oligopólios, os cartéis e os "trusts". Demonstração essa, de que o mercado não estava preparado para auto-regulamentar-se, sem a presença do Estado como mediador.

Na teoria, existia uma possibilidade que não se configurava na prática. Como já foi dito, para a precisa configuração da interação social, é necessário que a ação social se estabeleça sobre normas conhecidas e aceitas por todos. Porém, nas relações de consumo, essa máxima não era observada. "As regras do jogo" que se estabeleciam nas relações de consumo eram as do escamoteamento das reais intenções dos fornecedores no mercado – o lucro a qualquer custo – e isso não fora informado aos consumidores.

Na teoria, mostrava-se um tipo normativo de ação que, aparentemente, seria seguido por toda a sociedade (liberdade de escolha, de qualidade e preço; liberdade de escolha de cláusulas que integrassem os contratos de consumo); na prática, tinha-se outro tipo normativo, que só os fornecedores conheciam, baseado na organização para a monopolização do mercado. Esse tipo normativo daria, indiscutivelmente, ao fornecedor o poder de estabelecer, a seu bel-prazer, as regras para a relação de consumo, sejam elas de preços, qualidade ou de cláusulas, etc.

É de se notar que a organização possui sempre um estreito vínculo com o poder. No dizer de Parsons,

> sujeito ao controle geral de um sistema institucionalizado de valores na sociedade e seus subsistemas, o fenômeno central de uma organização é a mobilização de poder para conseguir os fins da organização. O sistema de valores *legitima o* fim da organização, porém tão somente através do poder pode obter-se de um modo efetivo sua realização.[101]

---

[101] Tradução, pelo autor, de fragmento da obra em espanhol: "sujeto al control general de un sistema institucionalizado de valores en la sociedad y sus subsistemas, el fenómeno central de una organización es la movilización del poder para conseguir los fines de la organización. El sistema de valores *legitima* el fin de la organización, pero tan sólo a través del poder puede lograrse de un modo efectivo su realización." PARSONS. *Estructura y proceso...*,ob. cit., p.33.

Assim, unindo poder econômico e organização, não foi difícil aos fornecedores dominar o âmbito da relação jurídica de consumo. Partindo-se do pressuposto de que ao fornecedor interessa o lucro, sendo essa a sua finalidade principal, a organização foi o elemento primordial para a dominação do mercado. Com o poder em suas mãos, visto que o poder não é nada mais do que a capacidade para mobilizar recursos no interesse de conseguir a finalidade de um sistema,[102] os fornecedores logravam êxito na forma organizativa e, conseqüentemente, impunham suas normas no mercado de consumo, ficando os consumidores sem uma efetiva ingerência para a busca de seus direitos.

É nesse ínterim que a teoria da ação social pode ser trazida para o contexto em análise, porque demonstra a necessidade da aplicação de seus princípios para o desenvolvimento social. Pelas interpretações elaboradas até o presente momento, pode-se chegar à conclusão de que não havia, à disposição dos consumidores as possibilidades que os aspectos teóricos levantavam. Assim, se pela teoria da ação social se pode dizer que o comportamento se inspira em normas que servem de modelo, os consumidores se inspiravam em normas que não conseguiam pôr em ação, desfazendo, em seu nascedouro, a possibilidade de qualquer ação social baseada no sistema de liberdade geral do mercado.

Nesse contexto, era importante a elaboração de normas que possibilitassem uma efetiva proteção aos consumidores.[103] Porém, essas normas não poderiam estar atreladas nem à concepção marxista-totalitária, nem ao liberalismo individual, pois o final do século passado trazia os ares pujantes da democracia. Severo Rocha, trabalhando a democracia dentro dos mesmos princípios, escreve que "não se pode aceitar nem o princípio marxista-totalitário da negação da liberdade, nem o princípio liberal puramente defensor da liberdade de iniciativa individual, quando se pretende defender a realização da democracia".[104] Assim, os novos dispositivos

---

[102] Nesse sentido, ver: PARSONS. *Estructura y proceso...*, *ob. cit.*, p.33.

[103] Essas normas atingem a relação contratual. Conforme afirma Cláudia Marques: "Três são os princípios básicos do CDC que afetam diretamente o novo direito contratual brasileiro: o princípio da vulnerabilidade, o da boa-fé e o do equilíbrio contratual. O primeiro tem reflexo direto no campo de aplicação do CDC, isto é, determina quais relações contratuais estarão sob a égide desta lei tutelar e de seu sistema de combate ao abuso. O segundo princípio é basilar de toda a conduta contratual, mas aqui deve ser destacada a sua função limitadora da liberdade contratual. O terceiro princípio tem maiores reflexos no combate à lesão ou à quebra da base do negócio, mas pode ser aqui destacada sua função de maunetenção da relação no tempo." MARQUES, Cláudia Lima. Notas sobre o sistema de proibição de cláusulas abusivas no código brasileiro de defesa do consumidor (entre a tradicional permeabilidade da ordem jurídica e o futuro pós-moderno do direito comparado). *Revista Jurídica*, Porto Alegre, n.268, Editora Revista Jurídica, fevereiro/2000. p.45.

[104] ROCHA, Leonel Severo. *Direito...*, ob. cit., p.151.

legais[105] deveriam, seguramente, ser diferentes das normas até então utilizadas,[106] pois deveriam atender às novas concepções e necessidades de uma sociedade de consumo democrática.[107] Além do que, as ações sociais desenvolvidas, até então, não estavam voltadas para uma harmonização sistemática da sociedade em nível da relação de consumo.

Com isso, pode-se dizer que não é só a classe dos fornecedores que está longe de alcançar a harmonização dentro das relações de consumo. A sociedade como um todo está impregnada das idéias liberais e por isso não consegue vislumbrar a inaplicabilidade dessas idéias dentro das relações de consumo. Assim, está com a razão Parsons quando dispõe:

> O poder exercido por uma organização, e dentro dela, tem sua origem dentro e fora da mesma. Cada organização, qualquer que seja a natureza de sua finalidade primária funcional – por exemplo, manufatura ou assistência médica – é parte da «polity» e um gerador de poder, porém ao mesmo tempo é um destinatário do poder gerado em escalões mais altos da «polity».[108]

---

[105] Atendendo às novas concepções de liberdade o do novo Código Civil, Lei 10.406, de 10 de janeiro de 2002, que entrou em vigor em 11 de janeiro de 2003, dispõe em seu art. 421: "A liberdade de contratar será exercida em razão e nos limites da função social do contrato."

[106] Assim, os novos dispositivos atingem os contratos que, como afirma Antonio Nogueira: "Perdem esses contratos, desse modo, dentro dessa filosofia jurídica, o sentido meramente individualista, ou liberal, inspirado no direito francês, para que interesses políticos, sociais e econômicos preponderem, observada a atual realidade negocial, dinâmica, mas ensejadora de fraude, má-fé e ludíbrio." NOGUEIRA, Antonio de Pádua Ferraz. *Considerações sobre os princípios do código de defesa do consumidor*. Revista dos Tribunais, São Paulo, n.762, Editora Revista dos Tribunais, abril/1999, p.16. Também Humberto Theodoro Júnior: "Duas limitações, porém, sempre foram opostas ao princípio da liberdade de contratar, que são as regras legais de *ordem pública* e os *bons costumes*. Isto quer dizer que a vontade pode amplamente determinar o aparecimento do contrato e definir o seu conteúdo, mas não pode fazê-lo contrariando aquilo que o legislador disciplinou como matéria de *ordem pública*, por reconhecer, nas circunstâncias, a ocorrência de interesse público em nível superior ao interesse privado dos contratantes.
Por meio das leis de ordem pública, o legislador desvia o contrato de seu leito natural dentro das normas comuns dispositivas, para conduzi-lo ao comando daquilo que a moderna doutrina chama de *dirigismo contratual*, onde as imposições e vedações são categóricas, não admitindo possam as partes revogá-las ou modificá-las." THEODORO JÚNIOR, Humberto. Contratos – princípios gerais – tendências do direito contratual contemporâneo – abrandamento dos princípios tradicionais – intervenção estatal crescente – impacto do código de defesa do consumidor. *Revista dos Tribunais*, n.765, São Paulo, Editora Revista dos Tribunais, julho/1999, p.14.

[107] Abordando o tema de transição para a relação jurídica de consumo afirma KRIGER FILHO: "No que diz respeito as relações de consumo, vários são os fatores que induziram a adoção de um regime jurídico ligado à responsabilidade diverso do constante no Código Civil. Entre estes, podemos destacar a preocupação com a integridade física do consumidor e a ineficiência da teoria dos vícios redibitórios para resolver as inúmeras questões pertinentes à matéria de consumo que surgiram na vida moderna." Kriger Filho. *A responsabilidade...*, ob. cit., p.64.

[108] Tradução, pelo autor, de fragmento da obra em espanhol: "El poder ejercido por una organización, y dentro de ela, tiene su origen dentro y fuera de la misma. Cada organización, cualquera que sea la naturaleza de su finalidad primaria funcional – por ejemplo, manufactura o asistencia médica – es parte de la «polity» y un generador de poder, pero al mismo tiempo es un destinatario del poder generado en escalones más altos de la «polity»." PARSONS. *Estructura y proceso...*, p.34.

A configuração social, para o momento em análise, seguia pelos caminhos do conflito entre fornecedores e consumidores. Analisando o momento social e o poder, sob a ótica de Parsons, pode-se ter uma visão clara dos acontecimentos. Para o poder ser gerado em qualquer nível depende, na opinião de Parsons, de quatro condições fundamentais, que podem ser analisadas com vistas ao inter-relacionamento entre fornecedores e consumidores na relação jurídica de consumo.

Primeira: "é a institucionalização de um sistema de valores que legitima o fim da organização e das normas gerais que regem sua atuação na consecução deste fim".[109] Para o momento em análise, a configuração valorativa do liberalismo era o ponto alto dentro da sociedade, constituindo-se todo um sistema de valores que corroborava com as idéias desenvolvidas para as relações de consumo.

Segunda: "a regulamentação do processo de eleição de meios e de tomada de decisões mediante a adesão à regras universais e à instituições como a autoridade e o contrato. Sobre estas bases estabelece a organização suas exigências de leal cooperação por parte de seu pessoal e das pessoas fora dela de cuja cooperação depende".[110]

Toda a estrutura do Estado estava montada sobre o ideal liberal como regra universalmente aceita, o que mais uma vez reforçava os pressupostos impostos na fase pré-dogmática consumerita.

Terceira: "é o controle do apoio cotidiano e em cada detalhe das pessoas de cuja cooperação necessita".[111]

Quarta: "é o controle dos meios necessários, o principal dos quais em nossa sociedade é o manejo de recursos financeiros".[112]

Tanto a terceira quanto a quarta condição estão presentes no momento em análise, vez que o controle de apoio cotidiano e também o controle dos recursos financeiros estavam voltados para os fornecedores e, com isto, o poder se configurava do lado mais forte da relação de consumo: o lado dos fornecedores.

---

[109] Tradução, pelo autor, de fragmento da obra em espanhol: "es la institucionalización de un sistema de valores que legitima el fin de la organizacón y las normas generales que rigen su actuación en la consecución de este fin".Idem.

[110] Tradução, pelo autor, de fragmento da obra em espanhol: "la regulación del proceso de elección de medios y de toma de decisiones mediante la adhesión a reglas universales y a instituciones tales como la autoridad y el contrato. Sobre estas bases establece la organización sus exigencias de leal cooperación por parte de su personal y de las personas fuera de ela de cuya cooperación depende." PARSONS. *Estructura y proceso...*, p.34.

[111] Tradução, pelo autor, de fragmento da obra em espanhol: "es el control del apoyo cotidiano y en cada detalle de las personas de cuya cooperación necesita". Ibidem, p.34-35.

[112] Tradução, pelo autor, de fragmento da obra em espanhol: "es el control de los medios necesarios, el principal de los cuales en nuestra sociedad es el manejo de recursos financieros". Ibidem, p.35.

A análise para esse momento também pode ser feita através da teoria da ação social, buscando vislumbrar a necessidade de implementação dos princípios fundamentais dessa teoria, que seguramente deveriam ser chamados à reflexão. Estariam presentes, nessa análise, a possibilidade de constrangimento, controle da ação e/ou orientação normativa da ação, para possibilitar a inversão de uma situação que não se coadunava com uma idéia maior de justiça social.

O caminho para a criação do conjunto normativo, que desenvolveria o chamado Direito do Consumidor, passou, exatamente, pelos aspectos atinentes à teoria da ação social. O Estado passou a intervir na relação jurídica de consumo, dispondo de forma a controlar e/ou orientar a ação e, quando necessário, utilizar também o que se denominou de constrangimento.

Em termos de ação social, sabe-se que ela é alimentada por inúmeros fatores – desejo para a ação, opção de escolha, etc. – que fazem com que o indivíduo a ela se dirija. O espírito consumerista, nesse caso, é um dos fatores que deve ser salientado como elemento propulsor do consumo desregrado, pois ele pode ser traduzido como o desejo desregrado de adquirir, de consumir. Ora, uma vez criado esse espírito no consumidor, retira-se, por vias transversas, a liberdade de escolha. A não-liberdade de escolha, aliada à não-igualdade econômica, produz um efeito catastrófico no contexto teórico do liberalismo. A ação social desejada na teoria não se concretiza na prática.

Enquanto na teoria do liberalismo a ação social traduz a liberdade e a igualdade como baluartes da regulamentação do mercado, na prática elas não são capazes de se implementar. Assim, a ação social desenvolvida na prática está longe daquela desejada na teoria. A ação desenvolvida pelos consumidores é uma ação sem a possibilidade de escolha, sem a possibilidade de discussão sobre cláusulas contratuais. A sociedade está repleta dos chamados contratos de adesão. A ação da maioria dos fornecedores converge para apenas um caminho: o do lucro. Essa busca desenfreada pelo lucro fez desestruturar o último ideal da Revolução Francesa: a fraternidade.

Como se pode notar, a dogmática consumerista vem para estabelecer a igualdade de forças entre as partes envolvidas nas relações jurídicas de consumo.

Nesse patamar de discussão, entra-se em contato com o normativo social, que necessita sempre de legitimação, sendo essa "a exigência funcional central das inter-relações entre uma sociedade e um sistema cultural".[113] Em um sentido lógico, se as normas estão para organizar a

---

[113] PARSONS. *Estructura y processo...*, p.24.

sociedade – no sentido de direitos e obrigações – essas normas aplicadas por um poder constituído necessitam de uma legitimação para a sua eficácia.

O sistema cultural tende a ser o legitimador da ordem normativa, e do próprio poder aplicador. Porém, essa interferência legitimadora varia de uma sociedade para outra e, com o sentido de globalização que percorre as sociedades, no momento atual, vêem-se, a todo instante, interferências de uma cultura sobre outra. Assim, é "muito variável, de uma sociedade para outra, a extensão da independência culturalmente fundamentada entre as bases de legitimação e mecanismos operativos específicos de ordem inferior (por exemplo, organização burocrática e mercados econômicos)".[114]

Assim, pode-se dizer que é inegável a legitimação proporcionada pelo sistema cultural à ordem normativa. Em um sentido amplo, a ordem normativa formal aparece como confirmação das tendências desenvolvidas na sociedade em nível cultural, o que infere uma certa independência do processo cultural, em sentido estrito, da ordem normativa formal. Porém, existem exceções nesse contexto. Muitas vezes a ordem normativa formal vem como elemento modificador de tendências culturais e do próprio processo cultural.

Dentro dessa última perspectiva, pode-se incluir o surgimento do Direito do Consumidor como uma nova dogmática jurídica. As leis elaboradas para esse tipo jurídico seguem a tendência de romper, e porque não dizer, de modificar aspectos já consolidados cultural e juridicamente (a livre negociação de cláusulas, o ônus da prova) além, é claro, de estabelecer novas tendências dentro das práticas atinentes às relações de consumo (qualidade dos produtos e serviços, informações adequadas).

A aceitação do sistema cultural como legitimador da ordem normativa vem corroborada pela idéia de que esse sistema possui a função de manutenção de padrão.[115] Pelo sistema cultural estabelecem-se padrões de condutas que tendem a se manter dentro das normas organizadoras da sociedade. Entretanto, não se fala aqui de imutabilidade, mas de tendência à manutenção, o que não impossibilita a renovação e, até mesmo, a modificação de certos princípios. Nesse último aspecto, oportuna é a análise efetuada sobre o Direito do Consumidor, que vem como elemento modernizador e modificador de certos padrões já considerados consolidados.

Na realidade, fundamental no sistema cultural é a necessidade das regras serem tidas, de uma maneira geral, como aceitas, sob pena de se estabelecer uma revolução dentro da sociedade. Assim, o sistema cultural

---

[114] PARSONS. *Estructura y processo...*, p.25.
[115] Neste sentido Parsons: "No interior dos sistemas de ação, os sistemas culturais se especializam em torno da função de manutenção de padrão." PARSONS. *Estructura y processo...*, p.34.

se faz no dia-a-dia, obtendo-se a possibilidade de manutenção e, não raras vezes, também a modificação de certos padrões.

Outro aspecto da teoria da ação social, que deve ser trazido para a discussão no presente momento, é o que se refere ao *sistema da personalidade*.

Tendo a socialização como uma maneira de diminuição do grau de interferência do sistema da personalidade sobre a ação social, nota-se claramente que a sociedade estabelece o tipo de ação que deve ser seguido, devendo o mesmo ser executado sem a interferência da personalidade do indivíduo.

Na relação de consumo, a criação de um conjunto normativo estabelecido como Direitos do Consumidor vem, substancialmente, propor o direcionamento das condutas segundo ditames preestabelecidos pelo Estado.

Como já foi mencionado em itens anteriores, após um período em que foi adotado o sistema de livre manifestação das partes no mercado consumidor, quando se viu o desregrado domínio de uma das partes sobre a outra – fornecedores sobre consumidores – a sociedade passou a optar por uma intervenção do Estado no âmbito das relações jurídicas de consumo dentro da teoria sistêmica do direito, onde a norma jurídica se comunica "com o social e a práxis significativa fornece um importante passo para a construção de uma nova teoria do direito relacionada com as funções do Estado: aqui estamos claramente refletindo sobre o direito de um Estado Interventor".[116]

O intuito de tal regulamentação de condutas, permitindo-as ou proibindo-as, buscou equilibrar a balança da relação jurídica de consumo que, até então, pendia, indiscutivelmente, para o lado do fornecedor.

No que se refere, principalmente a uma das partes da relação jurídica de consumo – o fornecedor – o Direito do Consumidor foi criado com o intuito de impedir que continuassem aflorando seus aspectos de personalidade que, em sua maioria, tinham o lucro como meta principal. Necessária, portanto, a criação normativa com funções determinadas para fazer cessar as ações que, incrustadas de personalidade perniciosa, coibiam a harmonização social.

Essa personalidade perniciosa que seria negativa à sociedade leva em si o egocentrismo do indivíduo, distanciado do interesse social. Dessa forma, importante é a necessidade de normas que coíbam as ações desenvolvidas em prejuízo da sociedade. O Código de proteção e defesa do

---

[116] ROCHA, Leonel Severo. *Epistemologia jurídica e democracia*. São Leopoldo: Editora Unisinos, 1998. p.84.

consumidor brasileiro, Lei 8.078, de 11/9/90, estabelece em seu art. 1º "o presente Código estabelece normas de proteção e defesa do consumidor, de ordem pública e interesse social [...]", com a nítida intenção de direcionar as condutas das relações de consumo para o âmbito social.

Nessa linha de pensamento, tem-se a filosofia do Código – proteção ao consumidor – buscando, através das normas, igualar as forças entre consumidor e fornecedor dentro da relação jurídica de consumo.

O *organismo comportamental*, que possui como função a adaptação – integração primária com o meio ambiente –, encontra na perspectiva de adaptação o Direito do Consumidor como modelo clássico de intercâmbio entre o sistema e o meio, mesmo porque, "toda teoria dos sistemas se caracteriza por manter determinado tipo de relações com o meio-ambiente".[117]

Nesse sentido, é de se ver que o sistema idealizado para as relações de consumo do século XX é proveniente do liberalismo desenvolvido no século XIX, e que trouxe a igualdade e a liberdade como elementos fundamentais ao desenvolvimento da sociedade. Porém, no âmbito das relações de consumo, esses ideais não alcançaram seus objetivos: a igualdade entre as partes – fornecedor e consumidor – inexistia, pois o fornecedor era sempre mais forte e organizado que o consumidor; a liberdade, devido à desigualdade de partes, trazia novamente a preponderância do fornecedor sobre o consumidor. Neste último, sendo o fornecedor mais forte, economicamente, impunha as cláusulas que iriam compor a relação de consumo. Sendo também mais organizado, formava monopólios, oligopólios e "trusts", que retiravam qualquer possibilidade de escolha do consumidor, fazendo desaparecer o princípio da liberdade.

Com esse quadro desenhado, o sistema não poderia se manter nas mesmas condições idealizadas ainda no século XIX e início do século XX. Necessitava ele, indiscutivelmente, adaptar-se aos novos anseios da sociedade. O sistema necessitava adaptar-se ao meio.

O surgimento, após a segunda metade do século XX,[118] do que se denominou de *Direito do Consumidor*, veio como forma modificadora e,

---

[117] ROCHA, Leonel Severo. *Direito...*, p.153.

[118] Conforme afirma Cristiano de Farias: "É que a sociedade contemporânea, desde o século XX, se organizou a partir do fenômeno mundial das relações de consumo *(mass consumption society* ou *Konsumgesellschaft)*, massificada pelo crescente aumento de oferta de produtos e serviços, pelo império e crescimento do *marketing* e pela propagação do crédito como elemento propulsor do desenvolvimento econômico. É o fenômeno denominado *consumerismo*, originado etimologicamente da expressão *consumerism*, terminologia criada para definir o movimento dos consumidores norte-americanos contra a produção e a comunicação de massa, os abusos das técnicas de *marketing* e propaganda, a periculosidade, qualidade e a confiabilidade dos produtos e serviços postos no mercado, as informações fornecidas pelos fabricantes e distribuidores etc." FARIAS, Cristiano Chaves de. A proteção do consumidor na era da globalização. *Revista de Direito do Consumidor*, São Paulo, nº41, Revista dos Tribunais, janeiro/março/2002. p.83-84.

por isso, adaptadora do sistema ao meio. O Estado, usando do normativo jurídico, apareceu como elemento de intervenção e atuando, entre outras, da seguinte forma: retirando, em muitos casos, a liberdade de cláusulas para a relação jurídica de consumo; exigindo o cumprimento de certas ações, por parte do fornecedor, para garantir o produto e o serviço e limitando a liberdade de ação do fornecedor. Em última análise, esta atuação do Estado propiciou um campo para o surgimento de uma igualdade mais efetiva entre consumidor e fornecedor.

Com o surgimento da nova normativa jurídica, o sentido de organismo comportamental, vinculado à adaptação, aparece claramente dentro das modificações ocorridas nas ações atinentes à relação de consumo. Tem-se, aqui, na realidade, uma "via de mão dupla": o sistema se adaptando ao meio, e o meio se adaptando ao sistema.

O *sistema social*, que se caracteriza pela função de integração, também merece a devida análise no presente capítulo, uma vez que a estrutura dos sistemas sociais pode ser analisada através dos componentes denominados de valores, normas, coletividade e papéis. Em Parsons pode-se ter uma clara definição de sistema social, dentro da idéia de ser apenas um dos três aspectos da estruturação do sistema total concreto de ação social, sendo os outros dois o sistema de personalidade e o sistema cultural:

> Um sistema social – reduzido aos termos mais simples – consiste, pois numa pluralidade de atores individuais que interajam entre si em uma situação que tem, ao menos, um aspecto físico ou de meio ambiente, atores motivados por uma tendência a obter um máximo de gratificação e cujas relações com sua situação – incluindo aos demais atores – estão mediadas e definidas por um sistema de símbolos culturalmente estruturados e compartidos.[119]

Dentro da análise dos aspectos histórico-jurídicos, dos problemas atinentes à relação de consumo, que propiciaram a criação do Código de Defesa do Consumidor brasileiro, pode-se dizer que as mudanças que se apresentaram nas últimas décadas, em termos de valores, e do próprio papel do consumidor tiveram alterações consideráveis. Essas alterações exigiram mudanças radicais nas normas jurídicas, com revisões de padrões que tanto atingiram o sistema social, quanto a própria ação social, elementos tidos, muitas vezes, como consolidados.

Em Parsons se vê que, na teoria da ação social, o ponto de referência é a ação de um ator (individual), ou de atores (coletividade). O ator,

---

[119] Tradução, pelo autor, de fragmento da obra em espanhol: "Un sitema social – reducido a los términos más simples – consiste, pues en un pluralidad de actores individuales que interactúan entre sí en una situación que tienen, al menos, un aspecto físico o de medio ambiente, actores motivados por una tendencia a obtener un óptimo de gratificación y cuyas ralaciones con sus situaciones – incluyendo a los demás actores – están mediadas y definidas por un sistema de símbolos culturamamente estructurados y compartidos." PARSONS. *El sistema...*, p.17.

enquanto indivíduo, é um organismo fisiológico, e a coletividade é formada pelos mesmos organismos fisiológicos.

No Direito do Consumidor, os atores que desenvolvem a ação que irá compor a relação de consumo são personagens diversos, estando presentes nos dois pólos da relação: de um lado, o consumidor (indivíduo ou coletividade, pessoa física ou jurídica); de outro, o fornecedor (por exemplo, pessoa física ou jurídica, pública ou privada).

Quanto à teoria da ação social, seu interesse está na organização das orientações do ator a respeito de uma situação.[120] Essa visão é perfeitamente aplicável à dogmática do consumidor, vez que essa se desenvolve sobre a orientação, no âmbito da relação jurídica de consumo, da atuação dos consumidores e fornecedores.

A dogmática jurídica referente à defesa do consumidor trabalha tanto em nível individual, quanto coletivo. Em nível individual, na defesa do consumidor enquanto indivíduo participante ou possível participante da relação jurídica de consumo. Em nível coletivo, tendo em vista os interesses coletivos, que nesse caso são interesses transindividuais, ou seja, que vão além do indivíduo, embora mantendo relação com o mesmo.

No aspecto individual, o interesse da teoria da ação social está voltado para as ações de um ator; no aspecto coletivo, conforme ensina Parsons,

quando os termos se referem a uma coletividade como a unidade atuante, se entende que ela não faz menção de todas as ações dos indivíduos que são seus membros, senão que unicamente das ações que executam em sua qualidade de membros.[121]

A dogmática jurídica de defesa do consumidor, no que se refere à coletividade, pode ser analisada sob dois aspectos: o primeiro, tendo em vista a ação desenvolvida no sentido de prejudicar os interesses da coletividade – danos ecológicos, propagandas enganosas ou discriminatórias, etc. –; o segundo aspecto, tendo em vista as ações que a coletividade pode exercer contra aqueles que podem causar, ou causaram os danos.

Ação e motivação são outros dois elementos que estão presentes na teoria da ação social e que possuem relevância no estudo que se está realizando. A ação que é trabalhada na teoria da ação social é aquela premida pela motivação; por isso a importância dentro do estudo do Direito do Consumidor.

---

[120] Ver PARSONS. *Hacia una teoría...*, p.20.

[121] Tradução, pelo autor, de fragmento da obra em espanhol: "cuando los términos se refieren a una colectividad como a la unidad actuante, se entiende que ella no hace mención de todas las acciones de los individuos que son sus miembros, sino únicamente de las acciones que ejecutan en su calidad de miembros." PARSONS. *Hacia una teoría...*, p.20.

Aqui, a relação de consumo se comporta adequadamente com a teoria da ação social, uma vez que, naquela, existe um tipo de motivação para cada uma das partes da relação – fornecedor e consumidor.

No que se refere ao fornecedor, sua ação está voltada, de uma maneira geral, para o interesse do *lucro,* sobre o qual se pauta toda a organização dos fornecedores. Nesse âmbito da lucratividade, o surgimento dos monopólios, dos oligopólios, dos cartéis e dos "trusts", que possuem como única meta o domínio do mercado, são exemplos clássicos dessa organização. Dentro desse sentido, é colocada a ação do fornecedor, porque nela se encontra a busca desenfreada do lucro, mesmo em prejuízo do consumidor.

A outra parte da relação jurídica, que é composta pelos consumidores, possui suas ações motivadas, em certo grau, pela qualidade e pelo preço do produto. Porém, a motivação que leva o consumidor a uma ação de consumo nem sempre é uma motivação consciente. Nesse particular, é de se lembrar o *espírito consumerista,* já explicado, que tem o condão de retirar a liberdade de escolha, sendo que, a partir dele, a motivação, que a princípio deveria ser um fator de consciência própria, passa a ser viciada por um desejo alheio.

Essas possibilidades de motivação estão claramente dispostas, em âmbito geral, na teoria da ação social, vez que a orientação da ação, conforme ensina Parsons,[122] implica por sua vez um conjunto de objetos de orientação que estabelece alternativas e impõe limitações.

Dentro das duas classes de orientação do ator à ação descrita por Parsons, pode-se estabelecer relações com a ação desenvolvida pelo consumidor. Segundo o autor, "uma situação proporciona duas classes principais de objetos até os quais o ator – que é o ponto de referência – pode orientar-se".[123]

Na primeira classe, têm-se os objetos não sociais, ou seja, objetos físicos[124] ou recursos culturais acumulados,[125] que proporcionam ao consumidor a possibilidade de uma orientação segura dentro da motivação

---

[122] PARSONS. *Hacia una teoría...,* p.21.

[123] Tradução, pelo autor, de fragmento da obra em espanhol: "una situación proporciona dos clases principales de objetos hacia los cuales el actor – que es el punto de referencia – puede orientarse". Pode-se, ainda, ler em Parsons as duas classes: "1. objetos no-sociales, es decir, objetos físicos o recursos culturales acumulados; u 2. objetos sociales, o sea, actores individuales y colectividades, Los objetos sociales incluyen la propria personalidad del sujeto, así como también las personalidades de otros individuos." Idem.

[124] No dizer de Parsons, objetos físicos "son aquellos que se hallan ubicados en el espacio y en el tiempo, no interactúan con el actor-sujeto, como lo hacen los otres actores, y nunca pueden ser sujetos,..." Ibidem, p.80.

[125] Como objetos culturais "son elementos de la herancia cultural o de la tradición (por ejemplo, leyes, ideas, recetas) cuando son tomados como objetos de orientación." Idem.

para a ação, mormente porque, no que se refere aos objetos culturais, como afirma Parsons, estes objetos podem servir como regras normativas, como meios instrumentais significativos e como condições ou obstáculos da ação ou como símbolos significantes.[126] Por esse caminho, o ator, a partir da análise formulada sobre o objeto a ser adquirido e sobre os recursos culturais que possui, pode realizar uma ação que seja compatível com o esperado para a sua realização pessoal.

Na segunda classe estão os *objetos sociais*.[127] Como objetos sociais se incluem tanto a personalidade do sujeito, como a de outros, assim os objetos sociais podem incluir tanto os atores em nível individual, quanto em nível coletivo – atores individuais ou coletividade. Sabe-se que a ação será motivada por fatores advindos do sujeito que a executa, e também por fatores advindos de outros sujeitos. Nesse particular, é de lembrar, novamente, a influência do chamado espírito consumerista sobre a ação do consumidor.

Partindo da idéia de que a teoria da ação social admite a possibilidade de que influências externas, e mais profundamente personalidades de outros sujeitos venham a influenciar a motivação da ação, sabe-se que a ação do consumidor pode ser motivada por fatores trabalhados pelo fornecedor no sentido de fazer com que o consumidor execute ações – de aquisição de produtos – que muitas vezes não seriam feitas se não houvesse essa influência.

Por outro lado, a personalidade do fornecedor está, até certo ponto, viciada pela lucratividade. Assim, o que se pode esperar é que sua influência seja no sentido da aquisição pura e simples do produto, pelo consumidor, sem que este possa estabelecer uma avaliação mais profunda sobre necessidades, ou até mesmo qualidade e preço. Exemplo desse tipo de atuação está na propaganda que tem sido elaborada com o intuito de despertar, no consumidor, o desejo de adquirir certo produto. Propaganda essa que vai além da informação ao consumidor, buscando, a todo custo, o direcionamento da ação do consumidor para o desregrado consumir.

Dentro da teoria da ação social, o nível estimulativo é elemento de fortes contornos. O indivíduo executará a ação após a motivação, por isso é importante se ter em vista tanto o selecionar, quanto o eleger, principalmente quando se analisa a relação jurídica de consumo.

Se fossem analisadas as possibilidades de escolha do consumidor para o desenvolvimento da ação, que será elemento da relação jurídica de consumo, poder-se-ia verificar que os dois momentos históricos – *anterior*

---

[126] PARSONS. *Hacia una teoría...*, p.80.
[127] Ibidem, p.21.

à dogmática do consumidor e *durante a dogmática do consumidor* – em análise no presente item, merecem considerações.

No que se refere ao período anterior à dogmática consumerista, tem-se o consumidor como parte totalmente vulnerável ao fornecedor, o que lhe retira a possibilidade de escolha da ação a ser executada.

Com a dogmática consumerista, surge a possibilidade de o consumidor ascender ao mesmo patamar em que está o fornecedor ou seja, as partes estariam em igualdade de condições para a concretização da relação jurídica de consumo, o que propiciaria ao consumidor a possibilidade de selecionar e eleger.

Nessa mesma ótica de análise, é de se ter em vista a idéia de Parsons sobre a fixação a objetos que são gratificantes e o rechaçar daqueles que são nocivos,[128] uma vez que essa idéia não encontra eco dentro da relação jurídica de consumo, pois o consumidor nem sempre possui a possibilidade de optar entre aquilo que lhe é gratificante e aquilo que lhe é nocivo, em sentido amplo, – um produto ou outro, um serviço ou outro – sempre dentro da idéia de que o fornecedor continua dominando o mercado e impondo ao consumidor seus ditames. Os monopólios de produtos ou serviços são exemplos claros da impossibilidade de opção. Se o consumidor necessita de um medicamento, e este possui somente um fornecedor estará retirado seu âmbito de escolha, pois deverá adquiri-lo sem qualquer opção.

Quando se trabalha a idéia de escolha para a ação social, se está diante também da possibilidade de valoração e comparação dos objetos e interesses, por parte do sujeito que executa a ação. Se a valoração repousa sobre normas que são tanto cognitivas de verdade, quanto apreciativas de pertinência, ou morais de retitude, é de se perguntar se essa mesma matriz pode ser aplicada sobre as relações jurídicas de consumo.

No que se refere à relação jurídica de consumo, o consumidor nem sempre possui condições de conhecimento para avaliar as "verdades" que são estabelecidas sobre um determinado produto ou serviço, o que lhe retira a possibilidade de uma opção consciente. Assim, a idéia de que as normas cognitivas levariam a uma possível escolha do produto não se estabelece inteiramente quando se fala em relação jurídica de consumo, pois nesse âmbito a escolha, muitas vezes, deve ser feita independentemente do conhecimento.

Por outro lado, quando se analisam as normas que envolvem uma escolha baseada nos aspectos morais, pode-se dizer que a idéia levantada na teoria da ação social pode estar presente na relação jurídica de consu-

---

[128] PARSONS. *Hacia una teoría...*, p.21-22.

mo, vez que o consumidor, atendendo a seus aspectos morais, pode realizar opções em torno da aquisição ou não de um produto.

O tema em questão ainda pode ser abordado pelo prisma do valor, dentro da idéia de padrões institucionalizados como representações coletivas dos tipos de sistemas sociais. Nesse patamar de discussão, é de se reiterar que os valores estabelecidos, durante quase todo o século XX, restaram modificados no final desse século. O consenso social vigente no início do século XX e que perdurou para além de sua metade – dentro da relação de consumo – estava voltado para a valoração da liberdade e da igualdade como elementos norteadores do mercado, o que levava à não-interferência do Estado.

No final do século XX, dentro da visão de impossibilidade de uma justa configuração nas relações jurídicas de consumo, tendo em vista os valores até então defendidos e consensualizados, houve uma mudança nos paradigmas sustentados pelos valores de liberdade e de igualdade.

Essa mudança deu ensejo à intervenção estatal, consensualizando-se um novo tipo de valor, em que o Estado deveria ser participante ativo na relação jurídica de consumo, como elemento fiscalizador e impositor de normas que estabeleceriam condutas que não poderiam, sequer, ser modificadas pelo consenso das partes.

O Direito do Consumidor assume uma direção normativa atendendo aos anseios da sociedade, fora, até mesmo, de certos padrões culturais já consolidados em nível internacional. Houve, na realidade, alterações tanto nos sistemas culturais, no sentido amplo, quanto nos sociais, no sentido estrito.

Nesse particular, é de lembrar que as culturas ultrapassam as fronteiras da sociedade. Várias sociedades podem, ao mesmo tempo, com as variações que lhes são peculiares, possuir um mesmo dado cultural (como por exemplo, a religião cristã, a música rock etc.). Isso se tornou cada vez mais marcante com o crescimento das telecomunicações, que estreitam horizontes e rompem as fronteiras; com o deslocamento de indivíduos de uma sociedade para outra, onde aceitam aspectos culturais novos e influenciam os já existentes.

Essas sociedades não são vistas como de cultura comum,[129] mas apenas que algum dado cultural pode estar presente em mais de uma sociedade. Nesse particular, o que ocorre com o Direito do Consumidor, nas últimas décadas, é o surgimento de um conjunto normativo forte e

---

[129] A cultura comum está vinculada diretamente ao sistema social que envolve a sociedade. No dizer de Parsons: "Un sistema social es, pues, una función de la cultura común, que no solo forma la base de la intercomunicación de sus miembros, sino que define – y así en cierto sentido determina – los status relativos de esos miembros." PARSONS. *El superego...*, p.16.

capaz de induzir a modificações tanto de aspectos culturais em nível internacional quanto de aspectos mais particulares de cada sistema social.

2. A nova dogmática de proteção ao consumidor: o Código de Defesa do Consumidor brasileiro, Lei 8.078, de 11 de setembro de 1990

Após o conhecimento histórico da evolução do Direito do Consumidor, dentro dos contextos social e jurídico anteriores ao CDC, onde foram analisados tanto os aspectos histórico-sociais, quanto histórico-jurídicos, correlacionando esses aspectos com a teoria da ação social, pretende-se, neste capítulo, elaborar estudo direcionado ao Código de Defesa do Consumidor brasileiro, Lei 8.078, de 11 de setembro de 1990, buscando entender três aspectos principais: seu processo de criação, sua sistematização e filosofia e sua relação com a teoria da ação social. Portanto, os enfoques serão elaborados de uma maneira ampla, buscando o entendimento do todo.

2.1. A criação do Código de Defesa do Consumidor

O Código do Consumidor brasileiro está disposto na Lei 8.078, de 11 de setembro do 1990, também denominada de Código de Proteção e Defesa do Consumidor.

Antes da efetivação da Lei 8.078, a Constituição Federal, de 5 de outubro de 1988, dispunha, no art. 24, VIII, que compete à União, aos Estados e ao Distrito Federal legislar concorrentemente sobre responsabilidade por danos ao consumidor. No mesmo diploma legal, segundo Tomasetti Jr. "o consumidor passou a ser titular de um direito subjetivo que lhe foi atribuído pelo art. 5°, XXXII"[130] que estabelecia que "o Estado promoverá, na forma da lei, a defesa do consumidor."

Antes mesmo da promulgação da Constituição Federal de 1988, para traçar os caminhos do desenvolvimento efetivo da matéria sobre consumo, o Conselho Nacional de Defesa do Consumidor, do Ministério da Justiça, encomendou a um grupo de especialistas da área, onde estavam, entre outros: Ada Pellegrini Grinover, Antônio Herman de Vasconcellos e Benjamin, José Geraldo Brito Filomeno, Kazuo Watanabe, Nelson Nery Jr. e Zelmo Denari, um anteprojeto de Código de Defesa do Consumidor que

---

[130] TOMASETTI JR., A. *A configuração constitucional e o modelo normativo do CDC. Revista de direito do consumidor*, n.14. São Paulo: Revista dos Tribunais, 1995. p.28.

foi publicado em 4 de janeiro de 1989. O referido projeto recebeu sugestões dos mais variados segmentos da sociedade: desde entidades vinculadas ao assunto, órgãos governamentais, judiciário e meio acadêmico. Além disso, com vistas a acolher o maior número de sugestões, dos mais variados segmentos da sociedade, Pellegrini Grinover diz que

> a comissão fez mais revisões, levando em consideração o substitutivo do Ministério Público em São Paulo – Secretaria de Defesa do Consumidor, que acabaria sendo incorporado pelos substitutivos do Deputado Geraldo Alkimin. A Comissão de Juristas do CNDC prestou especial atenção às proposições e sugestões dos juristas brasileiros e estrangeiros reunidos no I Congresso Internacional de Direito do Consumidor, realizado em São Paulo, de 29 de maio a 2 de junho de 1989.[131]

Todo esse trabalho foi desenvolvido para que as forças vivas da comunidade fossem ouvidas, além, é claro, de se buscar subsídios na legislação e na doutrina estrangeira, adaptando suas normas e considerações à realidade brasileira.

Essa mesma Comissão assessorou, mais tarde, a Comissão Mista do Congresso Nacional, incumbida de apresentar Projeto do Código de Defesa do Consumidor.[132] Assim, a sociedade brasileira recebeu, pela primeira vez em sua história, uma lei que dispunha sistematicamente sobre os Direitos do Consumidor.

2.2. A sistematização e a filosofia de proteção ao consumidor advindas com o Código de Defesa do Consumidor

O Código de Defesa do Consumidor brasileiro veio para atender às necessidades de dar proteção àquele – o consumidor – que não tinha condições de fazer frente aos bem-organizados e economicamente mais fortes – os fornecedores. As características da relação de consumo do século XX mudaram consideravelmente, se comparadas com as do século XIX. É a sociedade de consumo que aparece com suas características próprias. No século XX, as relações entre consumidor e fornecedor se agigantaram de tal forma que a legislação existente não mais atendia às

---

[131] GRINOVER, A. P. *Código brasileiro de defesa do consumidor, comentado pelos autores do anteprojeto*, 4. ed. Rio de Janeiro: Forense, 1995. p.2.

[132] Pellegrini Grinover, que acompanhou todo o processo, narra que: "para debate dos pontos polêmicos do Código e apresentação de sugestões, a Comissão Mista realizou ampla audiência pública, colhendo o depoimento e as sugestões de representantes dos mais variados segmentos da sociedade: indústria, comércio, serviços, governo, consumidores, cidadãos. A absoluta transparência e a isenção do Relator da Comissão Mista criaram um clima de conciliação, em que se pôde chegar ao consenso, adotando-se posições intermediárias, que atendiam a todos os interesses[...] Finalmente, o projeto da Comissão Mista, publicado aos 4 de dezembro de 1989, recebeu novas emendas, até ser aprovado pela própria Comissão e a seguir – superados alguns problemas procedimentais – pelo Plenário, durante a convocação extraordinária do Congresso, no recesso de julho de 1990." GRINOVER. *Código brasileiro...*, ob. cit., p.4.

conveniências do novo modelo. Aliada a isso, acentuou-se a fragilidade do consumidor frente aos grandes grupos econômicos, exigindo uma rápida e consistente solução, na órbita jurídica, com a implantação de uma legislação voltada para a defesa do consumidor. Na realidade, o consumidor, nessa nova sociedade, é o elemento vulnerável, necessitando de proteção e, como diz Pellegrini Grinover, "é com os olhos postos nesta vulnerabilidade do consumidor que se funda a nova disciplina jurídica".[133]

Por esse caminho seguiu, e não poderia ser diferente, o Código de Defesa do Consumidor brasileiro, buscando minimizar as diferenças de força existentes entre consumidor e fornecedor, ou seja, criando um novo direito.[134]

Sabe-se que o mercado pode ser regulado de duas formas: uma, deixando que os agentes da economia, consumidores e fornecedores, se entendam numa autocomposição; outra, através de normas elaboradas pelo Estado, sendo, ainda esta última, ou através de leis esparsas, ou através de Código. No Brasil, como na maioria dos outros Estados, a forma privada da autocomposição não surtiu os efeitos desejados quando se falava em relação jurídica de consumo, havendo, portanto, a necessidade de leis que determinassem as condições de movimentação econômica entre consumidores e fornecedores.

Se, por um lado, existem Estados que preferem regular as relações de consumo mediante leis esparsas, atendendo distintamente a cada situação, outros preferem a consolidação da matéria de forma sistemática dentro de um Código. O Brasil optou por esse último modelo, como forma de regulamentação das relações jurídicas de consumo. E, dessa forma, o Brasil aparece como pioneiro da codificação do direito do consumidor no mundo.[135]

---

[133] E acrescenta a mesma autora: "Que enorme tarefa, quando se sabe que esta fragilidade é multifária, decorrendo ora da atuação dos monopólios e oligopólios, ora da carência de informação sobre qualidade, preço, crédito e outras características dos produtos e serviços. Não bastasse tal, o consumidor ainda é cercado por uma publicidade crescente, não estando, ademais, tão organizado quanto os fornecedores.
Toda e qualquer legislação de proteção ao consumidor tem, portanto, a mesma *ratio*, vale dizer reequilibrar a relação de consumo, seja reforçando, quando possível, a posição do consumidor, seja proibindo ou limitando certas práticas de mercado." GRINOVER. *Código brasileiro...*, ob. cit., p. 7.

[134] Respondendo a pergunta: Qual a finalidade desse novo direito, afirma Cavalieri Filho: "Está expressa na própria Constituição. O Código do Consumidor foi editado para promover a defesa do consumidor (art. 5º, XXXII), para restabelecer o equilíbrio e a igualdade nas relações de consumo profundamente abaladas por aquele descompasso entre o social e o jurídico ao qual nos referimos (CDC, art. 4º, III)." CAVALIERI FILHO, Sérgio. O direito do consumidor no limiar do século XXI. *Revista de direito do consumidor*, São Paulo, nº 35, Revista dos Tribunais, 2000, p.100.

[135] Neste sentido, GRINOVER. *Código brasileiro...*, ob. cit., p. 8.

Essa opção por um Código foi feita já na promulgação da Constituição Federal, de 5 de outubro de 1988, quando a mesma fez dispor em seu art. 48 das Disposições Constitucionais Transitórias: "O Congresso Nacional, dentro de cento e vinte dias da promulgação da Constituição, elaborará código de defesa do consumidor." É importante salientar que, na tramitação e discussão do texto legal, muitos foram os problemas enfrentados. Romper as barreiras antepostas por aqueles que não tinham interesse na promulgação de um diploma legal, que viesse estabilizar as relações entre consumidores e fornecedores, foi o primeiro desafio.

As dificuldades enfrentadas atrasaram a publicação do Código de Defesa do Consumidor, uma vez que a Constituição dispunha cento e vinte dias para a sua promulgação. O Código é de 11 de setembro de 1990, quase dois anos após a promulgação da Constituição. Nesse sentido, até a denominação de *código* serviu para travar o andamento do processo.[136]

Apesar de todos os problemas, o Código de Defesa do Consumidor brasileiro foi promulgado sob a forma de lei, trazendo uma filosofia protecionista ao consumidor, entendendo-o como vulnerável na relação de consumo. Além disso, o CDC conseguiu sistematizar a matéria de direito do consumidor abordando, em seus cento e dezenove artigos, todo o conjunto legislativo necessário ao desenvolvimento do tema. O CDC foi dividido em seis títulos onde aborda: no título primeiro, os direitos do consumidor; no segundo, as infrações penais; no terceiro, a defesa do consumidor em juízo; no quarto, o sistema nacional de defesa do consumidor; no quinto, a convenção coletiva de consumo e no sexto, têm-se as disposições finais.

Como se pode notar, o CDC optou por uma sistematização pormenorizada da matéria, abordando desde a política nacional de proteção ao consumidor até seus direitos específicos, passando, inclusive, pela forma

---

[136] Pellegrini Grinover mostra as manobras necessárias para contornar os entraves produzidos por aqueles que não desejavam a promulgação do CDC: "Ora, se a Constituição optou por um Código, é exatamente o que temos hoje. A dissimulação daquilo que era código em lei foi meramente cosmética e circunstancial. É que, na tramitação do Código, o lobby dos empresários, notadamente o da construção civil, dos consórcios e dos supermercados, prevendo sua derrota nos plenários das duas casas, buscou, através de uma manobra procedimental, impedir a votação do texto ainda naquela legislatura, sob o argumento de que, para se tratar de Código, necessário era respeitar um iter legislativo extremamente formal, o que, naquele caso, não tinha sido observado. A artimanha foi superada rapidamente com o contra-argumento de que aquilo que a Constituição chamava de Código assim não o era.
E, dessa forma, o Código foi votado com outra qualidade, transformando-se na Lei 8.078, de 11 de setembro de 1990. Mas, repita-se, não obstante a nova denominação, estamos, verdadeiramente, diante de um Código, seja pelo mandamento constitucional, seja pelo seu caráter sistemático. Tanto isso é certo que o Congresso Nacional sequer se deu ao trabalho de extirpar do corpo legal as menções ao vocábulo (arts. 1º, 7º, 28, 37, 44, 51 etc.)." GRINOVER. *Código brasileiro...*, p.9.

de estar em juízo, o que significa uma ampla cobertura dispensada pelo Diploma Legal àquele que entende como parte mais fraca na relação jurídica de consumo, o consumidor.

2.3. O Código de Defesa do Consumidor e a teoria da ação social: o sistema geral da ação

O Código de Proteção e Defesa do Consumidor é um conjunto de normas que tem por função orientar as ações tanto do consumidor, quanto do fornecedor. Nesse ínterim, a idéia normativa está dentro da própria concepção de conduta, onde um dos pontos é justamente a regulamentação normativa.

O referido código se estabelece em nível de sistema normativo e, como tal, pode ser trabalhado comparativamente com o sistema geral da ação social.

São quatro os subsistemas trabalhados por Parsons: o sistema social, o cultural, o de personalidade e o organismo comportamental. Lembrando, também, que quatro são as funções primárias comuns a todos eles: manutenção de padrão, integração, realização de objetos e adaptação.

O *sistema cultural* que é constituído pela organização de valores, normas e símbolos, que orientam a eleição dos atos, e que se caracteriza pela manutenção e mudança de valor, tem substancial relação com o direito do consumidor. Pode-se dizer que, dentro de uma análise da relação de consumo, estão presentes muitos aspectos culturais, tanto no período anterior à dogmática consumerista, quanto no da própria dogmática.

Há de se ressaltar, no entanto, que a dogmática consumerista – Código de Proteção e Defesa do Consumidor – rompe com aspectos culturais estabelecidos sobre a relação jurídica de consumo durante o período anterior à dogmática consumerista – liberdade ampla na relação jurídica de consumo – inaugurando um sistema intervencionista do Estado[137] sobre a

---

[137] No campo do dirigismo contratual, a mais profunda intervenção estatal na economia interna do contrato, operada nos últimos tempos, deu-se por via do Código de Defesa do Consumidor (Lei 8.078, de 11.09.1990), e, em nome de tutela à parte fraca da relação de consumo, foram atingidos, profundamente, todos os princípios básicos da teoria do contrato, ou seja, o da autonomia da vontade, a da força obrigatória, o da relatividade e o da boa-fé.
O princípio da autonomia da vontade, embora não banido por inteiro do terreno das relações de consumo, pois há ainda certa liberdade para escolher a pessoa com quem contratar e para determinar do conteúdo do negócio jurídico, sofreu, na realidade, enorme redução, visto que todas as numerosas normas traçadas pela Lei 8.078/90 são, declaradamente, de ordem pública e, assim, não podem ser alteradas ou restringidas pela convenção das partes." THEODORO JÚNIOR, Humberto. Contratos – princípios gerais – tendências do direito contratual contemporâneo – abrandamento dos princípios tradicionais – intervenção estatal crescente – impacto do código de defesa do consumidor. *Revista dos Tribunais*, São Paulo, n.765, Editora Revista dos Tribunais Ltda., julho/1999, p.31.

vontade das partes, modificando substancialmente o sentido que se tinha de contrato.[138] [139]

Dentro dessa ótica, pode-se dizer que o Código, ao mesmo tempo que atua mantendo padrões já estabelecidos para as relações jurídicas de consumo – teoria subjetiva para a verificação da culpa do profissional liberal – também modifica padrões de comportamento para essas mesmas relações – teoria objetiva, não verificando culpabilidade nos danos físicos causados ao consumidor por produtos – mantendo e modificando, portanto, aspectos culturais.

O *sistema de personalidade* compreende as inter-relações de ações que se organizam dentro da necessidade/disposição, possuindo como função característica a busca da satisfação pessoal. A ação dirigida à relação de consumo sempre está vinculada à realização pessoal tanto do consumidor, quanto do fornecedor. Por isso a personalidade, dentro da relação de consumo, também sofreu e sofre influência não só do âmbito cultural de uma maneira geral, como também de sistemas específicos – união dos fornecedores ou consumidores, a dogmática consumerista – que induzem os consumidores e fornecedores a se comportarem de uma forma ou de outra. O presente assunto pode ser abordado em dois momentos históricos:

1) no período pré-dogmático do consumidor, onde o fornecedor possui uma acentuada ascendência sobre o consumidor. Ou seja, dentro da visão liberal da época, as partes tinham ampla liberdade para contratar, porém, é notória a diferença entre as partes com a supremacia do fornecedor perante o consumidor, impondo tipos de produtos, qualidade e preços.

2) período da dogmática consumerista, que faz surgir uma nova fase na relação de consumo. É a intervenção do Estado. Com essa intervenção tolhe-se a liberdade das partes na busca de estabelecer maior igualdade entre elas. É o conjunto normativo direcionando a conduta. Se a conduta, baseada na personalidade negativa do fornecedor, traz prejuízos à socie-

---

[138] "Em todas essas circunstâncias, mais do que limitar a autonomia da vontade das *partes,* a função do Estado é, propriamente, garantir condições semelhantes a ambas partes que contratam para a expressão de sua liberdade contratual, e não apenas a uma delas que, em função de condições de favorecimento estrutural, possa, sem tal limite, fazer impor sua vontade à outra." SCAFF, Fernando Campos. A responsabilidade do empresário pelo fato do produto e do serviço, do código civil ao código de proteção e defesa do consumidor. *Revista dos Tribunais*, São Paulo, n.737, março de 1997, p.24.
[139] Na realidade a interveção do estado não retira a vontade das partes, mas impõe certos limites. Trabalhando o assunto, afirma Antonio Nogueira: "As partes, nos contratos de qualquer espécie, não perdem, porém, a autonomia da vontade, podendo livremente auto-regulamentar seus interesses negociais, embora devam curvar-se à licitude do ato, à boa-fé e aos demais princípios que de agora em diante passam a prevalecer e que são de ordem púbiblica, porque o interesse coletivo sobrepõe-se ao individual." NOGUEIRA, Antonio de Pádua Ferraz. *Considerações sobre os princípios do código de defesa do consumidor.* Revista dos Tribunais, São Paulo, n.762, Editora Revista dos Tribunais Ltda., abril/1999, p.15.

dade, nada mais lógico do que o surgimento de um conjunto normativo que possibilite o tolhimento de tais condutas. Se a ordem normativa possui a função de direcionar a conduta dentro de uma idéia de consenso e de mecanismos de imposição, o mesmo ocorre com o direito do consumidor que busca, através do normativo, a equiparação de forças entre consumidor e fornecedor.

O *organismo comportamental* possui como função a adaptação, a integração primária com o meio ambiente. Nessa perspectiva de adaptação, o Código de Proteção e Defesa do Consumidor é modelo clássico de intercâmbio entre o sistema e o meio, vez que o sistema do Código tanto interfere no meio atinente às relações de consumo, quanto dele recebe influência. Ou seja, o Código atua sobre o meio direcionando as condutas, mas também recebe pressões no sentido, até mesmo de modificação do conjunto normativo se for necessário.

O *sistema social* possui como função a integração das unidades constituídas, tendo como características, segundo Parsons, a interação entre dois ou mais atores; a influência de outros indivíduos sobre os atores; e a consensualização sobre ações em busca de metas coletivas.

No que se refere ao Direito do Consumidor, das três características apontadas por Parsons, as duas primeiras – a interação entre dois ou mais atores e a influência de outros indivíduos sobre os atores – estão claramente presentes na relação de consumo.

No que se refere à interação entre dois ou mais atores, é delineada a interação entre consumidor e fornecedor, como atores da relação jurídica de consumo; por outro lado, a influência de outros indivíduos sobre atores é clara quando se vê a influência das propagandas no direcionamento de aquisição de produtos.

No que se refere à terceira característica – consensualização sobre as ações na busca de metas coletivas – quando se examinam as condutas dos consumidores e dos fornecedores, pode-se notar que não há esse elemento consensualizador. Os interesses entre fornecedores e consumidores parecem distanciar ao invés de convergir. O lucro muitas vezes se contrapõe ao tipo de produto, à qualidade e ao baixo preço. O fornecedor busca o lucro o consumidor busca a qualidade e o baixo preço, fazendo com que os interesses divirjam ao invés de consensualizarem-se.

Para a Teoria da Ação Social, a comunicação e a interação são elementos da estrutura social que possibilitam a formação da estabilidade social. Nesse sentido, pode-se pensar o Direito do Consumidor como elemento que possibilita a estabilidade social, com o intuito de minimizar a dominação de uma das partes sobre a outra. Importante se ter em mente que a dogmática consumerista surge como possibilidade de modificação de uma estrutura baseada na liberdade de ação, atuando, portanto, como elemento de não-manutenção do sistema. Num segundo momento, a dogmática consumerista se coloca como elemento de manutenção do novo sistema, atuando como elemento de estabilidade social, dentro das idéias de Parsons.

O Sistema Social depende do grau de equilíbrio dos sistemas de personalidade e de seus membros. Duas formas de manter esse equilíbrio são salientadas por Parsons: *mecanismos de socialização* e *mecanismos de controle*.

Os *mecanismos de socialização* estão vinculados aos mecanismos de aprendizagem e de generalização, construindo as relações de necessidades e disposições.

Quando falham os mecanismos de socialização, entram em ação os mecanismos de controle, para a manutenção e estabilidade social.

No Direito do Consumidor ocorre o mesmo fenômeno apontado por Parsons, vez que busca ele a estabilidade social, seja pelo elemento socialização ou pelos mecanismos de controle onde está presente, especificamente, a dogmática consumerista.

Dessa análise, pode-se notar que, quando se fala em Código de Proteção e Defesa do Consumidor, tem-se, em grande parte, a consolidação das características dispostas no sistema geral da ação e na teoria da ação social.

Capítulo VI

Produtos e defeitos

A responsabilidade pela reparação de danos ao consumidor, pelo fato do produto, provém de um defeito desse produto, que leva ao que se denomina de acidente de consumo.[140] Nas palavras de Ferreira da Rocha, "um pressuposto essencial da responsabilidade do fornecedor é que o produto seja defeituoso, isto é, no momento em que foi colocado no mercado apresente um defeito potencial ou real e que esse defeito seja a causa do dano".[141] Conforme Cláudia Marques, "no sistema do CDC, é necessária a existência de um defeito no produto e um nexo causal entre este defeito e o dano sofrido pelo consumidor, e não só entre dano e produto",[142] [143] ou, em outras palavras, de um defeito capaz de impedir a perfeita utilização do produto com conseqüências que podem estar ligadas a danos tantos físicos, quanto patrimoniais ao consumidor.[144] A responsabilidade como elemento advindo do defeito fica clara quando se analisa o inciso II do § 3º do art. 12, que exime o fornecedor da responsabilidade de indenizar quando *o defeito inexiste*. Assim, "o defeito, como causador

---

[140] Explicando o que se pode entender por acidente de consumo, diz Grinberg: "Acidente de consumo é a manifestação externa e danosa de um defeito preexistente, causado por um produto ou por um serviço, que esteja em circulação no mercado de consumo, carente da segurança que legitimamente os consumidores deles esperam, ou decorrente da deficiência ou falta de informações sobre sua fruição ou risco. É a materialização, portanto, de um defeito intrínseco de um produto ou serviço." GRINBERG, Rosana. Fato do produto ou do serviço: acidentes de consumo. *Revista do direito do consumidor*, São Paulo, n.35, Revista dos Tribunais, 2000, p.147.

[141] ROCHA, Luís Ferreira da Rocha. *Responsabilidade civil do fornecedor pelo fato do produto no direito brasileiro*. São Paulo: Revista dos Tribunais, 2000. p.92.

[142] MARQUES, C., *Contratos no Código...*, ob. cit., p.437.

[143] No mesmo sentido, Eduardo Alvim: "Para responsabilização do fornecedor pelo fato do produto, há, pois, de haver um dano e, mais do que isso, este deve ter decorrido de um defeito no produto. Imprescindível, portanto, ter havido o defeito, o dano, e , entre esses, o nexo de causalidade." ALVIN, Eduardo Arruda. Responsabilidade civil pelo fato do produto no código de defesa do consumidor. *Revista de Direito do Consumidor*, São Paulo, nº15, Revista dos Tribunais, julho/setembro/1995. p.135.

[144] "No sistema do CDC, pode haver o *dano* e o *nexo causal* entre o dano e o produto (explosão de um botijão de gás), mas se não existir o *defeito* (art. 12, § 3º, II), não haverá obrigação de reparar para o fornecedor, arcando este, porém, com o ônus da prova da inexistência do defeito de seu produto." MARQUES, C., *Contratos no Código...*, ob. cit., p.439.

do acidente de consumo, é o elemento gerador da responsabilidade civil objetiva no regime do Código".[145]

O Código de Defesa do Consumidor se inclina no sentido de estabelecer uma dicotomia entre vício de qualidade e defeito.

> Dentro da sistemática do Código de Proteção e Defesa do Consumidor – atendendo rigorosamente a forma jurídica concebida em lei – pode-se classificar as imperfeições dos produtos em duas grandes categorias básicas, diferenciadas pela sua natureza e pelo regime jurídico a que se subsumem: 1) defeitos dos produtos; e, 2) vícios dos produtos.

A primeira grande categoria básica abrange as imperfeições chamadas de "defeitos dos produtos" (de natureza mais grave que os vícios) e que são capazes de causar danos à saúde ou segurança do consumidor. A segunda categoria compreende as imperfeições que têm como conseqüência somente a inservibilidade ou mera diminuição do valor do produto.[146] [147] [148]

No entanto, parte da doutrina se posiciona pela inexistência dessa dicotomia, uma vez que não se tem nenhuma razão prática ou teórica para adotar essa diferenciação. Zelmo Denari corrobora com essa opinião:

> A nosso aviso, a dicotomia não existe, pois essas expressões se implicam, reciprocamente. Tanto posso aludir ao vício de qualidade como um defeito de um produto, como ao defeito como um vício de qualidade do mesmo produto.[149] [150]

No que se refere aos vícios de qualidade, é importante salientar o que a doutrina convencionou chamar de teoria da qualidade, que surge no Brasil através do Código de Proteção e Defesa do Consumidor, fazendo distinção entre *vício de qualidade por inadequação* e *vício de qualidade por insegurança*.[151]

---

[145] BENJAMIN. Da qualidade..., p.59.

[146] MARINS. *Responsabilidade da Empresa...*, p.109-110.

[147] No mesmo sentido, Marcelo Gomes: "As imperfeições do produto ou serviço podem ser de duas ordens: defeitos ou vícios. Enquanto os vícios de produtos e serviços produzem um dano que se restringe ao aspecto econômico, os defeitos causam danos diretamente à pessoa do consumidor, ocasionando os acidentes de consumo." GOMES, Marcelo Kokke. *Responsabilidade civil:* dano e defesa do consumidor. Belo Horizonte: Del Rey, 2001. p.167.

[148] Ver também GRINBERG, Rosana. Fato do produto ou do serviço: acidentes de consumo. *Revista de Direito do Consumidor*, São Paulo, n.35, Revista dos Tribunais, 2000. p.149-150.

[149] DENARI., ob. cit., p.103.

[150] Também se inclina para a equiparação Vasconcelos e Benjamin: "Já excogitamos que o vício de qualidade por insegurança está na base do sistema jurídico implantado nos arts. 12 a 17. Para fins desta análise rápida que se faz do Código, equipararemos defeito a vício de qualidade por insegurança. Deixaremos para uma outra oportunidade uma análise mais aprofundada da matéria." BENJAMIN. Da qualidade..., p.59.

[151] Explicando a teoria da qualidade, escreve Kriger Filho: "É nessa ampla preocupação com os bens que compõem a esfera jurídica do consumidor que se idealizou a teoria da qualidade, que comporta dois aspectos distintos: a proteção do patrimônio do consumidor, com o tratamento dos vícios de qualidade por inadequação; e a proteção com a sua saúde, através do tratamento dos vícios de

1. O produto considerado defeituoso

Para se estabelecer um trabalho de análise sobre as responsabilidades que podem surgir dos produtos ditos defeituosos, é necessário, primeiramente, deixar bem claro o que se entende por *defeito*.

Conforme exposto anteriormente, não se fará qualquer diferença entre *vício de qualidade* e *defeito*, uma vez que se entende que todo o vício de qualidade é um defeito.

Por defeito ou vício de qualidade pode-se entender como estabelece Zelmo Denari.

> A qualificação de desvalor atribuída a um produto ou serviço por não corresponder à legítima expectativa do consumidor, quanto à sua utilização ou fruição (falta de adequação),[152] bem como por adicionar riscos à integridade física (periculosidade) ou patrimonial (insegurança)[153] de consumidor ou de terceiro.[154]

O Código de Defesa do Consumidor brasileiro procurou estreitar a noção do que poderia ser entendido por defeito, quando estabeleceu no § 1º, do art. 12, que "o produto é defeituoso quando não oferece a segurança que dele legitimamente se espera". No mesmo artigo, o Código manda levar em consideração *circunstâncias relevantes* entre as quais a "sua apresentação; o uso e os riscos que razoavelmente dele se esperam; e a época em que foi colocado em circulação."[155]

O primeiro aspecto a ser salientado, na análise desse § 1º, é o que se refere à segurança, uma vez que estabelece como defeituoso o produto que não "oferece a segurança que dele legitimamente se espera". Na realidade, o parágrafo não é objetivo e deixa aberta à discussão o que se entende por "segurança que dele legitimamente se espera". Roberto Norris, analisando a expressão, conclui que:

> ao afirmar que o produto é defeituoso quando não oferece a *segurança que dele legitimamente se espera,* apresentou o legislador uma noção bastante vaga. Desta

---

qualidade por insegurança. Pelo vício de qualidade por *inadequação*, o elemento básico da preocupação é a insuficiência, total ou parcial, de aptidão ou idoneidade do produto ou serviço em alcançar o fim para o qual foi destinado. Nesse sentido, busca-se evitar a comercialização de produtos ou serviços que apresentarem vícios de qualidade propriamente ditos ou de quantidade.
Já pela órbita do vício de qualidade por *insegurança*, a característica essencial é a inaptidão do produto ou serviço com a incolumidade do consumidor, isto é, a propensão de colocar em risco a sua saúde." Kriger Filho, ob. cit., p.67.

[152] BENJAMIN. utiliza a nomenclatura "vício de qualidade por inadequação" no escrito: *Da qualidade...*, p.46.

[153] Kriger Filho entende que "Segurança, quando se fala em mercado de consumo, deve ser associada à idéia de risco (probabilidade de um produto ou serviço vir a causar dano à saúde humana). É da maior ou menor incidência deste que decorre aquela." Kriger Filho. Ob. cit., p. 69.

[154] DENARI. Ob. cit., p.103.

[155] Art. 12 do Código de Proteção e Defesa do Consumidor brasileiro, Lei nº 8.078, de 11 de setembro de 1990.

forma, o juiz que analisar um caso concreto não poderá levar em consideração as expectativas subjetivas do lesado, a segurança com a qual o destinatário do caso concreto contava, mas, isto sim, as expectativas objetivas do homem médio, dos consumidores em geral.

Assim sendo, não poderá, neste contexto, ser considerado "defeituoso" um medicamento que provoque, como efeito secundário, alergia em um usuário, se esta alergia for ocasionada por predisposição subjetiva, mas será defeituoso o produto se ocasionar uma determinada doença, v.g., câncer em todos os pacientes que o tomem.[156]

Pelo que se pode notar, o CDC não exige segurança absoluta do produto, tanto que usa a expressão "a segurança que dele legitimante se espera". Nesse particular, é de se verificar, portanto, o lado subjetivo e o lado objetivo que vincula a segurança ao consumidor: lado subjetivo, quando se atenta para a expectativa do consumidor que adquiriu o produto; lado objetivo, quando se atenta para o público consumidor de uma forma em geral, o que o homem médio espera em sentido de segurança do produto.[157]

O defeito do produto ou serviço, assim entendido, pode se estabelecer através de um vício de adequação – problemas na utilização e gozo sem, no entanto, qualquer risco ao consumidor – ou através de um vício de segurança. Este, por sua vez, além do defeito propriamente dito, surge agregado a um risco, um perigo para o consumidor, que pode atingir tanto as condições físicas do consumidor ou de terceiros, quanto suas condições patrimoniais.

Tanto o vício de adequação, quanto o vício de segurança ensejam responsabilidade de indenizar. Para o vício de segurança estão agregados à indenização os danos que o produto vier a causar, baseado no perigo ao consumidor.[158] Como se pode notar, a proteção ao consumidor não se resume ao seu aspecto físico-psíquico, mas também ao aspecto patrimonial. Sobre esse tema fala-se em proteção direta e proteção reflexa. Ferreira da Rocha explica:

---

[156] Norris. *Responsabilidade civil...*, p.42.

[157] Nesse sentido se manifesta Ferreira da Rocha: "Por isso, na valoração do caráter defeituoso do produto deve-se atender, não só as expectativas subjetivas da vítima, à segurança com que ela pessoalmente contava, mas às expectativas objetivas do 'público em geral', isto é, à segurança esperada e tida por normal nas concepções do tráfico do respectivo setor de consumo," Rocha L. F. da, ob. cit., p.93.

[158] Conforme explica Ferreira da Rocha: "De fato, o Código de Defesa do Consumidor ao adotar a distinção, entre vícios de qualidade por insegurança, relacionados com a tutela da incolumidade físico-psíquica do consumidor, e vícios de qualidade por inadequação e quantidade criou regimes jurídicos distintos, com peculiaridades.
Assim, a responsabilidade pelo fato do produto, disciplinada nos arts. 12 e ss. da Lei 8.078/90, é aplicada no caso de ocorrer danos à saúde ou segurança do consumidor em decorrência da introdução de algum produto defeituoso no mercado, caracterizando, com isso, o chamado acidente de consumo." Rocha. L. F. da, ob. cit., p. 65.

A proteção não é restrita apenas à integridade pessoal do consumidor. Abrange também a proteção patrimonial, que poderá ser direta, quando não houver violação à incolumidade físico-psíquica do consumidor, mas violação aos bens de sua propriedade, ou, reflexamente, quando em decorrência da violação da incolumidade físico-psíquica ocorrer danos patrimoniais.[159]

No que se refere ao vício de segurança, é de se lembrar que a periculosidade que dele vem é de duas ordens: *periculosidade inerente* e *periculosidade adquirida*.

Na periculosidade inerente, uma vez estando o produto de acordo com a segurança legitimamente esperada,[160] não possui ele qualquer tipo de defeito, o que, por outro lado, não enseja qualquer tipo de indenização por dano produzido ao consumidor.

Na periculosidade adquirida, surge o defeito do produto e a possibilidade de indenização.[161] No sentido da existência de defeito para esses dois tipos de periculosidade, Vasconcellos e Benjamin preleciona: "por trazerem potencial danoso superior ao que 'legitimamente se espera', é que podem ser consideradas portadoras de vício de qualidade por insegurança ou defeito".[162] O produto apresentando o vício por insegurança ou defeito se insere nos casos de periculosidade adquirida[163] e dá ensejo à indenização que pode ser buscada pelo consumidor contra os agentes estabelecidos no art. 12, caput – o fabricante, o produtor, o construtor, nacional ou estrangeiro, e o importador. Eduardo Alvim entende que o código foge ao sistema tradicional, quando responsabiliza diretamente pelo fato do produto esses agentes, uma vez que eles não possuem, na maioria das vezes, uma relação direta com o consumidor.[164]

---

[159] Idem, p.65.

[160] O art. 12 do CDC, em seu § 1º, estabelece que para o produto ser considerado defeituoso deve ele não oferecer a segurança que dele legitimamente se espera, isto significa, segundo Vasconcelos e Benjamin que "o Código não estabelece um sistema de segurança absoluta para os produtos e serviços. O que se requer é uma *segurança dentro dos padrões da expectativa legítima dos consumidores*. E esta não é aquela do consumidor-vítima. O padrão não é estabelecido tendo por base *a* concepção individual do consumidor, mas, muito ao contrário, a concepção coletiva da sociedade de consumo." BENJAMIN. Da qualidade..., ob. cit., p.60.

[161] Conforme afirma Ferreira da Rocha: "Via de regra, a noção de produto defeituoso é utilizada nos produtos de periculosidade adquirida porque os de periculosidade inerente, embora capazes de causar acidentes, estão em consonância com as expectativas legítimas dos consumidores e, portanto, não ensejam o dever de indenizar". ROCHA, S. L. F, ob. cit., p.94.

[162] BENJAMIN. *Da qualidade...*, ob. cit., p.60.

[163] "Os produtos de periculosidade adquirida tornam-se perigosos em decorrência de um defeito que, por qualquer razão, apresentam. São produtos que, ausente o defeito, não acarretam risco superior àquele legitimamente esperado pelo consumidor. A característica dos produtos de periculosidade adquirida é justamente a sua imprevisibilidade para o consumidor. Portanto, a natureza objetiva do defeito é irrelevante; pode derivar de sua composição; do processo produtivo ou de outras causas." Idem.

[164] Ver: ALVIN, Eduardo Arruda. Responsabilidade civil pelo fato do produto no código de defesa do consumidor. *Revista de Direito do Consumidor*, São Paulo, nº15, Revista dos Tribunais, julho/setembro/1995. p.132.

2. Circunstâncias relevantes ao defeito

O julgador possui um leque de circunstâncias elencadas no art. 12, § 1º, do CDC, que deve levar em conta, no momento da decisão, para determinar se um produto deve ser tido como defeituoso ou não. O referido dispositivo legal possui, é claro, uma enumeração exemplificativa e não taxativa,[165] o que demonstra a possibilidade de existirem outras circunstâncias além das elencadas, conforme preleciona Norberto Norris:

> Considerando-se o *fato* de que deverá o juiz apreciar e ponderar todas as circunstâncias do caso concreto, elementos como a natureza do produto, seu preço, a sua utilidade ou importância para a humanidade, a possibilidade de eliminação do defeito sem que se ponha termo à utilidade do produto, a probabilidade do dano e a sua evitabilidade pelo usuário, devem ser mencionados.[166]

O art. 12, § 1º, nomeia as circunstâncias que o legislador elegeu como as mais importantes, que são: a apresentação do produto, o uso e os riscos que razoavelmente dele se esperam e a época em que foi colocado no mercado. Nos próximos itens pretende-se dar uma visão geral de cada uma dessas circunstância.

2.1. A apresentação do produto

A apresentação do produto revela primeiramente que o legislador do CDC se preocupou não só com os defeitos internos dos produtos, defeitos intrínsecos, mas também com os aspectos externos, defeitos extrínsecos. Nesse particular, é de se entender que existem defeitos do produto propriamente dito, e também dos elementos que o acompanham em nível de apresentação. Assim, nesse aspecto, deve-se verificar a publicidade, as informações sobre a composição e utilização, a embalagem, o rótulo e tudo mais que possa estar vinculado com a apresentação do produto.

---

[165] No mesmo sentido da não taxatividade se manifesta Ferreira da Rocha: "As circunstâncias elencadas no art. 12, § 1., do Código de Defesa do Consumidor não são taxativas. Outras devem ser consideradas, como: natureza do produto; o seu preço; sua importância ou utilidade; a possibilidade de eliminação do defeito sem anular a sua utilidade; a viabilidade de um produto substitutivo ou alternativo que satisfaça a mesma necessidade sem insegurança; a possibilidade tecnológica; a probabilidade do dano e a sua evitabilidade pelo utente." Ibidem, p.98.

[166] Norris, ob. cit., p.46. O mesmo autor, na mesma obra e página, ainda pondera que: "Relativamente à natureza do produto, podemos mencionar o consumo de cigarro e bebidas alcoólicas e os seus possíveis efeitos sobre a saúde.
No que concerne, por exemplo, ao preço, não se pode pretender que quem compra um veículo utilitário possa esperar o mesmo grau de segurança propiciado a quem compra um modelo luxuoso, uma vez que uma segurança elevada tem o seu preço e o seu custo. Isto não isenta, certamente, o *fabricante*, de oferecer a segurança básica a todos os modelos.
No que atine à importância para a humanidade, podemos citar, por exemplo, a existência de um medicamento utilizado no combate de determinado mal, v.g., a Aids, embora com determinado efeito colateral conhecido, mas impossível de ser eliminado no nosso atual estágio científico."

Josep Feliu, trabalhando o conceito de apresentação dentro da lei espanhola de responsabilidade civil por danos causados por produtos defeituosos (Lei 22/1994 de 6 de julho), escreve:

> se aceita comumente que dentro do conceito de apresentação de um produto no sentido do art. 3.1. da LRP se inclua todas as atividades, através das quais o fabricante ou um terceiro com sua aprovação, dão a conhecer o produto à coletividade, a um círculo reduzido de usuários ou a um concreto usuário. Apresentação é pois, qualquer forma pela qual se põe em conhecimento o produto a potenciais usuários, independentemente de se esta se dirige ao público em geral, a um círculo fechado ou a uma única pessoa.[167]

A importância da atuação legislativa, sobre a apresentação do produto, aparece com relevância quando se sabe que a aquisição dos mesmos está vinculada sobremaneira às formas como esses são apresentados ao consumidor. É, pois, uma questão de comercialização, de *marketing*. Dessa forma, a apresentação do produto não pode estar eivada de qualquer defeito que possa levar ao dano.

2.2. O uso e os riscos que razoavelmente se espera do produto

A pretensão que se estabelece para o presente item é trabalhar sobre as possibilidades de se ter, no produto, a não-extrapolação dos limites aceitáveis de risco, ou seja, como pergunta Luhmann: "como a sociedade explica e trata as divergências do normal, os acidentes, as surpresas, etc."[168] Isto é, como a sociedade em geral, e como a dogmática do consumidor – em específico o CDC – tratam o problema dos riscos que advêm com os produtos.

Para isso a verificação deve ser procedida sobre "o uso e os riscos que razoavelmente do produto se esperam". Nessa circunstância, o julgador fará a análise para verificar se a periculosidade do produto está dentro dos padrões do que legitimamente se espera.[169] É a verificação do que na doutrina se tem denominado de *periculosidade inerente*. Estando dentro dos padrões aceitáveis, o produto não será considerado defeituoso.

---

[167] FELIU, Josep Solé I. *El concepto de defecto del producto en la responsabilidad civil del fabricante*. Valencia: Tirant lo Blanch, 1997. p.177-178.

[168] Tradução, pelo autor, de fragmento da obra em espanhol: "cómo la sociedad misma explica y trata las divergencias de lo normal, los accidentes, las sorpresas, etc". LUHMANN, Niklas. *Sociología del riesgo*. Guadalajara, Jalisco, México: Universidad de Guadalajara, 1992. p.35.

[169] No mesmo sentido a lei espanhola de responsabilidade civil por danos causados por produtos defeituosos (Lei 22/1994 de 6 de julho), quando no art. 3.1 afirma que um produto é defeituoso quando: "no ofrezca la seguridad que cabría legítimamente esperar, teniendo en cuenta todas las circunstancia y, especialmente, su presentación, el uso razonablemente previsible del mismo y el momento de su puesta en circulación".

O produto pode possuir, então, um uso e um grau de risco, que devem ser razoavelmente esperados pelo consumidor. A expressão "uso e os riscos que razoavelmente dele se esperam" demonstra que

> o produtor, ao fabricar um determinado produto, deve levar em consideração, não somente o uso conforme o fim normalmente pretendido para o produto, mas, também, outros usos razoavelmente previsíveis, que porventura possam ser pretendidos pelo adquirente.Caso não leve este fator em consideração, estará o produtor dando azo à uma ação de responsabilidade por perdas e danos, em virtude de não oferecer a segurança esperada pelo público em geral.[170] [171]

O produto possui, portanto, o uso e os riscos normais e o uso e os riscos que são, além dos normais, ainda previsíveis. Exemplificando: um brinquedo é fabricado para um tipo de uso – brincar – não possuindo, em um sentido normal, qualquer risco. Porém, se utilizado por uma criança de tenra idade – abaixo de três anos – é previsível que essa criança coloque peças desse brinquedo na boca, podendo engoli-las, o que provocaria sua morte. Se o referido produto não contiver indicações de não ser vendido para crianças de menos de três anos e indicação aos responsáveis de que possui peças pequenas que podem ser engolidas provocando danos às crianças, será ele considerado defeituoso e induzirá ao ressarcimento dos danos provocados.

Analisando o exemplo citado, pode-se depreender que o produto possui um uso normal – brincar – e um uso previsível – que crianças podem colocar peças na boca – dando ensejo a considerações específicas. Um risco normal – nenhum – e um risco previsível – crianças podem engolir peças – com conseqüentes danos físicos.

Para esse assunto, pode-se adotar a tríplice divisão doutrinária que engloba as idéias ao uso razoavelmente previsível. Assim pode-se distinguir o uso conforme o normal destino do produto, o mau uso previsível e o mau uso não-previsível.[172]

Quando a utilização do produto está dentro do normal, não pode o produto oferecer riscos ao consumidor; também se a utilização do produto

---

[170] Norris, ob. cit., p.43.

[171] No mesmo sentido, Ferreira da Rocha: "Assim, o fornecedor ao conceber, fabricar e comercializar um produto, deve ter em conta não só a utilização conforme o fim ou destino dele pretendido em condições normais, mas também outros usos razoavelmente previsíveis que do mesmo possam ser feitos. Apenas deste modo cumprirá com a obrigação de colocar no mercado produtos seguros, que não apresentem riscos inaceitáveis para a saúde e segurança dos consumidores que lhes dêem o uso pretendido ou uma utilização razoavelmente previsível e socialmente aceita.
O fornecedor é responsável, portanto, pelo uso erroneo ou incorreto, mas razoavelmente previsível do seu produto, tendo presente todas as circunstâncias do caso, designadamente o tipo de consumidor a que o mesmo se destina." ROCHA, S. L. F. da. Ob. cit., p.94-96.

[172] Ver: FELIU, Josep Solé I. *El concepto de defecto del producto en la responsabilidad civil del fabricante*. Valencia: Tirant lo Blanch, 1997. p.207-208.

for tal, que embora fora do normal, possa ser prevista sem excessivo esforço do fabricante, este deve ser responsabilizado se não adotou medidas para prevenir o dano; por outro lado, se o uso for totalmente fora do esperado, totalmente alheio às funções do produto, o dano advindo desse mau uso não pode ensejar a responsabilidade do fornecedor.[173]

2.3. A época em que o produto foi colocado em circulação

Em terceiro lugar, a análise deve ser procedida *"sobre a época em que o produto foi colocado em circulação"*.

> a expectativa de segurança que importa é aquela vigente no momento da colocação do produto ou serviço no mercado, não cabendo avaliá-la no instante da ocorrência do dano ou do julgamento do juiz. É por isso mesmo que o Código estabelece que um produto novo, de melhor qualidade, não transforma, automaticamente, os anteriores em defeituosos: 'O produto não é considerado defeituoso pelo fato de outro de melhor qualidade ter sido colocado no mercado' (art. 12, § 2º).[174]

Se o produto, ao ser fabricado, atende a todas as exigências de segurança, desde sua apresentação até o uso e os riscos que razoavelmente dele se esperam, terá ele todas as possibilidades de ser considerado como não defeituoso. Essa análise é feita no momento em que o produto for oferecido no mercado.[175]

Se a responsabilidade do produtor está atrelada à época em que ele foi colocado em circulação, é de se notar que, uma vez colocado um produto com maior segurança no mercado, existe seguramente uma defasagem científica do produto antigo em relação ao novo, o que, devido a isso, não infere ao produto antigo o caráter de defeituoso. Como ressalta Ferreira da Rocha, a circunstância "época em que foi colocado no mercado":

> não se confunde com os chamados riscos do desenvolvimento. Nestes, o produto é objetivamente defeituoso no momento da sua colocação no mercado, sem que, no entanto, o estado da ciência e da técnica permitissem sabê-lo. Naquele, o produto não é defeituoso no momento da sua colocação no mercado, já que respondia às legítimas expectativas de segurança, na sua época.[176]

---

[173] Ver, FELIU, Josep Solé I. *El concepto de defecto del producto en la responsabilidad civil del fabricante.* Valencia: Tirant lo Blanch, 1997. p.208-224.

[174] BENJAMIN. *Da qualidade...*, p.61.

[175] No mesmo sentido Ferreira da Rocha: "O critério decisivo é o de que o produto satisfaça as legítimas expectativas de segurança do público consumidor no momento da sua emissão no comércio, sem que do seu aperfeiçoamento ulterior possa inferir-se a existência de defeito naquele momento. A apreciação do caráter defeituoso de um produto não será feita, pelo exposto, à luz de aperfeiçoamentos científicos e tecnológicos ulteriores introduzidos pelo fornecedor em modelos sucessivos, mas de acordo com as legítimas expectativas de segurança existentes na sua época, na época do seu lançamento no mercado." ROCHA, S. L. F. da. Ob. cit., p.97.

[176] ROCHA, S. L. F. da. Ob. cit., p.98.

Também é de se salientar as palavras de Coderch e Feliu, sobre o assunto:

> Quando se produz um dano derivado de riscos de desenvolvimento, alguns ordenamentos jurídicos imputam a responsabilidade correspondente ao fabricante do produto em questão, porém outros lhe concedem uma exceção que lhe permite exonerar-se de tal responsabilidade. O elemento chave da exceção de risco de desenvolvimento é o estado da ciência e da técnica *(State-of-Art)*, porém ambas noções operam de forma distinta em relação ao defeito: o estado da ciência e da técnica se vincula ao conhecimento do defeito; e a exceção dos riscos de desenvolvimento pressupõe um defeito e persegue exonerar ao fabricante que prova que o estado dos conhecimentos científicos e técnicos impedia apreciar a existência daquele defeito.[177][178]

O problema que se pode enfrentar nesse momento, em nível de responsabilidade, é a dicotomia criada com a segurança de um e a insegurança de outros.

A primeira questão que surge é: o produto, que pelo art. 12, § 1º, II, do CDC, não é considerado defeituoso, mas que, na realidade, passa a ser inseguro dentro das novas concepções, pode continuar no mercado? Pode ele continuar sendo vendido? Embora, na teoria seja aconselhável a não-continuidade de fabricação do produto que não mais apresenta o nível de segurança alcançado pela tecnologia, na prática isso não acontece. Para corroborar essa acertiva basta o exemplo dos automóveis que não possuem *air bag*, contrapostos aos que os possuem. O *air bag* é um dispositivo essencial para a segurança do consumidor, mas que fica em nível do que se convencionou chamar de *opcional*. Nesse caso, está se transferindo a responsabilidade para o consumidor que irá optar em ter, em seu veículo, o referido dispositivo de segurança, não sendo de responsabilidade do

---

[177] Tradução, pelo autor, de fragmento da obra em espanhol: "Cuando se produce un daño derivado de riesgos de desarrollo, algunos ordenamientos jurídicos imputan la responsabilidade correspondiente al fabricante del producto en cuestión, pero otros le conceden una excepción que le permite exonerarse de tal responsabilidad. El elemento clave de la excepción de riesgos de desarrollo es el estado de la ciencia y de la técnica *(State-of-Art)*, pero ambas nociones operan de forma distinta en relación al defecto: el estado de la ciência y de la técnica se vincula al conocimiento del defecto; y la excepción de los riesgos de desarrollo presupone un defecto y persigue exonerar al fabricante que prueba que el estado de los conocimientos científicos y técnicos impedía apreciar la existencia de aquel defecto." CODERCH, Pablo Salvador; FELIU, Josep Solé. *Brujos y aprendices:* los riesgos de desarrollo en la respondabilidade de producto.Madrid: 1999. p.30.

[178] Abordando o tema, dentro da legislação espanhola, afirma María Rubio: "La Ley 22/1994, por su parte, en el art. 6 e) considera los riesgos de desarrollo como causa de exoneración de la responsabilidad, siguiendo con ello las pautas de la mayor parte de los países europeos. Sin embargo, en el último párrafo de este art. se dice: "En el caso de medicamentos, alimentos o productos alimertarios destinados al consumo humano, los sujetos responsables, de acuerdo con esta Ley, no podrán invocar la causa de exoneración de la letra e) del apartado 1 de este artículo". RUBIO, María Paz García. Los riesgos de desarrollo en la responsabilidad por daños causados por los productos defectuosos. Su impacto en el derecho español. *Revista de Direito do Consumidor*, São Paulo, nº30, Revista dos Tribunais, abril/junho/1999. p.75-76.

produtor qualquer dano que o consumidor vier a sofrer por falta de tal dispositivo. Essa análise leva à conclusão de que o produto não é retirado do mercado por não possuir a mesma segurança oferecida pelos similares com o novo dispositivo.

Outro questionamento, que envolve a responsabilidade vinculada à época em que foi colocado o produto no mercado, é quanto à responsabilidade do fabricante de atualizar o produto antigo com os novos dispositivos de segurança. Ao que parece, se o produto não é considerado defeituoso, não possui o fabricante qualquer responsabilidade com essa atualização, ficando ela por conta e risco do consumidor. A única hipótese que se poderia levantar à responsabilidade do fabricante, por possíveis danos, seria no caso de solicitação, pelo consumidor, para efetuar a atualização, dispondo-se ele a pagar o preço do trabalho, houver negativa do fabricante em fazê-lo.[179]

3. Defeito e periculosidade

O Código de Defesa do Consumidor brasileiro (CDC) trata dos temas *vício de segurança* e *vício de adequação* no Título I, Capítulo IV, em seções diferentes: na seção II, arts. 12 a 17, sob a rubrica "Da responsabilidade pelo Fato do Produto e do Serviço" dispõe sobre os vícios de segurança, sendo esta (a segurança) o ponto central do capítulo;[180] na seção

---

[179] Abordando o assunto, assim se manifesta Roberto Norris: "embora esposando o entendimento no sentido de que quem faz uso de uma coisa antiga, não pode legitimamente esperar o mesmo grau de segurança, somos da opinião de que cabe ao produtor um dever de propiciar, aos usuários do antigo produto, sempre que for possível, condições de adicionar, ao seu bem antigo, algumas modificações para torná-los mais seguros. A título de exemplificação, podemos mencionar o seguinte: suponha um automóvel, colocado em circulação, há alguns anos, com freios hidráulicos. O advento do moderno sistema de frenagem ABS, em momento bem posterior ao de fabricação do aludido carro, não libera o seu fabricante da responsabilidade de adaptação do novo e mais seguro sistema de frenagem aos canos daquela linha, podendo o novo sistema ser utilizado por quem assim o desejar. A omissão do produtor industrial, contudo, relativamente ao fato de impossibilitar que o usuário daquele automóvel possa dispor de meio de frenagem mais seguro, certamente acarretará em imperfeição do produto, por não acompanhar o progresso. Não se eximirá da responsabilidade o fabricante, simplesmente por colocar o novo sistema nos carros 'fabricados' a partir daquela data." NORRIS. *Responsabilidade civil...*, ob. cit., p.45.
Para ressaltar, deve-se deixar claro que não é de responsabilidade do fabricante qualquer chamamento aos consumidores para a troca do dispositivo. Até pode fazê-lo, mas não por obrigação jurídica, uma vez que seu produto antigo não demonstra, juridicamente, qualquer defeito. É de se insistir na responsabilidade vinculada à negativa, do fabricante, na troca do dispositivo.

[180] No sentido da segurança, como ponto central do artigo, manifesta-se Roberto Norris: "Conforme se depreende do art.12 da Lei nº 8.078/90, o cerne da questão reside na segurança do produto, e não na sua aptidão para a realização do fim a que se destina, inclusive porque são bastante freqüentes os casos de danos, provocados pelos produtos, na realização de sua específica função, para a qual foram os mesmos fabricados e colocados no mercado." Norris, ob. cit., p.42.

III, arts. 18 a 25, sob a rubrica "Da responsabilidade por vício do Produto e do Serviço" trata sobre os vícios de adequação.

O motivo pelo qual o CDC efetuou tal divisão resume-se em duas idéias fundamentais: na primeira, um produto ou serviço podem ter defeito e também ter perigo; na segunda, podem ter defeito e, no entanto, não ter perigo. Assim, a seção II trabalha sobre a possibilidade de ressarcimento dos danos provocados por produtos ou serviços que possuem defeitos e, logicamente, perigo, vez que provocam o dano, enquanto a seção III dispõe sobre o ressarcimento dos prejuízos advindos dos produtos ou serviços que possuem defeitos, mas não possuem perigo.

Na realidade, quando se fala de defeito e perigo dos produtos ou serviços, podem-se visualizar quatro situações distintas a saber: primeira: um produto ou serviço pode não ter defeito e também não ter perigo relevante; segunda: um produto ou serviço pode não ter defeito e, no entanto, ter perigo; terceira: um produto ou serviço pode ter defeito e ter perigo ao mesmo tempo; quarta: um produto ou serviço pode ter defeito e não ter perigo. Para aprofundar os conhecimentos da divisão configurada, pode-se analisar cada uma delas em item separado.

3.1. Produto sem defeito e sem periculosidade

O produto pode não apresentar defeito e não apresentar periculosidade. Por outro lado, sabe-se que, em termos gerais, qualquer produto pode apresentar algum tipo de perigo, dependendo das circunstâncias e por quem é utilizado. Em termos de direito do consumidor, é importante se ter em mente os produtos que, por sua relevância em termos de periculosidade, demandem o interesse para a normatividade jurídica. Uma roupa de *náilon* pode não apresentar qualquer defeito, e também não apresentar qualquer perigo ao consumidor. É claro que, se vier a pegar fogo quando o consumidor está acendendo uma fogueira no acampamento, em nada se poderia atribuir o fogo a um perigo da roupa. O que fica claro é que o Direito não possui o condão de eliminar os riscos dos produtos, porém pode ele normatizar suas conseqüências, minimizando seus efeitos que muitas vezes são nefastos.

A doutrina tem dividido, quanto à segurança, os produtos e serviços em dois grupos: os de periculosidade inerente (ou latente) e os de periculosidade adquirida, juntando a estes um terceiro: os de periculosidade exagerada.[181]

---

[181] BENJAMIN. *Da qualidade...*, p.47.

3.2. Produto sem defeito mas com perigo (periculosidade inerente)

Um produto pode não apresentar qualquer defeito e, no entanto, ser perigoso. O agrotóxico não possui qualquer defeito, mas é altamente perigoso, podendo levar à morte. Esses produtos possuem o que se denomina de *periculosidade inerente* porque, como ensina Vasconcellos e Benjamin,

trazem um risco intrínseco atado a sua própria qualidade ou modo de funcionamento. Embora se mostre capaz de causar acidentes, a periculosidade dos produtos e serviços, nesses casos, diz-se *normal* e *previsível* em decorrência de sua natureza ou fruição, ou seja, está em sintonia com as expectativas legítimas dos consumidores.[182]

É importante salientar que esse tipo de periculosidade não faz com que o produto seja defeituoso. Exemplos vários são citados na doutrina, como o da tesoura e da faca que necessitam ser afiadas para exercerem suas funções. São produtos perigosos que não possuem defeitos.

Dois elementos devem estar presentes para configurar a periculosidade inerente: a *normalidade* e a *previsibilidade*. Para Vasconcellos e Benjamin, "a periculosidade só é inerente quando dotada de normalidade (isto em relação ao produto ou serviço) e de previsibilidade (isto em relação ao consumidor)".[183] Somente com a presença desses dois elementos existe a possibilidade de eximir o fornecedor da responsabilidade do dano.[184] [185] Faltando um deles, fica o fornecedor obrigado a informar ao consumidor os perigos existentes. Não o fazendo, o produto passa a possuir defeito de informação.

Por ser inerente ao produto, esse tipo de periculosidade não pode dele ser retirada, uma vez que a característica do produto está intimamente associada a ela. Uma faca, como foi salientado, deve ser afiada para cortar os alimentos, ou outros objetos. Se for retirado o *fio* (que em tese traz o perigo inerente à faca) ter-se-á a característica do objeto também retirada. Logo, o *fio* e o *perigo* são inerentes à faca, e o fornecedor não pode ser responsabilizado pelo eventual ferimento na mão da dona-de-casa que, ao cortar o alimento, acidentalmente, venha a se ferir.[186]

---

[182] BENJAMIN. *Da qualidade...*, p.49.

[183] Ibidem, p.50.

[184] Nesse sentido Vasconcelos e Benjamin: "Em síntese, para que a periculosidade seja reputada *inerente* dois requisitos devem estar presentes: a *normalidade* e a *previsibilidade*. Têm eles ver com a expectativa legítima dos consumidores. A regra geral, portanto, é a de que os danos decorrentes de periculosidade inerente não dão ensejo ao dever de indenizar. Por exemplo, o fabricante da faca de cozinha não esta obrigado a reparar os danos sofridos pela consumidora ao utiliza-la nas suas atividades domésticas." Idem.

[185] Com o mesmo sentido ver, também, Kriger Filho. *A responsabilidade civil...*, p.70.

[186] Há de se salientar que, quando se fala em periculosidade inerente, o produto não possa ter, além dessa periculosidade, outras ao mesmo tempo. Nesse sentido lembra Vasconcelos e Benjamin: "Certos produtos e serviços são capazes de trazer consigo, a um só tempo, periculosidade inerente (normal e previsível) e periculosidade exagerada. Em outros casos, o mesmo bem de consumo carrega pericu-

Como se pode notar, e pelo que já foi explicitado, todos os produtos possuem certo grau de periculosidade. Quando se fala em periculosidade inerente, adquirida ou exagerada, há de se ter em mente que todas elas, como os nomes já dizem, trazem em si um perigo para o consumidor, logo merece ele a proteção devida. Porém, como salienta Vasconcellos e Benjamin "ao direito do consumidor importa, fundamentalmente, a periculosidade adquirida. Excepcionalmente, como veremos, a periculosidade latente, por se transformar em periculosidade adquirida em virtude de carência informativa, ganha relevância jurídica".[187] Fica claro, portanto, que a periculosidade inerente (latente), enquanto mantida nessa situação, não possui interesse jurídico no sentido de induzir responsabilidade ao fornecedor.

Em termos gerais, vale a afirmação de Vasconcellos e Benjamin:

A periculosidade integra a zona da *expectativa legítima* (periculosidade inerente) com o preenchimento de dois requisitos: um *objetivo* e outro *subjetivo*. Em primeiro lugar, exige-se que a existência da periculosidade esteja em acordo com o tipo específico de produto ou serviço (critério objetivo). Em segundo lugar, o consumidor deve estar total e perfeitamente apto a prevê-la, ou seja, o risco não o surpreende (critério subjetivo). Presentes esses dois requisitos, a periculosidade, embora dotada de capacidade para provocar acidentes de consumo, qualifica-se como inerente e, por isso mesmo, recebe tratamento benevolente do direito. Vale dizer: inexiste vício de qualidade por insegurança.[188]

O exemplo da faca, antes relatado, enquadra-se perfeitamente na presente análise para fins de isentar o fornecedor da responsabilidade.

O que se tem analisado, neste item, até o presente momento, é a possibilidade de o produto ser comercializado, embora com uma relativa periculosidade. Existe, porém, um outro tipo de produto que, por seu alto grau de periculosidade, não pode sequer ser comercializado. Vasconcellos e Benjamin aborda esse tipo de produto e sua periculosidade, denominando-a de *periculosidade exagerada* e colocando essa categoria junto com a periculosidade inerente.[189] [190] Os produtos com periculosidade exagerada são aqueles (extremamente perigosos) aos quais não se consegue mitigar esse perigo mediante informações passadas ao consumidor, não podendo, portanto, ser comercializados. O que aqui se denomina de *periculosidade*

---

losidade inerente acoplada a uma periculosidade adquirida (defeito). Finalmente, é possível que o produto ou serviço, além da periculosidade inerente (incapaz de surpreender o consumidor), também apresente riscos absolutamente desconhecidos do consumidor, decorrentes de sua complexidade ou sofisticação. são os agrotóxicos, os medicamentos etc." BENJAMIN. *Da qualidade...*, p.50.

[187] Ibidem, p.48.

[188] BENJAMIN. *Da qualidade...*, p.48.

[189] Ibidem, p. 52.

[190] Salienta, ainda Vasconcellos e Benjamin que Eike Von Hippel prefere situar os produtos de periculosidade exagerada como portadores de defeito de concepção. Idem.

exagerada é normatizado pelo Código de Proteção ao Consumidor brasileiro, no art. 10, tratando como "alto grau de nocividade ou periculosidade à saúde ou segurança."[191]

Como a lei não diz o que se deve entender por alto grau de nocividade ou periculosidade, surgem dúvidas quanto à sua interpretação. A doutrina e a jurisprudência têm tentado estabelecer os parâmetros para tal configuração, indicando a análise do grau de risco; do local próprio para a atividade, no caso de serviços; o elevado dano que o produto ocasionar e outros dados.[192]

3.3. Produto com defeito e com perigo (periculosidade adquirida)

Um produto pode ter defeito e, por isso ser perigoso. Se o consumidor adquirir, em uma farmácia, um remédio que estiver estragado, que pode levá-lo a morte, estar-se-á diante de um defeito ao qual está adicionado um perigo, um risco de provocar um dano efetivo ao consumidor que, no exemplo, em primeira ordem, seria físico e, em uma segunda ordem, patrimonial, se a questão for analisada sob a ótica de seus dependentes. É de se notar que, para esse exemplo, se a análise ficar voltada para o aspecto patrimonial facilmente se verificará que o valor econômico ultrapassa o valor do bem negociado.

Estamos diante do que se denomina de *periculosidade adquirida*. Essa periculosidade é diferente da *periculosidade inerente*, pois surge devido a um defeito que o produto apresenta. É de se notar que, se a

---

[191] CDC. Art. 10. "O fornecedor não poderá colocar no mercado de consumo produto ou serviço que sabe ou deveria saber apresentar alto grau de nocividade ou periculosidade à saúde ou segurança.
§ 1º O fornecedor de produtos e serviços que, posteriormente à sua introdução no mercado de consumo, tiver conhecimento da periculosidade que apresentem, deverá comunicar o fato imediatamente às autoridades competentes e aos consumidores, mediante anúncios publicitários.
§ 2º Os anúncios publicitários a que se refere o parágrafo anterior serão veiculados na imprensa, rádio e televisão, as expensas do fornecedor do produto ou serviço.
§ 3º Sempre que tiverem conhecimento de periculosidade de produtos ou serviços à saúde ou segurança dos consumidores, a União, os Estados, o Distrito Federal e os Municípios deverão informá-los a respeito."
[192] Vasconcellos e Benjamin, dispondo sobre o assunto, esclarece:"De qualquer modo, com a ajuda do *Restatement (Second) of Torts, section 520*, é possível elencar-se alguns pontos que podem ser levados em consideração pelo Juiz em tal determinação: a) Se a atividade em si envolve um alto grau de risco de dano; b) se o dano hipotecário é de grande gravidade; c) Se o risco não pode ser eliminado pelo exercício de cuidado razoável; d) se a atividade não é matéria de uso comum; c) se a atividade é inapropriada para o local onde é exercida; e, finalmente, f) a valor da atividade para a comunidade. Poderíamos acrescentar a existência ou não, no mercado, de bem similar com menor potencial de periculosidade." BENJAMIN. *Da qualidade...*, p.53.

periculosidade advém de um defeito, é impossível sua previsibilidade.[193] [194]

Naturalmente, os produtos não estão isentos de defeito totalmente – chega-se a falar na inviabilidade dos defeitos[195] principalmente com a produção em série, que transforma a demanda em uma rápida seqüência de montagem, com falhas no próprio controle de qualidade. É a impossibilidade de um controle total sobre os produtos, no sentido de evitar os defeitos. Porém, não é esse o motivo que pode trazer exclusão da responsabilidade do fornecedor. Muito pelo contrário, o defeito do produto induz à responsabilidade o fornecedor. Não pode o consumidor arcar com o dano produzido por um produto defeituoso somente porque, hoje em dia, costumeiramente, saem das fábricas produtos com defeito. A responsabilidade é do fornecedor e cabe a ele as indenizações necessárias.

3.4. Produto defeituoso e sem periculosidade

Um produto pode ter defeito e não ser perigoso. Uma caneta esferográfica que possui um defeito em sua esfera de escrita, fazendo que com ela não se possa escrever, não traz, em si, qualquer perigo de dano físico ao consumidor, que venha dar responsabilidade ao produtor, a não ser o dano econômico. Embora se saiba que, até mesmo uma caneta pode representar perigo à criança que, brincando, pode furar o olho de uma outra, esse perigo não induz à responsabilidade o fornecedor, conforme já explicitado anteriormente, não passando essa análise pelo crivo das responsabilidades do fornecedor.

Outro exemplo que se poderia trazer para esses casos é o do consumidor adquirir, em uma loja, um relógio com defeito em um de seus ponteiros. Aqui se estará, também, diante de um defeito que não está agregado a um perigo. É o caso de um vício de adequação do produto, que pode torná-lo impróprio ao uso, ou simplesmente diminuir o seu valor. É de se notar que, em termos econômicos, o dano do consumidor fica adstrito ao valor da coisa negociada, mais perdas e danos.

---

[193] Nesse sentido, Benjamin: "Os chamados produto ou serviços de *periculosidade adquirida* tornam-se perigosos em decorrência de um *defeito* que, por qualquer razão, apresentam. São bens de consumo que, *se* ausente o vício de qualidade por insegurança que trazem, não *m*anifestam risco superior àquele legitimamente esperado pelo consumidor. A característica principal da periculosidade adquirida é exatamente a sua imprevisibilidade para o consumidor. É impossível (ou, quando possível, inútil) qualquer modalidade de advertência, já que esta não) ter o condão de eliminá-la." Ibidem, p.51.

[194] No mesmo sentido se manifesta Kriger Filho: "Ao contrário, os bens de consumo de periculosidade adquirida são aqueles que se tornam perigosos em decorrência de um defeito que, por qualquer razão, apresentam. A sua principal característica é exatamente a *imprevisibilidade* para o consumidor, sendo ineficaz qualquer modalidade de advertência para afastar o perigo." Kriger Filho ob. cit., p.70.

[195] BENJAMIN. *Da qualidade...*, p.51.

4. Classificação dos defeitos

Em termos de classificação dos defeitos, a doutrina costuma apresentar dois parâmetros distintos: um primeiro restrito ao momento em que o defeito é consolidado; e um segundo que envolve a interiorização ou exteriorização do defeito.

No que se refere ao primeiro, três modalidades de defeitos são apresentadas. Denari, como outros, adota a seguinte nomenclatura:[196]

a) *defeito de concepção ou criação:* que comportam os vícios de projeto, formulação, e *design* dos produtos;

b) *defeitos de produção ou fabricação*: catalogando os vícios de construção, fabricação, montagem, manipulação e acondicionamento dos produtos;

c) *defeito de informação* ou de *comercialização:* envolve a apresentação do produto, as informações insuficientes ou inadequadas e a publicidade, elemento não disposto no elenco do art. 12.[197]

No que se refere ao segundo, dois tipos de defeitos são postos em evidência:

a) os defeitos intrínsecos, que estão consolidados dentro do produto, fazendo parte de sua estrutura;

b) os defeitos extrínsecos, que não fazem parte do produto propriamente dito, mas estão com ele relacionados através do âmbito informativo ou de comercialização do mesmo.

4.1. Os defeitos de concepção

Aparecem nas mais variadas formas, envolvendo o projeto tecnológico do produto. São defeitos que evolvem a área de *design* (a exemplo da aerodinâmica); a área da escolha dos materiais a serem utilizados (como por exemplo os que resistem ao atrito, à temperatura ou a outras propriedades necessárias, bem como componentes orgânicos ou inorgânicos que não prejudiquem a saúde dos consumidores).

O art. 12 do CDC brasileiro aborda esse tipo de defeito relacionando-o com *projeto* e *fórmula,* responsabilizando o fabricante, o produtor, o construtor, nacional ou estrangeiro e o importador por defeitos decorrentes

---

[196] Citando Dominick Vetri, Vasconcellos e Benjamin adota a mesma nomenclatura quando afirma: "Tendo em vista a causa do mau funcionamento (do defeito), é possível identificar-se três modalidades básicas de periculosidade adquirida: os *defeitos de fabricação,* os *defeitos de concepção (design* ou projeto) *e os defeitos de comercialização,* também denominados de *informação ou instrução."* BENJAMIN. *Da qualidade...,* p.51.

[197] Nesse contexto ver: Denari, ob. cit., p.111.

de projeto e montagem. Vasconcellos e Benjamin esclarece que os defeitos de concepção,

> também denominados de formulação, de construção ou de *design*, do mesmo modo que os defeitos de fabricação, ensejam a reparação dos danos causados. Um produto ou serviço com defeito de concepção – *difetti di costruzione*, no direito italiano – é aquele que apresenta um risco de dano desarrazoado, não obstante tenha sido produzido meticulosamente em acordo com planos detalhados e especificações. Normalmente tal tipo de defeito decorre de uma decisão do próprio fornecedor, já que a escolha das características finais do produto é sempre sua, mesmo quando desconhece inteiramente os problemas decorrentes do projeto.[198]

Deve restar claro que o produto é construído de acordo com todas as especificações técnicas estabelecidas no projeto ou na fórmula. o defeito surge exatamente porque o projeto está eivado de erro ou a fórmula está erroneamente calculada. O defeito não está na fabricação mas no projeto ou na fórmula, que são elementos anteriores à fabricação.

4.2. Os defeitos de produção

Também denominados de fabricação, aparecem em alguns produtos, diferenciando-se dos defeitos de concepção, que estão presentes em todos os produtos fabricados. Os defeitos de produção aparecem devido a algum erro no processo de fabricação do produto que escapa ao que se denomina controle de qualidade.[199] Esses defeitos estão contemplados no artigo 12, do CDC. *fabricação, construção, montagem, manipulação* e *acondicionamento de seus produtos.*

O defeito de fabricação tem seu nascedouro no momento da fabricação do produto, ou seja, a concepção está perfeita, a falha ocorre quando se executa o projeto.[200] Esse tipo de defeito sempre esteve presente na atividade humana desde que o homem tornou-se produtor, manufaturando produtos. Porém, esses defeitos se acentuam quando da produção em massa, uma vez que, com ela, perde-se em parte o controle sobre a produção. Nesse sentido se manifesta Vasconcellos e Benjamin dizendo que os defeitos de fabricação "originam-se, normalmente, no momento em que o

---

[198] BENJAMIN. Da qualidade..., p.64.

[199] Os defeitos de fabricação são aqueles existentes durante o processo de fabricação do produto e que, via de regra, se apresentam em um ou poucos exemplares de uma série. São defeitos típicos do moderno método de fabricação em série decorrentes da padronização e automatização da produção. São causados por erros dos empregados ou falhas de máquinas no processo produtivo." ROCHA, S. L. F. da. A responsabilidade..., ob. cit., p.99-100.

[200] Analisando o tema explica Roberto Norris: "Tendo sido perfeito o projeto ou *design*, o defeito passa a existir a partir do momento em que se inicia a sua fabricação, podendo se constituir em consectário de falhas mecânicas ou humanas. Nesta hipótese, o produto afetado é divergente daquele que era esperado pelo produtor, não preenchendo, desta forma, todos os itens do padrão que lhe era imposto." Norris, ob. cit., p.49.

produto é manufaturado, sendo provocados pelo automatismo e padronização do processo produtivo moderno".[201] Assim, desde que o homem começou a manufaturar produtos, esse tipo de defeito esteve presente na sociedade, não sendo, portanto, elemento do processo produtivo moderno, porém ele aparece seguramente com mais intensidade nessa fase.

É de se ressaltar, ainda, que na sociedade atual, tendo em vista o método de produção em massa, parece ser pacífico o entendimento de que é impossível[202] evitar que surjam, em alguns produtos, defeitos de fabricação. Vasconcellos e Benjamin, prelecionando que um dos traços fundamentais dos defeitos de fabricação é, justamente, a inevitabilidade, salienta: "mesmo com o emprego da melhor técnica é impossível eliminá-los por inteiro".[203] [204]

A importância do tema que envolve as dificuldades de se eliminar os defeitos do produto, na fase de fabricação, pode ser notada quando da análise do art. 12 do CDC brasileiro, que adota a responsabilidade independente da existência da culpa,[205] pois o consumidor não pode suportar o dano produzido por produto com defeito de fabricação. Essa responsa-

---

[201] BENJAMIN. *Da qualidade...*, p.62.

[202] Vasconcellos e Benjamin citando e transcrevendo José Reinaldo de Lima Lopes: A responsabilidade civil do fabricante por fato do produto, Dissertação de Mestrado, Faculdade de Direito da Universidade de São Paulo, texto inédito, São Paulo, p. 54 diz: "aqui valeria a pena transcrever o comento primoroso de José Reinaldo de Lima Lopes, quando diz que: 'Os defeitos de fabricação, derivados da produção em série, são parte integrante do risco do negócio. O empresário conta com este risco dentro do seu cálculo econômico. Conforme se faça um mais eficiente controle de qualidade, ou se desenvolvam novas técnicas produtivas, o risco de fabricação defeituosa pode ser reduzido, mas não poderá ser eliminado de uma vez por todas. Trata-se de risco maior na fabricação de determinados bens, risco menor em outros casos, e também os resultados do defeito são mais ou menos ampliados, conforme as circunstâncias. O certo é que a produção em série multiplica o risco na mesma proporção em que acelera o aparecimento de quantidades maiores de bens manufaturados'." BENJAMIN. *Da qualidade...*, p.62.

[203] Idem.

[204] Também nesse sentido dispõe Barros Leães: "conseqüência dos modernos processos de produção automatizada, há sempre uma margem inevitável de produtos defeituosos que não podem ser imputados à falta de diligência do produtor, o que lhe permite exonerar-se do dever de reparar, a menos que se instaure a sua responsabilidade sem culpa." LEÃES, L. G. P. B. de. *Responsabilidade do fabricante pelo fato do produto,* São Paulo: Saraiva, 1987. p.148.

[205] O novo Código Civil brasileiro, que entrou em vigor em 11 de janeiro de 2003, manteve, no art. 186, a responsabilidade subjetiva por ato ilícito do art. 159 do Código Civil de 1916. Art. 186. "Aquele que, por ação ou omissão voluntária, negligência ou imprudência, violar direito e causar dano a outrem, ainda que exclusivamente moral, comete ato ilícito."
Porém, no art. 927, o novo Código Civil possibilita a responsabilidade objetiva: "Aquele que, por ato ilícito (arts. 186 e 187), causar dano a outrem, fica obrigado a repará-lo.
Parágrafo único. Haverá obrigação de reparar o dano, independentemente de culpa, nos casos especificados em lei, ou quando a atividade normalmente desenvolvida pelo autor do dano implicar, por sua natureza, risco para os direitos de outrem."
Também o art. 931. "Ressalvados outros casos previstos em lei especial, os empresários individuais e as empresas respondem independentemente de culpa pelos danos causados pelos produtos postos em circulação."

bilidade só pode ser assumida, em última análise, pelo fabricante, embora o consumidor possa demandar os demais agentes que, pela legislação, são com o fabricante solidariamente responsáveis.

Através do defeito de fabricação, o produto deixa de funcionar como era esperado e/ou anunciado, não exercendo sua função conforme o projeto estabelecia. O defeito de fabricação pode ser causa de dano econômico e físico ao consumidor e pode, simplesmente, ser causa de mau funcionamento do produto com possibilidade de apenas dano econômico, sem a possibilidade de dano físico. Nesse sentido, o risco ao consumidor é elemento presente no produto com defeito. Risco esse que pode estar tanto na órbita econômica quanto física.

Lembra Vasconcellos e Benjamin que "nesta categoria de bens de consumo defeituosos também estão incluídos aqueles que, embora tecnicamente perfeitos, são penetrados por corpos estranhos".[206] A título de exemplo pode-se mencionar o ferimento provocado no olho do consumidor pela agulha esquecida no interior do travesseiro, pela funcionária da empresa fabricante, ou então aquele do consumidor que adoeceu ao ingerir a cerveja que continha em sua garrafa um inseto.

4.3. Os defeitos de comercialização

Os defeitos de comercialização, também denominados de defeitos de informação, estão vinculados à forma de apresentação do produto ao consumidor. As informações devem acompanhar o produto, seja em folhetos explicativos, bulas, ou até mesmo na própria embalagem e publicidade. Esse defeito abrange, desde as informações inadequadas ou insuficientes de utilização do produtos, até omissões na composição dos mesmos, não indicando que em sua fórmula existem componentes que podem, por exemplo, causar alergias em pessoas sensíveis. Conforme preleciona Ferreira da Rocha,

> os defeitos podem ser de instrução ou de informação. Um produto pode ser ilegitimamente inseguro por falta, insuficiência ou inadequação de informações, advertências ou instruções sobre o seu uso e perigos conexos. Assim, a ausência, insuficiência ou inadequação de informação pode recair sobre o modo de emprego do produto ou eventual perigo que o uso comporta.[207]

Quando o produto é colocado no mercado, deve levar consigo as informações adequadas sobre seu uso, e sobre os riscos que podem advir de sua utilização. O consumidor deve estar ciente dos riscos e das carac-

---

[206] BENJAMIN. *Da qualidade...*, p.62.
[207] ROCHA, S. L. F. da. *A responsabilidade...*, ob. cit., p.100.

terísticas do produto, que também devem estar presentes a título de informação. Assim, conforme esclarece Roberto Norris:

> No quadro de uso razoavelmente previsível, o produtor deve apresentar, de forma clara, assimilável pelos leigos, as advertências e instruções, relativamente ao produto. Desta forma, v.g., deverá utilizar-se do idioma das pessoas que lhes são destinatárias, informando, ainda, além do que se deve fazer, quando for o caso, o que não poderá ser feito.[208]

O defeito de informação pode estar presente tanto no dado erroneamente indicado, quanto no dado que deve ser indicado e, por omissão, não o foi. Pode-se dizer que no primeiro caso existira um "defeito positivo de informação" – há por comissão a indicação errônea de um dado – e no segundo um "defeito negativo de informação" – há por omissão a não-informação de um dado essencial.

Na realidade, não existe qualquer defeito no produto propriamente dito, mas sim no sistema informativo do mesmo. Nesse particular, é de se notar que,

> nos defeitos de informação os produtos apresentam uma defeituosidade formal, porque o defeito não é intrínseco ao produto, mas da insuficiente ou errônea informação sobre o uso adequado do produto. Os defeitos de informação são, pois, vícios extrínsecos, não ínsitos ao produto.[209]

No que se refere aos defeitos de comercialização, o art. 12, *caput*, do CDC brasileiro também expressamente dispõe a responsabilidade do fabricante, do produtor, do construtor, nacional ou estrangeiro, e do importador, independentemente da existência de culpa, pela reparação dos danos causados aos consumidores por defeitos decorrentes de apresentação ou acondicionamento de seus produtos, bem como por informações insuficientes ou inadequadas sobre sua utilização e riscos, estabelecendo a relevância dos cuidados, com referência aos riscos, dos produtos nos três momentos: antes da comercialização, durante a comercialização e após a comercialização. Tudo isso, para que o consumidor esteja ciente do que está adquirindo e quais os riscos que podem advir da utilização de tal produto.

No que se refere ao momento posterior à comercialização, também é importante salientar, como faz Vasconcellos Benjamin:

> O dever de informar é, como regra, cumprido a *priori,* isto é antes da colocação do produto ou serviço no mercado. Normalmente precede ou acompanha o produto ou a prestação do serviço. Entretanto, quando o fornecedor só vier a tomar conhecimento do risco após a comercialização do bem de consumo, cabe-lhe, então, cumprir seu dever de informar a *posteriori* (art. 10, § 1º). O que não é lícito é calar sobre aquele

---

[208] Norris, ob. cit., p.50.
[209] ROCHA, S. L. F. da. ob. cit., p.101.

risco que só posteriormente veio a saber. De qualquer modo, a informação posterior não impede a obrigação de indenizar, caso o consumidor não seja alcançado a tempo.[210]

Pode realmente, acontecer que certo risco do produto somente seja conhecido após ter o referido produto entrado no mercado. Isso em nada diminui a responsabilidade do fornecedor, muito pelo contrário, tem ele o dever de informar rapidamente às autoridades competentes e ao consumidor o risco detectado.[211] Na legislação brasileira é o que dispõe o art. 10, § 1º, do CDC.[212] Não o fazendo, assume todas as responsabilidades pelos danos que porventura vier a acontecer ao consumidor.

4.4. Os defeitos intrínsecos

Os defeitos intrínsecos[213] englobam os defeitos de concepção e de produção, uma vez que esses se referem aos produtos propriamente ditos. Portanto, são defeitos materiais, interiorizados aos produtos e que possuem um potencial de provocar danos ao consumidor.

São os defeitos que envolvem erros de fórmulas, de desenho, e até mesmo falhas na fabricação do produto, embora sua concepção esteja perfeita.

4.5. Os defeitos extrínsecos

Os defeitos extrínsecos, também denominados de defeitos formais, referem-se aos defeitos de informação ou de comercialização, pois estes não estão dentro do produto, são elementos externos que, embora se refiram ao produto, não são do próprio produto.

---

[210] BENJAMIN. Da qualidade..., p.65.

[211] No mesmo sentido, Roberto Norris: "O dever de informação não termina com a introdução do produto no mercado. A obrigação de vigilância dos produtos prossegue após a colocação dos produtos, uma vez que poderão ser descobertas imperfeições não conhecidas, ou impossíveis de serem conhecidas no momento de sua emissão, como, por exemplo, os defeitos provenientes do desgaste, fadiga ou envelhecimento prematuro que, constituindo-se em fontes de perigo para os seus usuários, ditarão oportunas advertências e informações ao mercado consumidor." Norris, ob. cit., p.50-51.

[212] CDC, art. 10, § 1º "O fornecedor de produtos e serviços que, posteriormente à sua introdução no mercado de consumo, tiver conhecimento da periculosidade que apresentem, deverá comunicar o fato imediatamente às autoridades competentes e aos consumidores, mediante anúncios publicitários."

[213] De Barros Leães, abordando o tema conclui: "As duas primeiras categorias – defeitos de fabricação e de construção se estribam em vícios materiais ou intrínsecos, a terceira categoria, relativa aos defeitos de instrução e informação. refere-se a vícios formais ou extrínsecos. Em todos, porém, há uma nota comum: são defeitos que carreiam para o produto uma potencialidade danosa, que, por certo, pode existir em todo e qualquer produto, até no mais inofensivo, assim como é latente nas mercadorias chamadas perigosas (explosivos. materiais inflamáveis, venenos). Há, no entanto, uma profunda diferença na espécie: o defeito em tela introduz no produto uma potencialidade danosa por ele *normalmente* não possuída e, assim, inesperada para o consumidor ou usuário comum ora, a colocação no mercado desse produto potencialmente danoso é o ato que, resultando num dano, fará nascer a obrigação de o fabricante indenizar." Leães, ob. cit., p.161.

Esse tipo de defeito traz à tona as omissões nas informações dos componentes do produto. As informações precisas e completas sobre como utilizar o produto, para que não traga danos, devem estar presentes para que não possa haver prejuízos ao consumidor.

Consolidando a idéia de que os defeitos, tanto intrínsecos, quanto extrínsecos, devem ser evitados, o § 1º do art. 12, CDC, reproduz quase literalmente o art. 6º da diretiva 274/85 da CEE,[214] buscando subsídio na legislação estrangeira para a consolidação das responsabilidades. É de se destacar que no inc. II, § 1º, art. 12 do CDC, o legislador brasileiro acrescentou a palavra *risco* dando ênfase a este problema. Palavra esta que não aparece na referida Diretiva.

O referido § 1º, ao dizer que o produto é defeituoso, quando não oferece a segurança que dele legitimamente se espera, levando-se em consideração as circunstâncias relevantes, entre as quais sua apresentação, o uso e os riscos que razoavelmente dele se esperam e a época em que foi colocado em circulação, busca trazer ao mundo jurídico uma definição do que se pode entender por produto defeituoso, traçando os parâmetros também para a compreensão do que deve ser entendido por defeito vinculado ao produto.

Nesse particular é de se lembrar com Denari que

> o defeito que suscita o dano não é o defeito estético, mas o defeito substancial relacionado com a segurança que dele legitimamente se espera, levando-se em consideração aspectos extrínsecos, como a apresentação do produto, e intrínsecos, relacionados com a sua utilização e a época em que foi colocado em circulação.[215]

Com essas palavras, o autor pretende demonstrar o dano atrelado à segurança do produto, que é o objeto do art. 12 do CDC, quando trata dos vícios ou defeitos de segurança.

---

[214] Directiva del Consejo 85/374/CEE, de 25 julio de 1985.
Art. 6º 1. "Un producto es defectuoso cuando no ofrece la seguridad a la que una persona tiene legítimamente derecho, teniendo en cuenta todas las circunstancias, incluso:
a) la presentación del producto;
b) el uso que razonablemente pudiera esperarse del producto;
c) el momento en que el producto se puso en circulación.
2. Un producto no se considerará defectuoso por la única razón de que, posteriormente, se haya puesto en circulacón un producto más perfeccionado."
[215] Denari, ob. cit., p.113.

Capítulo VII

A responsabilidade civil e os defeitos do produto

Com a revolução industrial, o mundo se viu envolvido pelo que se chamou de produção em massa.[216] Pela lógica, o que se produz necessita ser vendido, ser consumido.[217] Assim, com a produção em massa, surgiu a sociedade de consumo dos dias de hoje, caracterizada pelo consumismo e pela despersonalização do fornecedor, uma vez que,

> a antiga elaboração manual e artesanal dos produtos, restrita ao âmbito familiar ou a um círculo pequeno de pessoas, foi convertida em exceção. O mercado tornou-se o destinatário de uma enormidade de produtos fabricados em série, tipificados e unificados. A cisão entre produção e comercialização foi realizada de modo definitivo.[218]

Essa nova realidade trouxe consigo preocupações sobre as responsabilidades, dentro das relações jurídicas de consumo, pelos danos aos consumidores que os produtos podem provocar devido a defeitos nos mesmos. Para estabelecer os âmbitos dessas responsabilidades, as legislações procuram desenvolver mecanismos que minimizem o impacto dos danos re-

---

[216] Com o desenvolvimento da produção massificada houve, conseqüentemente, o surgimento de uma sociedade envolta em todo o clima criado pela massificação. Assim, como afirma Stiglitz "los mecanismos adoptados, en la moderna sociedad de masas, por los proveedores de bienes y servicios en los diferentes ramos de la producción publicidad, comercialización y contratación, revelan Un notorio fenómeno de enturbiamiento del mercado, que pone en crisis la vigencia de los imperativos de trasparencia, equidad, calidad y seguridad, que deberían garantizar la protección de los intereses de los consumidores." STIGLITZ, STIGLITZ. *Derechos y...*, ob. cit., p.22.

[217] Explica Cristiano de Farias: "É nesse panorama da "revolução das massas" que surge a necessidade de equilibrar as relações sociais, marcadas por um desnível natural imposto pelas diferentes posições e interesses das partes envolvidas no fenômeno *consumerista*: de um lado o poderio econômico e a idéia do lucro, do outro a necessidade de consumir para o desenvolvimento de praticamente todas as atividades humanas." FARIAS, Cristiano Chaves de. A proteção do consumidor na era da globalização. *Revista de Direito do Consumidor.* São Paulo, n°41, Revista dos Tribunais, janeiro/março/2002. p.84.

[218] ROCHA, S. L. F. da. *Responsabilidade Civil...*, p.12.

ferentes aos defeitos dos produtos e serviços.[219] Porém, é de se dizer com Marins que

> Não há convincente sistema legal de tutela do consumidor sem que enseje célere, completa e efetiva reparação aos danos – morais ou patrimoniais – sofridos pela vítima. Neste aspecto, assume extrema relevância a opção do legislador pelo modelo jurídico de responsabilidade civil a que estará sujeito o fornecedor no âmbito das relações de consumo, operando alterações, até mesmo substanciais, no direito positivo de modo a adequar a norma à irregressível força de novos fatos, criando novo Direito.[220]

A relação de consumo envolve, em seus pólos, os fornecedores de um lado, e de outro, os consumidores, tendo como objeto um bem ou serviço. A importância dessa relação está nos efeitos jurídicos por ela produzidos, que, por sua vez, produzem responsabilidades. O direito do consumidor, preocupado em equilibrar as forças dentro da relação jurídica, vem trabalhando em nível das responsabilidades, buscando proteção ao que considera como mais fraco: o consumidor. Nesse sentido, Souza Pasqualotto:

> nas etapas mais recentes da sua evolução, o tema deu entrada decidida à consciência da proteção das vítimas e das partes mais fracas nas relações sociais, o que determinou decisiva mudança de rumo na orientação universal dos princípios que regiam a matéria.[221]

Essas mudanças vão desde a consolidação da responsabilidade objetiva,[222] até a inversão do ônus da prova. Como informa Zelmo Denari,

---

[219] Os efeitos produzidos pelos defeitos dos produtos são muitas vezes irrecuperáveis, onde a indenização é elemento que apenas minimiza os danos causados. Exemplos dos graves danos causados aos consumidores existem inúmeros. Para salientar, é de se lembrar os seguintes, que marcaram profundamente as comunidades envolvidas:
a) Talidomida-Contergan, sedativo que tinha por função diminuir os enjôos da gestante e por isto ministrado no período de gravidez. Esse medicamento provocou deformidades físicas em milhares de nascituros, entre 1958 e 1962.
b) MER-29, medicamento anticolesterol, utilizado entre 1960 e 1962. Caracterizou-se por provocar graves efeitos secundários em seus usuários, nos Estados Unidos, causando inclusive lesões na vista, a mais de 5000 pessoas.
c) Salk, vacina usada na Califórnia, Estados Unidos, onde causou doenças em crianças, por ser portadora de vírus,.
d) Stalinon, medicamento vendido na França, em 1953, com o intuito de tratar doenças da pele e que acabou por causar a morte e a invalidez de muitas pessoas.
[220] Marins, ob. cit., p.88.
[221] PASQUALOTTO, A. de S. *et al, Estudos sobre a proteção do consumidor no Brasil e no MERCOSUL.* – A responsabilidade civil do fabricante e os riscos do desenvolvimento. Porto Alegre: Livraria do Advogado, 1994. p.73.
[222] Nesse sentido, Raimundo Barros: "Objetiva, também, é a responsabilidade nos danos causados pelas relações de consumo, delineadas no Código de Defesa do Consumidor. Diferentemente da responsabilidade civil do Estado, a norma de regência do Código do Consumidor não admite a concorrência da vítima para atenuar o *quantum* indenizatório. Só a culpa exclusiva do consumidor (resolve manusear fiação elétrica e morre eletrocutado) é que desobriga o fornecedor do dever de reparar o dano." BARROS, Raimundo Gomes de. Relação de causalidade e o dever de indenizar. *Revista de Direito do Consumidor*, São Paulo, n°27, Revista dos Tribunais, julho/setembro/1998. p.33.

a colocação de bens ou serviços no mercado de consumo a cargo dos fornecedores *in genere* suscita, em contrapartida, a relação de responsabilidade, decorrente do inadimplemento de obrigação contratual (responsabilidade contratual) ou da violação de direitos tutelados pela ordem jurídica de consumo (responsabilidade extracontratual).[223]

Assim, a responsabilidade por danos ao consumidor, causados por produtos, é tema relevante e sempre vinculado com a atualização da moderna tecnologia, que sempre antepõe desafios aos estudos jurídicos, exigindo, cada vez mais, a atualização legislativa e os estudos de ordem doutrinária.

O presente capítulo, que pretende analisar a responsabilidade civil por danos ao consumidor causados por produtos no Direito brasileiro, estabelecerá suas bases nos artigos 12 e 13 da seção II da Lei 8.078, de 11/9/1990 – Código de Proteção e Defesa do Consumidor brasileiro – que possui como denominação: Da Responsabilidade pelo Fato do Produto e do Serviço. Roberto Norris salienta que:

> por fato *do produto* deve entender-se como sendo a repercussão externa do defeito do produto e o seu conseqüente dano sobre a esfera do consumidor. Desta forma, conclui-se que o mero defeito, analisado sob o seu aspecto intrínseco, não representa fato do produto, mas sim vício observado no bem.[224]

A responsabilidade pelo fato do produto obedece à sistemática do CDC, o que faz com que os artigos dessa seção estejam combinados com outros de outras seções do CDC, com o intuito de complementação. Senão veja-se: O art. 6º, que aborda os direitos dos consumidores, possui relação direta entre seus incisos I, II e III e a responsabilidade civil pelo fato do produto, uma vez que estabelecem como direitos básicos do consumidor: a proteção à vida, saúde e segurança contra os riscos provocados por práticas no fornecimento de produtos e serviços considerados perigosos ou nocivos; a educação e divulgação sobre o consumo adequado dos produtos e serviços, asseguradas a liberdade de escolha e a igualdade nas contratações; a informação adequada e clara sobre os diferentes produtos e serviços, com especificação correta de quantidade, características, composição, qualidade e preço, bem como sobre os riscos que apresentem. Por sua vez, esses direitos recebem a proteção efetiva na seção II do capítulo IV do CDC, uma vez que esta estabelece a responsabilidade civil pelo descumprimento dos direitos básicos estabelecidos no art. 6º

Um dos primeiros assuntos que deve ser tratado quando se fala da responsabilidade pelo fato do produto e do serviço é sobre o próprio título da seção: *Da Responsabilidade pelo Fato do Produto e do Serviço*. A

---

[223] Denari, ob. cit., p.102.
[224] Norris, ob. cit., p.40.

utilização dessa expressão não recebeu concordância unânime dos doutrinadores. Aguiar Dias, antes mesmo da promulgação do Código, já se posicionava contrário ao uso de tal expressão, dizendo: "não há nada tão incongruente como expressar em responsabilidade por fato da coisa a que deriva de acidentes ocorridos com veículos ou objetos de nossa propriedade ou sob nossa guarda, porque a coisa não é capaz de fatos". Sendo enfático quando conclui: "somos decisivamente contrários a essa classificação, que parece assimilar as coisas aos animais, quando aquelas são inertes ou pelo menos passivas, e, os últimos, dotados de sensibilidade e de capacidade para reagir".[225] É claro que o Direito pune a conduta humana, sendo essa o elemento relevante para a consideração jurídica, e não a coisa em si. No dizer de Vasconcellos e Benjamin,

> melhor, portanto, é falar-se em "esponsabilidade pelos acidentes de consumo". Enquanto aquela terminologia enfatiza o elemento material causador da responsabilidade, esta, ao contrário, prefere dar destaque ao elemento humano *conseqüencial*. O dado fundamental não é a origem do fato (do produto ou serviço) mas sim a localização humana de seu resultado (o acidente de consumo).[226]

O elemento relevante é sempre o humano, embora deva se considerar que somente a partir do defeito no produto, somado ao dano que irá se produzir, ou que efetivamente se produziu, é que se irá perquirir sobre a atuação humana que levou a tal defeito.[227]

Embora as discordâncias, o CDC consagrou as expressões *fato do produto* e *fato do serviço*,[228] uso que se tornou corrente no âmbito doutrinário brasileiro. O significado dessas expressões é a de dano causado, provocado (fato) por um produto ou serviço.[229]

---

[225] DE AGUIAR DIAS, J. de A. *Da Responsabilidade civil*, Rio de Janeiro: Forense, 1983. p. 412.
[226] BENJAMIN. *Da qualidade...*, ob. cit., p.43-44.
[227] Vasconcellos e Benjamin entende que, "a rigor, aqui o direito do consumidor – ao revés do que sucede com os vícios de qualidade por inadequação – só se volta para o fenômeno material inerente ao produto (o defeito) quando tem seu interesse despertado pela sua habilidade para causar o fenômeno humano (o acidente de consumo)," Ibidem, p.44. Logo, o fenômeno material ficaria subordinado ao Fenômeno humano.
[228] A análise formulada sobre a responsabilidade civil advinda tanto do fato do produto, quanto do fato do serviço leva-nos ao que afirma Vireira de Mello: " a responsabilidade baseada no Fato do Produto ou Serviço é aquela que diz respeito aos defeitos de fabricação propriamente ditos, geralmente relacionados com a saúde e segurança dos consumidores." MELLO, S. M. V. de. Ob. cit., p.45.
[229] Analisando o modelo jurídico brasileiro pode-se notar, como afirma Vasconcellos e Benjamin, que o "fato do produto" e o "fato do serviço" "encaixam-se em um sistema mais amplo de danos, regrado pelo Código Civil; danos esses decorrentes ora de "fato próprio" (a regra geral), ora de "fato de outrem" (arts. 1.521 a 1.524)* ou, ainda, de "fato causado por animais" (art. 1.527).** O novo regime desta matéria quer dizer exatamente isto: O Código Civil, em matéria de danos causados por produtos ou serviços de consumo, é afastado, de maneira absoluta, pelo regime especial do Código de Defesa do Consumidor. Só excepcionalmente aplica-se o Código Civil, ainda assim quando não contrarie o sistema e a principiologia (art. 4º.) do Código de Defesa do Consumidor. BENJAMIN. *Da qualidade...*, p. 44.
* Os artigos referem-se ao Código Civil brasileiro de 1916, sendo que o art. 1.521 encontra corres-

Importante é salientar que a *responsabilidade pelo fato* acontece independente de contrato entre fornecedor e consumidor. O que realmente importa para nascer a responsabilidade é o fato em si (dano causado) independente, até mesmo, de qualquer relação contratual. Conforme Vasconcellos e Benjamin,

> o tratamento que o Código dá a esta matéria teve por objetivo superar, de uma vez por todas, a dicotomia clássica entre responsabilidade contratual e responsabilidade extracontratual. Isso porque o fundamento da responsabilidade civil do fornecedor deixa de ser a relação contratual (responsabilidade contratual) ou o fato ilícito (responsabilidade aquiliana) para se materializar em função da existência de um outro tipo de vínculo: a relação jurídica de consumo, contratual ou não.[230]

Nesse particular, é de se salientar que tanto existe responsabilidade do fornecedor pelo defeito do produto quando quem o adquiriu sofre um dano – ex. um ferimento pelo estouro de um pneu com defeito – como também existe responsabilidade do fornecedor pelo defeito do produto – no mesmo exemplo, se terceiro vem a sofrer um dano pelo estouro do pneu com defeito – quando alguém longe da relação jurídica contratual (comprador/vendedor) sofre um dano. Isso demonstra a sensibilidade do Direito do Consumidor em tratar, diferentemente da forma dicotômica clássica (responsabilidade contratual e extracontratual), os problemas enfrentados na relação jurídica de consumo, unificando as formas de solucionar os problemas.[231]

Outro aspecto que não pode ser deixado de lado nessas considerações gerais sobre responsabilidade civil é a preocupação que o CDC possui com a prevenção, entendida como uma preparação contra danos futuros, dentro da possibilidade de evitá-los, ou se não, de ressarci-los. Têm-se pois, dois

---

pondência no arts. 932 do Código Civil de 2002; os artigos 1.522 e 1523 não encontram correspondência no novo Código, e o art. 1.524 encontra correspondência no art. 934.

** O art. 1.527 refere-se ao Código Civil brasileiro de 1916, não encontrando correspondência no novo Código Civil.

[230] BENJAMIN. *Da qualidade...*, p.44.

[231] No sentido da unificação da dicotomia clássica para as relações de consumo, já se manifestava Waldirio Bulgarelli "tanto o sistema da responsabilidade contratual como o da aquiliana, baseados na culpa, revelaram-se inadequados para um sistema geral de reparação de danos causados por produtos defeituosos, e, por isto, reclama-se um tipo de responsabilidade baseada no risco/proveito *(noblesse oblige, richesse oblige)*." BULGARELLI,W. A tutela do consumidor na jurisprudência brasileira e de 'lege ferenda'. *Revista de Direito Mercantil Industrial Econômico e Financeiro*, 22 (49/50): 43, jan./mar. 1983.
No mesmo sentido, pela unidade de fundamentação, João Calvão da Silva em sua obra *Responsabilidade civil do produtor*. Coimbra: Livr. Almedina, 1990, se expressa: "unidade de fundamento da responsabilidade do produtor impõe-se, pois o fenômeno real dos danos dos produtos conexos ao desenvolvimento industrial é sempre o mesmo, o que torna injustificada a diferenciação ou discriminação normativa do lesado, credor contratual ou terceiro. Trata-se, portanto da unificação das responsabilidades contratual e extracontratual – devendo falar-se de responsabilidade do produtor, *tout court* - ou pelo menos da unificação do regime das duas, em ordem a proteger igualmente as vítimas, expostas aos mesmos riscos." Ambos os livros citados por BENJAMIN. *Da qualidade...*, p.44-45.

elementos para a prevenção: um, evitar o dano; dois, ressarcir os efeitos do dano, se não for possível evitá-lo.[232]

Nesses dois sentidos são as disposições do art. 6º, que estabelece os Direitos do Consumidor.[233] Dispõe, no inciso VI, que são direitos do consumidor a "efetiva prevenção e reparação de danos patrimoniais e morais, individuais, coletivos e difusos" numa demonstração clara e objetiva de que a prevenção é um dos elementos fortes no âmbito do Direito do Consumidor. Zanardo Donato, escrevendo sobre o tema diz que

> o legislador não se ateve restrito unicamente às possíveis reparações dos danos causados ou provocados ao consumidor, mas, ao contrário, visou-se por meio desse dispositivo, a proteger-se o Consumidor contra todos os riscos que poderiam emanar dos produtos e serviços, antes mesmo, que viesse a ser exposto a esses perigos.

Infere-se que a tutela a ser conferida ao consumidor, antes de caracterizar-se como reparadora, e, como já dissemos, preventiva. Desnecessária a ocorrência de danos a fim de que a tutela seja efetivada. A simples exposição do consumidor aos riscos provocados pela colocação desses produtos no mercado de consumo mostra-se suficiente para que se lhe outorgue a tutela efetiva.[234]

---

[232] Luhmann esclarece: "Los directivos de empresas tienden – según se ha puesto de manifiesto en las investigaciones llevadas a cabo sobre la conducta de riesgo – a sobrevalorar su control sobre el curso de procesos que posiblemente causan daños, o bien a dar animo rechazando los datos existentes y buscando y obteniendo otras estimaciones más favorables. En otras palabras: se buscan activamente confirmaciones de la suposición de que el curso del proceso sigue siendo controlable." LUHMANN, *Sociología...,* ob. cit., p.74.

[233] CDC, art. 6º – "São direitos básicos do consumidor:
I – a proteção da vida, saúde e segurança contra os riscos provocados por práticas no fornecimento de produtos e serviços considerados perigosos ou nocivos;
II – a educação e divulgação sobre o consumo adequado dos produtos e serviços, asseguradas a liberdade de escolha e a igualdade nas contratações;
III – a informação adequada e clara sobre os diferentes produtos e serviços com especificação correta de quantidade, características, composição, qualidade e preço, bem como sobre os riscos que apresentem;
IV – a proteção contra a publicidade enganosa e abusiva, métodos comerciais coercitivos ou desleais, bem como contra práticas e cláusulas abusivas ou impostas no fornecimento de produtos e serviços;
V – a modificação das cláusulas contratuais que estabeleçam prestações desproporcionais ou sua revisão em razão de fatos supervenientes que as tornem excessivamente onerosas;
VI – a efetiva prevenção e reparação de danos patrimoniais e morais, individuais, coletivos e difusos;
VII – o acesso aos órgãos judiciários e administrativos, com vistas à prevenção ou reparação de danos patrimoniais e morais, individuais, coletivos ou difusos, assegurada a proteção jurídica, administrativa e técnica aos necessitados;
VIII – a facilitação da defesa de seus direitos, inclusive com a inversão do ônus da prova, a seu favor, no processo civil, quando, a critério do juiz, for verossímil a alegação ou quando for ele hipossuficiente, segundo as regras ordinárias de experiência;
IX – (VETADO).
X – a adequada e eficaz prestação dos serviços públicos em geral."

[234] Donato, ob. cit., p.205.

Embora essa parte se desenvolva sobre a responsabilidade civil por danos ao consumidor, causados pelos produtos, deve-se deixar bem claro que o Direito do Consumidor não se resume apenas em buscar indenizações. Muito pelo contrário, o que é fundamental para o Direito do Consumidor é evitar o dano antes mesmo que ele aconteça. A indenização é o remédio que deverá ser utilizado quando não for possível evitar, no primeiro momento, o dano.

1. A responsabilidade civil e o código de proteção e defesa do consumidor brasileiro

A responsabilidade pela reparação de um dano pressupõe a existência de uma pessoa responsável, que deve reparar o dano causado. A ótica não é diferente quando se fala em relação de consumo. Para tanto, o Código de Defesa do Consumidor brasileiro expressamente estabeleceu, em seu art. 12, quem pode ser responsabilizado por danos causados aos consumidores por produtos defeituosos.

O referido artigo salienta a responsabilidade para indenização do dano, citando o fabricante, o produtor, o construtor, nacional ou estrangeiro, e o importador como responsáveis para essa indenização.[235] Segundo Marins:

> Deflui do *caput* do art. 12 do Código de Proteção e Defesa do Consumidor, a enumeração taxativa das espécies do gênero "fornecedor" (o fabricante, o produtor, o construtor, nacional ou estrangeiro e o importador) que são responsáveis, extracontratualmente e independentemente da apuração da culpa, pela indenização devida em função do fato do produto.[236] [237]

---

[235] Já a Diretiva do Conselho 85/374/CEE, de uma maneira mais simples estabelece o produtor como responsável pelos danos. Expressamente: Art. 1º "El productor será responsable de los daños causados por los defectos de sus productos." Separadamente, no art. 3º, § 2º, a Diretiva chama à responsabilidade o importador: "Sin perjuicio de la responsabilidad del productor, toda persona que importe un producto en la Comunidad con vistas a su venta, alquiler, arrendamiento financiero o cualquier otra forma de distribución en el marco de su actividad comercial será considerada como productor del mismo, a los efectos de la presente Directiva, y tendrá la misma responsabilidad que el productor."

[236] Marins. *Responsabilidade da...*, p.98.

[237] No mesmo sentido, ver Vasconcellos e Benjamin: "O art. 12 fixa claramente, os responsáveis pelo dever de indenizar os danos causados por produtos portadores de vício de qualidade por insegurança: o fabricante, o construtor, o produtor e o importador. Como fica evidente em primeira leitura, o dispositivo não responsabiliza o distribuidor (atacadista ou varejista)". BENJAMIN. *Da qualidade...*, ob. cit., p.55.

Vendo um sentido mais amplo, no artigo, Alberto Bittar afirma:

> A dicção que se infere é de que todas as pessoas que introduzem qualquer produto no mercado do consumo, independentemente de culpa, são responsáveis pela reparação de danos causados aos consumidores. O conteúdo do *caput* do art. 12, já mencionado, envolve todas as etapas do fabrico de qualquer produto. A descrição hipotética é a mais envolvente possível. Compreende todo o ciclo produtivo. Exige um dever de diligente e aperfeiçoada fabricação, a partir do projeto, construção, montagem, fórmulas, manipulação, etc.[238]

O dever de diligência tem, segundo Barros Leães, limite no nível de conhecimento.[239]

O art. 12 do CDC foi enfático estabelecendo, como se viu, diretamente os responsáveis pelos danos causados aos consumidores por defeitos dos produtos. Nesse particular, é de se levantar uma questão que parece ser importante para o entendimento global desse tipo de responsabilidade: qual a responsabilidade do comerciante, que não aparece no art. 12 do CDC? A resposta a essa questão será desenvolvida no próximo item.

1.1. A responsabilidade do comerciante

O Código de Defesa do Consumidor brasileiro estabelece a responsabilidade do comerciante, no *caput* de seu art. 13,[240] somente em nível subsidiário,[241] pois, "os obrigados principais são aqueles elencados no art. 12".[242] Têm-se, assim os obrigados principais, diretos, no art. 12 e os

---

[238] SILVA FILHO, A. M. da. *et al. Responsabilidade civil por danos a consumidores.* São Paulo: Saraiva, 1992, p.34.

[239] "grau de esforço exigido do fabricante zeloso no cumprimento desses deveres de diligência tem como limite o nível de conhecimentos técnicos e científicos, existentes no setor industrial, no momento da colocação do produto no mercado consumidor. Esse estado da ciência e da técnica num *momento dado*" *(der Jeweilige Stand der Wissenschaft und Technik)* como limite objetivo das medidas de diligência a serem empregadas pelo produtor, é consagrado na jurisprudência estrangeira." Leães. Ob. cit., p.163-164.

[240] CDC. *Art. 13.* "O comerciante é igualmente responsável, nos termos do artigo anterior, quando:
I- o fabricante, o construtor, o produtor ou o importador não puderem ser identificados;
II- o produto for fornecido sem identificação clara do seu fabricante, produtor, construtor ou importador;
III- não conservar adequadamente os produtos perecíveis." ...

[241] No sentido da subsidiariedade, manifesta-se Alberto Bittar: "E a responsabilidade do comerciante não é conjunta a dos responsáveis pela introdução de um produto no mercado, mas subsidiária. Prevê o Código a responsabilidade do comerciante quando não se tem mais a origem do produto, ou quando se torna difícil ou impossível (ou inócuo) acionar o fabricante. Caso não houvesse essa responsabilidade subsidiária do comerciante, estaria aberto o caminho à irresponsabilidade. Não é este, sem sombra de dúvida, o desiderato da lei. Ao contrário, buscaram-se todos os meios juridicamente possíveis para que a responsabilidade seja efetiva." Silva Filho, ob. cit., p.35.

[242] Denari, ob. cit., p.120.

obrigados indiretos, subsidiários,[243] no art. 13.[244] A subsidiariedade se apresenta quando: não se pode identificar o construtor, o produtor, o importador; o produto for fornecido sem identificação clara de seu fabricante, produtor, construtor ou importador; ou então, quando o comerciante não conservar adequadamente os produtos perecíveis. Nas palavras de Cláudio Bonatto, "o comerciante ou o distribuidor aparecem no artigo 13 como subsidiariamente responsáveis, desde que aconteça alguma das situações previstas nos três incisos deste artigo".[245]

A subsidiariedade foi a maneira encontrada para chamar, também, à responsabilidade o comerciante, que deverá ter sempre presente a origem do produto e quem é seu fabricante, construtor, produtor, ou importador, bem como conservar adequadamente os produtos perecíveis, como forma de se eximir da responsabilidade.

Assim, o CDC não responsabilizou diretamente, no artigo 12, todos aqueles que poderiam ser entendidos como fornecedores pelo artigo 3. Nesse sentido, é de se notar que embora o comerciante esteja diretamente relacionado como fornecedor no artigo 3 do CDC, ele não se encontra relacionado como responsável para a indenização nesse primeiro plano do art. 12, somente vindo a ser chamado, por via indireta, pelo art. 13 do CDC.[246]

Vasconcellos e Benjamin é claro em sua exposição:

> A exclusão do comerciante (atacadista ou varejista), por razões de mera política legislativa, não é, contudo, absoluta. Excepcionalmente é ele chamado a responder com base no mesmo regime vigente para aqueles outros agentes econômicos do mercado. Só um fundamento econômico (a não-oneração sucessiva de produtos) e outro pragmático (o comerciante, de regra, não tem poder para alterar técnicas de

---

[243] Também pela subsidiariedade se manifesta Roberto Norris: "Importante acrescentar, por fim, que a responsabilidade do comerciante, nas hipóteses do art. 13, do Código de Defesa do Consumidor, é de natureza subsidiária, objetivando-se, desta maneira, o fechamento do ciclo de responsáveis, somando-se ao rol constante do art. 12 do mesmo Código." Norris, ob. cit., p.83-84.

[244] Normativa parecida a estabelecida no art. 13, se encontra na Diretiva do Conselho 85/374/CEE, no art. 3º, § 3.3. "Si el productor del producto no pudiera ser identificado, cada suministrador del producto será considerado como su productor, a no ser que informara al perjudicado de la identidad del productor o de la persona que le suministró el producto dentro de un plazo de tiempo razonable. Lo mismo sucederá en el caso de los productos importados, si en éstos no estuviera indicado el nombre del importador al que se refiere al apartado 2, incluso si se indicara el nombre del productor."

[245] BONATTO. *Questões controvertidas...*, ob. cit., p.115.

[246] Código de Proteção e defesa do Consumidor. Art. 13. "O comerciante é igualmente responsável nos termos do artigo anterior, quando:
I- o fabricante, o construtor, o produtor ou o importador não puderem ser identificados;
II- o produto for fornecido sem identificação clara do seu fabricante, produtor, construtor ou importador;
III- não conservar adequadamente os produtos perecíveis.
Parágrafo único. Aquele que efetivar o pagamento ao prejudicado poderá exercer o direito de regresso contra os demais responsáveis segundo sua participação na causação do evento danoso."

fabricação e produção) é que justificam, de fato, seu afastamento da cadeia de sujeitos responsáveis pelos acidentes de consumo.[247]

Também Alberto Bittar segue pelos caminhos da subsidiariedade, "a responsabilidade do comerciante não é conjunta a dos responsáveis pela introdução de um produto no mercado, mas subsidiária."[248] [249] [250] [251]

Prevê o Código a responsabilidade do comerciante quando não se tem mais a origem do produto, ou quando se torna difícil ou impossível (ou inócuo) acionar o fabricante. Caso não houvesse essa responsabilidade subsidiária do comerciante, estaria aberto o caminho à irresponsabilidade. Não é esse, sem sombra de dúvida, o desiderato da lei. Ao contrário, buscaram-se todos os meios juridicamente possíveis para que a responsabilidade fosse efetiva.[252]

Ao leitor desatento pode parecer que a subsidiariedade adotada para o comerciante é questão de pequena importância, porém isso não se pode dizer. Caracterizada uma das hipóteses dos incisos I e II do art. 13, o comerciante responderá pelo dano ao consumidor mesmo que o defeito apresentado pelo produto esteja fora do âmbito de atuação do comerciante (conservação do produto). Por outro lado, estando presente a hipótese do inciso III do art. 13, e se o fabricante, o construtor, o produtor ou o importador forem identificados, o comerciante não responde sozinho mas

---

[247] BENJAMIN. *Da qualidade...*, ob. cit., p.70.

[248] No mesmo sentido se manifesta Marins quando aborda a responsabilidade do comerciante em sua obra: "[...]responsabilidade esta que pode ser denominada de supletiva ou subsidiária da responsabilidade primitivamente imputada ao fabricante, construtor, produtor ou importador." Marins, ob. cit., p. 104.

[249] Também segue pelo mesmo caminho Vasconcellos e Benjamin: "No contexto do Código, a responsabilidade do comerciante é subsidiária, isto é, secundária em relação aquela dos outros agentes econômicos, que é principal. Subsidiariedade esta que vem acrescentar ao rol primitivo do art. 12, *caput, o* sujeito faltante: o comerciante. Fecha-se o círculo. Trata-se, portanto, de operação de *adição e* não de *subtração* do número de agentes econômicos responsáveis pelos acidentes de consumo". BENJAMIN. *Da qualidade...*, ob. cit., p.71.

[250] Adotam ainda a nomenclatura de "subsidiária", entre nós: Denari. Ob. cit., p.91; ROCHA, S. L. F.da. A responsabilidade..., ob. cit., p.83; Kriger Filho, ob. cit., p.74.

[251] Também a jurisprudência segue pelo caminho de considerar o comerciante como responsável subsidiariamente. É de se salientar a seguinte: "CONSUMIDOR – Agravo de instrumento – Responsabilidade por fato do produto – Legitimidade do fabricante real – responsabilidade do comerciante. Ementa: Identificado o fabricante real, como fornecedor, legitima-se ele, passivamente, na ação de responsabilidade por fato do produto, sendo inadmissível mandar citar, de ofício, o comerciante, que não responde no caso." Esclarecendo ainda o acórdão: "A inclusão do comerciante, ou seja, da Nacional Central de Distribuição de Alimentos Ltda., de ofício, se revela inadmissível, porque, no caso, não há responsabilidade. O comerciante só responde, subsidiariamente, se houver dificuldade ou impossibilidade na identificação do 'fornecedor original', ou se houver erro na conservação de produtos perecíveis, a teor do art. 13,1 a III, da Lei 8.078." Ac. da 3ª. Câm Civ. do TJRS 596.00.365 – Rel. Des. Araken de Assis – j. 29/02/1996 – v.u.

[252] Silva Filho, ob. cit., p.35.

em solidariedade com eles, mesmo que o defeito tenha aparecido por culpa exclusiva do comerciante.

O artigo 13 cuida, realmente, "das hipóteses legais de exceção à regra geral de exclusão da responsabilidade do comerciante pelo fato do produto, estabelecendo-se a responsabilidade do mesmo de fornecedor presumido".[253]

No que se refere ao tipo de responsabilidade que vincula o comerciante, "é de ser cifrado que relativamente ao 'comerciante' também foi adotada a responsabilidade objetiva. Isto porque o *caput* do já citado artigo reporta-se ao art. 12, e este, de forma textual, acolhe a teoria objetiva."[254] Assim, outro elemento que se deve ter em mente quando se fala da subsidiariedade do comerciante é a responsabilidade objetiva que foi mantida no art. 13 quando expressamente dispõe que "*o comerciante é igualmente responsável, nos termos do artigo anterior*[...]" Ao estabelecer a igualdade de responsabilidade com o art. 12, vê-se claramente a manutenção da responsabilidade objetiva, pois ela é disposta expressamente no art. 12.[255] [256]

Também da frase "o comerciante é igualmente responsável, nos termos do artigo anterior[...]" (art. 13), pode-se concluir que a responsabilidade com o comerciante, quando existente, é solidária com o fabricante, o produtor, o construtor, nacional ou estrangeiro, e o importador. Solidariedade já presente como norma geral no art. 7º, parágrafo único, que dispõe que "tendo mais de um autor a ofensa, todos responderão solidariamente pela reparação dos danos previstos nas normas de consumo".

Nos termos da solidariedade[257] se manifesta Cláudio Bonatto: "Importante ressaltar que a responsabilidade subsidiária do comerciante não afasta a regra da solidariedade, pois a norma estatuída no artigo 13 do CDC é expressa ao afirmar que o comerciante é igualmente responsável, e não o único responsável, ante a verificação das situações previstas nos incisos do artigo citado."[258]

---

[253] Marins, ob. cit., p.104-105.

[254] Silva Filho, ob. cit., p.35.

[255] No mesmo sentido: "De início, é de ser cifrado que relativamente ao "comerciante" também foi adotada a responsabilidade objetiva. Isto porque o *caput* do já citado artigo reporta-se ao art. 12, e este, de forma textual, acolhe a teoria objetiva." Silva Filho, ob. cit., p.35.

[256] Ferreira da Rocha adota, também, para o comerciante, a responsabilidade sem culpa. ROCHA, S. L. F. da. Ob. cit., p.83.

[257] Também pela solidariedade se manifesta Cláudia Marques: "Segundo o art. 13 do CDC, o comerciante será, porém, igualmente responsável (solidário) pela reparação[...]" Marques. *Contratos no...*, ob. cit., p.436. No mesmo sentido ROCHA, S. L. F. da. Ob. cit., p.83.

[258] Bonatto, ob. cit., p.142.

Assim, o consumidor que sofre um acidente de consumo, provocado por um produto perecível, pode acionar o fabricante do produto, o qual é solidariamente responsável pelo dever de indenizar.[259] [260]

Nessa questão da solidariedade, muitas vezes, na prática não haverá como impô-la. Para se chegar a essa conclusão, basta verificar os incisos I e II do art. 13, que traz à responsabilidade subsidiária o comerciante quando não há identificação ou há dificuldades de identificação do fabricante, do construtor, do produtor ou do importador. É lógico, portanto, que se esses agentes não puderem ser identificados de nada valerá a solidariedade, sendo que o único responsável acabará sendo o comerciante. A solidariedade só possui importância quando os demais fornecedores, além do comerciante, puderem ser identificados. A solidariedade é, também, importante, para o inciso III do art. 13. Nesse caso o consumidor poderá acionar o comerciante e os demais agentes, solidariamente, para buscar o ressarcimento de seus prejuízos. Conforme assinala Ferreira da Rocha,

> o devedor solidário que efetivar o pagamento ao prejudicado poderá exercer o direito de regresso contra os demais responsáveis, segundo sua participação na causação do evento danoso, atendendo-se, para tanto, ao risco criado por cada responsável, à gravidade da culpa com que eventualmente tenha agido e à sua contribuição para o dano.[261]

A responsabilidade do comerciante não se vincula exclusivamente à responsabilidade contratual uma vez que, pela sistemática do código todas as vítimas do evento podem ser consideradas como consumidor (CDC, art. 19). Portanto, está com a razão Cláudio Bonatto quando dispõe:

> Importa frisar, desde já, que não é fundamental para esta norma a existência de relacionamento contratual, já que o resultado final, ou seja, um dano em uma das três modalidades inicialmente declinadas (incolumidade física, psíquica ou dano externo ao produto ou serviço) é suficiente para o reconhecimento do dever de indenizar.[262]

---

[259] Concorda, também, com a solidariedade Vasconcellos e Benjamin: "O comerciante é *igualmente responsável [...]* (grifo nosso) Ao dispor a igualdade de responsabilidade, o legislador deixa clara a solidariedade entre o comerciante e os demais agentes responsáveis. Nesse sentido também se expressa Vasconcellos e Benjamin: "*A solidariedade na responsabilidade do comerciante* – O chamamento subsidiário do comerciante não exclui a responsabilidade civil dos outros obrigados (o fabricante, o produtor, o construtor e o importador). Isso porque a sua inclusão vem mais como medida para favorecer o consumidor e não como forma para aliviar a dever de reparar dos outros responsáveis. Por isso mesmo, a sua responsabilização é *solidária,* dando, dessa forma, melhor proteção ao consumidor." BENJAMIN. *Da qualidade [...],* ob. cit., p.59.

[260] Ferreira da Rocha, ao concordar com a solidariedade, ainda completa dizendo que "não será possível a vítima, previamente, renunciar a solidariedade em favor de um, alguns, ou todos os responsáveis (art. 912 do CC), porque o art. 25 do Código de Defesa do Consumidor probe a estipulação contratual de cláusula que impossibilite, exonere ou atenue a obrigação de indenizar." Rocha, S. L. F. da. Ob. cit., p.86.

[261] ROCHA, S. L. F. da. Ob. cit., p.87.

[262] Bonatto. *Questões...,* p.115.

O art. 13 do CDC dispõe, portanto, três situações que chamam o comerciante à responsabilidade que, pela importância, merecem atenção individualizada:

1.1.1. Se o fabricante, o construtor, o produtor ou o importador não puderem ser identificados

Quando o fabricante, o construtor, o produtor ou o importador não puderem ser identificados, o comerciante deve ser tido como o responsável principal para ressarcir o dano ao consumidor causado pelo produto vendido.

Pela lógica jurídica, o consumidor não pode ficar sem a referida indenização somente porque não se conhecem os primeiros agentes. Nesse patamar de discussão, é de se imaginar o consumidor intoxicado por uma fruta adquirida em um supermercado, onde não existe qualquer identificação do produtor. Isso poderia acontecer tranqüilamente, uma vez que se sabe que os supermercados expõem suas frutas, em sua maioria, sem qualquer identificação do produtor. Nesse exemplo, o consumidor poderá demandar o supermercado – comerciante – sem a preocupação de não saber quem é o produtor do alimento.

Vasconcellos e Benjamin, em sua obra, levanta dois problemas atinentes a esse tipo de ação: um, proposta a ação contra o comerciante, como deve ser julgada se, no transcurso da mesma, o produtor for identificado? Outra, pode o consumidor, após ter ingressado com ação contra o comerciante, demandar também o produtor se, no transcurso daquela, ele vier a ser identificado? Com propriedade que lhe é particular, o autor resolve essas questões da seguinte forma:

> Uma vez proposta a ação pelo consumidor contra o comerciante, não pode ser ela julgada improcedente pelo fato de, no decorrer do processo o fabricante, o produtor, o construtor ou importador chegarem a ser identificados. A anonimidade do produto é apreciada no *momento* da propositura da ação. caberá ao réu, após indenizar o consumidor, exercer seu direito de regresso contra o real causador do dano. Tampouco está o consumidor impedido, após a propositura da ação contra o comerciante, de também acionar o fabricante, produtor, construtor ou importador posteriormente identificado. Lembremos que o art. 13 tem por *ratio* alargar a proteção do consumidor, demonstrando, de mais a mais, insatisfação com o comportamento do comerciante e, exatamente por isso incluindo-o no rol dos obrigados.[263]

É de se notar que, como conseqüência da impossibilidade da identificação do fabricante, construtor ou importador, tem-se também a impossibilidade de o comerciante obter o ressarcimento de seu prejuízo através da ação regressiva.

---

[263] BENJAMIN. *Da qualidade...*, p.72.

Não se pode perder de vista a questão atinente à solidariedade, porque é de se ressaltar, "que a subsidiariedade na responsabilidade do comerciante ou distribuidor, não afasta a solidariedade na eventual indenização".[264] Nesse sentido, o art. 25, § 1º, é bastante claro, ao dispor a solidariedade no caso de existir mais de um responsável pela causação do dano. Assim, embora o Código dê a responsabilidade ao comerciante pode, na cadeia distributiva do produto, ser identificado mais de um agente: o comerciante final e um distribuidor intermediário – atacadista por exemplo – que não é nem um dos agentes do artigo 12, ou seja, o fabricante, o produtor, o construtor, nacional ou estrangeiro, e o importador. Isso acontecendo, é lógico que deve-se levar em conta o disposto no art. 25, § 1º, que determina a solidariedade. Assim, embora o comerciante seja, para os casos do art. 13, o alvo direto do legislador, não se pode olvidar que existem casos em que é possível buscar outros agentes que solidariamente com ele responderão pelo dano.

1.1.2. Se o produto for fornecido sem identificação clara do seu fabricante

Quando o produto é fornecido sem identificação clara do seu fabricante, produtor, construtor ou importador, o comerciante passa a ser o responsável pelo prejuízo causado pelo produto. Diferente do inciso I do art. 13, que dispõe sobre a impossibilidade de identificação do fabricante, construtor, produtor ou importador, o inciso II trata apenas da dificuldade de identificação, isto é, o agente responsável está identificado de forma insuficiente, não possibilitando o seu conhecimento. Em alguns casos, através de perícias, pode o fornecedor ser identificado, porém o comerciante tem o dever de fornecer todos os dados necessários à fácil identificação. O que na realidade acontece é que o comerciante dificulta a identificação ao consumidor. Nesses casos, o comerciante não está violando apenas a regra do art. 13 de CDC, mas também a regra do art. 31 do mesmo diploma legal,[265] que estabelece a forma que devem ser ofertados produtos e serviços.

O comerciante passa a ter responsabilidade sobre os danos que o produto possa vir a causar ao consumidor. Nesse sentido se manifesta Vasconcellos e Benjamin:

---

[264] BONATTO. *Questões...*, p.115.
[265] CDC, art. 31. A oferta e apresentação de produtos ou serviços devem assegurar informações corretas, claras, precisas, ostensivas e em língua portuguesa sobre suas características, qualidade, quantidade, composição, preço, garantia, prazos de validade e origem, entre outros dados, bem como sobre os riscos que apresentam à saúde e segurança dos consumidores.

No primeiro caso (inciso I), é impossível no momento da propositura da ação, a identificação do responsável principal. Neste, ao revés, embora possível, entende-se que o comerciante, por descumprir o dever objetivo de *bem informar,* assume uma posição de co-responsável. É irrelevante o fato do consumidor poder, através de perícia, identificar o fabricante, produtor, construtor ou importador. O objetivo do dispositivo legal é exigir – a *contrario sensu* – identificação completa e adequada da origem do produto.[266]

No que se refere à ação regressiva do comerciante para buscar reaver seu prejuízo, importa saber se a dificuldade de identificação fica apenas em nível de consumidor. Se o comerciante sabe quem é o fabricante, construtor, produtor, ou importador do produto defeituoso terá ele a ação, caso contrário terá que arcar com o prejuízo.

1.1.3. A não-conservação de produtos perecíveis

No que se refere à má conservação dos produtos perecíveis (art. 13, III), à primeira vista poder-se-ia entender que a responsabilidade deveria ser somente do comerciante, uma vez que este deu causa à, por exemplo, deterioração do alimento que veio intoxicar o consumidor. Na realidade, há de se observar, conforme esclarece Vasconcellos e Benjamin, que

> é o próprio fabricante, produtor, construtor ou importador que escolhe – ou pode escolher – os seus revendedores. Seu dever jurídico é duplo: colocar no mercado produtos e serviços sem vícios de qualidade por insegurança e impedir que aqueles que os comercializam – em seu benefício – maculem sua qualidade original.[267]

Esse é o motivo para trazer à tona a solidariedade pelo dano causado pelo produto.[268]

Pelo dispositivo legal, o consumidor tem o comerciante para ser demandado. Essa é uma forma de facilitar o ressarcimento ao consumidor, uma vez que na maioria das vezes o comerciante está mais próximo do consumidor que do fabricante, do construtor, do produtor ou do importador.

Porém, em alguns casos, pode ocorrer que o consumidor entre com ação contra o fabricante do produto. Nesse caso pode o fabricante se exonerar do ressarcimento alegando ser a culpa do comerciante, que dei-

---

[266] BENJAMIN. *Da qualidade...,* p.74.

[267] Ibidem, p.72.

[268] Sobre o assunto opina Ferreira da Rocha: "A terceira circunstância decorre de ato do próprio comerciante que, agindo com negligência, deixa de conservar adequadamente produtos perecíveis. Neste caso, o consumidor poderá acionar além do fabricante, produtor ou importador o comerciante responsável pela conservação do produto." ROCHA, S. L. F. da. Ob. cit., p.74.

xou deteriorar o produto? A resposta a essa questão comporta dois momentos: o primeiro, que trata diretamente com o consumidor e o segundo, que trata da relação entre fabricante e comerciante.

Na relação consumidor e fabricante não há como o fabricante exonerar-se da responsabilidade alegando culpa do comerciante, uma vez que a responsabilidade do fabricante é objetiva conforme o disposto no *caput* do art. 12. Tratando sobre o tema, Vasconcellos e Benjamin se manifesta com o seguinte parecer:

> Caso a vítima proponha sua ação só contra o fabricante e, no curso do processo, consiga este provar que o defeito decorre de má conservação, ainda assim será condenado – já que a responsabilidade civil, neste caso, por não ser o comerciante terceiro, não admite contraprova de comportamento não culposo –, cabendo-lhe propor a devida ação de regresso (arts. 7º, parágrafo único, e 13, parágrafo único).[269]

Ainda dentro do caso em tela é de se adendar que não se irá perquirir sobre a culpabilidade do comerciante, na ação proposta contra o fabricante, por duas razões relevantes: a) existe solidariedade entre os responsáveis pelo dano; b) existe responsabilidade objetiva para o ressarcimento do dano.

No que se refere à relação entre fabricante e comerciante, devido à ação ingressada pelo consumidor, é lógico que, em ação regressiva contra o comerciante, o fabricante poderá buscar o ressarcimento dos valores que desembolsou.

1.2. O direito de regresso

O CDC, ao estipular o direito de regresso, deixou de lado sua função de proteção ao consumidor, para tratar de regulametar o inter-relacionamento entre os fornecedores. Porém, como o consumidor pode, pela responsabilidade solidária, demandar qualquer um dos fornecedores obrigados, para ver ressarcidos seus prejuízos, surge ao que paga o denominado direito de regresso para haver do real responsável a devolução do que pagou.

---

[269] E ainda adenda Vasconcellos e Benjamin: "Tal solução tem duas razões de ser. Inicialmente, garante-se, como exigido pelo Código, a reparação pronta e integral ao consumidor (art. 6º, VII). Ou seja, o consumidor tem direito à indenização por todos os danos que sofrer. Mas não é o bastante. A reparação há que ser feita o mais rápido possível, com o mínimo de incidentes processuais. A filosofia do Código aponta para a facilitação da defesa dos direitos do consumidor (art. 6º, VIII). Aliás, outra não é a causa da proibição da denunciação da lide (art. 88). Em segundo lugar, dá-se cumprimento ao dever de boa escolha e adequada fiscalização imposto ao fabricante, produtor, construtor ou importador em relação aos distribuidores de seus produtos e serviços." BENJAMIN. *Da qualidade...*, p.75.

O Direito de regresso[270] está intimamente vinculado com a solidariedade,[271] e sua regulamentação no CDC deve ser entendida tendo em vista os artigos 7º, parágrafo único;[272] 13, parágrafo único;[273] e 25, § 1º.[274]

O instituto da solidariedade, já contemplado no Código Civil brasileiro de 1916, principalmente nos arts. 896[275] (ver arts. 264 e 265 e seguintes do Código Civil de 2002) e 913,[276] (ver arts. 283 do Código Civil de 2002) traz como conceito jurídico de solidariedade a obrigação solidária "como aquela em que, havendo pluralidade de credores, ou de devedores, ou ainda de uns e de outros, cada um tem direito, ou é obrigado, pela dívida toda".[277] Pelo mesmo sentido seguem outros festejados doutrinadores do Direito brasileiro.[278] [279] [280]

---

[270] De Plácido e Silva explica com clareza qual o sentido desse direito: "Consoante o próprio sentido do vocábulo regressivo (que regressa, retroativo), entende-se direito regressivo toda ação que cabe à pessoa, prejudicada por ato de outrem, em vir contra ela para haver o que é de seu direito, isto é, a importância relativa ao dispêndio ou desembolso que teve, com a prestação de algum fato, ou ao prejuízo que o mesmo lhe ocasionou. Pelo direito regressivo ou direito de regresso, vai a pessoa buscar das mãos de outrem aquilo de que se desfalcou ou foi desfalcado o seu patrimônio, para reintegrá-lo na posição anterior, com a satisfação do pagamento ou da indenização devida." SILVA, De Plácido e. *Vocabulário jurídico*, 7. ed. Rio de Janeiro: Forense, 1982. p.95. V. II.

[271] "No sentido jurídico, a solidariedade, igualmente, configura a consolidação em unidade de um vínculo jurídico diante da pluralidade de sujeitos ativos ou passivos de uma obrigação, a fim de que somente se possa cumprir por inteiro, ou *in solidum*. Por essa razão, juridicamente, a solidariedade vem a assinalar o modo de ser de um direito, ou de uma obrigação, que não podem ser fracionados e devem ser sempre considerados em sua totalidade." Ibidem. p.265.

[272] Art. 7º "Os direitos previstos neste Código não excluem outros decorrentes de tratados ou convenções internacionais de que o Brasil seja signatário, da legislação interna ordinária, de regulamentos expedidos pelas autoridades administrativas competentes, bem como dos que derivem dos princípios gerais do direito, analogia costumes e eqüidade.
Parágrafo único. Tendo mais de um autor a ofensa, todos responderão solidariamente pela reparação dos danos previstos nas normas de consumo."

[273] Parágrafo único. "Aquele que efetivar o pagamento ao prejudicado poderá exercer o direito de regresso contra os demais responsáveis, segundo sua participação na causação do evento danoso."

[274] Art. 25. "É vedada a estipulação contratual de cláusula que impossibilite, exonere ou atenue a obrigação de indenizar prevista nesta e nas seções anteriores.
§ 1º Havendo mais de um responsável pela causação do dano, todos responderão solidariamente pela reparação prevista nesta e nas Seções anteriores.
§ 2º Sendo o dano causado por componente ou peça incorporada ao produto ou serviço, são responsáveis solidários seu fabricante, Construtor ou importador o que realizou a incorporação."

[275] Código Civil Brasileiro de 1916. Art. 896. "A solidariedade não se presume; resulta da lei ou da vontade das partes.
Parágrafo único. Há solidariedade quando na mesma obrigação concorre mais de um credor, ou mais de um devedor, cada um com direito, ou obrigado à dívida toda."

[276] Código Civil Brasileiro de 1916, Art. 913. "O devedor que satisfez a dívida por inteiro tem direito a exigir de cada um dos co-devedores a sua quota, dividindo-se igualmente por todos a do insolvente, se houver. Presumem-se iguais, no débito, as partes de todos os co-devedores."

[277] MONTEIRO, W. de B. *Curso de Direito Civil*. 10 ed. São Paulo: Saraiva, 1975. p.145.

[278] "Dentro da doutrina legal brasileira, pode-se dizer que há solidariedade quando, na mesma obrigação, concorre pluralidade de credores, cada um com direito à dívida toda, ou pluralidade de devedores, cada um obrigado a ela por inteiro (Código Civil art. 896, parágrafo único). Inscreve-se, assim, o nosso direito, no quadro dos sistemas que perfilham a noção tradicional, divulgada pelos

O Direito de regresso, visto como a possibilidade de reaver o que foi pago das demais pessoas responsáveis pelo ato que causou o dano, aparece no parágrafo único do art. 13, como a idéia de que o comerciante possui esse direito em relação aos demais responsáveis constantes no art. 12. Porém, é de se salientar, como faz Denari:

> Sem embargo, a interpretação sistemática do Código nos induz a estender sua aplicação a todos os coobrigados do art. 12, *caput,* ou seja, disciplina o direito de regresso daquele que pagou a indenização contra os demais co-responsáveis na causação do evento danoso.[281][282]

Na responsabilidade pelo fato do produto, o consumidor busca o ressarcimento de seu dano, tendo como base a teoria da responsabilidade objetiva.[283] Quando se aborda o direito de regresso, passa-se a trabalhar não mais com a proteção do consumidor, mas com os problemas atinentes aos fornecedores. Nessa ótica, a responsabilidade objetiva é deixada de lado, para ser retomada a responsabilidade subjetiva. Nesse sentido também se manifesta Cláudia Marques:

> Internamente, na cadeia de produção o CDC estipula, em seu art. 13, parágrafo único, a responsabilidade pelo ressarcimento do dano novamente ligada ao defeito do pro-

---

mais autorizados mestres." PEREIRA, C. M. da S. *Instituições de Direito.* Rio de janeiro: Forense, 1972, p.73.

[279] Silvio Rodrigues, abordando a obrigação solidária, diz que, "[...]através dela, em vez da obrigação se dividir em tantas quantos forem os sujeitos, continua enfeixada num todo, podendo cada um dos vários credores exigir, do devedor comum, a totalidade da prestação; ou devendo cada um dos vários devedores pagar ao credor comum a dívida integral." RODRIGUES, S., *Direito Civil,* V.II, São Paulo: Saraiva, 1993. p.66.

[280] "Nas *obrigações solidárias* há pluralidade de devedores, respondendo cada qual por toda a dívida, e liberando os outros, se paga integralmente. Não obstante, o credor pode exigir, dos devedores individualmente considerados, não só o pagamento da totalidade da dívida comum, mas, também, que cada qual, ou alguns deles, concorra parcialmente para saldá-la. Se duas pessoas se obrigam solidariamente ao pagamento de certa quantia obtida por empréstimo, o credor pode exigi-la integralmente de qualquer dos devedores, à sua escolha, ou de todos ao mesmo tempo. Importa apenas que receba a dívida comum *uma só vez.*" GOMES, O. *Obrigações,* Rio de Janeiro: Forense, 1997. p. 56-57.

[281] Denari, ob. cit., p.120.

[282] No mesmo sentido Ferreira da Rocha: "O comerciante ou outro responsável que indenizar a vítima poderá exercer o direito de regresso contra os demais responsáveis, segundo sua participação na causação do evento danoso, conforme prevê o parágrafo único do art. 13 do Código de Defesa do Consumidor e oart. 913 do Código Civil." ROCHA, S. L. F. da. Ob. cit., p. 84.

[283] Sobre o tema, bem observa Rui Stoco: "Se o consumidor tiver que provar a intenção e a desídia do fabricante de produto com baixa qualidade ou com quantidade inferior à anunciada, ter-se-á a impunidade posto quase impossível tal demonstração.
Impõe-se que a comunidade jurídica e os operadores do Direito se convençam que, em sede de proteção ao consumidor, a responsabilidade civil fundada na culpa tradicional não satisfaz e não dá resposta segura à solução de numerosos casos. A exigência de provar a vítima o erro de conduta do agente deixa o lesado sem reparação, em grande número de casos.
Calha observar que o defeito, o vício, a inadequação, a insegurança estão no produto e, portanto, se desvinculam do criador e da intenção deste ou da sua atuação escorreita ou desidiosa." STOCO, Rui. A responsabilidade por vício de qualidade e quantidade no código de defesa do consumidor é objetiva ou subjetiva? *Revista dos Tribunais,* São Paulo, n.774, abril de 2000. p.138.

duto, mas desta vez responderá cada fornecedor na medida de sua "participação', isto é, se o defeito pode ou não ser a ele imputado subjetivamente.[284]

O princípio que move o direito de regresso está baseado em que nem sempre quem paga, o todo ou parte da dívida, é realmente o culpado para tal pagamento, uma vez que não foi o causador do evento danoso, não tendo participação no prejuízo. Porém, se efetuou o pagamento obrigado por lei, essa mesma lei lhe possibilita reaver o que pagou do real culpado. O sentido mais amplo possível é que deve ser dado ao direito de regresso previsto no Código de Proteção e Defesa do Consumidor brasileiro, porque, no intuito de facilitar o ressarcimento ao consumidor, e dentro da teoria objetiva desse ressarcimento, não se perquire sobre a real culpabilidade daquele que está sendo demandado.[285]

1.3. A responsabilidade contratual e extracontratual

O artigo 12 do CDC[286] inicia a disciplina da responsabilidade por danos aos consumidores. É importante que seja salientado que a responsabilidade atinge os consumidores e também terceiros que forem vítimas do evento, conforme dispõe o artigo 17 do mesmo CDC.[287]

No dizer de Denari, são três os pressupostos para a responsabilidade do fornecedor por danos de vícios de qualidade dos bens: "a) defeito do

---

[284] Marques. *Contratos no...*, p.444.

[285] Assim entende Vasconcellos e Benjamin: "A regra do art. 13, parágrafo único, aplica-se por igual a qualquer caso de solidariedade. É que o direito de regresso serve exatamente para, sem dificultar a compensação do consumidor, impedir que um dos co-devedores legais venha a pagar por algo que vá além de sua contribuição na causação do dano. Por isso mesmo, foi ela repetida, para afastar qualquer dúvida, no art. 25, § 1º." BENJAMIN. *Da qualidade...*, p.76.

[286] Art. 12, CDC. "O fabricante, o produtor, o construtor ou estrangeiro, e o importador respondem, independentemente da existência de culpa, pela reparação dos danos causados aos consumidores por defeitos decorrentes de projeto, fabricação, construção, montagem, fórmulas, manipulação, apresentação ou acondicionamento de seus produtos, bem como por informações insuficientes ou inadequadas sobre sua utilização e riscos.
§ 1º O produto é defeituoso quando não oferece a segurança que dele legitimamente se espera, levando-se em consideração as circunstâncias relevantes, entre as quais:
I – sua apresentação;
II -o uso e os riscos que razoavelmente dele se esperam;
III -a época em que foi colocado em circulação.
§ 2º O produto não é considerado defeituoso pelo fato de outro de melhor qualidade ter sido colocado no mercado.
§ 3º O fabricante, o construtor ou importador só não será responsável quando provar:
I – que não colocou o produto no mercado;
II – que, embora haja colocado o produto no mercado, o defeito inexiste;
III – a culpa exclusiva do consumidor ou de terceiro."

[287] Art. 17, CDC. "Para os efeitos desta Seção, equiparam-se aos consumidores todas as vítimas do evento."

produto; b) *eventus damni*, e c) relação de causalidade entre o defeito o evento danoso".[288]

Do próprio artigo 12 do CDC infere-se que não somente os vícios de qualidade geram obrigatoriedade de indenizar quando provocado dano, mas também são indenizáveis os danos produzidos por informações insuficientes ou inadequadas sobre a utilização e os riscos do produto.

No que se refere à divisão existente na teoria clássica – responsabilidade contratual e extracontratual – é de se notar que a mesma foi adotada para dirimir os problemas de ordem privada no Direito brasileiro.

> o instituto da responsabilidade civil adotado pelas codificações privatísticas de nosso País perfilhou a dicotomia clássica entre a responsabilidade contratual e a responsabilidade extracontratual. A responsabilidade contratual deriva da violação de uma obrigação, via de regra, um contrato enquanto que a responsabilidade extracontratual, tendo como fonte o ato ilícito, consiste na violação de um direito absoluto, ou seja, o dever de a ninguém prejudicar.[289]

No entanto, quando se fala em *relação de consumo*, vislumbrando a divisão existente na teoria clássica – responsabilidade contratual e extracontratual – os doutrinadores se inclinam pela aceitação de sua unificação. Nesse sentido, Zelmo Denari: "Segundo a doutrina corrente, o tratamento dado à matéria pelo Código de Defesa do Consumidor afasta a bipartição derivada do contrato ou do fato ilícito rendendo ensejo à unificação da *suma divisio*."[290] Realmente, o Código de Defesa do Consumidor brasileiro não faz distinção alguma entre a responsabilidade contratual e extracontratual, uma vez que estabelece o mesmo tratamento, em nível de indenização, àquele que sofrendo o dano faz parte do contrato, bem como àquele que prejudicado pelo produto não está presente na relação jurídica como parte integrante do contrato. Em ambos os casos o prejudicado é considerado como consumidor, com tratamento igualitário na busca da indenização devida pelo fornecedor.[291]

---

[288] Denari, ob. cit., p.105.
[289] Ibidem, p.207.
[290] Denari, ob. cit., p.103.
[291] No sentido da unificação das responsabilidade contratual e extracontratual quando das relações de consumo, Calvão da Silva se manifesta: "Essa unidade de fundamento da responsabilidade do produtor impõe-se, pois o fenômeno real dos produtos conexos ao desenvolvimento industrial é sempre o mesmo, o que torna injustificada a diferenciação ou discriminação normativa do lesado, credor contratual ou terceiro. Trata-se, portanto, da unificação das responsabilidades contratual ou extracontratual – devendo falar-se de responsabilidade do produtor *tout court* - ou pelo menos da unificação do regime das duas, em ordem a proteger igualmente as vítimas, expostas aos mesmos riscos." SILVA, J. C. da. *Responsabilidade Civil do produtor*, Coimbra: Livraria Almedina, 1990. p. 478. No mesmo sentido, Bulgarelli, ob. cit., p.43.

1.4. Teoria do risco de desenvolvimento

A teoria do risco de desenvolvimento tem sido motivo de polêmicas no âmbito jurídico brasileiro, quando se deseja tê-la como excludente da responsabilidade do fornecedor dentro da relação jurídica de consumo, principalmente porque não houve um posicionamento claro, por parte do legislador do Código de Proteção e Defesa do Consumidor. Nesse patamar de discussões, têm-se doutrinadores que entendem pela adoção da teoria do risco de desenvolvimento como eximente da responsabilidade, e outros que se posicionam pelo entendimento contrário.

Antes de se entrar na polêmica propriamente dita, cumpre estabelecer o que se pode entender por risco, já que, "na sociedade complexa o risco torna-se um elemento decisivo. O risco é um evento generalizado da comunicação, sendo uma reflexão sobre as possibilidades de decisão".[292]

O nível de risco pode ser analisado pela forma de medida, desde um prisma de ciências exatas; porém, na área das ciências humanas a forma de análise é totalmente diferente e com um grau de dificuldade acentuada.[293]

Na vida social existem fatos que são acontecimentos tidos como normais e de certa forma até previsíveis. Porém, dentro desse mesmo âmbito podem-se encontrar situações imprevistas que se colocam fora da normalidade em determinado momento. É "a outra cara da forma normal, e só em referência a esta outra cara se faz reconhecível o normal como forma".[294] Porém, mesmo dentro do aspecto formal, quando se passa para a análise hermenêutica, é de se lembrar as palavras de Lenio Streck:

> o direito não trabalha com objetos, não opera com normas objetificadas, não se confronta com pessoas coaguladas em coisas, nem maneja a linguagem como instrumental rígido de retórica. O direito se sustenta na palavra plena, produz sentido, dialoga na sua aplicação, desde que a hermenêutica nos mostrou que 'somos um diálogo.[295]

Na realidade existem, na sociedade, elementos que são previsíveis e outros que, embora todos os esforços, não podem ser previstos, e que, por isso mesmo, não podem sequer ser calculados. Nesses últimos encontra-se o *risco,* ou seja, é possível prever que o imprevisto pode acontecer. Seria,

---

[292] ROCHA, L. S. *Três matrizes...*, ob. cit., p.134.

[293] Como afirma Luhmann: "Cuando se trata de fijar las determinaciones del concepto de riesgo, uno se encuentra de inmediato sumergído, por así decirlo, en una espesa niebla, donde la vista no alcanza a distinguir mas allá del propio bastón." LUHMANN. *Sociología del...*, ob. cit., p.49.

[294] Tradução, pelo autor, de fragmento da obra em espanhol: "la outra cara de la forma normal, y sólo en referencia a esta outra cara se hace reconocible lo normal como forma". Ibidem, p.36.

[295] STRECK, Lenio Luiz. *Hermenêutica Jurídica e(em) crise; uma exploração hermenêutica da construção do Direito,* 2ª ed. rev. ampl. Porto Alegre, Livraria do Advogado, 2000, p.10.

em outras palavras, "a previsibilidade da imprevisibilidade", dentro de um plano que foge à racionalidade. Severo Rocha, trabalhando sobre as idéias de Luhmann, escreve:

> A constatação da presença permanente do risco de não se obter conseqüências racionais em relação aos fins pretendidos nas decisões, como pregara Weber, para Luhmann gera o inevitável paradoxo da comunicação na sociedade moderna. Ou seja, impede a diferenciação entre a operação de fechamento e abertura dos sistemas. Assim, rompe com o funcionalismo parsoniano, voltado à teoria do interesse: cuja racionalidade dependeria da objetividade da ação do ator em relação a determinados fins.[296]

No Direito do Consumidor sabe-se que, embora cientificamente se tem o produto como benéfico ao consumidor, ele pode inesperadamente apresentar algum problema de saúde aos que dele fizerem uso. A experiência tem mostrado inúmeros casos de medicamentos que se encaixariam perfeitamente na situação aqui exposta.

O que realmente sobressai, para início de análise, é que uma tomada de decisão leva a questões previsíveis, mas também imprevisíveis. Porém, no momento da tomada de decisão de lançar um produto no mercado, essa ação do ator possui objetividade, e está dentro do sentido de racionalidade, dentro da visão de Parsons.

Não há como negar a existência do risco no inter-relacionamento social e, conseqüentemente, na própria relação jurídica de consumo. Nas palavras de Luhmann, "negar-se a aceitar os riscos ou exigir seu afastamento é em si mesmo um fator de risco".[297]

Na sociedade moderna, não se pode tratar o problema do risco através da confiança nas adivinhações, porque muitas vezes até mesmo a análise científica falha e deixa danos às pessoas.

O problema a ser enfrentado no presente trabalho não está atrelado à busca de soluções para evitar o risco, pois esta é uma solução que deve ser buscada pelo fornecedor do produto, ou, em outras palavras, por aquele que estará obrigado a indenizar no caso de danos ao consumidor. Nessa seara, o fornecedor se munirá dos dados científicos necessários para avaliar os riscos que poderá correr com a colocação do produto no mercado, ou seja,

> somente é possível alcançar certas vantagens quando se coloca em jogo (se arisca) algo. Não se trata aqui do problema dos custos, que podem calcular-se previamente e que se podem examinar os prós e contra em relação aos benefícios. Se trata,

---
[296] ROCHA. *Direito, cultura...*, ob. cit., p.155.
[297] Tradução, pelo autor, de fragmento da obra em espanhol: "negarse a aceptar los riesgos o exigir su rechazo es en sí mismo un factor de riesgoso". LUHMANN. *Sociología del...*, ob. cit., p.38.

melhor, de uma decisão que, tal como se pode prever, se lamentará mais tarde no caso de que ocorra um dano que se esperava poder evitar.[298]

E, a partir dessa análise, deverá ele tomar a decisão de colocar o produto no mercado ou não. É de se notar que a decisão é do fornecedor. Portanto, quem corre o risco é ele próprio.

O objeto de análise do presente trabalho está vinculado ao dilema oferecido pela teoria do risco de desenvolvimento no que se refere à possibilidade de indenização ou não.

São riscos de desenvolvimento os causados por um defeito de um produto que não era reconhecível à luz do estado dos conhecimentos científicos e técnicos existentes no momento da comercialização do produto de que se trate.[299] [300]

O fornecedor – que toma a decisão de colocar o produto no mercado, que faz propaganda para que o consumidor o adquira – deve indenizar[301] os consumidores, vítimas de um produto que ao ser colocado no mercado, apresentava-se cientificamente como perfeito, e que, posteriormente, por um novo método científico prova-se que o mesmo é nocivo ao consumidor, e que já provocou sérios danos?

Como se pode notar, o conceito de risco que se pretende trabalhar é aquele que vai além do risco palpável, previsível e de certa forma evitável. Luhmann, trabalhando o risco dentro da tradição racionalista, informa:

---

[298] Tradução, pelo autor, de fragmento da obra em espanhol: "solamente es posible alcanzar ciertas ventajas cuando se pone en juego (se arriesga) algo. No se trata aqui del problema de los costos, que pueden calcularse previamente y que se pueden sopesar en relación a los beneficios. Se trata, más bien, de una decisión que, tal como se puede prever, se lamentará más tarde en el caso de que ocura un daño que se esperaba poder evitar." Ibidem, p.53.

[299] Tradução, pelo autor, de fragmento da obra em espanhol: "Son riesgos de desarrollo los causados por un defecto de un producto que no era reconocible a la luz de estado de los conocimientos científicos y técnicos existentes en el momento de la comercialización del producto de que se trate." CODERCH, Pablo Salvador; FELIU, Josep Solé. *Brujos y aprendices:* los riesgos de desarrollo en la respondabilidad de producto.Madrid: 1999. p.29.

[300] María Rubio conceitua o tema da seguinte forma: "Se puede dar pues ya un concepto aproximativo del tema de nuestra exposición, conforme al cual la noción de riesgo de desarrollo caracteriza el defecto de un producto que el productor, o bien quien está a éste asimilado, no ha podido descubrir, ni evitar, porque el estado de los conocimientos científicos y técnicos, objetivamente accesibles a su conocimiento en el momento de la puesta en circulacion del producto no se lo permitía." RUBIO, María Paz García. Los riesgos de desarrollo en la responsabilidad por daños causados por los productos defectuosos. Su impacto en el derecho español. *Revista de Direito do Consumidor*, São Paulo, nº30, Revista dos Tribunais, abril/junho/1999. p.67.

[301] Em outras searas, tanto sociais quanto jurídicas, o risco já há séculos vem sendo considerado para a busca de indenizações. Luhmann explica que: "Las raíces de la palabra no son conocidas. Algunos piensan que es de origen árabe. En Europa, la expresión aparece ya en algunos escritos medievales, pero no es sino hasta la aparición de la imprenta cuando se extiende; en primer lugar aparentemente en Italia y en España. Faltan todavia tanto una investigación histórico-nominal como histórico-conceptual detalladas. Pero esto es comprensible si tomamos en cuenta que la palabra aparece al principio en relativamente raras ocasiones y en ámbitos muy diversos. Los contextos importantes en los que se aplica son los de la navegación marítima y los contextos comerciales." Ibidem, p.51-52.

Por outra parte, e ademais, o que em um futuro pode suceder depende da decisão que se tome no presente. Pois, com efeito, falamos de risco unicamente quando deve-se tomar uma decisão sem a qual poderia ocorrer um dano. O fato de que quem tome a decisão perceba o risco como conseqüência de sua decisão ou de que sejam outros os que se atribuem não é algo essencial ao conceito (ainda que, se trata de uma questão de definição). Tampouco importa em que momento ocorre o dano, ou seja, no momento da decisão ou depois. O importante para o conceito, tal e como aqui o propomos, é exclusivamente que o possível dano seja algo contingente isto é evitável. E também em relação a este ponto são possíveis diferentes perspectivas de observação, cada uma com diferentes opiniões acerca de se ha de tomar-se ou não uma decisão com a plena aceitação do risco.[302]

O conceito de risco atrelado à teoria do risco de desenvolvimento está além da previsibilidade, porque o dano não é sequer previsto no momento em que o produto é lançado no mercado, vez que a própria ciência diz que ele inexiste.

Assim, dentro do Direito do Consumidor, o produto, ao entrar no mercado, possui toda uma análise que possibilita a verificação de sua atuação, estabelecendo os parâmetros de normalidade. Porém, muitas vezes, aparecem elementos que não puderam ser detectados pelo conhecimento científico antes do produto ser consumido, levando danos ao consumidor. Eis o risco que o fornecedor enfrenta ao colocar um produto no mercado, e o consumidor ao consumi-lo. O custo desse risco deve ser suportado pelo fornecedor ou pelo consumidor? Eis o dilema a ser enfrentado.

Pode-se comparar – guardadas as devidas proporções – a idéia de risco tratada hoje, no Direito do Consumidor, com a idéia de risco vinculada aos empreendimentos marítimos do século XV e XVI, onde a viagem em busca de fortuna estava vinculada à "empresa de aventura, de azar, de fortuna, de valor, de medo". Naquela época havia a idéia clara de que os riscos poderiam ser grandes, pequenos, ou mesmo inexistentes. Porém as possibilidades de fracasso estavam sempre presentes. Hoje, quando se fala em lançar um produto no mercado, a idéia de risco ainda existe. A possibilidade de esse produto vir a causar um dano ao consumidor pode ser grande, pequena, ou mesmo inexistente. Porém, nunca ela pode ser des-

---

[302] Tradução, pelo autor, de fragmento da obra em espanhol: "Por otra parte, y además, lo que en un futuro pueda suceder depende de la decisión que se tome en el presente. Pues, en efecto, hablamos de riesgo únicamente cuando ha de tomarse una decisión sin la cual podría ocurrir un daño. El hecho de que quien tome la decisión perciba el riesgo como consecuencia de su decisión o de que sean otros los que se lo atribuyen no es algo esencial al concepto (aunque si se trata de una cuestión de definición). Tampoco importa en qué momento ocurre el daño, es decir, en el momento de la decisión o después. Lo importante para el concepto, tal y como aquí lo proponemos, es exclusivamente que el posible daño sea algo contingente esto es evitable. Y también en relación a este punto son posibles diferentes perspectivas de observación, cada una con diferentes opiniones acerca de si ha de tomarse o no una decisión con la plena aceptación del riesgo." Ibidem, p.59-60.

cartada, mesmo quando se a imagina inexistente. A idéia de que ninguém conhece suficientemente o futuro, nem mesmo o futuro produzido por suas próprias decisões,[303] é perfeitamente aplicável à teoria do risco de desenvolvimento.

No inter-relacionamento social, o dano deve ser evitado. Porém, a adoção dessa idéia traz uma sensível limitação das ações dentro da sociedade, porque somente se executaria a ação no caso de certeza absoluta de que ela não provocasse dano. Essa limitação provavelmente traria uma imobilidade da sociedade, vez que nem todas as ações possuem o condão de determinar a certeza da inexistência do dano. É novamente o risco que deve ser enfrentado.

Luhmann traz, também, o conceito de risco em oposição à noção de segurança que é desejada por todos, mas que na sociedade atual está longe de ser alcançada, demandando o fazer e aventurando-se a correr riscos. Em termos de segurança absoluta, a idéia que se instalou na sociedade é pela sua inexistência, ou seja, sempre pode ocorrer um imprevisto. Assim, o conceito de risco estaria vinculado às aspirações de alcançar a segurança, ou seja, o razoavelmente alcançável, que se encontra explícito no art. 12, § 1º, do CDC, que trata do defeito do produto.[304] Aqui, se fala em risco determinístico e probabilístico,[305] que aparece no Direito do Consumidor como risco provável e muitas vezes aceitável, como no caso dos agrotóxicos. Porém, em outros casos, nem sempre o dano é previsto, o que destrói a idéia de segurança e até mesmo de sua previsão.

Trabalhando as idéias de segurança e risco, Luhmann pergunta se é possível que existam situações em que se possa optar entre segurança e risco. Em resposta, afirma que com freqüência tal possibilidade eletiva é possível. Analisando a idéia da escolha pela segurança, diz que tal opção implicaria a dupla segurança de que não surgisse nenhum dano e de que se perca a oportunidade que se poderia realizar por meio da opção de risco.[306] Em conclusão, analisa Luhmann:

> [...] este argumento é enganoso, posto que a oportunidade perdida não era, em si mesma, nenhuma coisa segura. Ademais, segue sendo insegura a questão de se deixar passar a oportunidade, renunciar a ela, faz ou não que se perca algo.[307]

---

[303] Conforme LUHMANN. *Sociología del...*, ob. cit., p.55.

[304] CDC, art. 12, § 1º "O produto é defeituoso quando não oferece a segurança que dele legitimamente se espera, [...]"

[305] Ver LUHMANN. *Sociología del...*, ob. cit., p.62.

[306] Idem, p.64.

[307] Tradução, pelo autor, de fragmento da obra em espanhol: "[...] este argumento es engañoso, puesto que la oportunidad perdida no era, en si misma, ninguna cosa segura. Además, sigue siendo insegura la cuestión de si dejar pasar la oportunidad, renunciar a ella, hace o no que se pierda algo." Idem.

Analisando o tema sob a ótica do Direito do Consumidor, pode-se chegar à mesma conclusão de Luhmann, pois a opção de não colocar um produto no mercado para não se correr o risco de indenizações é a opção pela segurança; porém, se essa opção fosse sempre adotada, não existiriam produtos à venda e, por outro lado, também não se teriam lucros. Em última análise, a sociedade estaria fatalmente paralisada. Por isso mesmo, quando se analisa a idéia de defeito no produto, fala-se em "segurança que dele legitimamente se espera", para possibilitar o inter-relacionamento social.

Outro conceito trabalhado por Luhmann, que merece destaque, é o que envolve a palavra *perigo*, dentro da distinção formulada com o risco. Nas palavras do autor:

> Esta distinção supõe (e assim se diferencia precisamente de outras distinções) que tem uma insegurança em relação a danos futuros. Se apresentam então duas possibilidades. Pode considerar-se que o possível dano é uma conseqüência da decisão, e então falamos de risco e, mais precisamente, do risco da decisão. Ou então se julga que o possível dano é provocado externamente, ou seja, se lhe atribui ao meio ambiente e neste caso, falamos de perigo.[308]

No âmbito do Direito do Consumidor, as palavras *risco* e *perigo* estão atreladas uma a outra. Quando se inicia a frase: "ao colocar-se um produto no mercado corre-se o risco de...." pode-se completá-la com a idéia de perigo, de dano ao consumidor. Na percepção do risco, e na sua aceitação, joga um papel importante a circunstância de que uma pessoa se coloca voluntária ou involuntariamente em situação de perigo.[309] Da mesma forma, poder-se-ia dizer que essa mesma pessoa pode, através da decisão que opta pelo risco, pôr em perigo outra ou outras pessoas. Nesse âmbito, tem-se a idéia de Luhmann, muito bem-apanhada por Severo Rocha, que "prefere colocar o risco em oposição com o perigo, por entender que os acontecimentos sociais são provocados por decisões contingentes (poderiam ser de outra forma), que não permitem mais se falar de decisão segura".[310]

De uma forma simplificada, quando se fala em risco, se está falando em um possível perigo, que vem representado pelo possível dano. No risco nota-se a vinculação com a segurança.

---

[308] Tradução, pelo autor, de fragmento da obra em espanhol: "Esta distinción supone (y así se diferencia precisamente de otras disticiones) que hay una inseguridad en relación a daños futuros. Se presentan entonces dos posibilidades. Puede considerarse que el posible daño es una consecuencia de la decisión, y entonces hablamos de riesgo y, más precisamente, del riesgo de la decisión. O bien se juzga que el posible daño es provocado externamente, es decir, se le atribuye al medio ambiente y en este caso, hablamos de peligro." Ibidem, p.65.
[309] Nesse sentido: LUHMANN. *Sociología del...*, p.66.
[310] ROCHA. *Três matrizes...*, p.134.

Assim, quando se fala em teoria do risco de desenvolvimento, tem-se em vista em um primeiro plano o risco – dentro da tomada de decisões – e em um segundo plano o perigo – de dano, no caso específico ao consumidor – advindo dessa opção pelo risco.

A sociedade atual possui como característica a rapidez nas decisões e no fazer, o que induz a um constante perquirir e inovar. Com esses elementos fervilhando no contexto social, as decisões levam uma acentuada carga de risco, e o perigo de dano é sempre iminente. Nesse contexto, importante é salientar com Luhmann:

> A razão pela qual a problemática do risco provoca tantas discussões em nosso dias, pela qual inclusive nossa sociedade se considera uma sociedade de risco, tem que ver fundamentalmente com a velocidade do desenvolvimento tecnológico em esferas que são cientificamente da competência da física, da química e da biologia.[311]

Se a sociedade vive um rápido desenvolvimento, e as possibilidades tecnológicas se avolumam,[312] é natural que o Direito venha a estabelecer normas para amenizar os reflexos dessa ebulição, principalmente no que se refere às relações jurídicas de consumo, onde a possibilidade de danos aos consumidores é um elemento concreto. E, nesse contexto, insere-se a teoria do risco de desenvolvimento, que está intimamente atrelada aos avanços científicos.

Os riscos advindos da investigação científica, embora sob ponto de vista diferente daquele atribuído à teoria do risco de desenvolvimento, também foi detectado por Luhmann:

> Nada negará que também a investigação científica corre riscos e produz perigos. Tem que tomar decisões acerca dos projetos de investigação sob a condição de que em princípio não se sabe o que resultará (porque de outra maneira não seria necessário sequer começá-la).[313]

---

[311] Tradução, pelo autor, de fragmento da obra em espanhol: "La razón por la que la problemática del riesgo provoca tantas discusiones en nuestros días, por la que inclusive nuestra sociedad se considera una sociedad de riesgo, tiene que ver fundamentalmente con la velocidad del desarrollo tecnológico en esferas que son cientificamente de la competencia de la física, la química y la biología." LUHMANN. *Sociología del...*, p.127.

[312] Luhmann, tratando sobre o inter-relacionamento entre tecnologia e risco, explica: "Más que cualquier otro factor individual, ha sido la impresionante extensión de las posibilidades tecnológicas la que mayormente ha contribuido a llamar la atención pública hacia los riesgos inherentes a las mismas. Pero también es válido, inversamente, que el rechazo a las nuevas tecnologías – que anteriormente se apoyaba, entre otras cosas, en razones de índole religiosa, moral, ideológica o en consideraciones de poder – se presente hoy, en primer lugar, en relación a los riesgos que debemos aceptar precisamente con la introducción de esas tecnologías". Idem.

[313] Tradução, pelo autor, de fragmento da obra em espanhol: "Nadie negará que también la investigación científica corre riesgos y produce peligros. Hay que tomar decisiones acerca de los proyetos de investigación bajo la condición de que en principio no se sabe qué resultará (porque de outra manera no sería necesario siquiera empezarla)." Ibidem, p.257.

Embora, como já se disse, a ótica é diversa da teoria do desenvolvimento, há de se ter em mente que também nessa teoria a ciência está presente, confirmando que o produto não possui qualquer defeito e que não é prejudicial ao consumidor. Por outro lado, isso demonstra a idéia de Luhmann, vez que é a confirmação de que os riscos na investigação científica são concretos e, muitas vezes, transformam-se em perigo, em dano aos consumidores.

Denari explica a teoria do risco de desenvolvimento dizendo que são "daqueles riscos que correm os fornecedores por defeitos que somente se tornam conhecidos em decorrência dos avanços científicos posteriores à colocação do produto ou serviço no mercado de consumo".[314] Alcover Garau, no mesmo sentido se manifesta buscando definir *risco de desenvolvimento*:

> os riscos de desenvolvimento (development risks) são aqueles defeitos dos produtos que são conhecidos como conseqüência dos avanços científicos e técnicos posteriores a sua colocação em circulação, pelo que no momento de esta o fabricante não podia de nenhuma forma detectá-los.[315] [316]

No que se refere ao conhecimento científico, quando se verifica a teoria do risco de desenvolvimento,[317] a legislação não pode estabelecer a análise sobre o conhecimento específico do produtor, mas de toda a comunidade científica, isto é, a análise deve ser feita tendo em vista o conhecimento científico em geral. O que se quer deixar claro é que se deve levar em conta que o que existe são as informações do mercado de consumo e

---

[314] Denari, ob. cit., p.114.

[315] Tradução pelo autor da obra em espanhol: "los riesgos de desarrolo (development risks) son aquellos defectos de los productos que son conocidos como consecuencia de los avances científicos y técnicos posteriores a su puesta en ciculación, por lo que en el momento de ésta el fabricante no podia de ninguna forma detectarlos." ALCOVER GARAU. *La* Responsabilidad.., p. 51.

[316] Outras definições: Dominick Vetri define risco de desenvolvimento como sendo "aquele risco que não pode ser cientificamente conhecido ao momento do lançamento do produto no mercado, vindo a ser descoberto somente após um certo período de uso do produto e do serviço." VETRI D., *Profili della responsabilità del produttore negli Stati Uniti, in Danno da prodotti e responsabilità dell'impresa, a cura de Guido Alpa e Mario Bessone*, Milano: Giuffré, 1980. p.71.
Cláudio Bonatto: Riscos de desenvolvimento "são os avanços tecnológicos que diariamente ocorrem, fazendo com que muitas concepções de produtos ou de serviços se tornem obsoletas e, até mesmo, evidenciando defeitos antes não constatados." Bonatto. *Questões...*, ob. cit., p.124.

[317] James Marins, com propriedade explica o risco de desenvolvimento dizendo que: "O*risco de desenvolvimento* consiste na possibilidade de que um determinado produto venha a ser introduzido no mercado sem que possua defeito cognoscível, ainda que exaustivamente testado, ante o grau de conhecimento científico disponível à época de sua introdução, ocorrendo todavia, que, posteriormente, decorrido determinado período do início de sua circulação no mercado de consumo, venha a se detectar defeito, somente identificável ante a evolução dos meios técnicos e científicos, capaz de causar danos aos consumidores. Ou seja, o produto, embora possuísse concepção perfeita ante o estágio da técnica e da ciência à época de sua introdução no mercado de consumo, mostra-se, posteriormente, capaz de oferecer riscos à saúde e segurança dos consumidores, riscos estes primitivamente incognoscíveis." Marins. Ob. cit., p.128-129.

da comunidade científica no momento em que o produto é colocado no mercado consumidor.

Entre nós, James Marins considera que os riscos de desenvolvimento são eximentes de responsabilidade. Conclui em seu texto:

> [...] Pode-se afirmar então, que tomadas como base as premissas acima, subsume-se à hipótese de risco de desenvolvimento no inc. II do § 3º do art. 12, como eximente de responsabilidade. isto porque, como demonstrado, o risco de desenvolvimento não é considerado defeito juridicamente relevante para responsabilização do fornecedor, em face do art. 12, *caput,* § 1º., II e III, ou seja, o risco de desenvolvimento é espécie de defeito juridicamente irrelevante, insuscetível, portanto, de levar à responsabilização do fornecedor pelo fato do produto, conforme a classificação estudada anteriormente.[318]

Na análise da Diretiva 374/85, em especial seus arts. 6 e 7, que serviram de base à elaboração do art. 12 do Código de Proteção e Defesa do Consumidor brasileiro, é de se ver que somente o art. 6 foi claramente aproveitado pelo legislador brasileiro, enquanto o art. 7 da Diretiva, que dispõe sobre exclusão da responsabilidade do fornecedor no caso de risco de desenvolvimento, não foi diretamente incorporado ao código brasileiro.[319] Devido a esses casos, é de se concordar com Lenio Streck:

> as palavras da lei são constituídas de vaguezas, ambigüidades, enfim, de incertezas significativas. São, pois plurívocas. Não há possibilidade de buscar/recolher o sentido fundante, originário, primevo, objetificante, unívoco ou correto de um texto jurídico.[320]

O lapso na falta do acolhimento total da legislação alienígena fez com que os doutrinadores brasileiros expusessem posições contrárias, não havendo uma unanimidade para um direcionamento.[321]

---

[318] Marins, ob. cit., p.137.

[319] James Marins chama a atenção que tanto "a lei alemã do fato do Produto que em seu art. 1º estabelece: [...]'2) A responsabilidade do produtor resta excluída quando: [...]4. o defeito, em conformidade com o estágio da ciência e da técnica, no momento em que o fabricante comercializou [o produto], não poderia ser conhecido" quanto "o DPR 224 de 24.5.88 (italiano), em seu art. 6º., 1º., "e": '1. la responsabilità è esclusa: [...] e) se lo stato delle conoscenze scientifiche e tecniche, al momento in cui il produttore ha messo in circolazione el prodotto, non permetteva ancora di considere il prodotto como difettoso". Ibidem, p.133-134.

[320] STRECK. *Hermenêutica jurídica...*, p.239.

[321] James Marins traça sua argumentação com análise de diversos artigos do CDC, em uma forma integrativa que merece atenção. "É direito básico do consumidor 'a proteção da vida, saúde e segurança contra os riscos provocados por práticas no fornecimento de produtos e serviços considerados perigosos ou nocivos'. Já o art. 10 determina que 'o fornecedor não poderá colocar no mercado de consumo produto ou serviço que sabe ou deveria saber apresentar alto grau de nocividade ou periculosidade à saúde ou segurança'. Por fim, o art. 12, em seu § 1º., traça as lindes nas quais um produto pode ser considerado inseguro, estabelecendo que 'o produto é defeituoso quando não oferece a segurança que dele legitimamente se espera, levando-se em consideração as circunstâncias relevantes, entre as quais:[...] II – o uso e os riscos que razoavelmente dele se esperam; III – a época em que foi colocado em circulação'. Desta forma, exsurge do cotejo dos dispositivos legais acima transcritos o seguinte conteúdo global: consumidor tem direito à proteção contra os riscos provocados por produtos considerados perigosos, não podendo, então, o fornecedor, inserir no mercado de

Denari, manifestando-se sobre o assunto, dispõe que "a nosso aviso, a dicção normativa do inciso III do art. 12, § 1º, do Código de Defesa do Consumidor, está muito distante de significar adoção da *teoria dos riscos de desenvolvimento,* em nível legislativo, como propôs a Comunidade Econômica Européia."[322] [323] É de se notar, por outro lado, que a Diretiva 374/85 acolheu a teoria dos riscos de desenvolvimento nos termos do art. 7º, letra "e"[324] excluindo a responsabilidade do produtor.

Para uma análise segura sobre o Direito brasileiro, é de se salientar que o Código de Proteção ao Consumidor brasileiro não incluiu, entre as causas exoneratórias, os riscos de desenvolvimento, uma vez que no § 3º do art. 12, que trata sobre as causas que exoneram de responsabilidade o fabricante, o construtor, ou importador, apenas se encontram: a não-colocação no mercado do produto; a inexistência do defeito e a culpa exclusiva do consumidor ou de terceiro. Na opinião de Vasconcellos e Benjamin "por aditar um sistema de responsabilidade civil objetiva alicerçado no risco de empresa, a lei brasileira não podia, com razão, exonerar o fabri-

---

consumo produtos que saiba ou deva saber serem nocivos, sendo considerados defeituosos os produtos que não atendam à segurança legitimamente esperada, tendo em vista a época em que foram colocados em circulação. Com base nestes pressupostos – predominantemente legais – pode-se afirmar que é lícito ao fornecedor inserir no mercado de consumo produtos que não saiba nem deve saber resultarem perigosos porque o grau de conhecimento científico à época da introdução do produto no mercado de consumo não permitia tal conhecimento. Diante disso não se pode dizer ser o risco de desenvolvimento defeito de criação, produção ou informação, enquadramento este que é indispensável para que se possa falar em responsabilidade do fornecedor. Não é defeito de informação porque não houve falsidade, insuficiência ou omissão de informação relevante sobre o produto, seu uso ou risco, simplesmente porque eventuais riscos eram incognoscíveis pelo homem em seu estágio científico evolutivo. Igualmente não se trata de defeito de produção uma vez que a característica desta espécie de imperfeição é que não atinge todos os produtos, mas apenas alguns, ou uma série atingida por falha meramente produtiva de sua industrialização, o que não é o caso para riscos de desenvolvimento que atingem toda a produção indistintamente. Por fim, não se pode falar em existência de defeito de criação porque o produto foi concebido sem qualquer espécie de falha de projeto ou fórmula então cognoscível pelo homem, isto é, no momento de sua introdução em circulação, não decorriam do projeto ou da fórmula do produto qualquer espécie de risco à saúde ou segurança dos consumidores. Ademais, se se levar em conta a época em que o produto foi colocado no mercado de consumo – circunstância obrigatoriamente relevante – não pode haver legítima expectativa de segurança que vá além da ciência existente." Ibidem, p.133-135.

[322] Denari, ob. cit., p.114-115.

[323] Denari comenta ainda em sua obra o trabalho desenvolvido pela Comunidade Européia: "na verdade, o tema da adoção dos riscos de desenvolvimento, como eximente de responsabilidade do fornecedor, foi extremamente debatido junto ao Conselho da Comunidade Econômica Européia que, diante das incertezas geradas pelo lobby dos empresários e dos consumidores, tornou facultativa a recepção do instituto a nível legislativo." Ibidem, p. 114.

[324] Directiva Del Consejo 85/374/CEE, de 25 de julio de 1985.
"*Art. 7º. En aplicación de la presente Directiva, el productor no será responsable si prueba:*
[...]
e) *o que, en el momento en que el producto fue puesto en circulación, el estado de los conocimientos cietíficos y técnicos no permitía descubrir la existencia del defecto.*"

cante, o produtor e o importador na presença de um risco de desenvolvimento."[325] [326]

Continuando a análise com Vasconcellos e Benjamin,

> os defeitos decorrentes de risco de desenvolvimento representam uma espécie do gênero de defeito de concepção. Só que aqui o defeito decorre da carência de informação científica, à época da concepção, sobre os riscos inerentes à adoção de uma determinada tecnologia nova.[327]

Dentro dessa ótica, é indiscutível a permanência da responsabilidade do produtor.[328] Nesse sentido, utilizando o exemplo do mesmo autor:

> Se um fabricante de medicamento conseguir provar que, à época da fabricação do produto, desconhecia seu potencial para causar defeitos genéticos, ainda assim será responsabilizado, posto que, ao fabricá-lo, assumiu todos os seus riscos. Há, aí, verdadeiro defeito de concepção.[329] [330]

Sendo controvertida a questão da alocação dos riscos de desenvolvimento, os questionamentos se sucedem. Deve o fornecedor indenizar os danos causados por produtos que, à época de sua produção, estavam de acordo com o conhecimento científico da época? Vasconcellos e Benjamin sustenta sua posição no sentido de não reconhecer como excludente a teoria do risco de desenvolvimento. A seu ver,

> a exigência moderna é no sentido de que nenhum consumidor vítima de acidente de consumo arque sozinho com os seus prejuízos ou fique sem indenização. todos os

---

[325] BENJAMIN. *Da qualidade...*, p.67.

[326] Informa Vasconcellos e Benjamin que "os riscos de desenvolvimento, à exceção do direito francês, são normalmente excluídos da esfera de responsabilidade do produtor, mesmo o direito americano da *strict liability* reconhece o papel excludente dos riscos de desenvolvimento". Ibidem, p. 67.

[327] Ibidem, p. 67.

[328] Também pela permanência da responsabilidade se manifesta Roberto Norris: "são inúmeras as razões pelas quais se entende da inaplicabilidade da causa excludente dos riscos do desenvolvimento. Assim sendo, permitimo-nos a transcrição de algumas, que se nos afiguram mais importantes:
a) a causa excludente, ora examinada, não encontra sustentação em hipótese de responsabilidade civil especial, considerando-se aqueles que exercem a atividade de risco, tão bem delineada pelo Projeto de Código Civil (Projeto n⁰ 634, de 1975), em seu art. 963, parágrafo único;
b) por se tratar de causa de exclusão bastante controvertida, para que pudesse ser aceita, deveria estar expressamente elencada nas hipóteses constantes do art. 12, § 3°, do Código de Defesa do Consumidor; e
c) uma excludente alicerçada no risco do desenvolvimento reintroduziria no ordenamento muitos dos elementos indesejáveis do sistema baseado em culpa." Norris, ob. cit., p.91.

[329] BENJAMIN, A. H. V, de *et al, Comentários...*, p.67.

[330] "Situação assemelhada – embora muito mais grave – é aquela em que o fabricante, após a colocação do produto no mercado, vem a conhecer os seus riscos. Permanece, entretanto, silente. A partir deste momento, ao defeito de concepção original acrescenta-se um defeito de comercialização. Por carência informativa. Com muito mais razão que o primeiro caso, não é realmente aceitável qualquer exoneração do fornecedor que, após a colocação do produto ou serviço no mercado, fecha os olhos às descobertas de riscos antes desconhecidos e, por isso mesmo, tenta alegar inocência na causação do dano." BENJAMIN *et al. Comentários...* p.67-68.

beneficiários da sociedade de consumo – os outros consumidores – devem repartir tais prejuízos. E isso é possível apenas através da responsabilização do fornecedor a quem incumbe por mecanismo de preço, proceder à internalização dos custos sociais (externos) dos danos.[331][332][333][334]

Como se pode verificar pela análise dos diversos doutrinadores, embora algumas divergências, a posição mais firme é pela não-adoção da teoria do risco de desenvolvimento como eximente da responsabilidade de indenizar os danos causados pelos produtos ao consumidor.

Por um lado, o código não foi expresso, vez que não configurou a teoria entre as excludentes da responsabilidade. Por outro, o fornecedor é quem coloca o produto no mercado, é quem chama – através da propaganda – o consumidor para comprar, induzindo-o à aquisição. Concatenando os dois lados apresentados, parece coerente a conclusão de que, no Brasil, a teoria do risco de desenvolvimento não pode ser usada como excludente da responsabilidade do fornecedor de indenizar o consumidor por danos causados pelos produtos.

2. Exclusão da responsabilidade civil por danos ao consumidor causados por produtos

Neste item do trabalho, pretende-se abordar o assunto relativo às causas excludentes da responsabilidade por danos ao consumidor, produ-

---

[331] BENJAMIN. *Comentários...*, ob. cit., p.69.

[332] Vasconcellos e Benjamin confirma seu posicionamento citando Norbert Reich: "Informando todas essas objeções à exclusão dos vícios de desenvolvimento, paira uma razão de justiça distributiva, sistema este baseado na necessidade de correção dos efeitos do processo de produção e consumo em massa, repartindo-se, de maneira mais eqüitativa, os riscos inerentes à sociedade de consumo através de sua canalização até o seu criador inicial e às seguradoras." E adenda: "O que não se admite é despejar esses enormes riscos – e conseqüentes sacrifícios – nos ombros do consumidor individual." Idem.

[333] Cláudio Bonatto afirma que "de fato, o consumidor já é naturalmente vulnerável na relação de consumo, motivo pelo qual deverá o fornecedor de produtos ou serviços assumir os riscos que decorrem da sua atividade, arcando com os ônus dela decorrentes. Veja-se que é a mesma base da responsabilidade sem culpa, ou seja, o fornecedor não tem culpa de que houve desenvolvimento tecnológico, mas é obrigado a indenizar, pois imensamente menores são as condições do consumidor de saber da existência do defeito." Bonatto. *Questões...*, ob. cit., p.126.

[334] Também Ferreira da Rocha se manifesta pela responsabilidade do fornecedor: "citada causa de exclusão, por ser controvertida, para ser aceita, deveria ter sido expressamente elencada no art. 12, § 3º do Código de Defesa do Consumidor. Na sua ausência, a hipótese presente será esta: o defeito existia no momento em que o produto foi colocado no mercado, apenas o conhecimento científico existente não o permitia detectar. Não ocorreu culpa exclusiva do consumidor e a ausência de culpa do fornecedor é irrelevante para o deslinde do problema (art. 12, *caput*) - Logo, o fornecedor responderá pela reparação dos danos causados pelo produto defeituoso." ROCHA, S. L. F. da. *A responsabilidade...*, p.111.

zidos por produtos, uma vez que, "através do art. 12, § 3º do Código de Defesa do Consumidor, verifica-se que a responsabilidade civil, em casos tais, admite prova liberatória que, uma vez demonstrada, elide o aludido nexo de causalidade, existente entre o produto e o dano".[335]

Como se sabe, o CDC adotou uma posição se inclinando para a teoria objetiva[336] quando se fala em responsabilidade por danos produzidos por produtos. No entanto, embora essa posição predominante, o legislador do CDC abriu "um leque" de possibilidades, no § 3º do art. 12,[337] que podem ser utilizadas pelo fabricante, construtor, produtor ou importador para não serem responsabilizados.[338] Assim,

> a responsabilidade civil do fornecedor pelo fato do produto, embora objetiva, não equivale à responsabilidade fundada sobre o simples nexo causal entre o uso do produto e o dano, devendo, ao contrário, entre esses dois elementos interpor-se um 'defeito' do produto. Evita-se, com isso, transformar o fornecedor num simples assegurador do produto. A responsabilidade civil do fornecedor admite, portanto, prova liberatória, prevista no art. 12, § 3º, do CDC.[339][340][341]

---

[335] Norris, ob. cit., p.84.

[336] No mesmo sentido a Comunidade Européia e a Espanha: "Que el legislador comunitario y el español han decidido someter al fabricante de productos defectuosos causantes de daños a un régimen de reponsabilidad objetiva lo reconoce el Considerando 2º de la Directiva (únicamente el criterio de la responsabilidad objetiva del productor permite resolver el problema, tan próprio de una época de creciente tecnicismo como la nuestra, del justo reparto de los riesgos inherentes a la producción técnica moderna), y lo confirma la Exposición de Motivos de la Ley española cuando señala que 'siguiendo la Directiva, la Ley establece un régimen de responsabilidad objetiva." FELIU, Josep Solé I. *El concepto de defecto del producto en la responsabilidad civil del fabricante*. Valencia: Tirant lo Blanch, 1997. p.64.

[337] CDC Art. 12
" § 3º O fabricante, o construtor, o produtor ou importador só não será responsabilizado quando provar:
I – que não colocou o produto no mercado;
II – que, embora haja colocado o produto no mercado, o defeito inexiste;
III – a culpa exclusiva do consumidor ou de terceiro."

[338] Pelo mesmo caminho seguiu a Diretiva 85/374 da Comunidade Européia e a lei espanhola de responsabilidade civil por danos causados por produtos defeituosos (Lei 22/1994 de 6 de julho). "A pesar de todo, existen en la LRP una serie de elementos que inducen a pensar que el régimen de responsabilidad objetiva en ella previsto no se configura como un modelo puro. Esta circunstancia ha conducido a un importante sector de la doctrina a calificar los regímenes establecidos en la Directiva y en la LRP como una responsabilidad 'objetiva atenuada', 'cuasiobjetiva' o un régimen 'no absoluto' de responsabilidad objetiva." FELIU. *El concepto...*, ob. cit., p.80.

[339] Ibidem, p.45.

[340] Ver também, do mesmo autor, ROCHA, S. L. F. da. *A responsabilidade...*, ob. cit., p.102.

[341] Fazendo análise sobre a responsabilidade objetiva traçada pelo CDC na resposabilidade civil, Roberto Norris também afirma que: "não obstante a sua característica identificada como objetiva, a responsabilidade civil do fornecedor pelo fato do produto não se fundamenta sobre um mero nexo causal entre o uso do produto e um dano que lhe seja consectário." Ou seja, a responsabilidade civil com características objetiva não se estabelece de forma absoluta, uma vez que pode ser ilidida por cláusulas excludentes. Norris, ob. cit., p.84.

Três casos podem eximi-los das responsabilidades: I – não ter colocado o produto no mercado; II – a inexistência do defeito; III – a culpa exclusiva do consumidor ou de terceiro.

Há de se discutir, em primeiro lugar, se a enumeração do artigo 12, § 3º comporta outras exceções ou não. Em outras palavras, a enumeração do artigo 12, § 3º é taxativa ou não. Divergem os doutrinadores quanto à resposta a ser dada. Uns, como Vasconcellos e Benjamin, entendem que a enumeração é taxativa,[342] outros,[343] como Ferreira da Rocha tendem para a não-taxatividade do dispostivo legal.[344] Ferreira da Rocha, em sua obra, fornece um caso que considera também como excludente, além dos elencados no art. 12, § 3º É o que se refere ao controle administrativo imperativo.[345]

Muitas vezes o fornecedor fica obrigado por normas administrativas, emanadas dos órgãos estatais, a seguir certos padrões para a elaboração de produtos. Essa obrigação é tal que, não as seguindo, incorre ele em multas e até mesmo em responsabilidade penal.

Se, devido a uma dessas normas vier a ocorrer um defeito no produto, poderá, o fornecedor, alegar a axcludente do art. 12, § 3º, III? As respostas possuem facetas diferentes.

Uma das respostas: o defeito aparece devido à norma estatal, fazendo com que o Estado seja tido como terceiro e, pela sua autoridade, culpado com exclusividade pelo defeito. Nesse sentido também se manifesta Cláudio Bonatto:

> De fato, desde que constatado um defeito, surge o direito do consumidor de ver seu ressarcimento implementado. Todavia, quando este mesmo defeito for o resultado de uma atividade de terceiros, não poderá o agente econômico ser penalizado por tal ocorrência. Neste caso, seria excluída a responsabilidade com base no inciso acima citado, restando ao consumidor a possibilidade de utilizar-se da regra inclusa no artigo 37, parágrafo 6º da Constituição Federal, a fim de acionar o ente estatal responsável pelo sinistro.[346]

Embora a opinião exposta, o problema que envolve o *controle administrativo imperativo* se desdobra em dois aspectos:

---

[342] Nesse sentido afirma De Vasconcellos e Benjamin: "o código adotou um sistema de responsabilidade civil objetiva, o que não quer dizer absoluta. Por isso mesmo prevê algumas excludentes, em *numerus clausus.*" BENJAMIN. *Da qualidade...*, ob. cit., p.65.
[343] Ver opinião contrária a taxatividade em Roberto Norris, ob. cit., p.85.
[344] Ferreira da Rocha afirma que "as hipóteses elencadas no Código de Defesa do Consumidor não são taxativas. Outras são admitidas, recorrendo-se, para tanto, às regras de interpretação." ROCHA, S. L. F. da. *A responsabilidade...*, ob. cit., p.103.
[345] Ibidem, p.108-109.
[346] Bonatto. *Questões...*, ob. cit., p.118.

Primeiro, que o simples seguir das normas administrativas não exime o fornecedor da responsabilidade de ressarcir o consumidor em caso de dano, porque é entendimento corrente que os padrões administrativos são um mínimo que deve ser complementado com outros métodos que assegurem totalmente o produto contra defeitos; se não o fizer responderá pelos danos havidos do defeito do produto.[347]

Segundo, é a hipótese de existir uma norma imperativa que, em termos taxativos e cogentes, determine certo procedimento em relação à fabricação de um determinado produto e, devido a esse procedimento, surge um defeito no produto capaz de produzir danos ao consumidor. O problema a ser enfrentado, agora, possui diferente configuração em relação ao primeiro. Assim, é de se perquirir: caso esse procedimento induza em um defeito do produto, com conseqüente dano ao consumidor, pode haver exclusão da responsabilidade do fabricante, do construtor, do produtor ou do importador? Ferreira da Rocha entende que sim.

> Não temos dúvida que se existir no ordenamento jurídico brasileiro uma norma emanada de autoridade competente que imponha um 'modo de produção', sem margem para qualquer alternativa do fornecedor, ocorrendo defeito no produto fabricado, poderá o fornecedor alegar a seu favor, como causa de exclusão da responsabilidade, a conformidade do produto com normas imperativas estabelecidas pelas autoridades públicas.[348] [349]

Embora a opinião abalizada, não parece ser caso de exclusão pelos seguintes motivos: um, o artigo em análise dispõe três modos de exclusão, claros, específicos e taxativos, não comportando elasticidade; dois, o Código é um dispositivo legal que possui por filosofia a proteção ao consumidor, por isso também a interpretação pela taxatividade do dispositivo legal; três, em vários dispositivos legais, o Código dispõe a solidariedade como elemento que pode ser trazido para o problema em análise: solidariedade entre o fornecedor e o Estado, nunca exclusão. Corroborando com

---

[347] Nesse sentido se manifesta Roberto Norris: "a adoção, pelo fornecedor, dos padrões impostos pelo Poder Público, não o exime, a princípio, da obrigatoriedade do ressarcimento. Isto porque entendemos que tais padrões apresentam os 'requisitos mínimos' de procedibilidade e segurança. Portanto, para se eximir da responsabilidade, deverá o fornecedor se utilizar, além desses padrões, de todos os demais que entender necessários para evitar o defeito no produto. Se não foi diligente neste sentido, igualmente deverá ressarcir os prejuízos sofridos." Norris, ob. cit., p.90.

[348] ROCHA, S. L. F. da. A responsabilidade..., ob. cit., p.109.

[349] Com a mesma opinião se manifesta Roberto Norris: "A única hipótese, relativamente ao controle administrativo, em que poderá o fornecedor obter a exclusão da responsabilidade, consiste na existência, no ordenamento jurídico, de norma imperativa, que determine, de forma cogente e taxativa, os padrões de produção dos produtos, sem deixar qualquer margem de alternatividade para o fornecedor. Nesse caso – inexistente em nossa legislação de consumo –, tipicamente caracterizador do *factum principis*, bastaria ao fornecedor provar o nexo de causalidade entre o defeito e o estrito cumprimento da norma imperativa." Norris, ob. cit., p.90.

esse entendimento é de se trazer o art. 25, § 1º, do CDC, que dispõe como responsáveis solidários todos aqueles responsáveis pela causação do dado.

A análise dos três elementos estabelecidos no art.12, § 3º, possibilitará a compreensão do contexto da exclusão da responsabilidade por danos causados por produtos no Direito brasileiro, de uma forma mais clara. E isso é o que se pretende fazer nos próximos três itens do presente trabalho.

2.1. A não-colocação do produto no mercado

Para ser responsabilizado, o agente deve colocar o produto no mercado. Se não o fez, não possui qualquer possibilidade de ser responsabilizado por qualquer dano produzido pelo produto. Mas, o que se deve entender por *colocar o produto no mercado*? Para Denari, "colocar o produto no mercado de consumo significa introduzi-lo no ciclo produtivo-distributivo, de uma forma voluntária e consciente".[350] Logo, o produto deve ser colocado no mercado pelo ato de vontade livre do agente que possui a responsabilidade sobre os danos que desse produto podem advir.

A *colocação no mercado de consumo* não é somente a introdução do produto para venda. A simples distribuição para efeitos de publicidade – amostra grátis – e também o próprio transporte para distribuição posterior geram a responsabilidade.[351]

Assim, há necessidade de que o produto entre no mercado de consumo pela via da vontade livre daquele que vai ser responsável pelos danos produzidos. Vasconcellos e Benjamin, sobre o assunto, salienta:

> É até supérfluo dizer que inexiste responsabilidade quando os responsáveis legais não colocaram o produto no mercado. Nega-se aí, o nexo causal entre o prejuízo sofrido pelo consumidor e a atividade do fornecedor. O dano foi, sem dúvida, causado pelo produto, mas inexiste nexo de causalidade entre ele e quaisquer das atividades do agente. Isso vale especialmente para os produtos falsificados que trazem a marca do responsável legal ou, ainda, para os produtos que, por ato ilícito (roubo ou furto, por exemplo), foram lançados no mercado.[352]

Em uma primeira análise, no que se refere ao furto ou roubo em uma empresa, se o bem levado for um produto com defeito, a sua negociabilidade pelo agente do delito não pode ser fato gerador de responsabilidade

---

[350] Denari, ob. cit., p.116.

[351] A responsabilidade vai desde a simples entrega do produto para prova até a distribuição gratuíta. Abordando o tema, escreve Ferreira da Rocha: "O fornecedor que entrega os seus produtos para exame ou prova não poderá subtrair-se da responsabilidade civil prevista, alegando que o produto ainda não foi colocado no mercado.
Outrossim, o fornecedor será responsável também por produtos distribuídos a título gratuito, como a entrega de bens a seus empregados, promoções publicitárias ou, ainda, doação de bens destinados a vítimas de catástrofes". ROCHA, S. L. F. da. *A responsabilidade...*, ob. cit., p.104.

[352] BENJAMIN. *Da qualidade...*, p.65.

do empresário sobre os possíveis danos que esse produto pode causar.[353] Porém, há de se atentar que cabe ao empresário registrar no órgão competente o delito praticado em sua empresa e também publicar avisos ao consumidor para que não adquira os produtos daquele lote. Se os empresários não forem diligentes, e se calarem frente ao fato delituoso, tornar-se-ão responsáveis pelos danos que o seu produto vier a causar aos consumidores.

Por analogia, esse entendimento poderá ser comparado com a obrigatoriedade que o empresário possui de informar, caso descubra, posteriormente à entrada no mercado, que o produto pode causar danos ao consumidor. Deve-se entender também que, se ficar provado que o consumidor não sabia que o produto foi colocado no mercado através de um delito, embora os órgãos competentes tivessem sido avisados e feito publicação do ocorrido, subsiste a responsabilidade do empresário que, em última análise, negligenciou na segurança do produto. Por essa análise, se o empresário sabe que seu produto está com defeito e não vai colocá-lo no mercado deve, por medida de segurança, destruir o produto e não mantê-lo estocado.[354]

Outro aspecto, dentro desse mesmo tema, é o que se refere à falsificação do produto com a utilização da marca que o caracteriza no mercado. Isso não pode ser, também, fato gerador de responsabilidade para o seu real fabricante, construtor, produtor ou importador, pelos danos causados por esse produto, devido aos defeitos que possivelmente o produto terá. Realmente, nesse exemplo, o empresário não pode ser responsabilizado, uma vez que não possui condições de saber da comercialização de produtos falsificados com sua marca.

2.2. A inexistência de defeito

Outra forma excludente da responsabilidade é a inexistência de defeito no produto. Se a existência de defeito é pressuposto causal para levar à indenização advinda de um dano circunscrito à relação de consumo, a inexistência desse pressuposto leva ao não dever de indenizar. É de se notar que o art. 12 do CDC brasileiro, *caput*, é enfático nesse sentido, uma

---

[353] Nesse mesmo sentido Roberto Norris: "Assim, sempre que o fornecedor provar a não colocação do produto no mercado, ou ocorrências, tais como falsificação, furto ou roubo de produtos, estará excluída a hipótese de sua responsabilidade." Norris, ob. cit., p.86.

[354] Exemplo recente ocorrido no Brasil foi com os anticoncepcionais Microvular, em que foram comercializados lotes do anticoncepcional contendo ao invés do medicamento, farinha, ou no dizer da empresa produtor Scherin do Brasil, lactose. Varias mulheres que utilizava o anticonceptivo ficaram grávidas, logo, tendo gravidez indesejadas, passíveis, portanto de buscar indenização. A empresa fabricante do anticoncepcional após levantado o fato pela imprensa, utilizou os meios de comunicação dizendo que os lotes comercializados haviam sido desviados irregularmente, conforme afirmou o então diretor-presidente da Scherin do Brasil.

vez que expressamente dispõe que a responsabilidade é pela reparação dos danos causados aos consumidores por *defeitos*. Logo, se não há defeitos não há o dever de indenizar.[355] [356]

O ônus da prova de inexistência do defeito cabe ao fornecedor. Dificuldades surgem quando o produto fica totalmente destruído, impossibilitando a constatação técnica da existência ou não do defeito. A melhor solução ao caso parece estar em atribuir a responsabilidade ao fornecedor, vez que o ônus da prova é do fornecedor e não conseguirá ele provar a inexistência do defeito para obter a exclusão atribuída no art. 12, § 3º, II.[357]

2.3. A culpa exclusiva do consumidor ou de terceiro

A terceira forma que exclui a responsabilidade é a culpa exclusiva do consumidor ou de terceiro. O ponto de enfoque dessa idéia é a exclusividade da culpa, o que significa que se houver culpa concorrente subsiste a responsabilidade do fornecedor. Nesse mesmo sentido se manifesta Ferreira Rocha: "A excludente é aplicável somente no caso de culpa exclusiva do consumidor ou de terceiro. No caso de culpa concorrente, a excludente não seria aplicável permanecendo íntegra a responsabilidade do fornecedor."[358] [359]

---

[355] A título de exemplo salienta Denari o caso dos acidentes de trânsito que, via de regra, não estão relacionados às chamadas relações de consumo, porém, se o referido acidente for acasionado por defeito de fabricação de um dos veículos, subsistirá a responsabilidade do fabricante. "Assim, figurativamente, um acidente de trânsito somente se qualifica como acidente de consumo se os danos dele decorrentes puderem ser atribuídos, por uma relação de causalidade, à prefiguração de um defeito intrínseco (v.g., defeito de montagem) ou extrínseco (v.g., vício de informação)". Denari, ob. cit., p.116.

[356] Ver também Ferreira da Rocha, que trabalha no mesmo sentido e reputa o ônus da prova ao fornecedor: "Inexistindo o defeito, o fornecedor não é responsável pelos prejuízos ocasionados pelo produto. Entretanto, a prova da inexistência do defeito compete ao fornecedor. Para exonerar-se da responsabilidade deverá demonstrar a inexistência do defeito por ocasião da colocação do produto em circulação." ROCHA, S. L. F. da. *A responsabilidade...*, p.104.

[357] A meu ver, a responsabilidade se justifica devido ao ônus da prova – o fornecedor não conseguindo provar a inexistência do defeito deve indenizar. No mesmo sentido da responsabilidade do fornecedor porém sob o fundamento da presunção, manifesta-se Roberto Norris: "Para se verificar a existência do defeito, o exame técnico se fará necessário sempre que não for o mesmo perceptível *ictu oculi* (v.g., no caso de corpos estranhos na bebida). O primeiro problema surge nos casos em que o produto fica totalmente destruído, sem se verificar se isso ocorreu momentos antes ou durante o defeito. Nestes casos, tratando-se de um defeito de série, na maioria das vezes, esta dificuldade é superável com o exame técnico dos produtos similares; no entanto, e na hipótese de defeito de fabricação, a única solução plausível que se nos apresenta é a de considerar, por presunção, a existência do defeito, diante de uma probabilidade de que efetivamente tenha ocorrido." Norris, ob. cit., p.87.

[358] ROCHA, S. L. F. da. *A responsabilidade...*, p.106.

[359] No mesmo sentido Roberto Norris: "Trata-se, como se pode depreender do art. 12, § 3º, III, do Código de Defesa do Consumidor, de uma excludente que somente será aplicável ao caso concreto quando apenas o consumidor ou terceiro for o culpado. Em casos de culpa concorrente, não será mitigada a responsabilidade do fabricante." Norris, ob. cit., p.88.

Se houver concorrência de culpa entre o fabricante, o construtor, o produtor, o importador e o terceiro, não havendo qualquer culpa do consumidor, a responsabilidade será solidária entre aqueles que tiverem culpa pelo dano, em razão da disposição do § 1º do art. 25 do CDC, que dispõe a solidariedade a todos os responsáveis pela causação do dano. Adotando as palavras de Ferreira da Rocha, pode-se dizer que, "a concausalidade culposa de terceiro não constitui causa de redução nem de exclusão da responsabilidade do fornecedor perante a vítima."[360][361]

No que se refere à culpa concorrente entre o consumidor, o fabricante, o construtor, o produtor e o importador, a discussão de ordem doutrinária se refere aos limites da responsabilidade. Ou seja, havendo culpa concorrente entre esses agentes, a responsabilidade do fabricante, construtor, produtor ou importador é integral, ou proporcional ao grau da culpa, dividindo o ônus com o consumidor?

No que se refere ao problema apresentado,

> A doutrina, contudo, sem vozes discordantes, tem sustentado o entendimento de que a lei pode eleger a culpa exclusiva como única excludente de responsabilidade, como fez o Código de Defesa do Consumidor nesta passagem. Caracterizada, portanto, a concorrência de culpa subsiste a responsabilidade integral do fabricante e demais fornecedores arrolados no caput, pela reparação dos danos.[362][363]

Outro aspecto discutido na doutrina é o que se refere ao *estado de necessidade* que pode ou não descaracterizar a excludente do art. 12, § 3º, III, do CDC. Ferreira da Rocha opta pela descaracterização da excludente: "Contudo, existem situações de emergência, caracterizadoras do estado de necessidade, que podem justificar a utilização do produto pela vítima, mesmo ela ciente do defeito do produto e do perigo que dele deriva, não invalidando, nesses casos, a responsabilidade do fornecedor."[364] Exempli-

---

[360] ROCHA, S. L. F. da. *A responsabilidade...*, p.106.

[361] Em artigo publicado na Revista do Consumidor, Ferreira da Rocha se manifesta pela inconformidade em razão da solução adotada pelo CDC: "A solução adotada pelo Código de Defesa do Consumidor é parcialmente correta. Justifica-se a culpa exclusiva, como excludente da responsabilidade do fornecedor, apenas no caso de culpa de terceiro. Com efeito, tratando-se de terceiro, não teria sentido a culpa concorrente dele excluir a responsabilidade do fornecedor, porque isso redundaria em irreparável prejuízo para o consumidor.
Agora, tratando-se de culpa do consumidor, melhor seria que o Código de Defesa do Consumidor tivesse admitido a culpa concorrente do consumidor como fato hábil a reduzir a indenização devida pelo fornecedor, porque a admissão apenas da culpa exclusiva do consumidor como causa da exclusão da responsabilidade do fornecedor afronta a idéia de que a concausalidade culposa da vítima é uma face do princípio da boa fé, que pretende estimular cada um a velar pela sua própria segurança e evitar que quem causa culposamente um dano a si mesmo venha exigir de outrem a sua indenização." FERREIRA DA ROCHA, S. L., *A responsabilidade...*, p.46.

[362] Denari, ob. cit., p.116.

[363] Na mesma linha de pensamento, ver também: NASCIMENTO. *Comentários ao código...*, p.79.

[364] ROCHA, S. L. F. da. *A responsabilidade...*, p.107.

ficando: o consumidor adquire uma arma e descobre posteriormente que ela está com defeito de fabricação; porém, antes de formalizar a reclamação perante o fornecedor, o consumidor é assaltado e, para salvar sua vida, utiliza a arma, que no segundo disparo explode na mão do consumidor, fazendo com que tenham que ser amputados dois dedos da mão direita. O que se nota nesse exemplo é o conhecimento do defeito pelo consumido; porém, em estado de necessidade, utiliza o produto. Não pode nesse caso o fornecedor alegar culpa exclusiva do consumidor, uma vez que sabia da existência do defeito e não deveria ter utilizado a arma.[365]

A exclusividade relacionada no inc. III, do § 3º do art. 12, refere-se especificamente a dois agentes, o *consumidor* ou *terceiro*. No que se refere ao consumidor, não há qualquer dúvida a ser levantada. Uma vez que a pessoa física ou jurídica se caracterize como consumidor e tiver exclusiva culpa no evento danoso, ela responde pelos prejuízos resultantes, isentando o fabricante, construtor, produtor ou importador de qualquer ressarcimento.

Por outro lado, há de se perquirir sobre quem pode ser o *terceiro* que também pode ser responsável pelo dano. Para Denari, "terceiro, *in casu*, é qualquer pessoa que não se identifique com os partícipes da relação de consumo descrita no art. 12 e que envolve, de um lado, o fabricante, produtor, construtor ou importador e, de outro lado, o consumidor".[366] Visto por esse ângulo, qualquer outra pessoa, que não as mencionadas, seria tida como *terceiro*.[367]

Para alastrar o ângulo de discussão em termos do terceiro responsável, deve-se notar que o comerciante que é tido como fornecedor pelo artigo 3º do CDC brasileiro, não é diretamente responsabilizado pelos danos advindos de defeitos dos produtos, conforme o art. 12, porém esse agente – o comerciante – vem somar-se aos responsáveis do art. 12 através e nos termos do art. 13 do mesmo dispositivo legal.

---

[365] Ferreira da Rocha, ao analisar a excludente do art. 12,§ 3º, III, salienta: "Convém lembrar *que a aplicação dessa excludente pressupõe a existência de um defeito no produto adquirido ou utilizado. Na hipótese do uso anormal e irrazoável do produto não será o caso de afastarmos a responsabilidade do fornecedor com base na excludente agora estudada, mas sim com base na inexistência de defeito (art. 12, § 32, II). ROCHA, S. L. F. da. *A responsabilidade...*, p.107.

[366] Denari, ob. cit., p.117.

[367] Esclarecendo o entendimento que deve ser dado ao terceiro assim se manifesta Castro do Nascimento: "O *terceiro* de que fala a lei não é o preposto, empregado, representante ou sócio do fornecedor. Parece perfeitamente lógico que, em relação a estes, o risco da atividade econômica é do fornecedor. Mesmo que se queira buscar elementos informativos no Código Civil, a responsabilidade aparece por força de culpa in *eligendo* ou *in vigilando*.
O*tertius* de que trata a lei é aquele sem qualquer relação jurídica com o fornecedor, seja escrita ou seja fática. O vendedor pracista tem uma relação jurídica de emprego com o fornecedor e, por isso, não pode ser tido como terceiro. O que subempreita o serviço, identicamente." fática. O vendedor pracista tem uma relação jurídica de emprego com o fornecedor e, por isso, não pode ser tido como terceiro. O que subempreita o serviço, identicamente." NASCIMENTO. *Comentários ao código...*, p.79-80.

A dúvida que passa a figurar sobre esse assunto está relacionada com a possibilidade de se incluir ou não o comerciante como terceiro para responsabilizá-lo no sentido de excluir a responsabilidade do fabricante, construtor, produtor ou importador.

Para Vasconcellos e Benjamin,

> ao comerciante (atacadista ou varejista) não se aplica a excludente do inciso III; seu afastamento decorre do próprio caput do art. 12; e também porque para ele há norma especial (art. 13). De fato, o comerciante, embora não sendo responsável principal, nos termos do art. 12, é parte fundamental da relação de consumo. E se é parte não pode ser considerado terceiro. Só razões de política legislativa (e também econômicas em função da repartição dos riscos de produtos e serviços) é que justificam sua exclusão da regra geral do art. 12.[368]

Expressiva e clara é a posição do autor que, no parágrafo seguinte de seu texto, confirma:

> [...] em conseqüência, o réu (fabricante, produtor, construtor ou importador), em ação indenizatória por acidente de consumo, não pode furtar-se ao dever de indenizar, com fulcro no art. 12, § 3º, III, sob o argumento de que o dano foi causado por culpa exclusiva do comerciante, entendendo este como terceiro. O juiz, muito ao contrário, deve condená-lo a ressarcir o prejuízo, cabendo-lhe, posteriormente, se for o caso, propor ação de regresso contra o outro agente da relação de consumo, isto é, o comerciante.[369] [370]

Por outro lado, o entendimento de Vasconcellos e Benjamin não é consenso na doutrina. Denari, tratando sobre o assunto e sobre a posição de Vasconcellos e Benjamin, assim se manifesta:

> Não concordamos com esse entendimento, pois o dispositivo não distingue, não cabendo ao intérprete fazê-lo. Além do que, a responsabilidade subsidiária do comerciante prevista no art. 13 é nitidamente distinta da responsabilidade principal normada no art. 12.
> A nosso aviso, portanto, em se tratando de acidente de consumo, o comerciante pode ser responsabilizado de duas maneiras:
> a) como terceiro, nos termos do inciso III, quando ficar demonstrada a exclusividade de sua culpa no evento danoso...
> b) como parte, responsável em via subsidiária, quando, nos termos do art. 13, o fornecedor ou o produtor não puderem ser identificados (inciso I e II) ou os produtos perecíveis não forem conservados adequadamente (inciso III).[371]

---

[368] BENJAMIN. *Da qualidade...*, p.66.

[369] Idem.

[370] No mesmo sentido, Ferreira da Rocha: "Para a aplicação dessa excludente considera-se terceiro qualquer pessoa estranha à relação entre o produtor e o lesado. Ao comerciante (atacadista ou varejista) não se aplica a mencionada excludente, porque é parte fundamental das relações de consumo. ROCHA, S. L. F. da. *A responsabilidade...*, p.107.

[371] Denari ilustra esse posicionamento, para a letra "A" com os seguintes exemplos: "Para ilustrar esta hipótese, podemos recorrer aos seguintes exemplos: a concessionária que, indevidamente, substitui peça ou componente de veículo novo, sem consulta à montadora; a farmácia, drogaria ou hospital

Embora a posição exposta por Denari, o comerciante não pode ser considerado como terceiro. O comerciante, na realidade, é parte da relação jurídica, seja para efeitos tanto do artigo 12, quanto do artigo 13, onde ele entra como responsável subsidiariamente.

2.4 Caso fortuito e força maior como elementos excludentes da responsabilidade na relação de consumo

Discute-se, na doutrina, se o caso fortuito e a força maior, elementos constantes do artigo 393 do Código Civil brasileiro,[372] e adotados, portanto, para o âmbito do Direito Civil, podem ser considerados como excludentes para as relações jurídicas de consumo, no que se refere à responsabilidade de indenizar por danos provocados por defeitos dos produtos. A título de exemplificação, pode-se dizer que seria caso fortuito a queda de um raio sobre os fios de alta tensão provocando sobrecarga na rede elétrica que, por sua vez, provoca a quebra de uma peça de uma máquina que estava funcionando, vindo a causar a morte de seu operador. A questão que cabe nesse momento é se estaria excluída a responsabilidade do fornecedor da máquina em face do evento danoso.

É de se notar, como preliminar, que o CDC, em seu art. 12, § 3º, não estabelece, expressamente, o caso fortuito e a força maior como excludentes da responsabilidade. E, diga-se de passagem, o *caput* do art. 12, estabelece a responsabilidade de cunho objetivo,[373] ou seja, sem a existência de culpa, pela reparação dos danos causados aos consumidores por defeitos dos produtos.

Tratando sobre o assunto, na ótica da responsabilidade objetiva, Oliveira de Freitas se manifesta pela possibilidade da utilização do caso fortuito e da força maior, como excludentes da responsabilidade do fornecedor no caso de dano provocado por defeitos do produto:

---

que substitui os medicamentos prescritos no receituário médico ou altera os componentes químicos da formulação; o comerciante que adultera a composição dos produtos utilizados por agricultores ou pecuaristas." Para a letra "B", Denari indica os seguintes casos: "o exemplo mais sugestivo e freqüente é o dos supermercados, cujos cuidados com os produtos alimentares perecíveis sempre deixam a desejar." Denari, ob. cit., p.118.

[372] Código Civil brasileiro.
"Art. 393. O devedor não responde pelos prejuízos resultantes de caso fortuito, ou força maior, se expressamente não se houver por eles responsabilizado.
Parágrafo único: O caso fortuito ou de força maior verifica-se no fato necessário, cujos efeitos não era possível evitar ou impedir"

[373] Maria Helena Diniz informa que a *"responsabilidade objetiva, se fundada no risco, que explica essa responsabilidade no fato de haver o agente causado prejuízo à vítima ou a seus bens. É irrelevante a conduta culposa ou dolosa do causador do dano, uma vez que bastará a existência do nexo causal entre o prejuízo sofrido pela vítima e a ação do agente para que surja o dever de indenizar."* DINIZ, M. H. *Curso de direito civil brasileiro*. São Paulo: Saraiva, 1984, p.99.

A teoria informadora de nossa responsabilidade civil objetiva, ou sem culpa, não admite o caráter absoluto de tal conceituação, estabelecendo sua atenuação, com a criação de eximentes.

Ora, se a teoria da responsabilidade sem culpa adotada pelo nosso sistema jurídico, em diversas Leis esparsas, não admite o caráter absoluto da responsabilidade objetiva, as eximentes relacionadas com a impossibilidade do agente influir na decisão de praticar ou não o ato antijurídico mostra-se necessária para a apuração da responsabilidade.

O fato de não haver previsão legal para as eximentes do caso fortuito ou força maior não impede que sejam elas adotadas, pois a lei civil, que as inseriu em nosso ordenamento jurídico, sempre será utilizada, ainda que de forma subsidiária.[374]

Vasconcellos e Benjamin também se posiciona pela admissibilidade do caso fortuito e da força maior[375] às relações de consumo:

> A regra no nosso direito é que o caso fortuito e a força maior excluem a responsabilidade civil. O Código, entre as causas excludentes de responsabilidade, não os elenca. Também não os nega. Logo, quer me parecer que o sistema tradicional, neste ponto, não foi afastado, mantendo-se, então, a capacidade do caso fortuito e da força maior para impedir o dever de indenizar."[376] [377] [378]

Posição contrária é adotada por Castro do Nascimento:

> O caso fortuito e a força maior se inserem como conteúdo do risco e, por isso, na responsabilidade objetiva ela se mantém. Seria mesmo uma violação da lógica que na teoria do risco, em que se busca dar mais abrangência ao ressarcimento, se

---

[374] FREITAS, A. O. de, *Responsabilidade civil objetiva no Código de Defesa do Consumidor. Revista do Direito do Consumidor*, nº 11, São Paulo: Revista dos Tribunais, 1994, p.108.

[375] Também pela força maior como excludente da responsabilidade: Norris, ob. cit., p.92-93.

[376] BENJAMIN. *Da qualidade...*, p.67.

[377] Também pelo reconhecimento da força maior como excludente da responsabilidade, se manifesta James Marins: "Reconhece-se na força maior o caráter de seccionadora do nexo de causalidade, indispensável para que haja responsabilidade civil, mesmo nos sistemas em que se prescinde da culpa, o que a faz servir como exoneradora da responsabilidade mesmo que não prevista expressamente na lei como eximente, porque permanece válida a regra de Direito Civil que reconhece à força maior a virtude de excluir a responsabilidade aquiliana. Isto é, se a força maior assume o papel de única causadora do dano de modo a que a vítima sequer pode comprovar que o produto era defeituoso, ou, ainda que venha a comprová-lo, não consegue estabelecer o nexo causal com o *dano*, não há responsabilidade civil do fornecedor por falta de um dos requisitos para a mesma." Marins, ob. cit., p.154-155.

[378] Cáudio Bonatto se posiciona pela força maior como excludente da responsabilidade no CDC: "A força maior, *lato senso*, pode ser causa de exclusão da responsabilidade civil, não maculando o princípio da responsabilidade objetiva contido nos artigos 12 e 14 do CDC.
Com efeito, a força maior pode estar contida nos próprios incisos do parágrafo 3º, do artigo 12, pelo que não há como negar a existência de tal eximente." Continuando a análise se pergunta e responde: "E qual é a razão básica para a configuração das três excludentes do parágrafo 3º do artigo 12? A inexistência de nexo de causalidade entre a atividade do agente econômico e o dano sofrido pelo consumidor ou equiparados.
Se é esta a razão fundamental para o dever de não indenizar, deve ser ressaltado que a mesma razão existe quando da ocorrência de qualquer evento caracterizador de força maior. De fato, na força maior existe uma quebra, uma ruptura do nexo de causalidade, pois o defeito não teria acontecido por causa de uma atividade do agente econômico." Bonatto. *Questões...*, p.122-123.

desfizesse a obrigação de indenizar da mesma forma que na subjetiva e na por culpa presumida.

Nas relações de consumo, os arts. 12, § 3º, e 14, § 3º, do Código do Consumidor, indicam as causas exonerativas, quando há defeito no produto ou serviço. E entre elas não se encontra elencada a relativa ao caso fortuito, ou força maior. Sem validade o argumento que afirmasse a indicação dos artigos ser não-taxativa ou não-exaustiva, caso em que se poderia aplicar subsidiariamente o que dispõe o Código Civil. Isto porque, nos dois parágrafos, a expressão usada é '*só não será responsabilizado quando provar*' (o grifo é nosso), sinal indicativo que o rol é exaustivo. Assim, ao contrário do que ocorre na responsabilidade comum, a força maior, ou o caso fortuito, não são causas exonerativas da responsabilidade civil nas relações de consumo.[379]

Como opinião pela não-exclusão do dever de indenizar, quando ocorrer caso fortuito ou força maior, é de se transcrever escrito de Neri Júnior:

> Como as relações de consumo como um todo se encontram reguladas pelo *microssistema* do Código de Defesa do Consumidor, a elas são aplicáveis as regras e os princípios existentes no CDC. Somente devem incidir sobre elas as normas do Código Civil, Código Comercial, Código de Processo Civil etc., quando houver lacuna no CDC e, mesmo assim, se as normas desses outros diplomas não forem incompatíveis com os princípios reguladores das relações de consumo que se encontrem expressamente tratados no CDC.
> No que respeita à responsabilidade civil, a regra geral do CDC é a da *responsabilidade objetiva,* fundada na *teoria do risco da atividade,* que é absolutamente incompatível com o sistema da responsabilidade subjetiva, com culpa, regra geral do Código Civil (art. 159). Logo, é inaplicável às relações de consumo o sistema da responsabilidade com culpa do Código Civil. O regime da responsabilidade objetiva do CDC deve aplicar-se, de conseguinte, a todas as hipóteses de relação de consumo quando surgir a questão do dever de indenizar o consumidor pelos danos por ele experimentados. Isto porque o fundamento da indenização integral do consumidor, constante do art. 6º, VI, do CDC, é o *risco da atividade,* que encerra em si o princípio da responsabilidade objetiva praticamente integral, já que insuscetível de excluir do fornecedor o dever de indenizar mesmo quando ocorrer caso fortuito ou força maior.[380] [381]

---

[379] NASCIMENTO. *Responsabilidade civil...*, p.53-54.

[380] NERY JUNIOR, Os princípios gerais do Código Brasileiro de Defesa do Consumidor. *Rev. Do Direito do Consumidor nº3*, São Paulo: Revista dos Tribunais, 1992, p.58. Ver arts. 927 e 186 do Código Civil de 2002.

[381] No mesmo artigo Nery Júnior confirma sua posição quando aborda a responsabilidade objetiva como princípio regulador da responsabilidade civil no CDC: "O Código adotou a *teoria do risco da atividade* como postulado fundamental da responsabilidade civil ensejadora da indenização dos danos causados ao consumidor. A simples existência da atividade econômica no mercado, exercida pelo fornecedor, já o carrega com a obrigação de reparar o dano causado por essa mesma atividade. A responsabilidade é, portanto, *objetiva* (arts. 12 e 18). Não é necessário que tenha agido com culpa, tampouco que sua atividade esteja autorizada pelo órgão competente do poder público, ou, ainda, que tenha havido caso fortuito ou força maior. Apenas e tão-somente as circunstâncias mencionadas no CDC em *numerus clausus* como causas excludentes do dever de indenizar é que efetivamente podem ser invocadas pelo fornecedor a fim de eximi-lo desse dever. Esse sistema é semelhante ao já existente no Brasil para o dano causado ao meio ambiente (art. 14 da Lei 6.938/81), que não admite o caso fortuito e a força maior como causas de exclusão da responsabilidade civil." Ibidem, p.56.

Sem se afastar do entendimento esposado por Oliveira Freitas e Vasconcellos e Benjamin, deve-se, porém, alastrando a análise apresentada, salientar que existem dois momentos em que ao caso fortuito e a força maior podem aparecer e que podem demandar soluções distintas para cada um deles: o primeiro momento seria antes do produto ingressar no mercado de consumo; e o segundo, quando o produto já estiver no mercado de consumo.

James Marins, trabalhando o tema soluciona da seguinte forma:

Para a primeira hipótese, se a força maior ocorre ainda dentro do processo produtivo, até o momento em que, juridicamente, se tem o produto por colocado em circulação, não há que se falar em exclusão da responsabilidade do mesmo. Isto porque até o momento em que o produto ingressa formalmente no mercado de consumo tem o fornecedor o dever de diligência de garantir que não sofra qualquer tipo de alteração que possa torná-lo defeituoso, oferecendo riscos à saúde e segurança do consumidor, mesmo que o fato causador do defeito seja a força maior.

Por outras palavras, a ação da força maior, quando ainda dentro do ciclo produtivo, não tem a virtude de descaracterizar a existência de defeito juridicamente relevante (possivelmente "defeito de produção", consoante a classificação que adotamos).

Diversamente ocorre com a força maior quando verificada após a introdução do produto no mercado de consumo. Isto porque após o ingresso do produto em circulação não se pode mais falar em defeitos de criação, produção ou informação, que são sempre anteriores à inserção do produto no mercado de consumo, e, como já visto, não havendo qualquer dessas espécies de defeitos não há defeito juridicamente relevante que possa propiciar a responsabilização do fornecedor, devendo este realizar prova de que quando do ingresso do produto no mercado de consumo este não apresentava nenhum defeito."[382][383][384]

---

[382] Marins, ob. cit., p.153-154.

[383] Denari também aceita a responsabilidade do fornecedor na fase anterior à entrada do produto no mercado de consumo: "Na primeira hipótese, instalando-se na fase de concepção ou durante o processo produtivo, o fornecedor não pode invocá-la para se subtrair à responsabilidade por danos [...] Por outro lado, quando o caso fortuito ou força maior se manifesta após a introdução do produto no mercado de consumo, ocorre uma ruptura do nexo de causalidade que liga o defeito ao evento danoso. Nem tem cabimento qualquer alusão ao defeito do produto, uma vez que aqueles acontecimentos, no mais das vezes imprevisíveis, criam obstáculos de tal monta que a boa vontade do fornecedor não pode suprir. Na verdade, diante do impacto do acontecimento, a vítima sequer pode alegar que o produto se ressentia de defeito, vale dizer, fica afastada a responsabilidade do fornecedor pela inocorrência dos respectivos pressupostos." Denari, ob. cit., p. 119.

[384] Ferreira da Rocha, expõe seu ponto-de-vista, não aceitando a força maior ou o caso fortuito como excludente, assim argumentando: "Parece-me, entretanto, que o caso fortuito ou a força maior não são causas de exclusão de responsabilidade aplicáveis adequadamente aos casos de responsabilidade pelo fato do produto. Primeiro porque a responsabilidade do fornecedor pressupõe a existência de um defeito no produto introduzido no mercado. Esse defeito deve ser causado por um fato necessário, cujo efeito era impossível evitar ou impedir (caso fortuito ou força maior). Ora, se causado antes do produto ter sido colocado em circulação, restaria ao fornecedor sempre uma oportunidade, por mínima que fosse, de, antes de introduzir o produto no mercado, verificar as condições de seu produto e certificar-se da existência do defeito. Se causado depois do produto ter sido colocado em circulação, o defeito inexistia no momento da colocação do produto no mercado e, portanto, a responsabilidade está afastada, não pelo caso fortuito ou força maior, mas pelo disposto no art. 12, § 3º, II, do Código de Defesa do Consumidor." ROCHA, S. L. F. da. *A responsabilidade...*, p.112.

Assim, se o caso fortuito ou força maior ocorre no primeiro momento, ou seja, na concepção ou produção, devem responder os responsáveis estabelecidos no art. 12 e também o comerciante nos casos do art. 13, porém, se o caso fortuito ou de força maior ocorrer no segundo momento, quando o produto já estiver no mercado de consumo, não possuem qualquer responsabilidade pelo fato.[385]

Na realidade, o caso fortuito e a força maior atuam como elementos de ruptura do nexo causal que imprime ligação entre o defeito e o dano.[386] Esse sentido levou Parra Lucan a se manifestar pela não responsabilidade do produtor:

> Se a força maior tem sido a única causa do dano, de modo que a vítima nem sequer pode provar que o produto era defeituoso ou, provando-o, não estabelece a relação de causalidade com o dano, não haverá problema. Com efeito, neste caso faltará um dos pressupostos para atribuir a responsabilidade ao produtor.[387] [388]

Apesar de algumas posições em contrário, admitindo que, embora a existência de força maior ou caso fortuito, o fornecedor possa ser respon-

---

[385] James Marins ilustra o ponto de vista indicado até o presente momento com os seguintes autores: "Nesse sentido Bercovitz, "La adaptación del derecho espanol a la directiva comunitaria sobre la responsabilidad por los daños causados por productos defectuosos", EC 12, p. 187. Nesta posição acompanhado e citado por Parra Lucan, ob. cit., p.603.
V. também, no sentido de serem o caso fortuito e a força maior elementos obstativos do nexo causal: STIGLITZ, G., *Protección Jurídica del Consumidor*. Buenos Aires: Depalma, 1986. *p.*95.
Cf. Calvão da Silva (ob. cit., p. 737) que ensina: "Sendo assim, porque a regra de direito comum é a oponibilidade à vítima da força maior, se o legislador comunitário pretendesse derroga-la devia tê-la feito expressamente. Como não o fez e a lei portuguesa se limitou a incorporar a Diretiva, não consagrando, portanto, a exceção à oponibilidade da força maior ao lesado, deve valer a regra comum. Eqüivale isto a dizer, em suma, que a força maior – acontecimento imprevisível, irresistível ou inevitável e exterior ao produtor – é igualmente causa de exclusão da responsabilidade objetiva ao produto instituída pelo Dec.-lei 383/89".Também em semelhante sentido conclui Angel Rojo y Fernández-Río: "Con paráfrasis del articulo 1.105 cc., podemos decir que el fabricante no responde de aquellos daños que no hubiera podido prever, o que, previstos, fueran inevitables" *(La Responsabilidad Civil del Fabricante, p. 207, Publicaciones del Real Colegio de España, Bolonha, 1974"*.
Marins, ob. cit., p. 154-155.

[386] Parra Lucan, citando Lacruz e Santos Briz, nota 307 de seu livro Daños por productos y proteccion del consumidor, ob. cit., p.603. Também James Marins, op. cit. p.154.

[387] Tradução, pelo autor, de fragmento da obra em espanhol: "Si la fuerza mayor ha sido la única causante del daño, de modo que la víctima ni siquiera puede probar que el producto era defectuoso o, probándolo, no establece la relación de causalidad con el daño, no habrá problema. En efecto, en este caso faltará uno de los presupuestos para atribuir la responsabilidad al productor." Parra Lucan, ob. cit., p.603.

[388] Em nota de rodapé 311, Parra Lucan reporta a análise do problema aqui enfrentado ao Comité de Expertos que assim se manifestou: En los casos en que la fuerza mayor es la causa exclusiva del daño, aunque el producto presentara un defecto, el Comité de Expertos indica que el productor se veria exonerado de responsabilidad por no existir relación de causalidad entre el defecto y el daño. El Comité de Expertos consideró asimismo el caso en que la fuerza mayor fuera la causante del carácter defectuoso del producto después de que éste fuera puesto en circulación por el productor. Señaló que no era necesario establecer una previsión expresa porque el productor podía fácilmente demostrar que cuando el producto salió de sus manos no era defectooso (art. 5.1.b del Convenjo) Ibidem, p.603-604.

sabilizado,[389] a maioria da doutrina parece seguir caminho contrário, consolidando a força maior e o caso fortuito como elementos de ruptura entre o defeito e o dano, possibilitando, dessa forma, a exoneração da responsabilidade por parte do fornecedor.

3. A responsabilidade civil, os defeitos do produto e a teoria da ação social

O estudo que se pretende fazer neste capítulo está relacionado com os defeitos do produto dentro da idéia de *objeto-não-social* como elemento influenciador da ação. Para este terceiro item deste capítulo, optou-se em elaborar a conexão entre os temas desenvolvidos – defeitos do produto, constante do capítulo VI e responsabilidade civil inclusa no capítulo VII – e a teoria da ação em um capítulo englobando todos os capítulos trabalhados, vez que os temas analisados se interpenetram e a análise separada dos capítulos tornaria o trabalho repetitivo.

Na realidade, essa proposta poderia ser trabalhada sob dois prismas: o primeiro, vinculado à idéia de ação dirigida ao produto propriamente dito e sua influência na conduta do ator (consumidor); o segundo, dentro da idéia de defeito do produto como elemento influenciador de uma nova ação do ator (consumidor) e do ator (fornecedor), dentro da idéia de responsabilidade civil no Direito do Consumidor.

No que se refere ao primeiro aspecto, a influência exercida pelo produto sobre a ação do consumidor, ou, em outras palavras, a influência do objeto não-social sobre a ação do ator, pode-se dizer que já foi tratada no capítulo terceiro, da primeira parte do presente trabalho. Por esse motivo, e para não ser repetitivo, deixa-se de lado a análise, remetendo a atenção para o capítulo indicado.

Tendo a presente parte tratado especificamente sobre os defeitos dos produtos, é nesse âmbito que deve-se desenvolver a análise referente à teoria da ação social.

Conforme já foi estudado, a ação, dentro da teoria da ação social, será influenciada por objetos sociais e não sociais. Pode-se colocar dentro

---

[389] Denari informa a posição contrária de José Filomeno em nota de rodapé no. 25: "*Cf. Responsabilidade da Empresa, cit.*, p.153. A nosso aviso, sem razão José Reinaldo de Lima Lopes quando sustenta *que o* Código de Defesa do Consumidor não admite *a* exceção de caso de fortuito ou força maior, conservando apenas a exceção de culpa exclusiva do consumidor ou de terceiro prevista no art. 12. § 3º., III e no *art.* 14, § 3º., II. A eximente do caso fortuito ou torça maior coloca-se no mundo fenomênico e não será nenhuma disposição normativa que irá suprimi-la do universo jurídico. De resto, a excludente da culpa exclusiva supõe o ingresso do produto ou serviço no mercado de consumo (cf. *Responsabilidade Civil do Fabricante, cit.*, p.119)." Denari, ob. cit., p.119.

dessa segunda classe os defeitos do produto, vez que, atrelados ao "objeto produto", fazem parte do mesmo, não podendo dele ser separados.

O elemento "defeito do produto" pode influenciar a ação do ator-consumidor em dois momentos: um, na aquisição do produto; outro, na busca de ressarcimento por danos.

No primeiro momento – aquisição do produto – o consumidor poderá ser influenciado a dois tipos de ação: uma positiva, outra negativa.

A ação positiva é exercida no intuito da aquisição do produto, sendo motivada pela gratificação, ou seja, sabedor da boa qualidade do produto, que dificilmente apresenta defeitos, o consumidor estará influenciado para a ação de compra.

Por outro lado, a ação negativa está vinculada à omissão, à abstenção de adquirir o produto. Motivado pelo conhecimento de que o produto é de baixa qualidade, apresentando seguidamente defeitos, o ator-consumidor se abstém de comprar; sua ação é negativa, omissiva.

Nesse primeiro momento, o ator-fornecedor também recebe influência do elemento "defeito do produto", vez que detectando-o deverá providenciar a solução do mesmo antes de o produto ser colocado à disposição do consumidor. Essa ação será motivada também pela gratificação de ver seu produto sendo adquirido e não rechaçado pelo consumidor, uma vez que somente com a venda poderá o fornecedor auferir os lucros almejados.

No segundo momento, que se dá após a ação de aquisição do produto, o elemento "defeito do produto" também pode influenciar outras ações do ator-consumidor dentro da relação jurídica de consumo. Ou seja, aqui não é ele elemento que induz à ação positiva – compra do produto – que vem no primeiro momento da relação jurídica de consumo, mas é elemento influenciador da ação em busca do ressarcimentos dos danos que porventura o defeito fez produzir em seu físico, ou em seu patrimônio.

No outro pólo da relação jurídica de consumo, encontra-se o ator-fornecedor, que também deverá executar certas ações, tendo em vista os defeitos no produto. Essas ações, que serão de ressarcimento ao consumidor, também receberão influência dos mesmos defeitos que induzem o consumidor a buscar a indenização.

É, em resumo, a influência do objeto não-social sobre a ação do ator. Nessa mesma ordem de ação, pode-se encontrar o que na teoria da ação social se denomina de "orientação motivacional".

Na orientação motivacional encontra-se a gratificação e a privação, que envolvem sobremaneira o ator-consumidor diante do defeito do produto.

O produto defeituoso traz, ao ator-consumidor, indiscutivelmente, uma privação, seja de ordem física, psíquica, ou econômica. A ação do ator-consumidor, nesse momento, é buscar o rompimento com a privação, alcançando a gratificação que almejou com a aquisição do produto. Se a gratificação buscada não pode mais ser ofertada, deverá pelo menos o ator-consumidor ser ressarcido de seus prejuízos, o que, se não lhe trará a gratificação plena, por outro lado não lhe trará privação plena.

Assim, os defeitos no produto atuam como elemento motivacional da ação de ressarcimento dos danos sofridos.

No mesmo âmbito da orientação motivacional, passa a ação executada pelo ator-fornecedor, que deverá ressarcir os danos sofridos pelo ator-consumidor, seja ela de forma espontânea, ou através da coerção judiciária.

A ação do ator-fornecedor recebe influência dos defeitos do produto mesmo antes que qualquer dano venha a ser registrado ao consumidor. É o sentido preventivo que está presente no sistema codicista, que em muitos casos exige a retirada do mercado de produtos que apresentem defeitos, no sentido de evitar possíveis danos.

Como se pode notar a dogmática consumerista que trata dos defeitos e da responsabilidade civil se coloca como verdadeiro sistema comportamental, e, como tal, passível de análise sob os parâmetros do *Sistema Geral da Ação*.

No âmbito do sistema geral da ação, as funções primárias que aparecem em todos os sistemas são: manuteção de padrão, integração, realização de objetivos e adaptação.

Partindo da idéia exposta de que a dogmática consumerista que envolve os defeitos do produto e a responsabilidade civil está disposta dentro de um sistema, pode-se analisar as funções primárias expostas na teoria geral da ação social para verificar sua pertinência ou não com o sistema consumerista.

A primeira função primária de um sistema, dentro da teoria geral da ação social, é a da manuteção de padrão, uma vez que o sistema deve ser elemento que perdure na busca de seus ideais traçados.[390] No sistema da dogmática consumerista, em particular no âmbito dos defeitos dos produtos e da responsabilidade civil, essa característica está presente, vez que a manutenção dos padrões idealizados para a proteção do consumidor é elemento de estabilidade.

---

[390] Tendo em vista o sistema jurídico, é bom lembrar com Luhmann que: "Il sistema giuridico di una società è contituito da tutte le comunicazioni sociali che vengono formulate con riferimento al diritto. Al sistema giuridico appartengono non solo quelle comunicazioni che si svolgono nell'ambito di procedimenti regolati attraverso il diritto, ma anche comunicazioni della vita quotidiana, nelle misura in cui esse pongano questioni di diritto oppure facciano valere o respingano pretese con riferimento al diritto." LUHMANN. *La differenziazione del diritto...*, p.61.

A função de integração também se revela no sistema da dogmática sob análise. O sistema trabalha de forma a integrar prevenção e ressarcimento de dano, dentro de um objetivo maior que é o da proteção ao consumidor. Assim, pode-se notar que também a função de realização de objetivos encontra-se presente na dogmática analisada.

A última das funções primárias é a *adaptação*, que tem presença certa na dogmática consumerista em geral e também dentro da especial em análise. O sistema se adapta ao meio, e assim o meio se adapta ao sistema.

Conclusão

O tema central da tese foi delimitado tendo em vista a análise das implicações existentes na teoria da ação social e no Direito do Consumidor, dentro da responsabilidade civil por danos causados aos consumidores por defeitos dos produtos.

O problema que se formulou está vinculado à possibilidade ou não da aplicação dos pressupostos da teoria da ação social trabalhados por Parsons à dogmática consumerista delimitada.

Tendo como hipótese ser possível aplicar a teoria da ação social à dogmática da responsabilidade civil, no Direito brasileiro, por danos ao consumidor causados por produtos, traçou-se alguns objetivos que deveriam ser alcançados durante o trabalho.

Partindo-se do objetivo geral, de demonstrar a aplicabilidade da teoria da ação social nas questões da dogmática da responsabilidade civil, no Direito brasileiro, por danos ao consumidor causados por defeitos dos produtos, traçou-se três objetivos específicos: um, demonstrar que a dogmática do consumidor, no que se refere a responsabilidade civil, no Direito brasileiro, por danos ao consumidor causados por defeitos dos produtos, adota os pressupostos estabelecidos pela teoria da ação social; dois, elaborar o deslocamento da teoria da ação social de Parsons, para uma teoria da sociedade que analise com a devida profundidade à relação jurídica de consumo e, três, demonstrar os pontos em que a dogmática do consumidor se adapta à teoria da ação social.

O método escolhido, dialético, foi trabalhado através de três procedimentos básicos: análise da dogmática (legislação e doutrina brasileira) sobre a responsabilidade civil por danos ao consumidor causados por defeitos dos produtos; comparação das interpretações doutrinárias sobre a legislação consumerista e análise da doutrina pertinente à teoria da ação social, elaborando comparação de seus pressupostos com os pressupostos atinentes ao Direito do Consumidor.

As análises e interpretações desenvolvidas tiveram, em todos os momentos, a presença da dogmática consumerista e dos pressupostos da teoria da ação social, motivo pelo qual a hipótese da tese foi analisada durante todas as três partes que compõem o trabalho, ficando claro que a hipótese ficou corroborada, pois é possível aplicar a teoria da ação social à dogmática da responsabilidade civil, no Direito brasileiro, por danos ao consumidor causados por produtos.

Porém, a aplicabilidade da teoria da ação social à dogmática em pauta não se dá em todos os seus pressupostos, conforme se verificou durante o desenvolvimento do trabalho; embora já formulada análise durante o desenvolvimento do trabalho, é de se propiciar um resumo dos principais itens enfrentados e das soluções adotadas.

Na Teoria da Ação Social as análises formuladas são sobre condutas sociais.

No Direito do Consumidor, as análises formuladas são sobre uma das espécies das condutas sociais, a conduta atinente à relação jurídica de consumo.

Na Teoria da Ação Social a conduta analisada tanto pode ser individual, quanto coletiva.

No Direito do Consumidor, da mesma forma, a conduta tanto pode ser do consumidor enquanto indivíduo, quanto do consumidor enquanto coletividade.

Na Teoria da Ação Social, dentro da coletividade, a ação que é importante é a ação executada na qualidade de membro da coletividade, e não outra qualquer.

No Direito do Consumidor, a ação que é importante também é aquela executada pela pessoa física ou jurídica enquanto membro de uma relação jurídica de consumo.

Na Teoria da Ação Social, aparecem quatro pontos de concepção de conduta: para obtenção de fins ou metas; ocorre em determinada situação; é normativamente regulada; supõe gasto de energia.

No Direito do Consumidor, pode-se dizer que os quatro pontos estão presentes na ação a ser elaborada: possui o elemento teleológico, que caracteriza a relação de consumo, definindo a idéia de consumo final; aplica-se em determinada situação, na relação jurídica de consumo; possui normas reguladoras da conduta; supõe gastos de energia, tanto do consumidor, quanto do fornecedor.

Na Teoria da Ação Social, a ação será influenciada por objetos sociais e não-sociais.

No Direito do Consumidor, a relação de consumo e conseqüentemente sua ação podem ser influenciadas por objetos sociais – indivíduo, coletividade (fornecedor e coletividade de fornecedores) – e também por objetos não-sociais – físicos e culturais (bens de consumo).

Na Teoria da Ação Social, os objetivos sociais são avaliados tendo em vista o complexo de qualidade (o sujeito percebe o outro pelo que ele é, não pelo que ele faz), ou suas realizações (o sujeito percebe o outro pelo que ele faz e não pelo que ele é).

No Direito do Consumidor, o ator-consumidor muitas vezes realiza sua ação de adquirir o produto de determinado fornecedor, tendo em vista o que ele faz (vende bons produtos a bons preços) não pelo que ele é (fornecedor). Por outro lado, quando o consumidor não possui escolha de fornecedor, simplesmente realiza a sua ação, tendo em vista que o outro ator é (fornecedor).

Na Teoria da Ação Social os objetos podem ser não-sociais – físicos (meios instrumentais significativos, objetos-metas) e culturais (herança cultural, costumes e tradição).

No Direito do Consumidor, a ação do ator, dentro da relação de consumo, será influenciada por objetos físicos (bens de consumo) e também por objetos culturais (herança cultural, costumes que levam à relação de consumo para a aquisição de certos bens ou serviços). O disposto tanto vale para o ator denominado consumidor, quanto para o ator denominado fornecedor.

Na Teoria da Ação Social, tem-se, no que se refere à orientação do ator: a orientação motivacional (vinculada à gratifição e à privação), compreendendo três modos de orientação, ou seja, o *modo cognitivo* (percepção e conhecimento do objeto), o *modo catéctico* (quando o ator confere uma significação objetiva a um objeto),[391] o *modo de avaliação* (compreende o processo de avaliação de mais de um objeto, buscando um menor ou maior grau de satisfação) e *a orientação* de valor (elemento utilizado para selecionar).

No Direito do Consumidor, as duas orientações podem estar presentes na relação de consumo, porém com algumas nuanças:

No que se refere ao primeiro aspecto, "orientação motivacional" e suas divisões, pode-se dizer que os três modos se encaixam perfeitamente no Direito do Consumidor, vez que o ator-consumidor conhece o objeto percebendo-o, confere-lhe um significado objetivo, e também realiza avaliação sobre o objeto ou objetos, buscando uma maior ou menor gratificação.

No tocante ao segundo aspecto, "orientação de valor", onde ocorre a possibilidade de seleção dentre mais de um objeto, pode-se dizer que, na relação jurídica de consumo, ela nem sempre acorre. Em muitos casos o

---

[391] Nas palavras de Parsons: orientação catética é "la significación de la relación del ego con el objeto u objetos en cuestión para el equilibrio de su personalidad entre 'gratificación-privación.'" PARSONS. *El sistema...*, p.18.

ator-consumidor não possui opção entre dois ou mais objetos. Muitas vezes o consumidor só tem à sua disposição um bem ou uma marca. Nesses casos o modo de orientação de valor não possui condições de aplicabilidade.

Porém, em certos casos, a orientação de valor pode ter aplicabilidade sobre a ação do ator-consumidor. O fato ocorre quando o consumidor encontra no mercado vários produtos do mesmo tipo, propiciando a escolha. Quando isso ocorre, a orientação de valor possui importância fundamental no desenvolvimento da relação jurídica de consumo.

Na Teoria da Ação Social, a norma de valor divide-se em três tipos: as normas cognitivas (vinculadas ao conhecimento);[392] as normas apreciativas (correspondem ao modo catéctico) e as normas morais (que podem ser universais ou vinculadas ao mundo circundante do ator).

No Direito do Consumidor, os três tipos podem ser encontrados. A ação a ser desenvolvida pelo ator-consumidor pressupõe normas que levam ao conhecimento do objeto-meta; normas apreciativas, vez que para a ação se faz necessário que o ator-consumidor desenvolva sobre o objeto uma significação objetiva e, também, normas morais que terão influência sobre a ação, sejam elas de cunho universal ou vinculadas ao mundo circundante do consumidor.

Na Teoria da Ação Social, a ação é guiada, em primeiro lugar, pela motivação, em seguida pela existência de normas de orientação, sendo que nestas últimas estão presentes níveis de primazia, que são capazes de dar prevalência a um tipo de orientação sobre outro.

No Direito do Consumidor, existe a motivação, que vem premida pela necessidade. A necessidade, por sua vez, provém de elementos reais e muitas vezes por elementos ilusórios, como é o caso da necessidade criada pela propaganda.

Os níveis de primazia também podem estar presentes no Direito do Consumidor. Dentro da idéia de ação expressiva, onde os interesses catécticos e as normas apreciativas são as que dominam, ou seja o que importa é a busca de gratificação direta, a ação do consumidor se deixa concretizar através do nível de primazia apresentado, já que a escolha do produto está vinculada a um nível de satisfação.

Na Teoria da Ação Social, a orientação é exercida entre dois ou mais objetos.

No Direito do Consumidor, a ação nem sempre possui a opção entre dois ou mais objetos. Assim, os pressupostos de orientação da Teoria da

---

[392] Parsons afirma que a categori orientacional cognitiva: "puede ser consideradacomo la 'definición' do los aspectos relevantes de la situación para los intereses de actor." PARSONS. *El sistema...*, p.18.

Ação Social só poderão ser aplicados quando existir opção para o consumidor, quando ele tiver a possibilidade de livre escolha entre um objeto e outro. Somente nessa situação podem ocorrer orientações a objetos relacionados; orientações a metas (orientações para o equilíbrio entre a gratificação e privação) e orientações a normas de aceitabilidade.

Na Teoria da Ação Social, o sistema geral da ação social divide-se em quatro subsistemas: social; cultural; de personalidade e organismo comportamental. Todos os sistemas possuem como funções primárias a manutenção de padrão, a integração, a realização de objetivos e a adaptação.

No que se refere ao sistema cultural, tem-se que ele é constituído pela organização de valores, normas e símbolos que guiam a eleição dos atos; representam uma classe especial de abstração dos elementos dos sistemas sociais e de personalidade e possuem certo grau de consistência. Além disso, ele é caracterizado pela manutenção e mudança de valor. Nenhum indivíduo pode criar um sistema cultural, por isso apreendido pelo indivíduo, que também pode fazer contribuições criativas ou destrutivas. Parsons admite a possibilidade de grupos de indivíduos, independente de sistemas comportamentais, dentro de certos limites, criarem um sistema cultural. Ainda, segundo Parsons, a ação humana é cultural.

No Direito do Consumidor, analisando a relação jurídica de consumo dentro da ótica do sistema cultural, pode-se notar que tanto antes da dogmática consumerista, quanto depois, estão presentes aspectos culturais.

Há de se ressaltar, no entanto, que a dogmática consumerista rompe com muitos dos aspectos culturais estabelecidos sobre a relação jurídica de consumo durante o período pré-dogmático (ex.: a liberdade total do fornecedor). Assim, aparece, no Direito do Consumidor, tanto a manutenção, quanto a mudança de padrão.

A idéia de criação, independente de sistemas comportamentais, no contexto de relações jurídicas de consumo, aparece quando se tem a união de fornecedores com o intuito de estabelecer padrões culturais em nível de consumo.

Sendo a ação humana tida como cultural, pode-se concluir que a ação dentro da relação de consumo também segue os padrões de cultura da sociedade em que está concretizada e, muitas vezes, segue também os padrões culturais universais.

Na Teoria da Ação Social, o sistema de personalidade compreende as inter-relações dos associados; as ações são organizadas dentro da necessidade/disposição, e as metas do ator influenciam suas ações ou metas.

A função que caracteriza o sistema da personalidade é a busca da satisfação pessoal.

Vinculando o sistema de personalidade com o sistema cultural, pode-se dizer que o indivíduo tenderá a relacionar elementos da cultura que influenciará a orientação dos atos, embora possa se dizer que a personalidade, muitas vezes, não aceita certos aspectos culturais.

Como a socialização provoca uma adaptação dos padrões desejados, pode-se afirmar que seu intuito é diminuir a influência da personalidade individual na sociedade. Por outro lado, pode-se dizer também que, pela socialização, a própria personalidade possa ser, em grande parte, um produto da socialização.

No Direito do Consumidor, as três características do sistema de personalidade também são mantidas na relação jurídica de consumo. Quando há inter-relação entre consumidor e fornecedor, as ações de consumo estão dentro da necessidade/disposição, e as metas, tanto do consumidor, quanto do fornecedor, influenciam suas ações. Por outro lado, a ação dirigida à relação de consumo sempre está vinculada à realização pessoal tanto do consumidor, quanto do fornecedor.

A personalidade, dentro da relação de consumo, também sofreu e sofre influência não só do âmbito cultural, de uma maneira geral, como também de sistemas mais específicos.

Nesse âmbito é de se notar a união da classe dos fornecedores que, fortalecidos pelo poder econômico, estabelecem formas de conduta e induzem o consumidor a se comportar de acordo com padrões estabelecidos por essa classe.

Por outro lado, há de se notar a possibilidade de análise do presente assunto em dois momentos históricos: no período pré-dogmático do consumidor e no período da dogmática do consumidor.

No período pré-dogmático do consumidor, o fornecedor tem acentuada ascendência sobre o consumidor. Dentro da visão liberal da época, as partes tinham ampla liberdade para contratos, porém, notória a diferença entre as partes com a supremacia do fornecedor perante o consumidor, impondo tipos de produtos, qualidade e preço.[393]

No período da dogmática consumerista, surge uma nova faceta na relação de consumo: a intervenção do Estado. Com essa intervenção, tolhe-se a liberdade das partes na busca de estabelecer maior igualdade entre elas. É o conjunto normativo direcionado à conduta. Se a conduta, baseada

---

[393] Analisando as novas concepções de contrato Márcio Casado afirma que: "o contrato servirá ao destinatário das normas constitucionais sempre que atender e prezar pela dignidade destas pessoas. Logo, não se pode admitir que um contrato seja o motivo da escravidão financeira da pessoa humana, desde que ela de boa fé tenha dirigido sua conduta no desenvolvimento do processo obrigacional." CASADO, Márcio Mello. *Proteção do consumidor de crédito bancário e financeiro*. São Paulo: Revista dos Tribunais, 2000. p.15.

na personalidade negativa do fornecedor traz prejuízos à sociedade, nada mais lógico do que o surgimento de um conjunto normativo que possibilite o tolhimento de tais condutas. Na Teoria da Ação Social, a ordem normativa tem a função de direcionar a conduta dentro de uma idéia de consenso e de mecanismos de imposição. O mesmo ocorre no Direito e, em particular, no Direito do Consumidor, que busca através do normativo a equiparação de forças entre consumidor e fornecedor.

Na Teoria da Ação Social, o organismo comportamental possui como função a adaptação, a integração primária com o meio ambiente.

O Direito do Consumidor, na perspectiva de adaptação, é modelo clássico de intercâmbio entre o sistema e o meio, vez que o sistema tanto interfere no meio atinente às relações de consumo, quando deles recebe influência.

Na Teoria da Ação Social, o sistema social tem como função a integração das unidades constituídas.

Esse sistema se caracteriza, segundo Parsons, pela interação entre dois ou mais atores; influência de outros indivíduos sobre os atores; consensualização sobre ações em busca de metas coletivas.

No Direito do Consumidor, das três características apontadas por Parsons, as duas primeiras estão claramente presentes na relação de consumo: a interação entre dois ou mais atores (consumidor e fornecedor) e a influência de outros indivíduos sobre atores que é clara quando se vê a influência das propagandas no direcionamento de aquisição de produtos. É de se salientar, aqui, até mesmo o direcionamento normativo.

No que se refere à terceira característica, consensualização sobre as ações na busca de metas coletivas, quando se examinam as condutas dos consumidores e dos fornecedores, pode-se notar que não há esse elemento consensualizador. Os interesses entre fornecedores e consumidores parecem distanciar-se ao invés de convergir. O lucro muitas vezes se contrapõe ao tipo de produto, à qualidade e ao preço razoável.

Na Teoria da Ação Social, a comunicação, dentro da idéia de interação, é o elemento mais importante da estrutura social, ou seja, o setor organizado que orienta o ato, formando estabilidade social.

No Direito do Consumidor, tendo em vista o sentido acima, pode-se pensar que o Direito do Consumidor, como elemento que possibilita a estabilidade social, tem o intuito de minimizar a dominação de uma das partes sobre a outra.

Importante é ter-se em mente que a dogmática consumerista surge como possibilidade de modificação de uma estrutura baseada na liberdade de ação, atuando, portanto, como elemento de não manutenção do sistema.

Num segundo momento, a dogmática consumerista se coloca como elemento de manutenção do sistema, atuando como fator de estabilidade social dentro das idéias de Parsons.

Na Teoria da Ação Social, o sistema social depende do grau de equilíbrio dos sistemas de personalidade e de seus membros.

Duas são as formas de manter esse equilíbrio: o mecanismo de socialização e o mecanismo de controle.

Os mecanismos de socialização estão vinculados aos mecanismos de aprendizagem e de generalização. Constróem as relações de necessidades e disposições. Quando falham os mecanismos de socialização, entram em ação os mecanismos de controle, para a manutenção e estabilidade social.

No Direito do Consumidor, ocorre o mesmo fenômeno apontado por Parsons, vez que busca a estabilidade social, seja pelo elemento socialização ou pelos mecanismos de controle onde está presente, especificamente, a dogmática consumerista.

Na Teoria da Ação Social, a estrutura dos sistemas sociais pode ser analisada, segundo Parsons, através de quatro componentes básicos: valores, normas, coletividades e papéis.

Na Teoria da Ação Social os valores estão ligados à manutenção do padrão dos sistemas.

No Direito do Consumidor, no que se refere à relação jurídica de consumo, os valores possuem a mesma função de manutenção, quando se analisa o sistema disposto em nível de relação de consumo.

Na Teoria da Ação Social, as normas mantêm os valores.

No Direito do Consumidor, o conjunto normativo pode aparecer como elemento de manutenção de valores, porém, em certos momentos pode aparecer como mecanismo de modificação de valores, haja vista o surgimento da dogmática consumerista como elemento modificador da aceitação valorativa do sistema liberal dentro da relação jurídica de consumo.

Na Teoria da Ação Social, a coletividade não é vista por Parsons como multidão, grupo fluídico, mas como possibilidade de identificação, o que determina quem está dentro ou fora da coletividade.

No Direito do Consumidor, a idéia de interesses coletivos também se vincula à identificação, porém, pode-se falar em interesse difuso onde não é necessária a identificação nem a identificabilidade. Nestes últimos estão os elementos vinculados às propagandas ilícitas, aos direitos ambientais, entre outros.

Na Teoria da Ação Social, o papel é elemento presente na função adaptativa, definindo a classe do indivíduo.

No Direito do Consumidor, mais especificamente na relação jurídica de consumo, o papel é elemento importante, pois pode definir a classe dos indivíduos relacionados à idéia de consumidor e fornecedor, elementos componentes da relação.

Na Teoria da Ação Social, a motivação atua como elemento impulsionador da ação, ou seja, motivação como tendência à orientação. A ação se vê motivada por "impulsos", "necessidades-disposições". A motivação se dá a atores individuais, sendo que as ações que movem a coletividade são organizadas na motivação dos atores individuais.

No Direito do Consumidor, na relação jurídica de consumo, em termos gerais, a motivação estará presente no momento de ser executada a ação que leva à relação, seja ela de parte do consumidor, ou de parte do fornecedor.

Na Teoria da Ação Social, na motivação tem-se, segundo Parsons, o relacionar e o eleger. Através dessa idéia, o ator tem a possibilidade de escolher entre o que lhe é nocivo e o que lhe é gratificante.

No Direito do Consumidor, na Relação Jurídica de Consumo, nem sempre é possível a escolha, bastando para isso que haja o monopólio de um produto.

Na Teoria da Ação Social, o tipo de sistema social é caracterizado pela auto-suficiência com relação ao seu ambiente. A auto-suficiência significa auto controle.

No Direito do Consumidor, com o surgimento da dogmática consumerista, veio a possibilidade de uma maior estabilidade na relação de consumo pela orientação das condutas estabelecidas pela norma.

No que se refere ao controle, também houve uma incrementação, vez que a não obediência às normas leva à aplicação de sanções.

Na Teoria da Ação Social, a auto-suficiência também é conseguida através da contribuição dos participantes. Quanto mais a personalidade do indivíduo estiver para a participação, maior será a auto–suficiência.

No Direito do Consumidor, no que se refere à relação de consumo, o fornecedor tem sua personalidade voltada para o lucro, o que, muitas vezes o afasta de uma participação dirigida ao coletivo, ao social.

A dogmática consumerista vem como uma tentativa de parar essa personalidade egoísta, criando situações que buscam a igualdade das partes em favor da coletividade, da sociedade.

Na Teoria da Ação Social, os valores são representações coletivas que definem o tipo desejável de sistema social.

No Direito do Consumidor, os valores se modificam, trazendo consigo muitas vezes a alteração do sistema social. Exemplo disso são as modificações sofridas nos valores do sistema das relações de consumo do período pré-dogmático consumerista para as mesma relações do período da dogmática consumerista.

Na Teoria da Ação Social, a codificação é elemento tido como concentrador de conhecimento.

No Direito do Consumidor, a dogmática consumerista é exemplo dessa concentração.

Como se pode notar, o trabalho de tese foi desenvolvido tendo em vista, sempre, a análise da teoria da ação social dentro da visão de Parsons, e a análise da dogmática consumerista. Com esses dois elementos presentes, pode-se, através da comparação, chegar às conclusões estabelecidas neste item, e também às conclusões estabelecidas durante o desenvolvimento do trabalho.

Não resta dúvida de que os pressupostos da Teoria da Ação Social, trabalhados por Parsons, estão presentes no Direito do Consumidor, embora, em alguns casos, como se pode ver, a aplicabilidade depende de elementos que nem sempre estão presentes na relação de consumo. Apesar disso, pode-se entender que a hipótese formulada para o presente trabalho pode ser dada por corroborada, vez que as exceções que envolvem a não-aplicabilidade de alguns pressupostos são tão poucas, que não possuem o condão de desfigurar a aceitação de corroboração da hipótese.

Se for a análise formulada dentro de preciosismos matemáticos, poder-se-ia afirmar que a hipótese foi corroborada na expressiva maioria de seus aspectos, ficando de fora somente algumas exceções, o que induziria a uma corroboração parcial da hipótese.

Referências bibliográficas

ALMEIDA, Carlos Ferreira de. *Os direito dos consumidores*. Coimbra: Livraria Almedina, 1982.

ALMEIDA, J. G. Assis de. A AIDS e o direito do consumidor. *Revista Direito do Consumidor*, São Paulo, n.27, p.18-31, 1998.

ALMEIDA, João Batista de. *A proteção jurídica do consumidor*. São Paulo: Saraiva, 1993.

ALVIN, Eduardo Arruda. Responsabilidade civil pelo fato do produto no código de defesa do consumidor. *Revista de Direito do Consumidor*, São Paulo, n.15, p.132-150, 1995.

AMARAL Júnior, A. do., *Proteção do consumidor no contrato de compra e venda*. São Paulo: Revista dos Tribunais. 1993.

BARBI, Celso Agrícola, *Comentários ao código de processo civil*. São Paulo: Forense, 1975.

BARROS, Raimundo Gomes de. Relação de causalidade e o dever de indenizar. *Revista de Direito do Consumidor*, São Paulo, n.27, p.32-41, 1998.

BARROS, W.M. de. *Curso de direito civil, parte geral*. São Paulo: Saraiva, 1973.

——. *Curso de direito civil, direito das obrigações*. São Paulo: Saraiva, 1975.

BELCHIOR, E. O. *Vocabulário de Termos Econômicos e Financeiros*. São Paulo: Civilização brasileira, 1987.

BENJAMIN, A. H. de Vasconcellos e. *Da qualidade de produtos e serviços, da prevenção e da reparação dos danos*. In: Comentários ao código de proteção do consumidor. São Paulo: Saraiva, 1991.

——. *O conceito jurídico de consumidor*. São Paulo: Revista dos Tribunais, 1988.

——. Responsabilidade civil e acidentes de consumo no código de defesa do consumidor. *Revista dos advogados*, São Paulo, n.33, p. 16-34, 1990.

BERTALANFFY, L. Von, *et al. Teoria dos sistemas*. Rio de Janeiro: Fundação Getúlio Vargas, 1976.

——. *Teoria dos sistemas*. Rio de Janeiro: Fundação Getúlio Vargas, 1976.

BERTOLDI, M. Marco. Responsabilidade contratual do fornecedor pelo vício do produto ou serviço. *Revista de Direito do Consumidor*, São Paulo, n.28, p. 126-143, 1994.

——. Responsabilidade contratual do fornecedor pelo vício do produto ou serviço. *Revista Direito do Consumidor*, São Paulo, n.10, p. 126-143, 1996.

BITTAR, Carlos Alberto (coord.), *et al. Responsabilidade civil por danos a consumidores*. São Paulo: Saraiva, 1992.

BONATTO, Cláudio; MORAES, Paulo Valério Dal Pai. *Código de defesa do consumidor: cláusulas abusivas nas relações contratuais de consumo*. Porto Alegre: Livraria do advogado, 2001.

——. MORAES, Paulo Valério Dal Pai. *Questões controvertidas no código de defesa do consumidor: principiologia, conceitos, contratos*. Porto Alegre: Livraria do Advogado, 1998.

BONO, Andre. *Previdência privada frente ao código de defesa do consumidor*, Porto Alegre: HS Editora, 1998.

BRUNO, A. *Direito penal*. Rio de Janeiro: Forense, 1967.

BULGARELLI,W. A tutela do consumidor na jurisprudência brasileira e de 'lege ferenda'. *Revista de Direito Mercantil Industrial Econômico e Financeiro*, n.22, p.49-50, 1983.

CABALLÉ, Ana Isabel Lois. *La responsabilidad del fabricante por los defectos de sus productos*. Madrid: Tecnos, 1996.

CAPITANT, H. *Vocabulário jurídico*. Buenos Aires: Depalma, 1973.

CARVALHO, Sylvio Vicente de. *O direito do consumidor: código de proteção e defesa do consumidor : comentários, notas, índice, legislação complementar*. Porto Alegre: Sagra Luzzatto, 1997.

CASADO, Márcio Mello. *Proteção do consumidor de crédito bancário e financeiro*. São Paulo: Revista dos Tribunais, 2000.

CAVALIERI FILHO, Sérgio. O direito do consumidor no limiar so século XXI. *Revista de direito do consumidor*, São Paulo, n.35, p. 97-108, 2000.

CHAISE, Valéria Falcão. *A publicidade em face do código de defesa do consumidor*. São Paulo: Saraiva, 2001.

CODERCH, Pablo Salvador; FELIU, Josep Solé. *Brujos y aprendices: los riesgos de desarrollo en la respondabilidad de producto*. Madrid: Marcial Pons, 1999.

COELHO, F. Ulhoa. *Manual de direito comercial*. São Paulo: Saraiva, 1993.

——. *O empresário e os direitos do consumidor: o cálculo empresarial na interpretação do código de defesa do consumidor*. São Paulo: Saraiva, 1994.

COELHO, Ruy Galvão de Andrada. *Estrutura social e dinâmica psicológica*. São Paulo: Pioneira, 1969.

COSTA, G. de F. Martins da. A proteção da saúde do consumidor na ordem econômica: direito subjetivo público, *Revista de Direito do Consumidor*, São Paulo, n. 21, p.132-141. 1997.

CRETELLA JUNIOR, *et al*. Comentários ao Código do Consumidor, Rio de Janeiro: Forense, 1992.

DENARI, Z., *et al*. *Código brasileiro de defesa do consumidor comentado pelos autores do anteprojeto*. Rio de Janeiro: Forense, 1995.

DIAS, J. de Aguiar. *Da responsabilidade civil*. Rio de Janeiro: Forense, vol.1, vol.2, 1983.

DINIZ, M. Helena. *Curso de direito civil brasileiro*. São Paulo: Saraiva, vol.7, 1984.

DIREITO, Carlos Alberto Menezes. A proteção do consumidor na sociedade da informação. *Revista Forense*, Rio de Janeiro, n.346, p.23-29, 1999.

DONATO, Maria Antonieta Zanardo. *A proteção do consumidor: conceito e extensão,* São Paulo: Revista dos Tribunais, 1993.

DURKHEIM, Emile. *Sociologia*. São Paulo: Ática, 1978.

DWORKIN, Ronald. *O império do direito*. São Paulo: Martins Fontes, 1999.

EFING, A. Carlos. *Contratos e procedimentos bancários à luz do código de defesa do consumidor*. São Paulo: Revista dos Tribunais, vol.12, 1999.

——. Sistema financeiro e o código do consumidor. *Rev. Direito do Consumidor*. São Paulo, n.17, p.65-84, 1996.

FARIAS, Cristiano Chaves de. A proteção do consumidor na era da globalização. *Revista de Direito do Consumidor*, São Paulo, n.41, p.81-95, 2002.

FELIU, Josep Solé I. *El concepto de defecto del producto en la responsabilidad civil del fabricante.* Valencia: Tirant lo Blanch, 1997.

FERNANDEZ ROMO, Maria Del Mar. *La responsabilidad civil de producto,* Madrid: Editorial de Derecho Reunidas, 1997.

FERRAZ JR. T. S. *Conceito de sistema no direito.* São Paulo: Revista dos Tribunais, 1976.

FERREIRA, Aurélio Buarque de Holanda. *Novo dicionário da língua portuguesa.* Rio de Janeiro: Nova Fronteira, 1975.

FIGUEIREDO, L. Valle. *Curso de direito administrativo.* São Paulo: Malheiros, 1995.

FILOMENO, J. G. Brito et al, *Código brasileiro de defesa do consumidor comentado pelos autores do anteprojeto.* Rio de Janeiro: Forense, 1995.

FONSECA, Antonio Cesar Lima da. *Direito penal do consumidor: código de defesa do consumidor,* Porto Alegre: Livraria do Advogado, 1996.

FREITAS, A. de Oliveira. Responsabilidade civil objetiva no código de defesa do Consumidor. *Revista do Direito do Consumidor,* São Paulo, n.11, p.101-127, 1994.

FROTA, M. *et al. Direitos do consumidor de produtos e serviços turísticos.* Lisboa: Instituto Nacional de Formação Turística, 1995.

GARAU, Alcover. *La* responsabilidad *civil del fabricante.* Madrid: *Editorial Civitas,* 1990.

GARCIA, Fernando L. *Responsabilidad civil derivada del producto defectuoso.* Madrid: Civitas, 1998.

GHERSI, Carlos A. La paradoja de la igualdad del consumidor en la dogmática contractual. *Revista de Direito do Consumidor*, São Paulo, n.36, p.38-44, 2000.

GOMES, Marcelo Kokke. *Responsabilidade civil: dano e defesa do consumidor.* Belo Horizonte: Del Rey, 2001.

GOMES, Orlando. *Contratos.* Rio de Janeiro: Forense, 1975.

——. *Obrigações.* Rio de Janeiro: Forense, 1997.

GRINBERG, Rosana. Fato do produto ou do serviço: acidentes de consumo. *Revista do direito do consumidor*, São Paulo, n.35, p.144-170, 2000.

——. *et al. Código brasileiro de defesa do consumidor comentado pelos autores do anteprojeto.* Rio de Janeiro: Forense, 1995.

GUIMARÃES, Paulo Jorge Scartezzini. *A publicidade ilícita e a responsabilidade civil das celebridades que dela participam.* São Paulo: Revista dos Tribunais, 2001.

HABERMAS, Jürgen. *Direito e demcracia: entre facticidade e validade.* Rio de Janeiro: Tempo Brasileiro, vol.2, 1997.

——. *Direito e democracia: entre facticidade e validade.* Rio de Janeiro: Tempo Brasileiro, vol.1, 1997.

——. *Teoria de la acción comunicativa I. Racionalidad de la acción y racionalización social.* Madrid: Taurus, 1987.

HÖFFE, Otfried. *Justiça política – fundamentação de uma filosofia crítica do direito e do Estado.* Petrópolis: Vozes, 1991.

JACOBINA, Paulo Vasconcelos. *Publicidade no direito do consumidor.* Rio de Janeiro: Forense, 1996.

JIMÉNEZ LIÉBANA, Domingo. *Responsabilidad civil: daños causados por productos defectuosos.* Madrid: McGraw-Hill, 1998.

KRIGER FILHO. Domingos Afonso Kriger. *A responsabilidade civil e penal no código de defesa e proteção do consumidor*. Porto Alegre: Síntese, 1998.

LEÃES, Luiz Gastão Paes de Barros. *A responsabilidade do fabricante pelo fato do produto*. São Paulo: Saraiva, 1987.

LEPARGNEUR, Hubert. *Introdução aos estruturalismos*. São Paulo: Herder, 1972.

LIMA, A. *Culpa e risco*. São Paulo: Revista dos Tribunais, 1960.

LISBOA, Roberto Senise. *Contratos difusos e coletivos*. São Paulo: Revista dos Tribunais, 1997.

——. *Responsabilidade civil nas relações de consumo*. São Paulo: Revista dos Tribunais, 2001.

LÔBO NETO, P. L. Responsabilidade do fornecedor por vício do produto ou do serviço. *Revista de Direito do Consumidor*, São Paulo, n.19, p.102-113, 1996.

LORENZETTI, R., La oferta como aparencia y la aceptación basada en la confianza. *Revista de direito do consumidor*, São Paulo, n.35, p.09-38, 2000.

——. La relación de consumo: conceptualización dogmática en base al derecho del Mercosur. *Revista Direito do Consumidor*, São Paulo, n.21, p.09-31, 1997.

LUCAN, M. Angeles Parra. *Daños por productos y proteccion del consumidor*. Barcelona: Bosch Editor, 1990.

LUHMANN, Niklas. *Confianza*. México: Anthropos, 1996.

——. GIORGI de Raffaele. *Teoria della società*. Milano: Franco Angeli, 1966.

——. *La ciência de la sociedad*. México: Iteso; Anthropos. 1996.

——. *La differenziazione del diritto: contributi alla sociologia e alla teoria del diritto*. Società Editice il Mulino, 1990.

——. *Sistemas sociales:* Lineamentos para una teoría general. México: Patria, 1991.

——. *Sociología del riesgo*. Guadalajara: Universidad de Guadalajara, 1992.

——. *Sociologia do direito I*. Rio de Janeiro: Tempo Brasileiro, 1983.

——. *Sociologia do direito II*. Rio de Janeiro: Tempo Brasileiro, 1985.

MANCUSO, R. de C. *Interesses difusos,* conceito e legitimação para agir. São Paulo: Revista dos Tribunais, 1988.

MANDELBAUM, Renata. *Contratos de adesão e contratos de consumo*. São Paulo: Revista dos Tribunais, 1996.

MARINS, James. *Responsabilidade da empresa pelo fato do produto: os acidentes de consumo no código de proteção e defesa do consumidor*. São Paulo: Revista dos Tribunais, 1993.

MARQUES, Cláudia Lima. A insuficiente proteção do consumidor nas normas de direito internacional privado – da necessidade de uma convenção interamericana (CIDIP) sobre a lei aplicável a alguns contratos e relações de consumo. *Revista dos Tribunais*, São Paulo, n.788, p.11-31, 2001.

——. *Contratos no código de defesa do consumidor: o novo regime das relações contratuais*. São Paulo: Revista dos Tribunais, 1995.

——. Direitos do consumidor no MERCOSUL: algumas sugestões frente ao impasse. *Revista Direito do Consumidor,* São Paulo, n.32, p.16-44, 1999.

——. Notas sobre o sistema de proibição de cláusulas abusivas no código brasileiro de defesa do consumidor (entre a tradicional permeabilidade da ordem jurídica e o futuro pós-moderno do direito comparado). *Revista Jurídica,* Porto Alegre, n.268, p.39-71, 2000.

——. Regulamento comum de defesa do consumidor do MERCOSUL – primeiras observações sobre o MERCOSUL como legislador da proteção do consumidor. *Revista Direito do Consumidor,* São Paulo, n.23-24, p.79-103. 1997.

MAZZILI, H. M. *A defesa dos interesses difusos em juízo: meio ambiente, consumidor e patrimônio cultural.* São Paulo: Revista dos Tribunais, 1988.

MEIRELLES, H. Lopes. *Direito administrativo brasileiro,* São Paulo: Malheiros, 1999.

MELLO, Heloísa Carpena Vieira de. Responsabilidade civil no código de defesa do consumidor. *Revista de Direito do Consumidor,* São Paulo, n.28, p.59-67, 1998.

MELLO, Sonia Maria viera de. *O Direito do Consumidor na Era da Globalização: A descoberta da cidadania,* Rio de Janeiro: Renovar, 1998.

MIRANDA, Pontes de. *Tratado de direito privado.* Rio de Janeiro: Borsoi, 1972.

MORAES, V. Lima. Da tutela do consumidor. *Revista da Associação dos Juizes do Rio Grande do Sul,* Porto Alegre, p.7-8, 1989.

——. et al, *Comentários ao código do consumidor,* dos direitos básicos do consumidor. Rio de Janeiro: Forense, 1992.

MUKAI, T. et al. *Comentários ao códigos de proteção do consumidor.* São Paulo: Saraiva, 1991.

NASCIMENTO, Tupinamba Miguel Castro do. *Comentários ao código do consumidor.* Rio de Janeiro, Aidê, 1991.

——. *Responsabilidade civil no código do consumidor.* Rio de Janeiro: Aidê, 1991.

NERY JÚNIOR, Nelson. Aspectos da responsabilidade civil do fornecedor no código de defesa do consumidor. *Revista dos Advogados,* São Paulo, nº 33, p.76-79, 1990.

——. Os princípios gerais do código brasileiro de defesa do consumidor, *Revista Do Direito do Consumidor,* São Paulo, n. 3, p.44-77, 1992.

NOGUEIRA, Antonio de Pádua Ferraz. Considerações sobre os princípios do código de defesa do consumidor. *Revista dos Tribunais,* São Paulo, n.762, p.11-57, 1999.

NORONHA, Fernando. *Direito e sistemas sociais – A jurisprudência e a criação de Direito para além da Lei.* Florianópolis: Ed. da UFSC, 1988.

NORRIS, Roberto. *Responsabilidade civil do fabricante pelo fato do produto.* Rio de Janeiro: Forense, 1996.

NOVAIS, Alinne Arquette Leite. *A teoria contratual e o código de defesa do consumidor.* São Paulo: Revista dos Tribunais, 2001.

NUNES, L. A. Rizzatto. *O código de defesa do consumidor e sua interpretação jurisprudencial.* São Paulo: Saraiva, 1997.

OLIVEIRA, José Carlos de. *Código de proteção e defesa do consumidor – Doutrina – Jurisprudência – Legislação Complementar.* São Paulo: Editora de Direito, 1998.

PARSONS, Talcott. *O sistema das sociedades modernas.* São Paulo: Pioneira, 1974.

——. *A sociologia americana: perspectivas problemas, métodos.* São Paulo: Cultrix, 1968.

——. *El sistema social.* Madrid: Revista de Occidente, 1976.

——. *El superego y la teoría de los sistemas sociales. Apuntes sobre la teoria de la acción.* Buenos Aires : Amorrortu, 1953.

——. *Estructura y proceso en las sociedades modernas.* Madrid: Instituto de Estudios Políticos, 1966.

——. *Hacia una teoría general de la acción.* Buenos Aires: Editorial Kapelusz, 1962.

——. *Apuntes sobre la teoría de al acción.* Buenos Aires: Amorrortu, 1970.

——. *Sociedades perspectivas evolutivas e comparativas.* São Paulo: Pioneira, 1996.

PASQUALOTTO, A. de Sousa *et al*. *A responsabilidade civil do fabricante e os riscos do desenvolvimento*, In:(MARQUES, C. L., Coordenadora) *Estudos sobre a proteção do consumidor no Brasil e no MERCOSUL*. Instituto Brasileiro de Política e Direito do Consumidor, Seção do Rio Grande do Sul. Porto Alegre: Livraria do Advogado, 1994.

——. *Os efeitos obrigacionais da publicidade no código de defesa do consumidor*. São Paulo: Revista dos Tribunais, 1997.

——. Os serviços públicos no código de defesa do Consumidor, *Revista Direito do Consumidor,* São Paulo, n.1, p.130-148.

——. Conceitos fundamentais do código do consumidor. *Revista dos Tribunais,* São Paulo, n.666, p.48-53, 1991.

PEREIRA, Agostinho Oli Koppe. O seguro e o código de defesa do consumidor brasileiro. *Revista Faculdade de Direito,* Caxias do Sul, nº 9, p.103-109, 1999.

PEREIRA, C. M. da Silva. *instituições de direito civil,* Rio de Janeiro: Forense, vols.2 e 3, 1972.

——. *Instituições de direito civil; teoria geral do direito civil*. Rio de Janeiro: Forense, 1987.

PIAGET, Jean. *O estruturalismo*. São Paulo: DIFEL, 1969.

PRADA ALONSO, Javier. *Protección del consumidor y responsabilidade civil*. Madrid: Marcial Pons, 1998.

REICH, Norberto. Algumas proposições para a filosofia da proteção do consumidor. *Revista dos Tribunais,* São Paulo, n.728, p.11-36, 1996.

REYES LÓPEZ, María José. Seguridad de productos y responsabilidad del fabricante. Otro supuesto de responsabilidad civil especial: la del fabricante por productos defectuosos (analise de la Ley 22/1994, de 6 de julio). Cuestiones materiales y procesales. Analisis doctrinal y jurisprudencial. Valencia: Editorial Práctica de Derecho, 1998.

ROCHA, Leonel Severo. Direito, cultura política e democracia. *Anuário do Programa de Pós-Graduação em Direito – Mestrado e Doutorado*, São Leopoldo, p.141-157, 2000.

——. O direito na forma de sociedade globalizada. *Anuário do Programa de Pós-Graduação em Direito – Mestrado e Doutorado*, São Leopoldo, p.117-137, 2001.

——. *Epistemologia jurídica e democracia*. São Leopoldo: Editora Unisinos, 1998.

——. Três matrizes da teoria jurídica. *Anuário do Programa de Pós-Graduação em Direito – Mestrado e Doutorado*, São Leopoldo, p.121-136, 1999.

ROCHA, Silvio Luís Ferreira da. *A oferta no código de defesa do consumidor*. São Paulo: Lemos Editorial, 1997.

——. *A responsabilidade civil do fornecedor pelo fato do produto no direito brasileiro*. São Paulo: Revista dos Tribunais, 1992.

——. *A responsabilidade civil do fornecedor pelo fato do produto no direito brasileiro*. São Paulo: Revista dos Tribunais, 2000.

——. A responsabilidade pelo fato do produto no código de defesa do consumidor, *Revista do Direito do Consumidor*, São Paulo, n.5, p. 35-49, 1993.

ROCHER, Guy. *Sociologia geral*. Lisboa: Presença, 1977.

RODRIGUES LLAMAS, Sonia. *Régimen de responsabilidad civil por productos defectuosos*. Navarra: Aranzadi, 1997.

RODRIGUES, S. *Direito Civil. Parte geral das obrigações*. São Paulo: Saraiva. 1993.

RUBIO, María Paz García. Los riesgos de desarrollo en la responsabilidad por daños causados por los productos defectuosos. Su impacto en el derecho español. *Revista de Direito do Consumidor,* São Paulo, nº 30, p.66-84, 1999.

SAAD, Eduardo Gabriel. *Comentários ao código de defesa do consumidor: Lei 8.078, de 11.9.90.* São Paulo: LTr, 1991.

SANTANA, Heron José. *Responsabilidade civil por dano moral ao consumidor.* Belo Horizonte: Nova Alvorada, 1997.

SANTOS, J. M. C. de. *Código civil brasileiro interpretado, principalmente do ponto de vista prático, parte geral.* Rio de Janeiro: Freitas Bastos, 1982.

SANTOS, Ozéias J. *Código de defesa do consumidor interpretado.* Campinas: Agá Juris, 1998.

SANTOS, Valeudir Ribeido; RODRIGUES, Claudia Beatriz M. *Código de defesa do consumidor.* Campinas: Jurídica Mizuno, 1999.

SCAFF, Fernando Campos. A responsabilidade do empresário pelo fato do produto e do serviço, do código civil ao código de proteção e defesa do consumidor. *Revista dos tribunais,* São Paulo, n.737, p.23-33. 1997.

SCHWARTZENBERG, Roger-Gérard. *Sociologia política: elementos de ciência política.* São Paulo: Difel, 1979.

SELDON, A.; PENNANCE F. G. *Dicionário de Economia.* Rio de Janeiro: Bloc Editores S.A., 1983.

SILVA, De Plácido e. *Vocabulário jurídico.* Rio de Janeiro: Forense, vols. 2, 3 e 4, 1982.

SILVA, J. Afonso da. *Curso de direito constitucional positivo.* São Paulo: Malheiros Editores Ltda., 1992.

SILVA, C. A. Parussolo da. Visão do leasing em face do código de defesa do consumidor, *Revista Direito do Consumidor,* São Paulo, n.32, p.110-121, 1999.

SILVA, J. Calvão da. *Responsabilidade civil do produtor.* Coimbra: Almedina, 1990.

STIGLITZ, Gabriel A. *Protección Juridica del Consumidor.* Buenos Aires: Depalma, 1986.

STGLITZ, Gabriel A.; STIGLITS, Rubens S. *Derechos y defensa de los consumidores.* Buenos Aires: Ediciones La Rocca, 1994.

——. Modificaciones a la ley argentina de defensa del consumidor y su influencia en el MERCOSUR. *Revista do Direito do Consumidor,* São Paulo, n.29, p.09-20, 1999.

STOCO, Rui. A responsabilidade por vício de qualidade e quantidade no código de defesa do consumidor é objetiva ou subjetiva? *Revista dos Tribunais,* São Paulo, n.774, p.134-139, 2000.

STRECK, Lenio Luiz. *Hermenêutica Jurídica e(em) crise; uma exploração hermenêutica da construção do Direito.* Porto Alegre: Livraria do Advogado, 2000.

THEODORO JÚNIOR, Humberto. *Contratos* – princípios gerais – tendências do direito contratual contemporâneo – abrandamento dos princípios tradicionais – intervenção estatal crescente – impacto do código de defesa do consumidor. *Revista dos Tribunais,* São Paulo, n.765, p.11-33, 1999.

VETRI,D. *Profili della responsabilità del produttore negli Stati Uniti, Danno da prodotti e responsabilità dell'ímpresa.* Milano: Giuffré, 1980.

WEBER, Max. *Economia y Sociedad – Esbozo de socioligía comprensiva.* México: Fondo de Cultura Económica, 1984.

WEINGARTEN, Celia. El valor economico de la confianza para empresas y consumidores. *Revista de Direito do Consumidor,* São Paulo, n°33, p.33-50, 2000.

——; LOVECE, G. Ley 24.999 – Responsabilidad de los sujetos y/o empresas que intervienen en la cadena de fabricacion, circulacion, distribucion y comercializacion de bienes y servicios. *Revista Direito do Consumidor,* São Paulo, n.31, p.115-124, 1999.